高等院校秘书学专业精品系列教材

现代秘书学教程

（第六版）

范立荣　王守福　主编

首都经济贸易大学出版社
Capital University of Economics and Business Press
·北京·

图书在版编目(CIP)数据

现代秘书学教程 / 范立荣, 王守福主编. -- 6版. -- 北京: 首都经济贸易大学出版社, 2024.1
ISBN 978-7-5638-3619-2

Ⅰ.①现… Ⅱ.①范…②王… Ⅲ.①秘书学—高等学校—教材 Ⅳ.①C931.46

中国版本图书馆CIP数据核字(2023)第254627号

现代秘书学教程(第六版)
XIANDAI MISHUXUE JIAOCHENG
范立荣 王守福 主编

责任编辑 杨丹璇
封面设计 风得信·阿东 FondesyDesign
出版发行 首都经济贸易大学出版社
地　　址 北京市朝阳区红庙（邮编 100026）
电　　话 (010)65976483 65065761 65071505(传真)
网　　址 http://www.sjmcb.cueb.edu.cn
经　　销 全国新华书店
照　　排 北京砚祥志远激光照排技术有限公司
印　　刷 北京市泰锐印刷有限责任公司
成品尺寸 170毫米×240毫米 1/16
字　　数 482千字
印　　张 23.25
版　　次 2005年7月第1版 2009年2月第2版
2012年3月第3版 2015年2月第4版
2018年7月第5版 **2024年1月第6版**
印　　次 2024年12月总第18次印刷
书　　号 ISBN 978-7-5638-3619-2
定　　价 48.00元

现代秘书学教程

编　委　会

主　编　范立荣　王守福

副主编　王世红

编　委　(以姓氏笔画为序)

王世红　王守福　王振祥　王文莉

卢　颖　刘　琪　任　龙　吴士健

张庆儒　荣　光　耿凤华　黄良友

秘书长　王振祥

第六版前言

《现代秘书学教程》于2005年由首都经济贸易大学出版社出版，18年来随着社会发展需要并不断听取大中专院校秘书专业老师和同学们的意见进行修改补充，如今《现代秘书学教程》的第六版又将面世了。数字经济时代，呼唤高素质复合型秘书人才。秘书工作不再是单纯的服务性工作，而是脑体结合、知识型和服务型融为一体的工作，是更加智能化、不断创新、创一流业绩的工作。鉴于此，我们组织秘书学专家、教授及富有秘书工作实践经验的秘书工作者，对该书进行了修改、补充、梳理和阐释，坚持以学生为本，面向就业，突出实训，使其更具有时代感，可操作性更强。

本教程的编写参考了国际上有关秘书学专业的优秀教材，并借鉴了秘书界同仁的有关著作和论文，在此，特向同仁们表示敬意和谢忱。

本教程能够出版并不断再版，得到了首都经济贸易大学出版社孟岩岭老师的大力支持与关照，在此，特向孟岩岭老师表示由衷的感谢。

本教程的编写内容、框架和体例完全适合作为大学本科、专科及中等专业学校秘书专业教材使用；同时，本教程可供秘书人员培训和秘书从业人员自学使用。

本教程的编写分工如下：第一章，王守福；第二章，耿凤华；第三、四章，荣光；第五章，卢颖；第六、十章，刘琪；第七章，王文莉；第八章，张庆儒；第九章，任龙；第十一、十二章，黄良友。范立荣负责统编并最后定稿。

由于范立荣教授于2019年离世，中国高等教育学会秘书学专业委员会指定副理事长王守福教授执笔修订，并担任该书主编。

编　者

2023年8月

目　录

CONTENTS

第一章　秘书与秘书工作

引言

秘书学的逻辑起点是秘书，秘书学的研究对象是秘书工作。由此可见，秘书与秘书工作都是秘书学研究的基本问题。本章主要研究秘书的概念、分类和分层；秘书工作的内容、作用、特征和规律；秘书学与相关学科的关系，使读者对秘书学的基本问题有一个总体把握。

第一节　秘书的分类与分层

一、秘书的概念

秘书的概念有狭义和广义之分。

狭义的秘书，是指掌管文书并直接辅助领导者全面处理事务的专门人员。通常是指文字秘书、领导者的机要秘书和个人秘书，以及经常参与政务活动的秘书。

广义的秘书，是指在领导者身边或中枢机构工作，以办文、办会和承办领导者交办事项为主要辅助任务的专门人员，我们统称为秘书人员。我国人力资源和社会保障部颁发的《秘书国家职业标准》规定：“秘书是专门从事办公室程序性工作、协助上司处理政务及日常事务并为决策及实施提供服务的人员。”它一般由四部分人组成：一是秘书，即由各种社会组织任命或聘用的秘书人员；二是秘书工作者，即虽无秘书职务，但实际上从事秘书工作或秘书性工作的秘书人员，如专司文书、会务、信息、调研、协调、督查、信访、值班等工作的人员；三是机要人员，即由保密工作部门和用人主管部门审查批准的、经管国家和集体秘密事项的专职人员，如机要部门的译电员、办报员及机务人员、机要交通员和机要保密员等；四是秘书首长，即拥有决策权、指挥权又主管办公厅（室）工作的负责人，如党和国家机关的秘书长和不设秘书长的办公厅主任，以及各机关各单位的办公室主任。

秘书学研究的秘书是广义的秘书，还包括在历史上担任过秘书职务并在政界或秘书界有所建树、有所影响的秘书人物。

二、秘书的分类

（一）按职业性质分类

根据职业性质的不同，可将秘书分为公务秘书与民间秘书。

（1）公务秘书。公务秘书，就是在国家机关、国有或集体企业事业单位，以及官办社团中担任秘书工作的公职人员。公务秘书不同于民间秘书：从所有制上看，公务秘书所在的组织一般为公有制单位，包括全民所有制单位和集体所有制单位；从人事制度上看，公务秘书的录用、考核、晋升、奖惩和福利待遇等均由国家统一管理；从经济来源上看，公务秘书的劳动报酬一律由国家或集体支付。由于我国实行社会主义的政治制度和公有制为主体、多种所有制经济共同发展的经济制度，新时代，公务秘书仍占据我国秘书队伍的主导地位。

（2）民间秘书。民间秘书，就是在民营企业、外资企业、民办社团以及社会各界名流那里担任秘书工作的雇佣人员。民间秘书同公务秘书相比具有以下特点：从所有制上看，民间秘书所在的组织一般为私有制单位，其经济成分为民营经济和个体经济；从用人制度上看，民间秘书的任用、升迁、奖惩和福利待遇等通常由用人单位决定；从经济来源上看，民间秘书的劳动报酬均由聘用者支付。由于社会主义市场经济的深入发展，特别是多种经济成分不断发展，我国民间秘书队伍十分庞大，具有重要的地位和作用。

（二）按业务范围分类

根据业务范围不同，可将秘书分为通用秘书与行业秘书。

（1）通用秘书。通用秘书，就是在我国党政军机关办公厅（室）担任秘书工作的公职人员。党政军机关的性质、地位和职能决定了通用秘书的任职资格往往高于行业秘书，属于典型的“通才型”秘书。通用秘书既要具备多学科、多专业的理论知识，又要具备多部门、多行业的业务知识，还要具备多方面的能力和经验。我国的通用秘书在整个公务秘书队伍中占主导地位，并影响和规范着其他类型的秘书。这是因为通用秘书工作与党和国家及军事机关关系密切，并具有优良的传统和严格的管理。由于我国实行公务员制度，通用秘书的前景十分广阔。

（2）行业秘书。行业秘书，就是在不同行业中担任专业秘书工作的人员，如法律秘书、科技秘书、涉外秘书、医务秘书、商务秘书和教学秘书等。行业秘书在我国秘书队伍中占有较大比重，并有着良好的发展势头。由于这类秘书处在专业性较强的行业中，他们除需要掌握一般的秘书专业知识和具备一般的业务能力外，还必须具备本行业的专业知识和业务能力。

（三）按工作岗位分类

根据工作岗位的不同，可将秘书分为综合秘书与专项秘书。

（1）综合秘书。综合秘书，就是承担全局性秘书工作的人员。如办公厅（室）综合处（科）的秘书、机关主要领导者的秘书和企业董事长、总经理的秘书等。综合秘书的主要任务是负责综合情况、综合调研、综合协调，并授权代表领导者处理某些重要事项。因此，这类秘书需要胸有全局，通晓业务，富有经验，善于从整体上思考和处理问题。

（2）专项秘书。专项秘书，就是专门承担某项秘书工作的人员。按照秘书机构的内部分工，因岗设置的专项秘书有：①文字秘书，即以文稿起草和校核为主要工作的秘书；②机要秘书，即专事机密文电处理和为领导者个人服务的秘书；③事务秘书，即以从事某一日常工作为主的秘书。在高层机关的秘书机构还配有新闻秘书、翻译秘书和生活秘书等，他们亦属于事务秘书。在现有的秘书队伍中，大多数是事务秘书，他们承担着大量烦琐的常规性秘书工作，如公文处理、信息加工、会议组织、来访接待、信访办理和日常值班等。这类秘书必须精通本职业务，具有较强的办事能力。

（四）按辅助对象分类

根据服务对象的多与寡，可将秘书分为集体秘书与个人秘书。

（1）集体秘书。集体秘书，就是服务领导集体和整个机关的秘书，如秘书处（科）的秘书、文书处（科）的秘书、信息处（科）的秘书、督查处（科）的秘书等。在我国，多数秘书为集体秘书，他们从不同方面为领导工作和机关工作服务，从总体上发挥着秘书工作的辅助作用。这类秘书除需要具备一般秘书的综合素质外，还应当学会与不同的人和谐相处，具有较强的集体意识和合作精神。

（2）个人秘书。个人秘书，就是专门服务于某位领导而不是领导集体的秘书。如高层党政军机关、大型国有企业和民营集团公司专为某位领导者配备的秘书。在个人秘书中，既有公务秘书，也有私人秘书，不能把个人秘书与私人秘书混同起来，也不能把私人秘书与集体秘书对立起来。个人秘书的主要职责是在某位领导者的授意授权下代表领导者处理各种事务，直接对领导工作负责。因此，提高个人秘书的综合素质特别是政治思想和道德水平十分重要。

三、秘书的分层

（一）从组织级别上区分

按组织级别区分，国家机关和社会团体可分为中央组织、地方组织和基层组织。在不同级别组织中工作的秘书可依次分为中央秘书层秘书、地方秘书层秘书和基层秘书层秘书。

（1）中央秘书层秘书。中央秘书层秘书，就是在党中央和中央国家机关及全国性质的社会团体中工作的秘书。如，在中共中央、国务院、全国人大常务委员会、全国政协、中央军委、最高人民法院和最高人民检察院，以及全国总工会、全国妇联和团中央及其各部门办公厅（室）工作的秘书。由于中央秘书层的秘书身处中央机关，直接为最高领导层服务，因此对其学历、才能和政治品德的要求极高，其须具有处理各种全国性和行业性事务的能力水平。

（2）地方秘书层秘书。地方秘书层秘书，就是在地方的党和国家机关及社会团体中工作的秘书。如，在各省、自治区和直辖市，以及各地（市）、县及其部门办公厅（室）工作的秘书。这个层次的秘书人数最多，分布最广，起着承上启下的作用。由于地方秘书层的秘书身处中央组织和基层组织之间，直接为地方领导层服务，因此对其学历、才能和政治品德的要求很高，其须具有处理各种地方性和局部性事务的能力水平。

（3）基层秘书层秘书。基层秘书层秘书，就是在社会管理系统底层党政机关及社会团体中工作的秘书。如，在乡、镇和街道办事处办公室工作的秘书。这个层次的秘书人员往往是机关单位的多面手，起着奠定基础的作用。由于基层秘书身处基层单位，直接为基层领导者和人民群众服务，因此对其学历、才能和政治品德的要求较高，其须具有处理各种具体事务的能力水平。

（二）从辅助功能上区分

秘书对于领导者和领导工作的辅助功能是不言而喻的。但是，秘书辅助功能的影响程度是不同的，从这个角度出发，可将秘书区分为决策辅助层秘书、事务处理层秘书和技术操作层秘书。

（1）决策辅助层秘书。决策辅助层秘书，就是直接参与领导决策活动的秘书。就是说，在领导决策的全过程中，从决策准备阶段、决策制定阶段到决策实施阶段，这一层次的秘书都自始至终地予以辅助。由于他们直接参与决策，并承担着一定的风险，因此他们必须具有广博的知识、较高的智能和丰富的经验。决策辅助层秘书，一般是指秘书长、办公厅（室）主任和领导者的个人秘书。他们在决策前要为领导者收集信息，提供预案；在决策中要为领导者征询意见，组织论证；在决策后要为领导者督促检查，反馈信息，确保决策落实。

（2）事务处理层秘书。事务处理层秘书，就是为领导者处理重要事务的秘书。由于领导者的智力、能力和精力有限，不可能也无须事必躬亲。为了减轻领导者的负担，这一层次的秘书便承担起各种事务的处理，起着“漏斗”“筛子”的作用。事务处理层的秘书，一般是指负责文稿撰拟、信息加工、综合协调、来访接待、信访处理和会议组织等工作的秘书。他们在分管领导的指挥下，从事着秘书机构大量的日常工作，是秘书队伍的一支主力军。

（3）技术操作层秘书。技术操作层秘书，就是为领导工作和机关工作提供技术服务的秘书。所谓技术服务，是指以其简单、重复和琐碎的工艺操作为他人工作。这一层次的秘书大都从事秘书性工作，但并非严格意义上的秘书工作。可以说，他们应属于“准秘书”的范畴。但是，从秘书工作的总体上看，秘书性工作也是不可或缺的必要部分。技术操作层秘书，一般是指负责文稿制作的电脑操作人员、文电收发的文书处理人员、专事文稿把关的校核人员、参与会议的文字速录人员、机关印信的管理人员和机要部门的译电人员等。这一层次的秘书大都具有较强的技术知识和动手能力。

（三）从职位分类上区分

根据职位分类，即设置国家公务员的职务和等级序列，可依次将国家公务员序列中的秘书区分为高级公务员层秘书、中级公务员层秘书和初级公务员层秘书。

（1）高级公务员层秘书。高级公务员层秘书，就是在国家公务员序列中担任副部级以上职务的秘书。这一层次的秘书担负着辅助党和国家以及地方领导者的任务，不仅直接参与重大决策，而且直接掌管各项重要事务，须具有很高的智能水平和统御能力。高级公务员层秘书，一般是指中央机关的秘书长和不设秘书长的办公厅主任以及省级党政机关的秘书长。严格地说，高级公务员层秘书属于高级领导层，由于他们主管秘书工作，姑且将他们作为秘书对待。

（2）中级公务员层秘书。中级公务员层秘书，就是在国家公务员序列中担任副处级以上职务的秘书。这一层次的秘书担负着地方党和国家机关的秘书工作，直接辅助领导者进行决策与管理，须具有较高的智能水平和管理才能。中级公务员层秘书，一般是指中央职能部门和地方机关的办公厅（室）主任，秘书机构的局长、处长，还包括非领导职务的巡视员、调研员。

（3）初级公务员层秘书。初级公务员层秘书，就是在国家公务员序列中担任科级以下领导职务及非领导职务的秘书。这一层次的秘书承担着繁重而具体的秘书日常工作，以及调查研究、咨询服务和督促检查工作，须具有相当的办事能力和业务水平。初级公务员层秘书，一般指秘书机构中的办事员、科员、主任科员、科长等，他们中的许多人虽处于非领导职务，但在秘书工作中具有重要地位，且人数众多。

第二节　秘书工作的内容和作用

一、秘书工作的概念

秘书工作是一个含义很广的概念，在我国秘书学界，对秘书工作概念的界定，见仁见智，说法不一。多数研究者采用罗列秘书工作内容的方法，给秘书工作概念下定义；有些研究者把秘书工作定义为辅助管理活动；也有的研究者在界定秘书工作概念时出现了“同语反复”或“循环定义”的逻辑错误。

我们认为，秘书工作有狭义秘书工作和广义秘书工作之分。狭义的秘书工作，是指秘书人员为完成辅助领导工作的任务而从事的实践活动；广义的秘书工作，是指秘书人员为完成辅助领导工作和机关工作任务而从事的实践活动。

秘书工作的概念，不论是狭义的还是广义的，其共同之处是：①外延均为一种实践活动；②活动的主体均为秘书人员，而不是其他人员；③内涵均为完成某项辅助任务，这是秘书工作的本质属性。两者的根本区别是辅助的内容不同：狭义秘书工作是辅助领导工作；广义秘书工作是辅助领导工作和机关工作。

在秘书工作这一特殊的矛盾运动中，包含着六个要素：①主体——秘书人员；②客体——秘书工作任务；③导体（同时为客体）——领导者（上司）；④中介——秘书工作方法；⑤环境——秘书工作条件；⑥目标——提高领导工作效率。秘书工作机制运行的过程，就是这六个要素相互作用的过程。

二、秘书工作的类型

根据不同的标准，可以对秘书工作进行多种分类。

（一）按照辅助内容分类

根据秘书工作的辅助内容，可把秘书工作分为秘书工作和秘书性工作两大类。

（1）秘书工作。这里所说的秘书工作，即狭义上的秘书工作，就是秘书人员为完成辅助领导工作的任务而在一定业务范围内的活动。其辅助内容仅为领导工作，就是直接为领导工作服务，直接对领导工作负责。服务的重点是辅助决策、协助管理、沟通信息、协调关系和督促检查等。其日常工作有文字工作、信息工作、协调工作、督查工作、信访工作和机要工作等。

（2）秘书性工作。这里所说的秘书性工作，即广义上的秘书工作，就是秘书人员为完成辅助领导工作和机关工作的任务而从事的活动。其辅助内容既有领导工作，又有机关工作。服务的重点是处理各种事务，以保证领导工作和机关工作的正常运行。其日常工作有文书工作、会议工作、接待工作、信息工作、随从工作、印信工作、值班工作和技术性工作等。但是，秘书性工作不包含机关行政事务管理工作。

（二）按照工作态势分类

根据秘书工作的运行态势分类，可把秘书工作分为程序性秘书工作和非程序性秘书工作。

（1）程序性秘书工作。程序性秘书工作，就是有章可循的常规性秘书工作。这类工作有信息工作、信访工作、文书工作、会议工作、接待工作、值班工作、机要工作和印信工作等。由于处理程序性秘书工作有经验可借鉴，有规章作依据，只要精心办理，便可以获得满意的效果。

（2）非程序性秘书工作。非程序性秘书工作，就是过去未曾出现或很少出现、又无现成经验和规章可循的秘书工作。这类秘书工作有辅助决策、综合协调和大型督查工作，以及领导者临时交办的重大事项。由于处理非程序性秘书工作无经验可借鉴，又无规章作依据，因此其工作难度较大，并要承担一定的风险。只有认真负责，富于创造，走群众路线，并及时请示报告，才有可能做好非程序性秘书工作。

（三）按照主动程度分类

根据秘书工作的主动程度，可把秘书工作分为跟随性秘书工作和主体性秘书工作。

（1）跟随性秘书工作。跟随性秘书工作，就是由领导者指派的、以满足领导工作需要为目标的秘书工作。这类秘书工作大体上就是狭义的秘书工作，它完全响应领导工作的要求，并与领导工作保持同步。如，领导决策中的秘书工作、领导管理中的秘书工作、领导督查中的秘书工作、领导协调中的秘书工作和领导者外出期间的秘书工作，以及领导者临时交办的工作等。对于这类秘书工作，秘书人员必须认真贯彻领导意图，充分满足领导工作的需要。

（2）主体性秘书工作。主体性秘书工作，就是秘书人员根据工作常规而相对独立完成的业务工作。这类秘书工作大体上就是程序性秘书工作，它并非单纯满足领导工作的需要，主要按照秘书工作的常规去运作。如，信息工作、文书工作、信访工作、接待工作、值班工作、机要工作和印信工作等。当然，主体性秘书工作不能游离于领导工作之外，仍需服务于领导工作，只是多一些自主成分。否则，它就会与秘书工作的性质相悖。

（四）按照业务范围分类

根据秘书工作的业务范围，可把秘书工作分为通用性秘书工作和行业性秘书工作。

（1）通用性秘书工作。通用性秘书工作，就是我国党政军机关的秘书工作。党政军机关的性质和地位决定了通用性秘书工作具有较强的政治性、综合性和从属性，并对行业性秘书工作起着指导和规范的作用，其科学化程度比较高。

（2）行业性秘书工作。行业性秘书工作，就是在党政军机关以外其他组织系统的职业化秘书工作。如，司法秘书工作、涉外秘书工作、企业秘书工作、科技秘书工作、教学秘书工作和商务秘书工作等。这类秘书工作具有较强的业务性和技术性，在我国秘书工作中占有重要位置，并有不断发展的趋势。

三、秘书工作的内容

我国的秘书工作，特别是行业性秘书工作，随着改革开放和社会主义市场经济的深入发展，其工作范围越来越广泛，内容越来越丰富。因此，要划定秘书工作的范围和内容是比较困难的。常规性秘书工作主要有以下几个方面的内容。

（一）文字工作

文字工作，就是各种文稿的记录、撰拟和校核工作。它包括三项主要内容：一是文字记录，即负责会议记录、电话记录、来访记录、领导谈话记录等；二是文稿的撰拟，即起草各类文书，如通知、通报、请示、报告、函、会议纪要、计划、总结、讲话稿、协议书和合同等常用文书的撰拟；三是文稿的校核，即对文稿内容和格式进行审查把关。

（二）文书工作

文书工作，就是对来往文书的处理工作。它包括两项主要内容：一是发文处理，即以本机关名义制发各种文书的过程，如文书的起草、审核、签发、印制、登记和分发等；二是收文处理，即办理各种文书，如登记、审核、拟办、承办、催办和答复，以及立卷、归档和管理等。

（三）信息工作

信息工作，就是信息的搜集、加工、传递、公开和存贮工作。它包括四项主要内容：一是信息的搜集，即按照确定的渠道和程序，采用科学的方法和手段，把分散无序的信息资料集中起来。二是信息的加工，即对现有的信息资料进行综合处理，使其具有使用价值。三是信息的提供，即将加工后的信息及时提供给领导者、机关各部门和有关机构使用，以发挥信息共享的作用。四是信息的公开，即依法公开政府信息，充分发挥政府信息对人民群众生产、生活和经济社会活动的服务作用。

（四）协调工作

协调工作，就是围绕组织的整体目标，调整和改善部门与部门之间、工作与工作之间关系的工作。它包括两项主要内容：一是部门关系协调，即调整和改善部门与部门之间的关系，以建立良好的内外部环境。二是工作协调，即调整和改善工作与工作之间的关系，使各项工作保持和谐化和同步化，以保证组织目标的实现。

（五）督查工作

督查工作，就是对决策实施、中心工作、重要布置及领导者交办事项的督促检查。从根本上说，督查工作是对各级领导工作的监督和检查，它对于保证政令畅通、促进工作落实、克服形式主义和改进领导作风都具有重要作用。

（六）信访工作

信访工作，就是处理人民群众来信和接待人民群众来访的工作。它包括两项主要内容：一是办信，即办理人民群众来信；二是接访，即接待人民群众来访。做好信访工作，可以密切党群关系，改进机关作风，排解群众困难，构建和谐社会，推动社会主义民主和现代化建设的进程。

（七）议案和提案工作

议案和提案工作，就是对人大、政协和职代会所提议案和提案的办理工作。它包括两项主要内容：一是议案的办理，即负责人民代表大会议案的办理、办结和办复工作；二是提案的办理，即负责政协或职代会提案的办理、办结和办复工作。议案和提案工作是我国人民参政议政、管理国家和社会的一种有效形式。

（八）保密工作

保密工作，就是经管重要秘密事项，使秘密特别是国家秘密不被泄露的工作。它包括三项主要内容：一是涉密文件的保密；二是重要会议的保密；三是办公设备的保密。做好保密工作，对于保证国家和集体的安全与利益具有十分重要的意义。

（九）会议工作

会议工作，就是各种会议的筹备、组织和服务工作。它包括会议议题的提出、会议计划的拟定、会议文书的制作、会议场所的布置、会议活动的组织以及会后的收尾工作。会议是领导者进行决策与管理的重要手段之一，但要注意提高会议的质量和效率。

（十）接待工作

接待工作，就是对各类客人迎送、招待和服务的工作。它包括对两类客人的接待：一是对外宾的接待；二是对内宾的接待。做好接待工作，可以加强各方面的交流，密切各方面的关系，树立组织和领导者的良好形象。

（十一）随从工作

随从工作，就是跟随领导者到异地视察、调研、开会和参观等服务性工作。它包括外出之前的准备、外出期间的安排和外出结束后的总结等工作。做好随从工作，可以保障领导者外出工作的顺利进行，减轻领导者异地生活的负担。

（十二）值班工作

值班工作，就是在单位值班室固定或轮流担任的工作。它包括承接上级指示、负责来访接待、安排领导活动、保证机关安全、处理突发事件、编写值班材料和承办领导者交办事项等内容。值班工作是机关工作的“窗口”，直接关系到领导机关和社会组织的形象。

（十三）印信工作

印信工作，就是机关印章、领导者名章和各种戳记等的刻制、使用和保管工作。印信是机关权力的象征，也是处理公务的凭证。

（十四）通信工作

通信工作，就是对电话、传真、电脑和互联网等通信设备的操作与管理工作。

（十五）其他工作

其他工作，就是领导者临时交办的事项和对突发性事件的处理。

四、秘书工作的作用

秘书工作是领导工作和机关工作的组成部分，其作用发挥得如何，对于保证领导工作和机关工作的有效运转具有十分重要的意义。

（一）参谋助手作用

秘书工作对领导工作具有参谋和助手作用。其主要表现是：为领导工作出主意、想办法、提预案；向领导机关提供资料、提供信息、提供咨询；做好事务工作，尽量减轻领导的工作负担。秘书工作的参谋作用和助手作用是相辅相成、互为一体的，两者统一于秘书工作的实践之中，体现在大量的日常事务之中。参谋助手作用是秘书工作最主要的作用，其他作用则是这一作用的细化和延伸。

（二）沟通协调作用

从某种意义上说，秘书工作就是信息沟通工作，即负责信息的搜集、加工、传递和存贮等工作，以便为领导者进行决策与管理提供科学依据。有人把秘书比作领导者的“耳目”“喉舌”，指的就是秘书工作的沟通功能。同时，秘书还承担着调整和改善部门关系、工作关系和人际关系的任务，发挥着协调作用。秘书工作的沟通作用和协调作用是既有区别又有联系的两个方面，沟通是协调的前提，协调是沟通的结果，沟通贯穿于协调的全过程。

（三）督促检查作用

督促检查，是领导工作特别是决策实施中的重要环节，也是新时代领导工作对秘书工作的新要求。为了有效地辅助领导者进行决策与管理，秘书机构应在贯彻党和政府的路线、方针和政策，以及实施各项决策、重要部署和阶段性工作中，积极主动地开展督查工作，发挥督促检查的作用，以改变领导机关长期存在的布置多、督查少，甚至有布置、无督查的局面，推动各项工作部署落到实处。

（四）服务保障作用

秘书工作既要为领导服务，又要为机关各部门服务，还要为人民群众服务，保障组织机构有效运转。因此，必须明确指导思想，端正服务态度，提高服务质量，充分发挥对领导和机关工作的服务保障作用。

案例分析

一封无礼来信

某机关领导收到一封无礼来信，信是由一家交往很深的协作单位领导寄来的。这位领导怒气冲冲地把秘书叫来，让他记录自己口述的回信：

“×××先生：我真没有料到你会写这样无礼的信！尽管我们之间一直保持着良好的关系，但事到如今，我不得不中止我们之间的合作，并且按照惯例，我将公布于众！”领导命令秘书立即抄好寄出。

对于领导的命令，秘书可采取四种方式：

A：“是！”秘书执行领导的指示，立刻将信抄好寄出。

B：“你这样做将造成严重的后果！让我把信撕了吧。”秘书没有执行领导的指示。

C：“请你不要意气用事！难道我们自己没有需要反省的地方吗？”秘书劝告领导不要这样做。

D：“遵命！”秘书退出领导办公室，立即将信抄好，但未寄出。当天快下班时，秘书将信递给已心平气和的领导：“请您再审查一下，看是否需要修改，然后我再发走它。”

【分析与思考】

1. 逐条分析上述四种行为的优劣。

2. 你认为哪种最理想？哪种最不可取？

【参考答案】

A 行为虽然执行领导指示坚决、迅速，但是没有发挥参谋作用，是秘书的失职行为，将给组织造成不可挽回的损失。

B 行为既没有执行领导指示，又采取了粗暴的方法，等于火上浇油，不能起到劝阻领导的效果。

C 行为虽然有参谋意识，但其方法失当，同样不能起到劝阻领导的效果。

D 行为既没有违抗领导的命令，又发挥了参谋作用。秘书巧妙地采取时间缓冲法进行“冷处理”，容易达到理想的效果。

上述四种行为，D 行为最理想，B 行为最不可取。

第三节　秘书工作的特征

1990 年 3 月，习近平同志在福建工作期间，与地县办公室干部谈心时，指出办公室工作有四个特点：一是“重”，地位重要；二是“苦”，非常辛苦；三是“杂”，事务繁杂；四是“难”，难度很大。这是对秘书工作特点的形象概括。如果进行理性思考，秘书工作可分为一般特征和本质特征。

一、秘书工作的一般特征

秘书工作的一般特征，是指各类秘书工作都具有的但不同于其他工作的特征。揭示秘书工作的一般特征，有利于认识和把握秘书工作的本质特征，自觉做好秘书工作。

（一）机要性与群众性相统一

秘书工作是一项机要性很强的工作。汉语“秘书”一词，就包含“秘密”的意思。英语中的“secretary”（秘书）一词中的词干“secret”的意思是“秘密”，反映出秘书工作具有机要性。这是因为秘书工作是辅助领导工作的，而各级领导中枢都是机密核心，秘书部门是各级领导中枢的综合办事机关，秘书人员在领导身边工作，必然要接触各种机密，特别是重要部门领导的秘书，掌握很多重要情况，机要性更强。革命战争年代，我党曾派遣许多地下工作者打入敌方内部，担任敌方党政机关和军队系统的机要秘书，为我党我军提供了大量重要情报，为保护党中央的安全、夺取革命斗争的胜利做出了重要贡献。秘书部门是一个核心要害部门，秘书工作的机要性与政治性有着密切的联系。保密与窃密的斗争，实质上是政党之间、国家之间、军队之间进行政治斗争的重要表现。在经济领域中，这种斗争则是经济斗争的一种表现形式。正因为如此，古今中外的领导者在选拔、任用秘书人员时都很慎重，要求政治上绝对忠实可靠，有高度的保密观念，能够遵守保密纪律，严守各种机密。我们党和国家对秘书人员的选用条件也是十分严格的，专门制定了机要秘书工作的规定，任用前要进行政治审查，任用后要经常进行保密教育，这些都出于秘书工作的客观需要。

另一方面，也必须看到，秘书部门是各级领导机关汇集信息的中心，是联系各方面的桥梁和纽带，其工作特点具有广泛的群众性。许多文件的拟制、许多决策的实施，直接涉及群众的切身利益，必须广泛听取群众意见。在各项政策实施过程中，秘书人员必须密切注意信息反馈，倾听群众呼声，才能纠正可能出现的偏差，防止矛盾激化。秘书不仅是为领导服务的，也是为群众服务的。这种服务既有间接性，也有直接性。秘书工作主要是通过直接为领导工作服务来体现为人民群众服务的，因为领导是为人民群众服务的。秘书人员处理群众来信，接待群众来访，进行调查研究，公开政府信息，就是直接面对群众的工作。人们常说，秘书部门是机关的"窗口"和"门户"，也是从这个意义上说的。因此，秘书人员必须树立群众观念，密切联系群众，关心群众的疾苦，及时向领导反映群众的心声，成为领导联系群众的桥梁，而不是横在领导与群众之间的一堵墙。

秘书工作的机要性与群众性是对立统一的辩证关系，二者相互依存，相互结合，不可分割。如果只看到秘书工作的机要性，而忽视秘书工作的群众性，把自己完全封闭起来，拒群众于千里之外，就会割断领导与群众的联系，造成信息不灵，情况不明，滋生官僚主义和衙门作风，损害领导机关的形象和威信；反之，如果只看到秘书工作的群众性，而忽视秘书工作的机要性，就会在公务接待、来访接待和日常交往中丧失警惕，内外无别，泄露机密，给党和国家及组织自身造成不应有的损失。因此，秘书工作者必须妥善处理好二者之间的关系，既要始终坚持密切联系群众，又要时刻注意保守机密。

（二）综合性与专业性相统一

秘书部门不是领导机关的专项业务部门，而是机关的综合部门。因此，秘书工作所涉及的范围和内容十分广泛，具有突出的综合性，包括起草综合性的文电、提供综合性的信息、进行综合性的调研、处理综合性的事务、综合各部门的情况、办理不属于业务部门职责范围内的事务。综合性不仅指秘书工作内容的广泛性，更体现为对各种情况或信息进行去粗取精、去伪存真、由此及彼、由表及里的分析、归纳、抽象和概括，使之由个别上升到一般，由现象深入本质，总结出规律性的东西，这种综合性才是秘书工作的真正内涵。这一特点是由秘书工作辅助领导工作的全局性所决定的，任何一级领导者都处于不同层次的管理系统的全局位置，都必须总揽全局，预测发展，统筹规划，综合协调。各级秘书部门和秘书人员是各级领导的参谋和助手，这种地位决定了秘书工作高度的综合性。从机关的整体结构功能来看，任何机关都必须由专业部门和综合部门有机结合，才能形成合理的机关结构，而且机关层次越高，业务部门越多，越需要加强综合协调工作，以便发挥机关的整体功能。而各级秘书机构正是这样一种综合协调部门。它要求秘书人员必须具有全局观念，站在领导者的角度观察、分析和处理问题，提出建议；必须具有较宽的知识面，成为本机关、本系统的"通才"和"杂家"；必须具有较强的综合概括能力和综合协调能力，这样才能做好秘书工作。

另一方面，秘书工作有其专业性。这种专业性主要体现为秘书业务的特殊要求，例如，秘书工作要求秘书人员必须具有较高的政策水平、文字水平和理论水平，有较强的参谋能力、调研能力、信息处理能力和办文办事能力，熟悉文书、档案、保密、信访、会务、通信、礼仪等方面的知识，会操作现代化办公设备等。要达到上述要求绝非易事，非进行专业训练不可。现代管理的科学化对秘书工作的专业化要求越来越高，过去那种“万金油”式的秘书模型已不能适应现代秘书工作的需要。秘书工作的专业性还体现为不同行业的秘书必须熟悉所在行业的专门知识；否则，就无法做好秘书工作。

秘书工作是综合性与专业性的辩证统一，二者是相互渗透、相辅相成的。秘书人员的专业知识越丰富、越全面，总揽全局的综合能力也就越强；秘书人员的综合能力越强，对全局了解得越透彻，越有利于他对专业知识的掌握。二者是相互结合、相互促进的辩证统一关系。这一特征要求秘书人员一定要处理好“博”与“专”的关系，既要有较为广博的知识面，力求成为“专业通才”，又要精通秘书业务，力求成为“秘书专家”。

（三）事务性与思想性相统一

秘书部门是各级领导的办事机构，协助领导者处理日常事务，保证领导和机关工作的高效运转。秘书部门的事务性工作都是围绕领导的政务性工作进行的，大致可分为四类：第一类是日常程序性事务；第二类是临时偶发性事务；第三类是领导交办的事务；第四类是部门不管的事务。这些事务工作具有频繁、杂乱、琐碎等特点，但又渗透着极强的思想性。例如，文件校对工作中，如果稍有疏忽，错校一个关键的字，文件印发出去，就可能造成重大的政治影响；会场布置工作中，如果摆错主席台领导座位，录像播出去或照片登出去，就可能引起各方面的猜测；办信接访中，哪些信应送领导阅读，哪些人应由领导接谈，都具有思想性。人们常说“秘书工作无小事”，指的就是事情虽小，但是如果处理不好，造成的影响会很重大，因为秘书工作中的事务与领导政务密切相连。秘书工作的事务性是由秘书工作产生的基础和根本目的所决定的。秘书工作是适应领导工作需要而产生的。领导工作有政务和事务两大部分内容。领导工作日趋复杂化，而领导者的精力十分有限，这迫切要求领导者把主要精力用于政务工作方面，集中精力思考和研究宏观决策问题，而把事务性工作交给助手——秘书人员去处理，以减轻领导者的工作负担，提高领导工作效率。“秘书是领导的助手”，正是从这个意义上说的。尽管随着时代的发展，领导者越来越重视发挥秘书工作的参谋职能，但这丝毫不意味着秘书工作可以弱化处理事务的职能。无论秘书工作怎样发展变化，处理事务始终是它的基本职能之一。这一特点要求秘书人员必须从提高机关运转效率的高度，充分认识事务工作的重要性，正确处理事务与政务的辩证关系，从处理事务入手，达到参与政务之目的；必须培养勤奋、刻苦、细心的作风，克服懒惰、怕苦、粗枝大叶的毛病，不断改进工作方法和手段，努力提高办事效率。

另一方面，秘书工作具有很强的思想性。这是因为秘书机构不仅是一个办事部门，它在领导决策过程中还具有重要的参谋作用。例如，在领导决策前进行调查研究，综合情况，提供信息、方案和其他决策依据；在决策形成过程中起草文电，将领导决策形成文字信息，化为切实可行的政策和措施，以便贯彻落实；在决策实施过程中督促检查，收集反馈信息，作为修正决策的参考，以辅助领导正确决策。所有这些工作都渗透着极强的思想性。我们说“秘书是领导的参谋”，正是从这个意义上说的。在数字经济时代，领导决策科学化、民主化进程不断加快，秘书工作在领导决策过程中的地位和作用更加重要，秘书工作的思想性更加突出。这一特点要求秘书人员必须认真学习马列主义、毛泽东思想和邓小平理论，学习习近平新时代中国特色社会主义思想，努力提高思想理论水平；必须认真学习党和国家各项方针政策和法律法规，努力提高政策法规水平；必须学习和研究秘书参谋理论和方法，培养宏观思维能力，议大事，想全局，懂本行，努力提高谋略水平；紧紧围绕重大决策和单位中心任务开展秘书工作，坚决防止和克服忙忙碌碌的事务主义倾向。

秘书工作是事务性与思想性的对立统一。首先，二者是相互渗透的。秘书工作在整体上具有极强的思想性，但就局部而言，即使是思想性很强的工作，也或多或少地带有事务性。另一方面，秘书部门的日常事务性工作又无不具有内在的思想性。其次，二者是相互影响的。事务性是秘书工作的基础性工作，思想性主要是在处理事务中体现出来的，离开事务性工作，秘书工作的思想性就失去了存在的基础和本体；思想性是秘书工作的灵魂和“内核”，是做好事务工作的关键所在，离开思想性，秘书工作就失去了方向和目标，办事效率就不可能高。最后，二者是有主从关系的。在秘书工作中，思想性是主导方面，但我们决不能因此而忽视事务工作。一个优秀的秘书工作者，必须不怕繁杂，不嫌琐碎，充分认识事务工作中蕴含的思想性，在具体的事务工作中突出思想性。

（四）被动性与主动性相统一

秘书工作的辅助性质和从属地位决定了它存在着被动性的一面。这种被动性主要表现在两个方面：第一，作为领导者的参谋和助手，秘书部门和秘书人员必须按领导意图办事，不能自行其是。尽管秘书可以向领导提出不同意见和参谋建议，但在行动上必须坚决服从领导，奉命行事，不得我行我素。在这个意义上说，秘书是处于被动地位的。第二，秘书部门是各级机关的枢纽和门户，随机性的工作较多，事先难以预料。虽然秘书部门也有自己的计划和安排，但往往变动性大，随机性强，临时事务多，从这个意义上说也是被动的。

我们承认秘书工作中的确存在着被动性的一面，但并不是说被动性就是秘书工作的一个特点。事实上，许多工作都存在着被动性的一面，被动性并非秘书工作所独有。秘书人员在工作中尽管受到领导意图的制约，但他们仍然具有发挥主观能动性的广阔天地。例如：秘书人员应当善于领会领导意图，紧紧围绕中心工作寻找主动出击的方向；应当具有超前意识，增强工作的预见性和计划性；应当勤于动脑，多思善想，积极主动地向领导提出工作建议；应当注意各种情况和资料的收集，随时掌握准确、全面、有用的信息；等等。所有这些都离不开秘书人员的主动性。秘书工作实践证明：哪个单位的秘书人员积极主动，工作活跃，哪个单位秘书工作的职能作用就发挥得好，就能得到领导的褒奖和机关的信赖；反之，哪个单位的秘书人员消极被动，疲于应付，哪个单位秘书工作的职能作用就不能得到有效发挥，就不能适应领导工作的需求。“有作为，才能有地位”，这句话道出了秘书工作的真谛。

秘书工作是被动性与主动性的辩证统一，秘书人员必须正确认识和处理被动性与主动性的关系。只看到秘书工作的被动性，看不到秘书工作的主动性，必然导致秘书人员把自己完全置于被动应付的地位，满足于领导叫干什么就干什么，是肯定做不好秘书工作的。另一方面，如果不承认秘书工作有被动性的一面，无限夸大秘书工作的主动性，秘书人员就有可能离开自己的辅佐位置，摆脱领导意图的控制，产生越位行为，同样会导致秘书工作的失败。正确的做法是，既要坚决贯彻领导意图，落实领导指示，又要充分发挥主观能动性，力求从被动中争取主动，不断开创秘书工作的新局面。

（五）经常性与突击性相统一

秘书工作既有日常的常规性工作，又有临时的突击性工作，形成了秘书工作经常性与突击性的对立统一。

所谓常规性工作，既包括经常出现、反复进行的工作，如办文、办事、办会、办信、接访等，又包括周期性的工作，如年初的计划、半年和年终总结、重大节日领导活动安排等。常规性工作往往事先有预见、有计划，执行有依据，秘书部门内部分工较明确，秘书人员只要各司其职，各负其责，按章办事，就能保证机关工作正常运转。秘书做好常规性工作，有利于提高领导机关的整体工作效能，使整个机关像一部机器一样有效运转。秘书部门应注意各项常规性工作的连续性，妥善安排，定期向领导汇报情况。还应注意在常规工作中总结经验，积累资料，探索特点和规律。特别应保持对新事物的敏感，善于从常规工作中发现新情况，研究新问题，提出新办法，切忌因循守旧，故步自封。

所谓突击性工作，一方面是指事先未预计到的、突然发生的、需要秘书突击处理的事项，如重大灾情、重大事故等偶发事件，必须刻不容缓地突击处理；另一方面，指秘书临时完成某项突击性任务，如临时受命调查某一事件，为临时决定召开的会议准备材料，向突然到来的上级视察人员提供有关资料，等等。对于这些工作，秘书必须按照领导要求突击完成，不得延误。处理重大突发事件，要求秘书人员胆识兼备，善于应变，既要迅速敏捷，又要沉着冷静；完成突击性任务，要求秘书人员具有过硬的素质，吃苦的精神，顽强的作风和很高的工作效率。总之，做好突击性工作是对秘书人员素质与能力的全面检验，要求秘书人员具有较强的应急处变能力。

在秘书工作中，经常性是它的主导方面，突击性则处于次要的从属地位，二者相互联系，相互影响。秘书工作者既要连续不断地处理经常性工作，又要应付突如其来的复杂情况，这是很不容易的。实际上，经常性工作与突击性工作之间有着内在的联系。如果秘书人员对各项常规性工作的处理富有经验、得心应手，对各类问题的背景材料烂熟于心、了如指掌，对办事的各种渠道早已沟通、一呼百应，一旦遇到突发事件，就能从容应对。

二、秘书工作的本质特征

秘书工作的本质特征是综合辅助性。秘书工作实质上是领导工作的延展，是提高领导工作效率的助推器。这种本质属性具体表现在以下几个方面。

（一）贴近领导核心，辅助领导工作

秘书虽然不是领导，但他贴近领导；秘书工作虽然不是领导工作，但它直接辅助领导工作。具体表现在三个方面：

一是从秘书与领导者的空间关系看，秘书工作具有贴近领导工作的特点。秘书工作是直接为领导决策和管理服务的，是最贴近领导工作的。这种特殊的工作关系，不仅使秘书与领导者贴身近身，形影不离，亦步亦趋，更重要的是秘书在政治思想、言论行动上同领导者贴脑贴心，保持高度一致，甚至在气质习性、兴趣爱好等方面也达到志同道合。这样，秘书与领导者才能心往一处想，劲往一处使，做到心心相印，心照不宣，灵犀相通，肝胆相照，配合默契。

二是从秘书工作的运行轨道看，秘书工作具有向心运转的特点。众所周知，在宏观世界里，太阳系的八大行星都以太阳为中心，围绕太阳按照一定的轨道运转；在微观世界里，电子总围绕着原子核有序旋转。自然界是这样，人类社会也有类似的现象。秘书就是紧贴领导身边，围绕领导活动开展工作的。因此，秘书工作在运转中必须始终面向领导核心形成强大的向心力。秘书只能按照领导意图和指示精神办事，绝不能产生任何离心的倾向和行为，否则，就会变成“游离电子”而被抛弃。

三是从秘书工作与领导工作的时间特征看，秘书工作具有与领导工作同步运转的特点。秘书对特定对象的服务是贯穿于该对象所辖的各项工作和每项工作的各个阶段之中的，在时间和空间上保持与领导层活动的同步。不论什么地方、什么时间，只要有领导活动展现，就需要相应的秘书工作辅助。总之，秘书工作的展开伴随着领导活动的全过程，并在这一全过程中保证领导工作的顺利进行，为

其提供尽可能周全的方便和条件。如，某领导者要参加上级召开的一个重要会议，秘书工作也随之运转，包括准备与会议议题相关的材料、安排领导的日程、准备上级会议结束之后的贯彻预案等。这里既有智谋性的服务伴随，也有事务性的服务伴随。由此可见，同步运转和全程伴随是秘书工作的一个显著特点。

（二）不在领导职位，参谋领导之政

俗话说："不在其位，不谋其政。"这句话在秘书工作中是不适用的。秘书工作恰恰相反："不在其位，当谋其政。"这是由秘书工作的性质和任务决定的。秘书工作是适应辅助领导工作的需要而产生的，它的基本任务就是当好领导者的参谋和助手，除此之外，没有自己的特殊任务。因此，秘书工作者虽然不是领导者，但是，他必须站在领导者的角度和高度来思考和处理各种问题，想领导之所想和所未想，急领导之所急和所不急，按照惯例对工作进行超前准备，协助领导者运筹谋划，制定决策预案，督查决策落实，综合协调各种关系。秘书工作者既要能为领导者的阔步向前披荆斩棘，又要能为领导者在前进中受困扰而排忧解难，有时甚至还要为领导者代过受责。这种辅助作用是其他部门和人员无法替代的。

在秘书工作中，一方面，秘书人员往往受到秘书职位的思维定式束缚，很难站得很高，想得很全；另一方面，秘书必须为领导者出谋献策。这是一对矛盾。实际上，这两方面是辩证统一的关系。处理好上述矛盾，要求秘书人员必须做到两点：一是在思想上，秘书人员必须立足全局，高瞻远瞩，尽量同领导者保持一致，从领导者的角度去想问题、提建议、写文件等；二是在行动上，秘书人员必须划清与领导者的界限，领导就是领导，秘书就是秘书，秘书必须坚决服从和贯彻领导的指示和意图，决不允许越位擅权，以领导者的身份说话、办事。否则，秘书就会发生角色错位，在实践中必定会栽跟斗。

（三）没有领导权力，隐含领导权力

权力是一种有存在的实感但没有形体的社会现象。就一般含义而言，权力是指主体凭借某种后盾，在一定社会关系中使客体接受其意志，并按这一意志去行动，以达到某种目的的一种支配力量。权力具有指向性、支配性、工具性、易主性等特点。领导者的权力是管理者和被管理者之间的一种特殊影响力或支配力，它与领导者的职位密切联系，表现为领导职权。一定的职位就具有相应的权力。领导者的权力表现为有形与无形两个方面。领导者运用某些强制手段来控制下属的行为，运用经济上的奖励或制裁手段来激励、限制下属的行为，是物质的手段，是有形的方面。但是，领导者仅靠有形手段来管理是远远不够的，也是不高明的。领导权力的主要方面应是无形的影响力。领导者的影响力不仅同领导者的地位和权力密切相关，而且同领导者的过人能力和高尚品格密不可分。领导者的地位只是权力的象征，而能力和品格才是权力的实质，能将二者统一起来的领导者不仅

具有强大权力，而且具有崇高权威。

秘书工作者只能为领导工作提供服务，按领导意图和要求办事，其本身没有领导的权力，也不能直接行使任何领导权力。但是也要看到，秘书部门作为领导的办事机构，其工作是为领导直接服务的工作，实质上是为领导权力运行服务的工作，其本身就隐含着一定的权力。例如，秘书完成领导者授权交办的任务，秘书部门以机关名义进行公务活动，就体现着权力的活动，或者说隐含着要求人们服从的那种权力行为的属性。秘书工作虽是辅助性、服务性的工作，但它是把无权与有权融为一体的有权威的工作。权力与威信的结合就是权威。权威是使人信赖和服从的力量和威望，是使被管理者甘愿接受其影响或支配的一种心理因素；服从是管理活动中尊重并执行意见的行为。在管理活动中，权威是非常必要的。没有权威就不能有效地指挥和协调分工与协作的复杂关系，管理活动就会陷入混乱。秘书工作是辅助领导者进行管理的活动，本质上也属于管理活动的范畴，因此，秘书工作需要有一定的权威性。另一方面，由于秘书始终围绕领导权力的运行而工作，秘书工作中必然隐含有权威性。不承认这一点，就无法解释现实生活中秘书的特殊地位和影响。明白了这个特征，秘书工作者就应当严格约束自己，一方面，要站在自己的位置履行秘书职责，不能越位擅权，滥用权力，以权谋私；另一方面，要充分利用秘书特殊的地位和影响，树立秘书部门的权威和形象，顺利推进各项工作，完成领导者交给的任务。

（四）贯彻领导意图，反映群众利益

领导意图是领导者指导部属实现组织目标所提出的确定意见。领导意图的形成主要依据四个方面的结合：一是辩证唯物主义原理与领导活动实践的有机结合；二是上级指示精神与本单位具体情况的有机结合；三是领导者思想水平与群众主流意见的有机结合；四是领导活动一般规律与本组织执行不同任务的特殊规律的有机结合。上述四个结合，就是领导意图的形成原理。这一原理推动着领导活动，也制约着领导活动，并由此派生出一系列领导原则。秘书工作千头万绪，核心是贯彻领导意图。贯彻领导意图，渗透于秘书各项工作之中，贯穿于秘书工作过程的始终。按领导意图办事，秘书工作就能充分发挥辅助作用；离开领导意图，秘书工作就会迷失方向和目标。因此，秘书工作者必须明确领导意图形成的原理，了解领导意图的类型和特征，掌握领会和贯彻领导意图的原则和方法，不仅要准确领会领导意图，补充完善领导意图，而且要创造性地贯彻执行领导意图。

另一方面，秘书在工作中必须反映群众利益。这是因为我国是社会主义国家，人民群众是国家的主人，人民群众的利益是我们党和国家的最高和最大的利益。习近平总书记指出，江山就是人民，人民就是江山。必须树立以人民为中心的发展思想，坚持人民至上，紧紧依靠人民、不断造福人民、牢牢植根人民，并落实到各项决策部署和实际工作中。所以，一切党政军机关的领导者，必须代表广大

人民群众的根本利益；一切企事业单位和其他社会团体的领导者，也必须代表本组织、本团体的群众利益。总之，一切领导意图的形成，必须代表广大群众的意志和利益，反映群众的意见和呼声。因此，秘书工作必须注意反映群众利益。

秘书工作贯彻领导意图与反映群众利益，二者是辩证统一的关系。一方面，由于领导意图必须代表和反映群众利益，秘书贯彻领导意图，就是反映和维护群众利益；另一方面，秘书有责任协助领导者形成正确的意图，因而也就有责任向领导者反映群众的利益。只有向领导者全面、客观、及时地反映群众的情绪、群众的生活、群众的利益，才能使领导者密切联系群众，作出符合群众利益的决策，形成正确的领导意图。在现实生活中，有时还会出现领导意图和群众利益相矛盾的情形，作为秘书工作者，必须努力协调二者的关系，将对上负责与对下负责一致起来，将对领导负责与对群众负责一致起来，真正起到领导联系群众的桥梁和纽带作用。

案例分析

谁的功劳

年终总结的时候到了，秘书程鹏忙了起来。刘处长点名要他负责起草总结报告。今年的总结与以往不同，原来都是走走形式，大家都不当回事儿。今年，局里新换了局长，明确指出，年底的奖金发放论功行赏，工作做得好，奖金人人升一级，工作没做好，人人降一级。

常言道："做得好不如说得好。"这句话虽然有弄虚作假的嫌疑，但也说明既要做得好，也要说得好。不说出来，有些背后的、隐性的工作成绩如何让别人知道？因此，对于年终总结这个"表功"的关键环节，各处室都很重视，都在暗中使劲。

刘处长特意叮嘱程秘书："今年处里的工作任务完成很出色，能不能画个圆满的句号，让领导满意，就看你写总结报告的水平了。"程鹏也晓得其中的利害，自从接受任务以后，连续熬了几个通宵，终于写出了一篇洋洋洒洒、既有文采又有深度的总结报告。刘处长看后连连点头，高兴地说："今年的奖金拿定了，到时候我们全处的同志都要好好感谢你啊!"

果然，在全局总结大会上，程秘书写的文稿经刘处长声情并茂地讲演，获得了全局上下一致好评。会后，局长专门对刘处长说："老刘啊，今年你们处的总结不错，很有深度。"刘处长听了十分高兴。知道内情的人都为程秘书鸣不平，说这是程秘书的功劳。程秘书听后严肃地说："不能这么说，我只是按照领导的要求写了个草稿，最后定稿的还是处长。"

【分析】

秘书是为领导服务的，是领导的参谋和助手。领导在决策之前会让秘书做一些先期工作，如调查研究、收集信息、草拟文稿等。有的秘书业务能力较强，完成领导交给的任务比较到位，无须领导花费更多的工夫，但这不等于秘书的功劳，因为是由领导拍板的，就此已经转化为领导的意志了，而最终为此负责的也是领导者。毛泽东的秘书田家英才学深厚，为毛泽东撰写了许多脍炙人口的文稿，其中“谦虚使人进步，骄傲使人落后”的警句家喻户晓、妇孺皆知，就出自田家英之手。但田家英从不居功，若不是毛泽东自己讲出来，大家永远都会以为是毛泽东的名言。因此，秘书工作的特点和规律要求秘书人员必须甘当领导身后的无名英雄。案例中程秘书的态度值得大家学习。

第四节　秘书工作的基本规律

秘书工作的基本规律，实质上就是秘书工作基本矛盾运动的规律。因此，我们认识秘书工作的基本规律，必须从分析秘书工作的基本矛盾及其运动入手。

一、秘书工作基本矛盾的运动

领导辅助需求与秘书辅助水平之间的矛盾，就是秘书工作的基本矛盾。在秘书工作基本矛盾运动的过程中，矛盾双方的地位、作用和相互关系是怎样的呢？

（一）领导者的辅助需求是推动秘书工作基本矛盾运动的主导因素

首先，领导者的辅助需求是秘书工作产生和存在的客观动因。任何社会活动的产生都与社会发展的客观要求有着密切联系。秘书工作既然是辅助领导工作的社会实践活动，它的产生必然以领导者的辅助需求为前提。如果领导者没有辅助需求，就不可能产生秘书工作；当领导者有了辅助需求时，秘书工作的产生就成为必然。为什么领导者会产生辅助需求呢？这是因为领导者的辅助需求根源于领导事务的复杂性与领导者自身素质的局限性这对矛盾的存在。众所周知，任何领导者从事的管理活动都是一个动态的综合系统，涉及管理的方方面面，既有宏观决策性问题，又有微观事务性问题。然而，再高明的领导者，其精力、智力毕竟都是有限的，不可能事必躬亲，面面俱到，这就形成了一对尖锐的矛盾。解决这一矛盾的有效途径，就是领导者要善于运用“分身术”，配备秘书人员或秘书班子，加强辅助力量，以实现领导功能的延伸和放大。社会发展的客观实践证明，秘书辅助体制的出现大大减轻了领导者的工作负担，提高了领导效能，是解决这一矛盾最有效的途径。由此可见，领导者的辅助需求是秘书工作赖以产生和存在的客观动因。

其次，领导者辅助需求的日益强化是促使秘书工作不断发展的根本动力。由于科学技术的不断发展，社会生产力水平的不断提高，引起生产关系和上层建筑领域的不断变革，促使社会组织的领导与管理日益复杂化，对领导决策与管理的科学化、民主化要求越来越高。现代领导者的素质同过去相比虽然有了很大提高，但是，面对日新月异的科技发展和错综复杂的管理事务，常常会感到力不从心，现代领导工作的科学化要求与现代领导者素质的局限性这对矛盾越来越尖锐，领导者对秘书辅助的需求越来越强烈，这就是秘书工作日益兴旺发达的根源所在。在数字经济的新时代，任何领导行为都不是个人的行为，也不是哪几个人的行为，而一种结构的行为、体制的行为，是领导者同一定的秘书组织结构和机关组织结构发生联系所产生的综合效应。秘书工作者已成为领导者开展工作不可缺少的辅助力量，而且这支辅助力量有不断加强的趋势。

最后，领导者辅助需求的发展变化决定秘书工作辅助内容的变化和辅助水平的高低。先从领导者的辅助内容需求来看，它具有不断发展变化的趋势，这种变化直接导致秘书工作内容的变化。例如，过去领导者主要靠经验决策，要求秘书工作者主要提供文牍性、事务性辅助；现代领导者必须实行科学决策，要求秘书工作者不仅会办文办事，还必须出谋献策。于是，辅助决策便成为我国当代秘书工作的基本职能，并围绕这一职能加强了信息调研、督促检查和综合协调工作。再从领导的辅助水平需求来看，其也是高低不同的。领导者对秘书辅助水平需求的高低取决于领导水平的高低。一般说来，二者是成正比的。领导水平由三个基本要素构成：一是领导者的综合素质；二是对领导对象的认识和把握程度；三是领导方法和艺术。三者相互联系，相互作用，决定领导水平的高低。其中，领导素质是关键因素。它们之间的逻辑关系是：领导者的素质越高，对领导对象的认识和把握越准确，所采取的领导方法越对路，领导水平就越高，对秘书工作者的辅助水平需求也就越高；反之，则越低。不可设想，低水平的领导者能对秘书工作者提出高水平的辅助需求。以上三个方面充分说明，领导者的辅助需求是推动秘书工作基本矛盾运动的决定因素。

（二）秘书的辅助水平对提高领导效能有重要影响

秘书工作者虽然是适应辅助领导工作的客观需要而产生的，并且与领导者组成主辅一体化的工作体制，但是，秘书工作者毕竟不是领导者，而是被领导者，因此，作为一个特殊的辅助阶层和能动的工作主体，他们一经产生，就具有相对的独立性，并且与领导者构成一对特殊的矛盾，对领导效能产生直接而重要的影响。这种影响并非完全消极的、被动的，而是积极的、能动的。这种影响可能会导致两种结果：当秘书工作者的辅助水平与领导者的辅助要求相适应时，就会产生积极的影响，促进领导效能的提高；当秘书工作者的辅助水平与领导者的辅助要求不相适应时，就会产生消极的影响，阻碍领导效能的提高。秘书工作者的辅助水平也由三个基本要素构成：一是秘书人员的综合素质；二是对辅助对象和内容的认识和把握程度；三是辅助方法和艺术。三者相互联系，相互作用，决定秘书工作者辅助水平的高低，其中秘书人员的综合素质是关键因素。它们之间的逻辑关系是：秘书人员的综合素质越高，对辅助对象和内容的认识和把握越准确，所采取的辅助方法和手段越对路，辅助水平就越高，对领导者辅助需求的满足程度就越高，对领导效能就会产生正效应；反之，则越低，甚至对领导效能产生负效应。一般情况下，秘书工作者的辅助水平只能对领导工作效能产生积极的或消极的影响，而不能产生决定性的影响。这是因为领导工作有其自身发展的客观规律，领导者在秘书工作中起着主导作用，所以对领导效能产生决定性影响的是领导者自身，秘书工作者只能根据领导工作的规律，通过辅助方式对领导工作产生一定的影响，而这种影响毕竟是辅助性的、外在的因素，因而它通常不能对领导效能产生决定性的影响。只有在某些特殊情况下，才可能产生决定性的影响。

（三）秘书工作基本矛盾的运动过程

根据唯物辩证法原理，在秘书工作基本矛盾运动中，领导者的辅助需求始终是矛盾的主要方面，居主导地位，是最活跃的、起决定作用的因素；秘书工作者的辅助水平是矛盾的次要方面，处于服从地位，是能动的、起影响作用的因素。秘书工作者的辅助水平与领导者的辅助需求之间的矛盾运动是：从开始不适应到基本适应，再出现不适应，经过学习、改革、提高，再到基本适应，如此循环往复以至无穷。但每次循环并不是简单的重复，而是螺旋式上升到更高一级的阶段，由此推动秘书工作不断向前发展。

二、秘书工作基本规律的内涵

秘书工作者的辅助水平一定要适应领导者的辅助需求，这是秘书工作基本矛盾运动过程中不以人的主观意志为转移的客观规律。我们可把这个规律概括为一句话："辅助领导工作规律。"如何正确理解这一规律的内涵呢？

第一，秘书工作以领导的辅助需求为转移。

这种主辅关系规定了领导者在秘书工作中居于主导和支配的地位，秘书工作者处于辅助和服从的地位，秘书工作者必须服从于领导者的辅助需求，积极主动，千方百计提高辅助水平，以满足和适应领导者的辅助需求。就双方所起的作用而言，领导者的辅助需求起主导作用，而且它会随着时间、地点、条件的转移而变化；秘书工作者的辅助水平则具有能动的反作用，它会不断地使自己适应这种变化并促进新的领导需求的形成。一切离开领导者辅助需求的秘书工作，不仅是毫无价值的无效劳动，而且有可能成为提高领导效能的阻碍因素，那就违背了秘书工作的根本宗旨，也违背了秘书工作的基本规律。

第二，领导的辅助需求具有客观规定性。

领导者的辅助需求是一个特定的概念，它是指领导者在工作中需要秘书人员协助处理的各种事务。正确理解这一概念，应当把握以下几点：①领导者的辅助需求主要是指领导工作、公务工作的需求，而不是领导私人或私欲的需求。必须把辅助需求严格限定在公务活动范围之内。②领导者的辅助需求是否正当、合理，必须以减轻领导工作负担、提高领导工作效能、促进组织目标的实现为检验标准。凡是有利于减轻领导负担、提高领导工作效能、实现组织目标的辅助需求，就是正当的、合理的领导需求；反之，就是不正当、不合理的领导需求。秘书工作者必须满足和适应正当的、合理的领导需求，而不能是非不分，满足领导者的一切需求。③必须区分“领导需求”和“普通社会人的需求”两个不同的概念。作为“领导者”，他扮演着领导角色，他的需求自然是指领导工作的需求，因此，“领导者的辅助需求”实际上就是领导工作的需求。秘书工作适应领导者的辅助需求，也就是适应领导工作的需求。然而，领导者作为一个普通的社会人，同时担任多个社会角色。例如，一个“领导者”可能还担任“丈夫”“父亲”“儿子”“亲戚”“朋友”“战友”“同乡”“同学”等多种社会角色，而不同的社会角色必然会有不同的角色期待和角色需求。在众多的角色需求中，秘书工作者只能满足“领导者”的角色需求，不允许也不可能满足领导者作为其他角色的需求。由此可见，我们所说的领导需求，不是主观随意的，更不是无边无际的，而是一个具有客观规定性的科学术语。秘书工作者适应领导者的辅助需求，主要是指适应领导工作的需求，而不是适应领导的一切需求。

第三，领导的辅助需求归根结底是由其所代表组织的根本利益决定的。

马克思主义认为，人们的一切社会活动，归根结底都与他们的根本利益有关。因此，我们认识秘书工作规律，也必须探求其利益根源。任何一级组织的领导者都必须代表组织的根本利益，反映组织成员的意志；组织的根本利益决定组织的总体目标，组织目标决定领导意图的形成，领导意图决定秘书工作的方向，这就是组织利益与秘书工作之间的内在联系。因此，秘书工作者要适应领导者的辅助需求，最根本的是站在领导工作全局的高度，深刻领会和贯彻执行领导意图，促进组织目标的顺利实现，自觉维护领导所代表的组织利益。

第四，秘书的辅助水平要同领导的辅助需求相适应。

这种“适应”不可能做到“完全适应”，只能达到“基本适应”，主要体现在以下三个方面：一是工作目标的同一性，即秘书工作目标与领导工作目标高度一致。秘书人员的一切工作都应为促进领导实现其工作目标服务。二是工作节奏的同步性，即秘书工作的节奏与领导工作的节奏保持同步运转，做到十分“合拍”。三是工作配合的同心性，即秘书与领导之间相互信任，相互尊重，思想一致，同心同德，工作中配合默契。领导者使用秘书感到十分顺手，对秘书的工作很满意；秘书在领导身边工作感到十分顺心，对领导者的品格很敬佩，使相互关系和工作绩效达到最佳状态。

秘书工作者的辅助水平与领导者的辅助要求相适应，具体表现为三种境界。第一种是跟踪适应，即先有领导者提出辅助需求，才有秘书工作者为适应这种需求所做的努力。对于刚踏上秘书岗位的人来说，这是必然要采用的方式。这种跟踪服务方式是一种被动适应，具有滞后性。第二种是同步适应。当秘书工作者熟悉了单位的情况，积累了一定的经验，注意在实践中不断总结提高，他就会不满足于跟踪适应的方式，而是自觉地想领导之所想，急领导之所急，领导工作一旦需要什么，他就能及时提供有效的服务。做到了这一点，就可称之为“同步适应”了，这种服务方式具有及时性。第三种是超前适应。如果秘书人员在做好实际工作的同时，重视理论研究，善于用理论指导实践，用先进技术处理信息，又能高瞻远瞩，统揽全局，并能跨越时空，比较准确地预测领导工作面临的问题，事前做好充分准备，那就是“超前适应”了。超前适应是一种积极能动的适应，是秘书工作辅助水平的最高境界。在秘书工作中，上述三种境界都不同程度地存在着。三种境界的比例大小反映出秘书工作者辅助水平的高低。

第五，秘书工作者要不断提高辅助水平。

秘书工作者辅助水平的高低，直接影响到对领导者辅助需求的满足程度。因此，秘书工作者要提高辅助水平，必须从三方面着力：一是努力提高综合素质，这是决定秘书工作辅助水平的关键因素；二是潜心研究领导者辅助需求，善于从领导工作的发展过程中把握领导意向，对领导者可能产生的需求进行超前预测，力求从被动中争得主动，并自觉按照领导需求提供辅助与服务；三是不断改进工作方法和手段，以适应领导者发展变化的辅助需求。还必须看到，领导者对秘书工作的辅助需求是多方面的，为适应领导者多样性的辅助需求，秘书工作者还必须努力探索各项秘书工作的特殊规律。只要真正掌握并自觉遵循这些规律，就能充分发挥秘书工作在辅助的职能。

案例分析

“史上最强女秘书”

20××年×月×日晚，EMC 大中华区总裁陆纯初回办公室取东西，到门口才发现自己没带钥匙。此时他的私人秘书瑞贝卡已经下班。陆试图联系瑞贝卡未果。数小时后，陆纯初还是难抑怒火，于是在凌晨 1 时 13 分通过内部电子邮件系统给瑞贝卡发了一封措辞严厉且语气生硬的“谴责信”。信中说：“瑞贝卡，我曾告诉过你，想问题、做事情不要想当然！结果今天晚上你就把我锁在门外，我要取的东西都还在办公室里。问题在于你自以为是地认为我随身带了钥匙。从现在起，无论是午餐时段还是晚上下班后，你要跟你服务的每一名经理都确认无事后才能离开办公室，明白了吗？”陆在发送这封邮件的时候，同时传给了公司几位高管。结果瑞贝卡以一封咄咄逼人的邮件进行了回复，信中写道：“第一，我做这件事是完全正确的，我锁门是从安全角度考虑的。北京这里不是没有丢过东西，一旦丢了东西，我无法承担这个责任。第二，你有钥匙，自己忘了带，还要说别人不对。造成这件事的主要原因都是你自己，不要把自己的错误转移到别人的身上。第三，你无权干涉和控制我的私人时间，我一天就 8 小时工作时间，请你记住中午和晚上下班的时间都是我的私人时间。第四，从到 EMC 的第一天到现在为止，我工作尽职尽责，也加过很多次的班，我也没有任何怨言，但是如果你们要求我加班是为了工作以外的事情，我无法做到。第五，虽然咱们是上下级关系，也请你注重一下说话的语气，这是做人最基本的礼貌问题。第六，我要在这里强调一下，我并没有猜想或者假定什么，因为我没有这个时间也没有这个必要。”瑞贝卡让 EMC 中国公司的所有人都收到了这封邮件。这件事在网上吵得沸沸扬扬，形成几万人转发的局面。一些网友称瑞贝卡为“史上最强女秘书”。不久，她被公司解雇了。

【分析】

上述案例中，虽然瑞贝卡的做法看似很过瘾，而且受到了“粉丝”的追捧，但她处理这件事相当不冷静。这件事的发生虽然有中外文化障碍的问题，但更主要地源自一种职业意识和非职业意识的障碍。而且作为秘书，她并没有尊重和理解“职场规则”。她既不懂现代企业岗位分工常识和薪酬给付原则，也没有理解企业中的绝对服从原则，甚至不具备基本的“职业精神”。

业内人士认为，秘书瑞贝卡的正确做法应该是，用英文写一封回信，解释当天的原委并接受总裁的要求，语气要注意温婉有礼。同时给自己的顶头上司说明原因，坦陈自己的错误并道歉。作为秘书要常提醒自己，不要忘了自己的身份，与上司发生矛盾或者发现上司有某种毛病时，一定要先想到自己的地位和身份。秘书要甘当配角，牢固树立服务意识和角色意识，否则，最后吃亏的一定还是自己。

第五节　秘书工作的重要关系

在长期的秘书工作实践中，人们发现并总结了六个既相互对立又辩证统一的重要关系。能否正确处理这些重要关系，影响甚至决定秘书工作的成败。因此，我们应当熟悉秘书工作中的六个重要关系，掌握正确处理的原则与方法。

一、依从性与独立性

纵观人类社会发展史，没有领导者，不可能有秘书；有秘书的地方，必定有领导者。它说明，秘书是依附于领导而存在的，是适应领导辅助需求而产生和发展的。因而，秘书在工作中必须按领导的意图和要求行事，必须服从领导的指示，不这样，就不能做好秘书工作，这就是秘书职业的依从性。但是另一方面，秘书毕竟是独立于领导之外的活生生的个人，既然是独立的人，他们必然有相对独立的思维、独立的性格、独立的心理、独立的人格，不可能与领导绝对融为一体。秘书与领导不过是为了共同的利益和目标走到一起，形成主辅一体化的合作关系。清代著名秘书学家汪辉祖曾说“合则来，不合则去”，说的就是这个道理。连封建社会的秘书人物都有自己的独立人格，在社会主义条件下，人权得到充分的尊重和保障，秘书与领导在政治上是完全平等的，没有尊卑贵贱之分，秘书应该有独立的人格。秘书职业客观上存在着独立性的一面，这种独立性是不以人的主观意志（包括领导者的意志）为转移的。过去只讲依从性而不讲独立性，这是不全面的，也不符合客观实际。问题的关键是秘书如何处理好依从性与独立性的关系。一个优秀的秘书，应当将依从性与独立性有机统一起来，在工作中既要听命于领导者，又要保持自己独立的人格。

二、原则性与灵活性

秘书工作是直接为领导工作服务的，领导是制定政策的。这就要求秘书人员既要熟悉党和国家的方针政策和本行业本组织的各项规章制度，又要在秘书工作中始终不渝地贯彻这些政策和制度，不能徇私情而违反政策和纪律，这就是秘书工作的原则性。另一方面也应当看到，秘书人员是协助领导处理日常事务的，这些日常事务纷繁复杂、千变万化，不可能用一个固定的模式去处理，必须从实际出发，灵活处置。特别是遇到紧急、特殊情况，往往无政策可依，无经验可鉴，更要秘书人员发挥主观能动性，随机应变，灵活机动，适时处理，这就是秘书工作的灵活性。因此，秘书人员既要有原则性，又要有灵活性，二者不可偏废。只强调原则性、不讲究灵活性，就会变得究板、固执，陷入教条的泥沼；只强调灵活性、不坚持原则性，就会丧失原则，违反政策，走上自由主义的邪路：二者都是不正确的。

三、决策与参谋

名人名言

一个优秀的秘书不是为自己的上司而工作，而是与上司共同工作。但是在任何时候，他都必须牢记一切权力属于自己的上司这一铁的原则。

——［日］夏目通利

领导的基本职能是决策，秘书的基本职能是辅助领导决策，二者形成了主辅一体化的工作关系，秘书在工作中必须处理好决策与参谋的关系。秘书人员一定要明确，决策的主体是领导者，自己的职责是出谋献策，为领导决策服务，千万不能颠倒领导与秘书在决策中的地位，切忌喧宾夺主，越位超权，要做到谋而不断。秘书要努力提高自身素质和能力，树立大局意识，掌握各方面情况和信息，更好地为决策提供信息和谋略，同时要善于从领导者的言行中捕捉领导意图，发展和完善领导意图。总之，在决策活动中，秘书要摆正自己的位置，既要主动当好参谋，又不能干扰领导决策。

四、幕后与台前

秘书工作的辅助性质决定了秘书职业的幕后性，即秘书必须默默无闻，做大量的幕后工作，为领导者在台前活动做准备。这就要求秘书人员具有身居幕后、甘当无名英雄的职业道德。另一方面，秘书由于经常授权办事，代领导参加会议、出席谈判，接待来宾，协调关系，调查研究，传达领导指示，代领导看望有关人士等，出头露面的时候比较多，往往从“幕后”走到“台前”。而且随着管理科学化程度的提高，秘书辅助管理的职能日益加强，秘书从幕后走向台前的趋势更加明显。这就要求秘书人员培养和树立良好的自信心，在各种必须露面的场合显得落落大方，灵活机智，处事果断，以自己的言行树立起领导和组织良好的形象。总之，秘书必须处理好幕后与台前的关系，既要甘居幕后，不计功名，又要善于在台前恰当地表现自己，注意树立和维护领导和组织的形象。

五、迅速与准确

秘书工作的根本目的是提高领导工作效率。因此，迅速是衡量秘书工作效率的一个重要标志。秘书人员一定要培养雷厉风行、快速反应的过硬作风，在“快”字上狠下功夫。另一方面还必须懂得，秘书工作必须力求准确无误。俗话说，“秘书的笔下有财产万千，有人命关天，有是非曲直，有毁誉忠奸”，一字之差可能会导致严重后果，丝毫马虎不得。因此，秘书工作不能只图迅速，还必须保证准确。从某种意义上说，准确是秘书工作的生命。迅速与准确是一对矛盾，二者相互对立，又相互统一。只讲迅速不顾准确，秘书的劳动产品不合格，可能会导致领导决策失误，给事业造成不可挽回的损失；只讲准确不讲迅速，秘书的劳动产品尽管合格，却由于延误时间派不上用场，仍然是秘书的失职。只有把二者统一起来，在保证准确的前提下追求迅速，才能提高工作效率。

六、保密与公开

秘书在工作中应当正确处理保密与公开的关系，应当保密的信息必须严格保守，应当依法公开的信息必须适时公开。一方面，秘书工作天然的机密性和政治斗争的复杂性，要求秘书人员必须在政治上绝对忠诚可靠，具有很强的保密观念，严格遵守保密法规和保密纪律，做到严守机密，绝不外泄，确保国家和组织安全与发展利益。另一方面，秘书部门是组织管理系统的枢纽，既是信息中心，又是机关的窗口，其工作又有很大的开放性。这就要求秘书人员必须适应时代发展，树立开放和共享观念，提高工作的透明度，在确保国家和本组织信息安全和发展利益的前提下，应当依照政策法规公开本行业和本组织有关信息，切实保障公民、法人和其他组织获取有关信息，充分发挥信息对人民群众生产、生活和经济社会活动的服务作用。

第六节 秘书学的相关学科

秘书学是研究秘书工作现象及其规律的一门学科，它与众多学科有着密切的关系。

阅读材料

秘书学诞生于20世纪40年代的美国。我国对秘书学的研究是伴随着改革开放的进程从20世纪80年代初期开始的，至今已走过了40多年的历程。据不完全统计，从1984年第一批秘书学著作问世至今，我国已出版秘书学专著、教材、辞典、工具书近千种，创办秘书期刊10多种。学科理论的形成大致经历了由经验描述到知识移植，再到理论构建、形成特色等几个阶段，现已达到知识体系完整和成熟的阶段，成为一门独立的学科。

一、秘书学与汉语言文学的关系

汉语言文学是汉语语言学和汉语文学的合称。在我国，秘书学与汉语言文学颇具渊源。古往今来，语言文字水平和应用写作能力始终是中国秘书必备的核心能力。因此，秘书学必须吸收汉语言文学相关知识，来丰富和完善自己的知识体系。

二、秘书学与决策学的关系

决策学是20世纪50年代兴起的一门综合学科。在西方，它最早始于美国，由著名学者、诺贝尔经济学奖获得者西蒙（H. A. Simon）等人创立。从20世纪80年代开始，决策科学逐步受到我国领导机关和理论界的普遍重视。决策的民主化和科学化已经成为领导者的首要职能。

为适应领导决策民主化和科学化的需要，辅助决策已成为重要的秘书职能。尽管秘书学与决策学在学科对象上截然不同，但两者在研究内容上呈现交叉状态，即秘书学在研究辅助决策时，必然要涉及决策理论、决策程序、决策方法和决策技术等，只是它研究的重点和方面不同，秘书学是从辅助决策的角度进行研究的。显然，秘书学与决策学之间存在着一定的学科交叉关系。

三、秘书学与管理学的关系

管理学是一门研究一般管理活动及其规律的综合性学科。它着重研究管理原理、管理过程、管理职能和管理技术等内容。第二次世界大战后，管理科学在西方发展很快，曾经历过科学管理、行为科学和管理科学三个发展阶段，并发展成为一门显科学。

由于秘书工作是一种特殊的管理活动，即辅助管理活动，因此，秘书学研究必须借鉴和吸收管理学的研究成果，如计划、组织、指挥、协调和控制等管理过程理论，以便从中演绎出管理过程中的秘书工作内容。因此，秘书学与管理学也存在着某种学科交叉关系。不同的是，前者研究的是辅助管理活动，后者研究的是一般管理活动。此外，两者在研究重点、研究范围和研究角度上也各有不同。

四、秘书学与行政学的关系

行政学（亦称行政管理学）是一门研究行政现象及其规律的学科，其主要研究内容有行政原理、行政组织、行政领导、行政决策、行动法规、行政监督和机关管理等。自20世纪80年代起，我国的行政学研究发展迅速，成果显著。

在行政学的研究内容中，对“机关管理”的研究，就是对政府系统各级综合办事机构——办公厅（室）管理的研究。其中主要是对秘书机构和秘书工作的研究。可以看出，行政学的内容包含着秘书学的内容。行政学的建设与发展，为秘书学提供了理论依据和知识来源；秘书学的建设与发展，又为行政学拓宽了学术视野和研究领域。

五、秘书学与文书学的关系

文书学是研究文书和文书工作及其规律的一门学科。它主要研究文书理论、文书的形成、文书的运转、文书的生效和文书的终止，以及文书工作的原则和效率。在我国，文书学的发展先于秘书学，已成为一门独立的学科。

秘书学与文书学的关系十分密切。这是因为秘书人员包含文书人员，秘书机构包含文书部门，秘书工作包含文书工作。也就是说，秘书学的研究内容包含文书学的研究内容，两者之间存在着包含与被包含的关系。但是，作为不同的学科，两者的区别也是明显的：秘书学是从宏观上研究文书及文书工作的，侧重研究文书的阅读、撰制、运行和功用等；文书学是从微观上研究文书及文书工作，侧重研究文书及文书处理工作，具有较强的技术性和可操作性。

六、秘书学与应用写作学的关系

应用写作学是写作学的一大门类，它是研究应用文体写作活动、写作技法及其规律的一门应用学科。其研究内容主要有应用文体知识、应用写作原理、应用文体写作及其训练等。我国应用写作学的发展较快，除普通应用写作学外，还产生了诸如机关应用文写作、财经应用文写作、司法应用文写作、涉外应用文写作、军事应用文写作和科技应用文写作等分支学科。而在机关应用文写作中，又产生了公文写作学。

秘书学与应用写作学，特别是与以公文写作为主的机关应用文写作学的关系较为密切。其原因是：写作活动是秘书活动的重要方面，写作知识是秘书必备的专业知识，写作能力是秘书的核心能力之一。也就是说，秘书学也研究应用写作特别是常用文体的写作，两门学科也存在着某种交叉关系。但两者的研究层次、研究范围和研究重点不同，秘书学只研究应用写作的一般理论和部分领域，而应用写作则研究各类应用文体的写作及其训练。

七、秘书学与心理学的关系

心理学是研究人的心理现象及其规律的科学。心理现象包括心理过程和人的个性及其心理特征两大方面：心理过程即认识过程、情感过程和意志过程；人的个性及心理特征即人的能力、气质和性格等。心理学真正成为一门独立的科学，是 19 世纪以后的事情。百年来，心理学在其发展过程中不断与其他学科相互渗透，形成了众多的分支学科，并越来越向着应用方面发展。

秘书人员在其成长过程、职能活动和社会交往中，产生并形成了各种心理现象，如秘书的智力、非智力因素以及个性及其心理特征、心理状态等。如何从心理学的角度去研究秘书人员的心理过程和心理特征，以促进秘书的健康成长，从而促进工作效率的提高，已成为秘书学研究的重要领域。秘书心理学作为心理学和秘书学的交叉学科，已经在我国应运而生，成为秘书学专业学生的一门课程。

八、秘书学与公共关系学的关系

公共关系学是研究公共关系活动及其规律的一门边缘学科，它涉及管理科学、行为科学、传播学、社会学、心理学、行政学、政治学、语言学和逻辑学等多门学科。其研究内容主要有公关原理、公关实务、公关策划、公关组织和公关人员，以及各行各业的公共关系。一般认为，公共关系学是美国学者伯尼斯创立的，他于 20 世纪 50 年代中期出版的《公共关系》一书已成为该学科的教科书。

应当承认，秘书学与公共关系学在某些方面确实存在着交叉关系，如两者都研究辅助决策、沟通信息、协调关系和调查研究等。但是，两者在学科对象、研究领域、知识体系和研究方法等方面却存在着明显的区别。即使存在着某些相同的研究内容，二者的内涵和重点也有较大的区别。不能因为秘书机构偶尔承担一定的公关任务，或秘书人员有时充当公关人员的临时角色，就混淆两门学科的本质区别。

此外，秘书学与领导科学、信息科学、行为科学等学科也有着较为密切的关系。

思考与练习

1. 什么是秘书？
2. 如何对秘书进行分类？
3. 如何对秘书进行分层？
4. 秘书工作的构成要素是什么？
5. 秘书工作有多少种类型？
6. 简述秘书工作的主要内容。
7. 秘书工作的作用是什么？
8. 简述秘书工作的一般特征。
9. 试论秘书工作的本质特征。
10. 试论秘书工作的基本规律。
11. 秘书工作中应当处理好哪些重要关系？
12. 秘书学与相关学科的关系如何？

第二章　秘书工作的起源与发展

引言

秘书工作是一门科学，有其产生和发展的过程。对秘书学寻源溯流，弄清它的起源和发展，从中认识这门科学发展的客观规律，对于我们掌握这门科学的知识体系具有极其重要的意义。

第一节　我国秘书工作的起源

一、秘书工作产生的条件

秘书工作是人类社会发展到一定历史阶段的必然产物，是行政管理活动的重要组成部分。其产生必须具备以下两个基本条件：

第一，社会管理组织的出现是秘书工作产生的前提条件。有管理组织才有管理活动即公务活动，有公务活动才有公务文书即公文；有管理组织就有领导者，有领导者就有领导事务，由于领导事务的增多，就产生了对协助领导处理事务的需要，因而也就出现了秘书工作。由此可见，秘书工作与领导活动有着天然的联系。秘书工作是适应领导活动的需要而产生的，领导活动是社会管理活动的核心内容，秘书工作也是社会管理活动不可或缺的组成部分。

第二，文字和公文的出现是秘书工作产生的必要条件。秘书工作是以掌管公文为主要职责的，而公文是由文字组成的管理工具。所以，文字的产生便成为秘书工作产生的必要条件。有文字才有公文，有公文就必然有撰制、传递、办理和保管公文的人员，因而也就出现了秘书工作。由此可见，秘书工作与文字、公文是密不可分的。如果秘书工作离开文字记录、公文撰拟、公文处理等文牍性事务，就失去了本来的涵义。

二、秘书工作产生的标志

我国古代秘书工作究竟产生于何时？目前秘书学界说法不一。有殷商说，有夏朝说，有尧舜说，有黄帝说，也有神农说，各有一定的依据。我们认为，我国古代秘书工作起源于原始社会末期部落联盟的昌盛时期，即黄帝至禹时期，距今约四千五百年至四千一百年之间；从狭义的范围看，它起源于黄帝时期，即距今约四千五百年至四千四百年之间的龙山文化晚期。

龙山文化时期，在我国北方出现了“人文初祖”——黄帝，标志着我国社会进入父系氏族社会，并开始向奴隶社会过渡。由于生产力的发展，逐渐出现了贫富分化、阶级分化，当时管理社会的组织已具有相当发展规模。氏族、胞族各有族长，部落有首长，部落联盟有盟长。各级组织都有不同职能，内部实行原始民主制，重大问题由会议讨论决定，由此产生了公务活动。据考古发现，这时的原始人已经使用了雏形方块汉字和甲骨文字，说明当时已有公务文书。由此可见，原始社会末期，秘书工作产生的两个基本条件已经具备。

史书的记载也证实了秘书工作产生于原始社会末期。据《世本》记载：“黄帝之世，始立史官，仓颉、沮诵居其职。”仓颉、沮诵负责黄帝的言行记录、命令的传达。黄帝身边还有个史臣叫孔甲，他为黄帝作辞26篇（一说29篇），并书刻盘盂中，作为法戒之辞，警惕身心。可见这几个人从事的都是秘书性质的工作。《后汉书·祭祀志》记载“自五帝始有书契”，说明那时已有了文字和公文。尧舜之时所置百揆、秩宗、纳言三官，实为秘书人员。纳言是舜时特设的秘书官职，舜曾对担任纳言职务的龙提出要求说：“龙，朕畏忌谗说殄伪，震惊联众。命汝作纳言，夙夜出纳朕命，惟信。”（《尚书·尧典》）汉代经学家孔安国、郑玄对纳言官职的性质、职能作了解释：“纳言，喉舌之官也，听下言纳于上，受上言宣于下，必信也。”（孔安国语）纳言“如同今尚书，管王侯舌也”（郑玄语）。由此可知，纳言是秘书之官，类似于汉代尚书。“夙夜出纳朕命”，说明当时公务活动已繁多。

产生于原始社会末期的秘书工作具有以下三个特征：一是它伴随原始组织公务管理活动和借助文字使用应运而生；二是它服务于原始组织、首领和先民们；三是它的工作范围还不广泛，没有具体分工，工作方法亦简单粗糙，但在首领指挥公务活动中起到了重要的助手作用。

大约在公元前21世纪，我国从原始社会进入奴隶社会，建立了第一个奴隶制国家政权——夏。秘书工作从此便上升为国家秘书工作，带有鲜明的阶级色彩。由于国家是社会管理组织的最高形式，国王的公务活动更加繁忙，秘书工作的地位和作用也更加重要了。因此，夏朝是我国国家秘书工作产生的标志。

第二节　我国古代的秘书工作

一、古代秘书机构和秘书名称演变

我国古代最早的秘书机构产生于商朝。商末大举用兵，地域扩大，人口激增，国事日繁，作为辅助管理的秘书人员也相应增加，他们必须被组织起来，各司其职，又相互配合，才能有效地处理各种事务，这就导致了秘书机构的产生。据甲骨文和金文记载：商末，朝廷中出现了秘书机构——太史寮，其长官称太史，下属有不同层次、分工各异的史官，主要负责商王的册命及祭典等事宜。由此可见，商代已出现秘书机构，史官已分层次，有了分工，初步形成一支专业秘书队伍。

西周的秘书工作在殷商的水平上有所创新和提高。他们将商末中央秘书机构的雏形——太史寮加以发展，使之成型。内部分工更加细密，由太史（亦称大史）、小史、内史、外史、御史共“五史”组成。他们之中有长官，有等级高低，各有不同职掌，标志着太史寮已经成熟。这说明秘书机构作为一个独立的部门，在西周中央政府中已经形成，并发挥着重要的作用。

战国时期，各诸侯国大都有史官，但史官的职责、地位有了重要变化。战国的御史和尚书不仅参与决策、草拟文书，而且还是国君的重要随从，跟随国君出现在重要场合。司马迁的《屈原贾生列传》中记载：屈原为楚怀王左徒，“入则与王图议国事，以出号令，出则接遇宾客，应对诸侯”。即对内能与王图议国事，参与决策，起草文书，宣达楚王命令；对外能协助楚王接待来访使者，处理诸侯间往来信件。

秦汉时期，在中央和地方各级行政机关中都设有负责秘书工作的机构或人员。秦始皇统一六国后，建立了中央集权制的封建社会制度，设丞相府、太尉府、御史大夫寺。御史大夫作为统率秘书的官员，一方面作为皇帝的秘书长，“受公卿奏章，掌天下文书”，一方面又是“举劾按章”的监察官。尚书作为皇帝身边的秘书，起着上传下达的作用。

汉承秦制，但秘书机构也有变化。汉代，御史大夫改为大司空。西汉成帝时，秘书工作由尚书台代替；到东汉，尚书台逐渐发展成为皇帝的机要秘书处，它作为皇帝的“喉舌”，掌管“出入帝命”，不仅帝命由尚书宣达，群臣的奏章也得经过尚书呈送。

魏晋南北朝时期，即汉末大乱到隋统一的400年间，尽管社会动荡，但为统治阶级服务的秘书工作却从未间断。汉末曹操为魏王时，设“秘书令”，典尚书奏事。曹丕称帝后，改秘书为中书，设置中书监、中书令。中书监、令职务相等，便于互相监督。中书监、令之下还有通事部，掌管皇帝诏令的起草工作，又为皇帝省读奏事。晋时改通事郎为中书侍郎，侍郎之下又有中书舍人，掌呈奏案章。南朝时代，中书舍人职权日重，而中书侍郎则职权日轻。到梁武帝时，国家政事都由中书舍人负责，以至发展到舍人专断政务，直接代替皇帝发布诏令。梁陈之时，国家政务都由中书省负责，中书省总管国家机要，是个庞大的秘书工作机构，当时已形成比较完整的秘书工作系统。

隋唐时期的秘书工作有了更大的发展。隋文帝代周称帝，恢复了魏晋以来形成的中书、门下、尚书三省制。唐代皇帝重用秘书官，用品位低、资历浅的小臣执掌机要，以削弱和限制宰相的权力。唐太宗曾用十八位学士出谋划策；唐玄宗更是大召天下名士以为“天子私人”；到唐德宗以后，翰林学士“承旨者，多至宰相焉”。这是皇帝私人秘书发展到宰相的真实记录。

宋代的秘书工作由枢密院与中书省分掌。枢密院负责军机事务，中书省负责行政事务。在行政系统的三省中，只有中书省能参与机密，直接取旨皇帝。中书省内有主事房，负责收发登记文书；催驱房，负责催办公文；另有一些专门机构，除了规定的职责外，凡属无成法可依而需要请示处理的事，都由这些专门机构分别负责处理。

元朝是蒙古建立的军事强国，由于疆域辽阔，地广人众，宋代的三省制不便于迅速处理政务。于是，元初只设中书省，作为中央行政中枢，中书省内的秘书机构有参议府，负责处理省内日常事务，相当于办公厅。专职秘书机构有承发司，负责文书的收发；管勾司，掌出纳四方文移，下有典吏8人；检校所，掌检校左右司、六部公事程期、文牍稽失等事；照磨所，负责文书的照刷、磨勘等；时政科，负责记注皇帝的言行和省、台、院、诸司奏闻之事。元代也设有翰林院，但是将它一分为二，一曰翰林兼国史院，主掌修撰国史；二曰蒙古翰林院，负责拟制、翻译、颁降皇帝的文书，相当于皇帝的机要秘书处。元代各级政府中，一般秘书人员的名目大多沿用前代称呼，并增设有新的名目，如：省椽，即中书省令史的别称；照略案牍，即管理案牍事务的首领官；提控案牍、典簿、必阇赤、主案和写发等。

明代初年承元代的制度，也设中书省，置左、右丞相等官。后来，明太祖朱元璋担心大臣权力太重，于洪武十三年（1380年）杀丞相胡惟庸，废掉中书省，由六部尚书分任国务，直接对皇帝负责，使权力高度集中。但国务纷繁，皇帝毕竟不能亲自处理每一件事，于是，洪武十五年（1382年），朱元璋仿宋制，设华盖殿、文渊阁等。诸殿阁大学士，收阅奏章，批发文稿，协助皇帝办理政务，这就是内阁的开始。明代中央机关的秘书机构还包括通政司。通政司是中央机关的总收文机构，无论什么官署的上奏文书都必须经过这一层机构。

清代秘书工作较前代有较大发展。崇德三年，设“内三院”，即内国史院、内秘书院、内弘院，主要为皇帝办理文书及编纂史籍。康熙时，在内廷设立了“南书房”，是最接近皇帝的机要秘书机构。雍正时期，在内廷设立了军机处，是为皇帝服务的机要秘书处。在清代为皇帝服务的秘书性工作当中，还有为皇帝做内收发的“奏事处”、外收发的“通政使司”和“折子馆”、稽察与催办的“稽察钦奉上谕事件处”和“六科”等。

二、古代秘书工作的基本特点

（一）秘书工作历史悠久

我国古代秘书工作历史悠久，源远流长。它作为一种辅助管理活动，是伴随着行政管理活动特别是领导活动的产生而产生，并随着社会生产力的发展而发展的。它经历了各种社会形态和不同的历史时期，包括原始父系氏族社会（约 500 年）、奴隶社会（约 2 000 年）、封建社会（2 000 多年），共计 5 000 年左右的历史，是世界上其他国家无可比拟的，表现出强大的生命力。一方面，古代秘书工作为辅佐历代统治阶级治理国家、保证统治机器正常运转起到了重要作用。另一方面，古代秘书工作为创造和继承中华民族的灿烂文化、推动社会的文明进步也起到了重要作用。

（二）秘书机构变动频繁

由于秘书机构是国家机构中的枢纽部门，所以，它基本上与国家机构的演进同步发展。自秦朝起，国家中央秘书工作由御史大夫寺承担；到汉代，为尚书台取代；经魏晋南北朝长期演化，至隋唐，发展为由中书、门下、尚书三个相互配合又相互制约的机构承担；唐代产生的翰林院为宋代承袭，成为最高统治者的机要秘书机构；明代废宰相制，设内阁承担中央秘书工作；清代由内阁演进为军机处。其发展过程表现为以后一种秘书机构依次取代前一种秘书机构，变动十分频繁，很不稳定。这一历史现象说明：历代中央秘书机构的重要地位、作用始终不变，是必不可少的辅助治政的部门。但是，皇帝不允许它有决策权和独立的行政权，以维护皇权。一旦其职权增强，产生了具有决策权和独立行政权的倾向，皇帝即予以削弱、抑制、解散，而重新以身边职位较低的官员组成新的秘书机构取而代之，即以皇宫秘书机构替代外朝的政务中枢。它导致历代中央秘书机构处于反复建立、兴盛、削弱、解体又重新建立的周期性变化中，具有明显的不稳定性，以致秘书官职的官衔、人员处于不断变换和流动之中。

（三）秘书人员选拔较严

古代秘书人员，特别是国家机关的秘书人员，是历朝官制设置的主要内容之一。大致有高、中、低三种类型，高、中级秘书多为政府编制内官员；低级秘书多为雇聘人员或政府吏员，地位低下。但三者都不同程度地掌握中央和地方政府机密事务，所以，统治阶级对秘书人员比较重视，严格遴选，考察其政治、文化、吏能、年龄乃至体貌等，对秘书素质提出了很高的要求，并制定了一系列秘书选拔制度。关于其具体内容，后面将有专门论述。

（四）秘书制度比较完备

我国古代秘书工作制度草创于先秦，确立于秦汉，发展于魏晋南北朝，成熟于唐宋，完备于明清。自唐开始，统治阶级把一般的秘书制度、行政法规与刑法互相结合，并以刑法作后盾，普遍制定了秘书刑律条法。经过后来几代王朝的进一步发展，时至清代，秘书工作制度已相当周详，从而保证了统治阶级国家机器的正常运转。

三、古代秘书工作的主要制度

（一）文书工作制度

纵观我国古代文书工作，其主要制度有：

（1）一文一事制度，即一件公文中只能叙述一件事。这一制度确立于唐朝，防止了行文关系的错乱，加速了文书的运转，一直沿用至今。

（2）贴黄、引黄制度。贴黄是唐朝首创的公文纠错制度，就是在制敕等文书的写错之处贴上黄纸，然后改正。宋代以后的贴黄与唐代含义不同。它是指秘书官吏将来文内容概括成百十字，写在统一制作的黄纸上，贴附于文尾。引黄是指秘书官吏将来文内容摘要写在一张黄纸上，贴附于来文前面。明代使这一制度更加完善。它有利于节省皇帝的时间和精力，提高公文处理效率。

（3）票拟制度。它产生于明朝，也称条旨，即由内阁首先阅读所进的奏章，用一纸条拟出处理意见，贴于奏章前面，进呈皇帝定夺。它类似于现代公文处理程序中的“拟办”。

（4）照刷、磨勘制度。它产生于元朝，即检查公文有无稽迟、失误、遗漏、规避、埋没、违枉等情况发生；磨勘是指照刷之后再作一次检查，看其中的错误是否已经改正。它是一种监督公文处理的制度，对于提高公文质量，揭发和纠正各级官员在处理政务中产生的弊端，起到了积极作用。

（5）公文稽查制度。它产生于唐朝，完善于清朝，即对公文传递和处理规定期限，并有专门机构依照期限进行稽查，违者严肃处理。

（二）档案工作制度

我国古代的文书与档案工作长期不分，虽然其间也有过分离。古代档案工作制度主要有：

（1）一案一卷制度。它产生于唐朝，即将一件事由的公文立为一卷存档，称为案卷。它一直被作为最主要、最常用的立卷方法沿用至今。

（2）档案集中制度。它产生于宋朝，即规定凡地方县以上政府的各种典册，都须按期逐级上报，以便将分散于各级官府的档案集中于有关档案库。

（3）档案整理制度。它产生于唐宋时期，即对有关档案分门编录成册，按收受时间顺序粘连起来，注明时间、页数、封题、事目，以《千字文》为序登录、编排。

（4）档案鉴定、销毁制度。它产生于唐宋时期，即每三年对档案作一次鉴定；凡需永久保存的，转入专门的库房存放；不需长留者存放十年；需要销毁者，须申报批准。

（5）档案查阅制度。它产生于唐宋时期，即查阅档案时，要派出官员监视出入；借阅档案要规定期限，办理手续。这些制度对于今天的档案管理工作仍具有借鉴意义。

（三）保密工作制度

历代统治阶级非常重视保密工作，制定了一系列保密制度。我国封建社会中期之前着重从一般行政制度上加强管理，自唐代以后，将行政规章与刑法两者紧密结合，强化了保密管理，从而形成了中国封建社会比较全面系统的保密制度。如《唐律》关于泄密的处分，重则施以绞刑，轻则施以杖刑，“诸漏大事机密者绞”，“非大事泄密者徒一年半，漏泄于藩国使者加一等”（见《唐律疏义·职制》）。清朝还创建了密奏制度，晚清政府还制订了《惩治漏泄军事机密章程》，使保密制度更加完备。

（四）信访工作制度

早在尧舜时期，就已产生了进善旌、华表木、敢谏之鼓等方式，开我国信访工作之先河。唐代武则天初置“铜匦”，相当于投诉信箱，并特设“匦使院”和知匦使专管信访工作，建立了正规的信访工作制度。宋代，中央信访机构有两个：鼓院为初级机构，检院为高级机构。吏民须先投诉鼓院，遭拒绝或认为处理不公，可再至检院上访。检院处理信访案件，规定急事当天奏报皇帝，一般案件每5天呈报一次。明代对信访工作更加重视，规定由通政司兼理信访事务，直接对皇帝负责，在承袭前代制度的基础上还制定了一些新制度，如：吏民的信访书函均须实封递入，由通政司初阅、简写副本后密封呈送皇帝；吏民可以越级上访，接待官员不得刁难。

（五）印章管理制度

印章最早出现于先秦时期。商朝时，印章用作封检私人财产的标记；西周时已有官印，作为权力的标志；春秋战国时，用官印作为传递公文时的“封泥”标记；汉代以后发明了造纸术，公文材料发生了变化，官印也作为公文有效性的标记，一直沿用至今。由于官印是统治者权力的象征，具有法律效力，历代统治阶级极为重视印章的管理，设有秘书性质的机构、人员统一掌管，并建立了严密的监制、监发、监管制度。如有弃毁、丢失官印者，视情节轻重，给予不同处罚；如有盗窃、伪造官印者或窃视印封书者，皆严厉处罚。其中，以唐代规定最为严格、具体。

（六）工作报告制度

工作报告制度产生于秦汉，完善于隋唐。中央政务、事务机关和地方各级组织均建立了逐级报告工作的制度。县以上军政监察部门长官之政绩，定期用书面文字综合上奏皇帝或朝廷，史称“录报”“牒报”，重大问题还要及时奏报。录不报、稽报、误报，或不按规定奏报，对其主要长官给予处罚。

（七）办事责任制度

唐代，对秘书等官吏办事作了“四禁”规定：“一曰漏泄，二曰稽缓，三曰违失，四曰忘误。”（《旧唐书·取官志》）如违背“四禁”，则受不同处罚，唐律对此作了具体规定。“四禁”的基本精神，就是要求秘书人员办事及时、准确、保密。

（八）参谋言谏制度

我国言谏制度源远流长。秦汉时期言谏制度正式确立，秦始皇设御史纠百官违败而肃纲纪，置言官谏正君主而防专断，从组织上建立了参谋言谏制度。三国两晋南北朝是言谏制度的发展时期，诸葛亮要求秘书“违覆”“直言”“进人”，发挥参谋言谏作用。隋唐是参谋言谏制度最发达的时期，特别是唐朝，十分重用谏官，设左右散骑常侍各 2 人，左右谏议大夫各 4 人，左右补阙、拾遗各 6 人。左者属门下省，右则属中书省。唐太宗要求秘书官员敢于直言，他说：“中书门下，机要之司。擢才而居，委任实重。诏敕如有不稳便，皆须执论……”唐太宗从谏如流，涌现出魏微那样的敢于犯颜直谏的谏议大夫，因而出现了“贞观之治”的盛世局面。自宋代以后，至清朝灭亡，中央机关的参谋言谏制度名存实亡，秘书参谋职能逐渐弱化。

四、古代社会对秘书的素质要求

古代统治阶级对秘书的素质要求较高，选拔秘书十分严格。

秦代十分重视秘书的专业培训和政治可靠性。凡史官的后代，都被送入史官学校进行专业培训，并禁止将非史官子弟及犯过罪的人作为培养对象，规定“赦史不得为史”。

汉代比较重视秘书的年龄和业务知识与技能，规定中央秘书机构的秘书人员，年龄要在 17 岁以上，能背诵籀书九千字以上，还须经考试，考其大篆、小篆、刻符、虫书、摹印、署书、词书、隶书等八种字体，优秀者才能当秘书。

魏晋南北朝时，出现“文”“笔”之分，产生了许多专门拟写公文的秘书人才，如陈琳、阮瑀、任昉等；随着书法艺术的发展，又产生许多著名的书法家，如梁鹄、王褒、王羲之等人。统治者争相募求这些专门人才做秘书，这说明在选用秘书时已要求被选者精于业务技能。

唐代以从科举考试中选用秘书为主要途径，以“身、言、书、判”为标准，即考其书法、文理、判事能力和口才，并观其相貌，这说明对秘书的素质要求趋于全面。

宋代十分注重文字秘书的选拔，报考者须依据当时流行的十二种公文文体，各写习作两篇，经审阅合格者方可应试，并要求应试者具有进士资格。

元代选拔秘书有四项标准：第一，品行端正，廉洁奉公，办事谨慎；第二，熟悉业务；第三，担任公职多年，有实际工作经验；第四，有可靠的人担保，并经审查合格，方可任用。

明代依靠科举制度选拔秘书，通过层层考选，将最优秀的人才精选出来，任用为朝廷各部门的秘书。地方官署中也均由进士、举人等科班出身者任秘书，普遍提高了秘书的文化素质。

清代的军机处挑选军机章京有四个条件：第一，品德良好，相貌端正；第二，年富力强；第三，字迹端正；第四，办事敏捷，拟文迅速，为人谨慎。以这些条件选出来的军机章京，以区区 36 人，协助皇帝处理庞大的封建王朝的军政事务，其人员之精干、素质之好、效率之高，实为历代秘书人员之最。同时，民间一些地方也开办了“幕馆”，招纳士人，传授秘书专业技能，并讲授官场礼节，史称“习幕”。培养出来的“幕僚”大多博学多才，足智多谋，精于世故，熟悉吏务，办事精干，因而地方各级官衙纷纷聘用他们为各类秘书，俗称“师爷”，其中，以绍兴师爷最为著名。

第三节　我国近代的秘书工作

一、近代秘书机构和秘书名称演变

1840 年鸦片战争以后，中国进入半封建半殖民地社会。封建王朝走向衰落，西方资产阶级思想文化传入我国，出现了学习西方，实行维新变法、君主立宪的潮流。与此同时，国外的秘书工作也影响了我国，我国的秘书工作及体制与外来的影响相结合，揭开了我国近现代秘书工作的序幕。

（一）清代末年的秘书机构及其演变

1861 年 1 月 20 日（咸丰十年十二月初十），晚清政府为了适应外事工作的需要，设立了总理各国事务衙门，军机处仍然保留。由于列强的侵扰与事务的增多，遂设置司务厅和清档房，专管文书、档案工作。1901 年，总理各国事务衙门改为外务局，其内部增加为六个部门：翻译处、清档房、机要股、司务厅、电报处、文报局。后来又增设秘书股，专管机要文书的拟稿和编辑事务。

1906 年，清政府在人民革命的压力下宣布“预备立宪”，学习日本政治体制，进行官制改革，中央和地方政府的秘书机构发生了一些变化。1911 年，清政府宣布成立内阁，实行内阁制，废除了封建官制，颁布了“内阁属官官制”十五条，并据此设置了承宣厅。其职能是：①颁发谕旨和法律法令；②典守谕旨和法律法令；③发收呈递奏折事件；④阁议事件；⑤诸用御宝；⑥收掌阁印；⑦本阁公牍文件；⑧本阁会计庶务；⑨编纂本阁档案、诏敕，进呈贺本等。承宣厅内设制敕局、收文处。各部设承政厅或政务司，学部设总务厅，陆军部设承政司，内设秘书、机要、案牍、总务四科。弼德院和资政院各设秘书厅，设秘书长一人，一、二、三等秘书若干人。地方秘书机构也有变化，清政府批准各省巡抚衙门设置秘书、助理秘书及参事等。“预备立宪”后，各省又设谘议局，内设秘书长，总揽文书事务。

（二）辛亥革命时期的秘书机构及其演变

1911 年辛亥革命取得胜利，推翻了清王朝，建立了中华民国。孙中山就任临时政府大总统，在大总统府中设秘书处，各部设政务厅，省督府设秘书员，处理文书事宜。1912 年 3 月又颁布《中华民国临时约法》，规定政府采用内阁制，实行总理总揽内阁大权，同时设立内阁秘书厅，由魏宸组任秘书长。

1913 年 10 月，袁世凯就任大总统，为了总揽国家大权，他又宣布实行总统制。在政府建制中，撤销内阁和秘书处，在总统府内设立政事堂，“凡一切军国大事皆由政事堂议决实行”。政事堂内设六局：法制局、铨叙局、主计局、印铸局、司务局、机要局。政事堂还设左右承二人，“赞助国务卿，预闻政务”。袁世凯为复辟帝制，还将原总统府秘书处的班底改组为内史监，专理“切身政务机密者”，设内史长 1 人，副内史长 2 人，内史 10 人。内史监实为袁氏的秘书机构。袁世凯还在地方官制中设立“虚三级制”，即省、道、县三级。省设巡抚，巡抚公署设政务厅，厅内设总务、内务、教育、实业四科，掌管各项文牍事务。

袁世凯倒台后，由帝国主义支持的北洋军阀黎元洪任总统，段祺瑞任总理。他们效法资本主义国家的政府体制，成立国务院，并设置了秘书厅，厅下设秘书长、秘书、佥事、主事等若干人。这就是我国行政建制史上秘书厅设置的由来。

二、近代秘书工作的基本特点

（一）近代秘书工作的半封建半殖民地特性

中国近代社会具有半封建半殖民地的性质，因此，作为中国政权机构中的秘书工作及其体制，也必然具有半封建半殖民地的特性。一方面，长达两千多年的封建社会形成的秘书工作及其体制根深蒂固，它们不会轻易地退出历史舞台，必然要进行最后的挣扎和顽固的抵抗，甚至进行复辟。我们可以从晚清政府对秘书体制的改革中看到封建社会秘书工作的深重痕迹。袁世凯复辟帝制后，又将秘书体制拉回到清朝，便是有力的佐证。另一方面，由于世界已经进入资本主义社会，封建主义制度已成为历史的反动；加之西方列强的入侵，打开了中国闭关锁国的大门，资本主义先进的政治制度和思想文化必然影响到我国社会的各个方面；还由于以孙中山为代表的资产阶级革命浪潮的不断冲击，晚清政府为了维持其统治，不得不顺应历史潮流，对秘书体制进行某些改革，因而在我国出现了资本主义秘书工作体制的萌芽，为现代秘书工作的发展奠定了基础。

（二）改革是近代秘书工作发展的主流

尽管近代秘书工作具有半封建半殖民地的特性，但是，改革是近代秘书工作发展的主流。在中国近代史上，封建制度的腐朽导致国弱民贫，任西方列强宰割。因此，国内要求学习西方、变法维新的改革浪潮此起彼伏。尤以孙中山为代表的资产阶级革命派力量最为强大，他们终于推翻了封建统治，建立了中华民国，并效法西方资本主义国家的政治制度，在政府机构内设立现代秘书机构；对文书工作进行了比较彻底的改革，废除了封建社会实行的一整套公文种类和程式，简化为令、咨、呈、示、状五种公文，并规定在引文中不得使用封建等级制的称谓，一律改用现代称谓。孙中山还开创了中国设置私人秘书的先河，宋庆龄和宋霭龄都曾担任过他的私人秘书。由此可见，孙中山不仅是民主革命的先驱者，而且是我国现代秘书工作的开创者。尽管袁世凯不识时务，还想做皇帝的美梦，但是，他无法阻挡改革的历史潮流，只做了 83 天皇帝就被赶下台。后来的北洋军阀政府也不敢轻举妄动，只好顺应历史的潮流，实行现代秘书体制。这充分证明了改革是近代秘书工作发展的主流，任何人无法阻挡改革的潮流。

（三）近代秘书工作是过渡时期的必然产物

近代秘书工作是由古代秘书体制向现代秘书体制过渡时期的必然产物，在社会政治制度的变革过程中，必然会出现新旧交替、两者并存、彼此斗争、胜负难分的局面，表现出极大的不稳定性。近代中国社会处在大动荡之中，帝国主义的入侵在对我国领土上形成了不同的势力和范围；在不同的帝国主义势力支持下的军阀连年混战，造成了中国社会的内忧外患，政局极不稳定。各种政治势力执政的时间十分短暂，不可能对秘书工作体制和制度进行系统、全面的改革，因而，这一时期的秘书工作从总体上看没有重大的建树，具有明显的临时过渡性。

第四节　我国现代的秘书工作

一、国民政府的秘书工作

1927 年，蒋介石背叛革命，发动了“四一二”反革命政变，于 4 月 15 日组成国民党中央党部和中央政府。为强化其反动统治，他对秘书工作进行了改革：一是健全了秘书机构。中央政府成立秘书局，设秘书长 1 人，秘书 8 人，科员 8～12 人，书记官若干人。局下设总务处、机要处、撰拟处、行政处。行政院等各院设秘书处，处下设科，有秘书长 1 人，秘书 16~20 人。中央各部也建立了秘书机构。如内政部设总务司，实际上是秘书机构。另置秘书 4~8 人，分掌部务会议、机要文件、稽催文件及长官交办事项。省政府设秘书处，置秘书长 1 人，秘书若干人；省政府各厅、局设秘书 1~3 人。县政府普遍设立秘书室，配备秘书 1~2 人，科员 2~4 人；各乡政府设书记官 1 人。由此可见，秘书机构已经健全，并形成体系。二是规定了各级秘书机构的职责范围和秘书人员的任用条件。例如行政院秘书处的职责是：①关于会议记录事项；②关于文书收发及保管事项；③关于文书分配、撰拟及编制事项；④关于印信典守事项；⑤关于出纳、庶务事项。省政府秘书处的职责是：①关于一切机要及省政府委员会会议事项；②关于撰拟、保存、收发文件事项；③关于会计、庶务事项；④关于编制、统计及报告事项；⑤关于记录省政府各厅、处职员之进、退事项；⑥关于典守印信事项；⑦其他不属于各厅之事项。《国民政府秘书及科员任用规则》中规定，秘书必须具备以下条件：①国民党员；②国内外大学或专门学校以上毕业的学历；③具备任文职三至四年的资历，有特殊的学识和经验；④有国民党委员两人推荐或主管长官保准。三是多次改革文书工作。第一次是在 1927—1933 年，颁布了一系列文书工作条例和办法，重点是改革公文程式，确定行文关系，改用白话文。第二次是在 1934—1937 年，针对官僚主义、文牍主义泛滥，行政效率低下的问题，行政院成立了“行政效率研究会”，提出“提高行政效率，建立万能政府”的口号，并推行了“文书档案连锁法”，即将公文处理与档案管理连锁起来，统一分类、登记、编号，简化了工作程序。第三次是在 1938—1945 年，行政院颁布了《公文改良办法》，拟定了“三联制大纲”，即设计、执行、考核三者相联的制度。这个时期，还出版了一批研究公文学的著作。

综上所述，国民党政府比较重视秘书工作。把改进秘书工作作为提高行政效率的一个重要环节，在健全秘书机构及其组织体系、规定选用秘书的条件，特别是文书工作的改革和研究方面取得了一些进展，对我国后来的秘书工作有一定影响。但是，由于国民党政治腐败，这些改革措施收效甚微，终究挽救不了其失败的命运。

二、新民主主义革命时期的秘书工作

中国共产党和它所领导的革命军队、革命政权，从诞生之日起就创立了自己的秘书工作。这是一种与历史上任何秘书工作都不同的崭新的秘书工作。

1921 年 7 月，中国共产党召开了第一次代表大会，即由毛泽东兼任大会秘书。1923 年党的第三次代表大会上，毛泽东当选为中央执行委员兼任中央秘书。大会通过的《中国共产党中央委员会组织法》规定：“秘书负责本党内外文书及通信及开会记录之责任，并管理本党文件。本党一切函件须由委员长及秘书签字。”“执行委员会之一切会议，须由委员长及秘书召集之。”1926 年 7 月，党的四届三中全会决定设立中央秘书处，其职责是“总揽中央的各种技术工作”，包括文书处理、档案保管、交通工作、保密工作以及使用密写技术、传递技术、密码技术等。同时规定在工会、青年组织、妇女组织中设立秘书处（科），“管理一切文件”。1927年四五月间，在党的第五次代表大会上，毛泽东、瞿秋白、邓中夏分别担任大会秘书处内三个委员会的秘书。在党的“八七”会议上，选出了新的临时中央政治局，邓小平任中央秘书。此后，邓小平曾四次担任中央秘书长和军委总政治部秘书长职务。1927 年，周恩来等领导的八一南昌起义胜利后，成立了革命委员会，并设有秘书厅，由吴玉章兼任秘书长。起义部队中设有秘书处，这是我军秘书工作的开端。党的“六大”前后，在大片的苏区革命根据地政权中都建立了秘书制。1931 年 11 月，在江西瑞金召开的苏维埃会议通过了《苏维埃地方政府暂行组织条例》，对苏维埃政府机关中的秘书机构名称做了更改，对人员配备和文件签署制度作了明确规定。这是我党领导的政权机构中秘书工作的开端。1934 年 10 月，我军开始了艰苦的万里长征，迫于形势，中央机构精简，秘书处、文书科撤销，只保留了机要科。抗日战争开始后，党中央于 1937 年重设秘书处。1938 年以后，边区政府均设秘书处或秘书室，承担各项秘书工作。1942 年实行精简整编，陕甘宁边区政府成立了合署办公厅，适应了战争形势的需要，极大地提高了办公效率。解放战争时期，随着革命形势的飞速发展、解放区的迅速扩大、政府组织机构的不断完善，从 1948 年以后，各大行政区开始设立秘书厅，各省、市人民政府设有秘书处，县政府设有秘书室。秘书工作机构初具规模，并形成体系，为新中国成立后的秘书工作奠定了基础。

特别需要指出的是，在新民主主义革命的前期，由于革命力量弱小而反动势力强大，我们党采取了公开斗争与地下斗争两手段，秘书工作在党的地下斗争中发挥了巨大的作用，为夺取中国革命的胜利作出了特殊的贡献。这是我党秘书工作的一个重要特点。在国民党统治区，党的地下组织中都设有秘书机构。在白色恐怖下，党的文件的制作、阅览、传递和保管都采取极端秘密的方式。为了迷惑敌人，秘书人员以社会职业和假扮夫妻作掩护，从事地下秘书工作，许多同志牺牲了自己宝贵的生命。不仅如此，我们党还派出一大批优秀的共产党员，通过各种方式打入敌人内部的核心要害部门做秘书工作，一方面从政治上分化、瓦解敌人的斗志；另一方面为我党及时提供了大量重要情报，为中国革命的胜利作出了极其重要的贡献。

三、新中国成立后的秘书工作

1949 年 10 月 1 日，中华人民共和国宣告成立，中国共产党成为执政党，秘书工作也进入了一个新的发展时期。这一时期大体经历了三个阶段：

第一阶段：1949 年 10 月至 1966 年 5 月。新中国成立后十七年的秘书工作处于发展和上升的时期，基本特点是健全秘书工作机构和建立统一的、全新的秘书工作制度，促进秘书工作规范化。新中国成立后，我国各级党政机关普遍建立了秘书机构。在中央以及省、自治区、直辖市和省辖市（地）、县、乡政府，分别设立办公厅（室）及内设秘书机构，配备了秘书人员。又在改革旧政权机关的秘书工作的基础上，逐步建立起全国统一的、新的秘书工作组织和制度。1949 年 12 月 6 日，《人民日报》发表署名文章《关于机关文书工作的研究》，介绍了前华北人民政府秘书处的工作经验；同年 12 月 15 日，中央办公厅发出了《关于文电处理工作的几项规定》；1951 年 2 月 1 日，中央又发出了《关于纠正电报、报告、指示、决定等文字缺点的指示》。1951 年 7 月，政务院召开了全国秘书长会议，讨论通过了《政务院关于各级政府机关秘书长和不设秘书长的办公厅主任的工作任务和秘书机构的决定》《关于处理人民来信和接见人民工作的决定》《政务院所属各部局、各级政府行文关系的暂行规定》《关于加强文书处理档案工作的决定》《公文处理暂行办法》等七个重要文件，对秘书机构和秘书工作作了全面而明确的规定，对秘书工作规范化建设起到了奠基作用。此后，党中央和国务院又陆续制定、颁布了一系列秘书工作的规章制度。这一阶段，我国秘书工作理论研究也有所发展。文书学、档案学相继问世，1952 年，中国人民大学还创办了档案学专业。新疆、广西还创办了《秘书工作》刊物，陕西出版了《秘书工作手册》，黑龙江和广西等地分别召开会议研究秘书工作理论，取得了重要成果。

第二阶段：1966 年 5 月至 1976 年 10 月。十年动乱时期，秘书工作遭到严重破坏，处于下降、停滞时期。这一时期，许多行之有效的秘书工作制度被搞乱，保密和档案工作受到严重破坏，给党和国家事业造成不应有的损失。公文写作与处理中的“帮八股”文风十分严重，假话、大话、空话、套话、废话盛行，秘书队伍中也混进和出现了投机变节分子，严重损害了秘书形象。粉碎“四人帮”以后，秘书工作开始进入恢复和发展阶段。

第三阶段：1978 年 12 月党的十一届三中全会以来。党和国家在指导思想上拨乱反正，实现了工作重点的转移，各项工作走上了正常发展的轨道，秘书工作也出现了飞速发展的喜人形势，这一时期的显著特点是秘书工作走上了科学化的道路。

第五节　我国改革开放以来的秘书工作

以 1978 年党的十一届三中全会为标志，在党的坚强领导和改革开放政策指引下，经过 40 多年艰苦奋斗，中国特色社会主义各项事业取得举世瞩目的巨大成就。秘书事业作为中国特色社会主义事业的组成部分，同样取得了令人鼓舞的巨大成就。这些成就集中表现为“四化”，即秘书工作走上了科学化道路，秘书人才走上了职业化道路，秘书教育走上了专业化道路，秘书理论研究走上了学科化道路。这里主要介绍我国秘书工作走上了科学化道路。

一、促进了秘书工作指导科学化

秘书工作是秘书人员辅助领导工作的社会实践活动，是秘书事业的基础和本体。改革开放40多年来，我国各级领导在决策科学化方面有了重大进步，与此相适应，秘书工作也逐步走上科学化道路。

在1985年1月全国秘书长、办公厅主任座谈会上，中央办公厅就以改革创新精神，首次提出秘书工作要充分发挥“两个作用”，即参谋、助手作用；首次提出秘书工作坚持“三服务”的指导思想，即为本级领导服务，为各部门和各地区服务，为人民群众服务；首次提出实现秘书工作方式的“四转变”，即从办文办事转变为既办文办事又出谋献策；从单纯收发传递信息转变为综合处理信息；从单凭老经验办事转变为实行科学化管理；从被动服务转变为力争主动服务。这些首创提法反映了我国秘书工作的特点规律，顺应了改革开放的时代要求，奠定了我国秘书工作科学化的坚实基础。

1990年1月，全国省、自治区、直辖市党委秘书长座谈会上，当时在京的5位中央政治局常委全部出席并发表讲话。中央主要领导同志在讲话中系统论述了党的秘书工作的地位、作用、任务和对秘书人员的要求，特别指出秘书工作要发挥“三个作用”，即参谋助手作用、督促检查作用和协调综合作用，进一步提升了秘书工作的地位作用，丰富了秘书工作的科学内涵。

1994年12月，在全国秘书长、办公厅主任座谈会上，中共中央办公厅提出了一整套秘书工作新思路：“一项基本任务”，即紧紧围绕建设中国特色社会主义这一中心任务，当好领导的参谋助手；实行“两个结合”，即一般和个别相结合，领导和群众相结合；突出“三项重点工作”，即信息调研、督促检查和日常运转；搞好“四项建设”，即秘书队伍的思想建设、组织建设、业务建设和作风建设。通过上述三次会议，从基本任务、指导思想、工作重点、工作方式、工作方法到队伍建设，基本形成了一整套成熟稳定的秘书工作思路，框定了我国秘书工作科学化的格局。40多年的实践充分证明，这套工作思路不仅在指导我国秘书工作实践中发挥了重要作用，而且符合改革开放以来我国秘书工作的客观规律，是秘书工作指导科学化的重要标志。

党的十八大以来，以习近平同志为核心的党中央在领导全国人民实现中华民族伟大复兴的中国梦的同时，更加重视秘书工作。2014年5月8日，习近平总书记在视察中央办公厅时的讲话中明确指出：中央办公厅服务领导中枢最直接，联系各方面最广泛，在机构运转中最核心，保障领导工作最关键，具有十分重要的地位和作用。他要求办公厅（室）人员要做到“五个坚持”：坚持绝对忠诚的政治品格；坚持高度自觉的大局意识；坚持极端负责的工作作风；坚持无怨无悔的奉献精神；坚持廉洁自律的道德操守。2018年10月19日，习近平总书记对全国党委秘书长会议作出重要指示：党委办公厅（室）作为党委的综合部门，是党委履行领导职责的参谋助手。党的十八大以来，各级党委办公厅（室）服务大局、勇于担当、辛勤工作，为推动党和国家事业发展作出了重要贡献。面向新时代，要进一步增强“四个意识”，加强理论武装，提高队伍素质，弘扬优良传统，坚持改革创新，坚决维护党中央权威和集中统一领导，全力推动党中央决策部署落实，全面提高“三服务”工作水平，建设让党放心、让人民满意的模范机关。习近平总书记的重要讲话和指示为新时代秘书工作科学化和秘书学理论研究指明了正确方向。

二、促进了秘书辅助决策科学化

改革开放以前，由于当时主客观条件的局限，我国各级领导还处在经验决策阶段，秘书工作只能停留在办文办事、收发传递信息的阶段，基本上处于被动服务的状态。改革开放 40 多年来，我国各级领导在决策科学化方面有了重大转变，与此相适应，秘书工作在辅助领导科学决策方面也有了重大变化。在决策前，秘书协助领导综合信息，调查研究，提出建议，拟制预案；在决策中，秘书协助领导沟通协调，召集会议，组织论证，优化方案，起草文件；决策后，秘书协助领导传达决策，督促检查，反馈信息，总结报告。初步形成了一整套秘书辅助决策程序，为促进领导决策科学化发挥了重要的参谋作用。

三、促进了秘书辅助管理科学化

改革开放 40 多年来，管理科学在我国大行其道，秘书工作也开始摆脱传统经验模式，实行科学化管理。尤其在公文、档案、会议、信访、接待、信息、调研、督查和保密等方面，逐步建立健全了规章制度和程序规范，基本实现了秘书工作制度化、规范化、标准化，保证了领导工作和管理系统的有效运转。

四、促进了秘书工作手段科技化

改革开放以前，我国秘书工作方式科技含量很低，基本上依靠传统的手工作业模式，公文靠笔写，办会靠集中，办事靠跑腿，传递信息靠文件和电话，秘书人员不但辛苦，而且效率很低。改革开放 40 多年来，伴随着科学技术特别是信息技术和人工智能技术的飞速发展，我国秘书工作迅速摆脱了手工作业方式，实现了办公手段科技化。尤其是信息技术的迅猛发展、互联网和智能手机的普及应用，推动了我国电子政务和办公网络化的发展，不仅大大提高了秘书工作效率，而且提高了政务工作的透明度和行政效率。如今，网络办文、网络办会、网上信访、网上办事已经成为秘书工作的一种常态，无纸化办公正在成为现实，互联网+秘书工作正在改变着传统的秘书工作模式，催生出全新的秘书工作模式，同时也对秘书人员的科技素质提出了更高要求。

第六节　国外秘书工作概况

作为秘书人员，要了解国外秘书工作概况，了解各国秘书工作的共同点和差别点，从中得到值得借鉴之处。本节主要介绍美、英、日、俄四国秘书与秘书工作的大概情况。

一、美国的秘书与秘书工作

（一）美国对秘书的定义

美国《职称词典》对秘书的解释为：①全面处理公司行政工作，以减轻公司管理人员较次要的行政事务及办公室工作；②能够运用速记记录口述；③能够使用翻译机将口述或复制的记录信息译成文字；④安排上司的约见并就此提醒上司；⑤接待办公室的来访客人；⑥接打电话；⑦处理上司的重要私人邮件，撰写日常信函；⑧对办公室其他工作人员进行监督；⑨整理公司人事档案。

美国和加拿大联合发起组织的国际职业秘书协会给秘书下的定义是："秘书应是主管人员的一位特殊的助手，她（他）掌握办公室工作的技巧，能在没有上司过问的情况下表现出自己的责任感，以实际行动显示主动性和正确判断的能力，并且在所给予的权力范围内做出决定。"

（二）美国秘书的分类

美国的秘书遍布社会各个领域。在工商企业中，秘书职位分为行政秘书和通信秘书两类。

1. 行政秘书

行政秘书是指担任领导的助手，处理日常行政事务的秘书职位。按照职位从低到高依次分为 B 级秘书、A 级秘书、经理秘书。他们实际上是为企业的基层、中层和高层领导服务的三种秘书职位。

（1）B 级秘书。B 级秘书是小公司或大商行里的管理人员，执行范围有限。其主要工作内容包括：记录领导口述、誊写速记稿或录音稿、接答或传达电话、安排约会、安排公务旅行、答复日常信函和保管档案材料等。这种职位只要求任职者具备一般的秘书工作和办公室工作的知识与技能。

（2）A 级秘书。A 级秘书的工作内容复杂，由此决定其职务角色多有变化。这种职位要求任职者具备本企业有关政策和程序方面的知识，具备中级以上的秘书工作和行政工作的知识与技能。

（3）经理秘书。经理秘书即行政助理，其职务内容包括计划、方案的制订和调整并负责这些任务的按时完成，以及为经理办理各种行政方面的具体事务。这种职位要求任职者具有本企业经营实践和组织管理方面的知识，并具备秘书工作和行政工作的高级技能。

2. 通信秘书

通信秘书是担任文字处理事务的秘书职位，也叫文字处理员。通信秘书从初级到高级分别称为文字处理员和首席文字处理员。

（1）文字处理员。文字处理员的职责是运用文字处理设备，按照规定的质量和时间要求，输入、编辑、加工修改和传送中等难度的文件，校对和编辑文字等。这种职位要求任职者通晓本部门的技术性术语和本企业的经营实践，并能熟练操作文字处理设备。

（2）首席文字处理员。首席文字处理员的职责是运用各种文字处理设备，制作和修订难度很大的技术报告、统计报告等各种文件，检索本企业输入的各种信息和数据，此外还要领导文字处理员的工作。这种职位要求任职者具备相当强的业务能力，并具有一定的组织管理才能。

（三）美国秘书的考试

美国对秘书的任职资格要求极为严格。每年举行一次国家级的“特许职业秘书考试”，在全球设有 200 多个考场，同时开考，其影响范围相当广泛。

（1）秘书报考条件极为严格。美国的秘书报考条件：一是必须具有大学本科学历，有 1 年以上的工作经验，工作认真负责且具有一定业绩的才能报考；二是大学生必须具有 6 年的大学学龄和秘书经历才能报考；三是高中毕业生必须具有 6 年以上从事秘书工作的经历才能报考。

（2）秘书考试科目很多。秘书考试的科目有法学、秘书技能、秘书会计、人际学、管理学、行为科学、办公室秘书工作、实用文体写作等 10 余门课。由于考试科目多，连续考试时间长达 12 个小时。

（3）获得“特许职业秘书”资格（简称 CPS）。在世界各地的开考国家，考试合格后获得“特许职业秘书”资格者，能够找到一份很好的工作。在美国，秘书从业人员都渴望获得这种资格。

（四）秘书任职资格要求

在美国的政府机关或公司企业中，获得一个秘书的职位相当不易。全美秘书协会章程对秘书任职资格规定有 9 条：①像心理学家一样善于观察和理解他人；②像政治家一样有灵敏的头脑；③像外交家一样有潇洒的风度；④有调查各种棘手问题的丰富经验；⑤有良好的速记能力及文字功底；⑥熟悉各种商业往来中的法律关系；⑦能够熟练地使用各种办公自动化设备；⑧具备相当的金融和税务知识；⑨能够熟练地对各种文件资料进行整理归类。

（五）设有全国秘书协会

美国拥有世界上最为发达的秘书机构，秘书职业管理相当完善，这与全美秘书协会的推动与影响作用有直接关系。1942 年，美国成立了全国性的秘书职业管理机构——全美秘书协会，总部设在美国密苏里州开普斯城。现在，全美秘书协会已改名为“国际行政管理协会”，它已经发展成为世界著名的跨国（地区）性的秘书组织，已有数十个国家和地区的秘书组织加入该组织当中。全美国际行政管理协会每年 7 月召开国际秘书会议，举行专题讨论、专家论坛、名人报告等活动，编辑出版《秘书》《秘书工作范例》《职业秘书道德准则》等期刊。

自 1952 年起，“国际行政管理协会”还将每年 4 月最后一个工作周定为“国际秘书周”，该周的星期三定为“国际秘书节”，并举行相关庆祝活动。

二、日本的秘书与秘书工作

（一）日本对秘书的定义

日本秘书一词系引用汉字，它具有两种含义：

第一，指“帮助上司处理各种事务的公务人员”，即秘书人员。在现代日本企业和政府、社团中，秘书人员分为秘书课主任、秘书等级别。

第二，指政府机关和社会团体中日常事务的负责人，如日本内阁官房长官的英文译名称作“首席内阁秘书”。

上述两种含义中，以第一种为主。所以，日本秘书学者习惯将秘书称作“领导的办事员”。

（二）日本秘书的分类

日本的秘书由低到高分为见习秘书、初级秘书、中级秘书、高级秘书四个等级。

（1）见习秘书。见习秘书未曾受过专门的秘书教育，主要任务是值班、接电话、送信、来访接待等服务性工作。

（2）初级秘书。初级秘书有 2~3 年秘书工作的实践经验，不仅能够熟练地处理见习秘书的各项业务，而且还能承担收发文件，起草信函，预订车、船、飞机票等工作。这是企业领导挑选秘书候选人的基本条件。

（3）中级秘书。中级秘书有 4~5 年秘书工作的实践经验，工作上能够独当一面。其主要工作是为领导安排日常活动日程，必要时代表领导对外谈判，负责指导新任秘书开展业务工作。

（4）高级秘书。高级秘书相当于秘书长，是领导者名副其实的助手，基本不处理日常性的工作。其主要职责是负责秘书部门的领导工作，在公司召开董事会时，则是经理的高级参谋。

（三）日本秘书教育考核体系

日本对秘书的培养教育有几个鲜明的特点：一是教育面广，形成了不同层次、不同形式、不同方面的秘书教育体系；二是专业化程度较高，各类学校或设专门课程，或设专业系，或为专门学校，促使秘书教育走向专业化培养的道路；三是适应社会发展和秘书职业化程度不断提高的趋势，加大秘书在职培训和进修力度。

1. 秘书的培养教育

日本对秘书的培养教育主要分为学校教育和社会教育两个方面。

（1）学校教育有三种基本类型：在职业高中开设秘书课程；开办秘书专门学校；在大学进行实验性的大学秘书教育。

（2）社会教育有四种基本类型：

①上岗培训，即通过日常工作实地训练，培养秘书的实际工作能力。一般由本企业秘书部门的领导或资深秘书担任指导，按一定的计划和目标，边实践边学习。

②岗外培训。企业将在职秘书送到社会上的专门秘书教育机构集训一段时间。例如，日本经营协会、产能大学、日本秘书协会等均开办这类教育。

③函授教育，即以函授方式实施秘书专门教育。例如，早稻田速记学校、产能大学等设有秘书函授专业，在职秘书、其他在职人员和待业人员均可参加。

④专业交流。日本秘书协会、秘书俱乐部、秘书学研究会等团体，经常通过开办进修班、召开研讨会以及发行刊物等方式，促进秘书同行和爱好者之间的交流，不断提高秘书的专业技能。

2. 秘书的资格考试

日本秘书资格考试主要有以下两种：

（1）日本文部省认定的秘书技能测试，由日本实务技能检测协会实施。在关于商务秘书的职业要求中，该协会明确阐述了以下几点：

①全面理解工作内容，弄清为何要做此事；

②弄清此项工作怎样操作才能达到最佳效果；

③接到上司的工作指示后，先将其内容要领整理出来，以确定是否有误解之处；

④对所接受的批示不明白时，必须当面问清，直至消除疑问为止；

⑤工作中出现问题时，必须立即报告上司并等待指示；

⑥每天工作结束后应进行检查和反省，如自己工作效率不高，检查是否有更好的办法等；

⑦工作中全面周密地思考，灵活机动，避免千篇一律，更应避免被习惯和经验束缚了手脚而造成失误。

日本秘书技能检测考试自1973年开考以来，志愿从事秘书工作和现职秘书大多参加过这种考试。测试形式有笔试和面试等，测试内容包括基本理论（秘书素质、业务知识、一般知识）和实践（仪态、接待、方法与技能）两部分。

（2）日本秘书协会自立标准组织的考试。1979年开考，每年一次，分两个阶段，分别用日语和英语完成，也有笔试和面试形式，应试者必须高中毕业。

三、英国的秘书与秘书工作

（一）英国秘书的含义

据英国《牛津字典》的解释，“秘书”一词有以下三种含义：

第一，公司、企业、办事处、营业厅中的雇员，其职责为处理通信、整理记录、安排会见，往往是有地位、有财富人士的助手。

第二，非营利社会团体的负责人。

第三，政府官员，如国务秘书、内阁常务秘书等。

（二）英国秘书的分类

英国对秘书的分类与其他国家有很大不同。按照《牛津字典》的解释，英国秘书有三种类型。

（1）国家秘书。国家秘书负责政府机关的政务工作，名为秘书，实为部长，其名称为minister（部长或大臣），但也称为secretary（秘书）。

（2）高级秘书。高级秘书负责政府机关的事务工作，其职责为作会议记录，整理和起草文件等。

（3）私人秘书。私人秘书指学校、医院、公司企业等中的秘书，负责整理记录，通讯，起草与打印日常应用文书等。

（三）英国秘书的等级

在英国，政府机关的秘书人员较多，因基本职责的区别，又分为四个等级：

（1）行政级秘书。上自各部常务次长、次长、司长、副司长、助理司长，下至科长、副科长等，其职责为辅助大臣和协助机关制定、草拟政策，联系与协调各项工作，改进机关组织与工作方法，负责机关内行政人员的考核与监督。

（2）执行级秘书。执行级秘书是文官的中下层人员，其职责是对次要提案进行初步审查分析，对一般性事务进行直接指导，解决处理公务中所引起的问题，负责主持次要工作的进行等。

（3）文书和办事员级秘书。文书和办事员级秘书的主要任务是按照法规批示处理特定事务，按规定格式准确记录，回答问题及统计资料，完成简单的文书起草工作，搜集、提供、保存资料，以作为上级处理工作的依据。

（4）打字、文书和计算机操作级秘书。该级别秘书的工作大部分由妇女承担，属于雇员地位，主要负责誊写、打字、计算机操作、接听电话等工作。

（四）英国秘书的一般职责

英国秘书的一般职责包括：①以速记方式记录上司的口述指示；②打字，包括在电脑上写作文书信函；③接待来客；④文件归档；⑤记账，即记录办公室的行政开支；⑥为上司烧煮咖啡或茶；⑦拆阅邮件；⑧寄发邮件；⑨记录来电；⑩安排工作日程；⑪复制文件；⑫安排公务旅行事宜；⑬筹办会议；⑭订购文具；⑮查找资料。

四、俄罗斯的秘书与秘书工作

（一）俄罗斯秘书的职责

俄罗斯秘书人员的主要职责包括：

（1）做好速记工作。速记领导的指示，整理速记记录，拟写公文，收集拟写报告的各种素材。这些工作有严格的时间限制。俄罗斯秘书必须掌握苏联时期的统一速记法，即索柯洛夫速记法。

（2）接收和整理来文，并在适当的时候整理发文。

（3）接打电话，组织接待，其中包括对访问者的接待和服务工作。

（4）做好领导的活动日记，帮助领导安排工作日程和活动计划，提醒领导注意当日计划中亟待解决的问题。

（5）安排领导的公务旅行，并制定旅行路线和计划。

（6）签收和登记公文，包括领导的往来函件，装订文件及立卷。

（7）组织并参加会议服务工作，包括制定日程表和做好会议记录。

（8）及时处理领导办公室的事务，使领导摆脱大量繁杂的日常工作，保存好办公室内的文件和案卷。

（9）准确提供信息，即提供书本知识、参考资料以及载有所需信息和资料的其他文献，在领导可能感兴趣之处做出醒目标志。

（10）组织和领导属于秘书机构管辖的全体业务人员的工作。

（11）提供领导和工作人员使用的文具与办公用品。

（12）制定一般性的规章制度。

（二）俄罗斯秘书职位的要求

俄罗斯秘书职位的要求包含以下几个方面：

（1）具备一定的业务技能（如速记、电脑打字等）。

（2）具有组织工作经验。

（3）可靠性、有效性和责任心强，愿意担负起领导规定的大部分与办公室业务有关的任务，并保证可靠而有效地完成任务。

（4）具有独立性和主动精神，能独立解决各种问题。

（5）善于外交，严守秘密，无论回答询问、电话交谈或与来访者交谈，都能遵守这些原则。同时，秘书还能同地位、级别低于自己的工作人员打成一片，搞好协作，以实现领导的各种工作意图。

（6）工作准确严密，包括提供文件、安排会议准确无误。

（7）忠诚于领导，忠实于工作，特别要同领导建立良好关系。

（8）注重个人形象与个人素质，着装整洁，性格温和，语言幽默，乐于助人，注意力集中，为人谦逊，求知欲强，酷爱阅读，工作上善于灵活应变。

思考与练习

1. 我国秘书工作产生的条件和标志是什么？
2. 我国古代秘书工作的基本特点和主要制度有哪些？
3. 近代秘书工作的基本特点是什么？
4. 新民主主义革命时期我党秘书工作的主要特点是什么？
5. 新中国成立后，秘书工作经历了哪几个阶段？其主要特点是什么？
6. 改革开放以来我国秘书工作科学化表现在哪些方面？
7. 如何看待美国的秘书职责和俄罗斯的秘书职责？

第三章　新时代秘书必备的素质

引言

随着中国式现代化快速推进，给现代秘书人才培养提出许多新课题。现代秘书人才必须是高素质、创新型、综合型、国际化的人才。这就要求秘书人员不断加强自身修养。今天重新学习30余年前习近平关于秘书工作风范的讲话，仍感到特别亲切，这是秘书人员自身修养的指南。习近平指出：“秘书的特殊性工作，光有埋头苦干的精神还是不够的。就我个人体会，秘书在加强自身修养中，还要特别注意培养良好的工作作风，注意生活小节，即要努力做到‘五不’：

一不自恃。不能认为机关牌子大、领导靠山硬，而有所依仗，有恃无恐，更不允许滥用领导和办公室名义谋取个人私利。

二不自负。要克服优越感，坚决防止对基层干部群众盛气凌人、态度傲慢、颐指气使、发号施令的现象。

三不自诩。防止自我表露、吹嘘炫耀，特别是涉及领导个人的工作作风，不能随意张扬，妄加评论；对于党的内部机密，更应当守口如瓶。

四不自卑。克服自轻自贱、自惭形秽的心理，不能‘口将言而嗫嚅，步将行而趑趄’，防止唯唯诺诺，没有个人主见的现象。

五不自以为是。不能想当然，随意删节、更改或补充领导的指示，防止粗心大意、敷衍塞责、玩忽职守的现象。

总之，秘书人员经常检查自己的思想、工作‘到位’情况，不能‘离位’，更不能‘越位’。在处理同领导的关系中，力求做到‘参与而不干预、协助而不越权、服从而不盲从’。我想只要把握好这个‘度’，就能成为一个合格的称职的秘书。”

2014年5月8日，习近平对中央办公厅工作提出“五个坚持”的要求，也是对广大秘书人员的要求。

一、坚持绝对忠诚的政治品格。

二、坚持高度自觉的大局意识。

三、坚持极端负责的工作作风。

四、坚持无怨无悔的奉献精神。

五、坚持廉洁自律的道德操守。

第一节　秘书的政治素质

一、道德修养

“道德”二字，在中国古代早期是分开用的。“道”，指道路，有发展变化规律之意。“德”，有“外得于人，内得于己”的意思。也就是说，在处理人与人之间的关系时，能够“以善德施于他人，使众人各得其益”；同时，“以善念存诸心中，使身心互得其益”。到春秋战国时期，“道德”二字连成一词大量出现了。荀子在《劝学》篇中说：“故学至乎礼而止矣，夫是之谓道德之极。”这里所说的“礼”，就是指当时社会的道德原则和规范。简而言之，它是做人的规矩。

“道德”一词，在今天具有丰富的含义。它是指人与人、个人与集体、个人与社会以及人对待自然的行为规范的总和；是指一种依靠社会舆论、传统习惯、教育示范和内心信念来维持的社会实践活动；也是指用来评价人们思想言行善恶荣辱的标准，以及个人思想品质和修养的境界等。道德是一种社会意识形态和上层建筑。

秘书的道德修养主要是指在思想意识和道德品质方面的自我教育、自我完善，教育的过程是在心灵深处反省、检查，不断吐故纳新的过程。“择善者而从之，识不善者而改之”，这是新时代秘书道德修养的实质。只有经过长时间的艰苦磨炼才能具有高尚的思想境界和道德情操。为此，必须认真学习贯彻习近平总书记 2014 年 5 月对中央办公厅工作提出的“五项坚持”要求。即：坚持绝对忠诚的政治品格，坚持高度自觉的大局意识，坚持极端负责的工作作风，坚持无怨无悔的奉献精神，坚持廉洁自律的道德操守。作为秘书人员，每天应以这“五项坚持”为镜，检查自己的言行。

（一）道德意识修养

秘书进行道德意识修养，最根本的是要树立正确的人生观和价值观，树立全心全意为人民服务的观念，要有集体主义团队精神，在市场经济的大潮中，一定要克服利己主义和拜金主义意识，注重弘扬社会主义核心价值观。社会主义核心价值观的基本内容如下：

国家层面：富强、民主、文明、和谐；

社会层面：自由、平等、公正、法治；

公民层面：爱国、敬业、诚信、友善。

作为秘书人员，要增强道德意识修养，就必须践行并弘扬社会主义核心价值观，具有积极人生追求、高尚思想境界和健康生活情趣。

（二）道德情感修养

培养高尚而强烈的道德情感，对于协调与领导、同事、客户的关系，创造良好的工作气氛，具有重要意义。

道德情感的修养内容包括树立正义感、责任感、荣誉感和幸福感。正义感是要公正地对待他人，对群众诚实无欺。责任感是对本组织机构的义务感和使命感，要有“本单位兴我荣，本单位衰我耻”的责任感，处处为本组织机构的荣誉和群众的利益着想，尽职尽责。要有正确的荣誉感，认识到个人获得荣誉是与领导的关怀、组织的支持、同事的帮助、客户的信任分不开的，应将荣誉视为促进自己为社会、为组织、为群众尽更大义务的动力。幸福感也是一种道德观念和情感。幸福感是同人的生活目的密切联系的，是人生追求的目标，是感受和意识到了自己的理想和目标而引起的心理上的满足和愉悦。一个勇于为秘书事业献身的人，其最大的幸福就是在秘书领域卓有建树。

二、职业道德修养

职业道德是人们在一定职业活动中的行为规范。秘书的职业道德是规定秘书在职业活动中的行为规范。优良的职业道德是秘书从事快节奏、高效率工作的动力，是秘书自我完善的必要条件，是秘书职业活动的指南。秘书的职业道德修养，主要是指职业责任、职业纪律、职业情感及职业能力的修养。

毫无疑问，社会上有多少种职业，就会有多少种职业道德，这是由职业的不同性质、不同责任和不同要求决定的。但是，一定社会的共同理想、共同价值观念对所有职业有着共同的要求，决定着职业道德的共性。这些共同要求即爱岗敬业、诚实守信、办事公道、服务群众、奉献社会。

爱岗敬业是从业人员对待职业的一种态度。爱岗就是热爱工作岗位，以自己从事的职业为荣；敬业就是用恭敬、严肃、认真的态度对待所从事的职业。爱岗敬业表达了从业者对职业饱含深情、忠于职守和勤奋努力的思想品质和道德境界。

诚实守信是为人处世的重要品质，是一项根本的职业道德。诚实就是真心实意，实事求是，忠实于事物的原貌；守信就是重信誉，讲信用，信守承诺。诚实守信是为人之本。

办事公道是从业人员在办事时要做到公开、公平、公正，讲原则，不徇私情，抵制行业不正之风。

服务群众就是为满足群众需要，办实事、办好事，以最大努力来造福群众。服务群众是公民道德建设的核心，也是职业道德建设的核心。

奉献社会就是自愿为他人、为社会付出劳动的行为。奉献意味着承担社会责任，是人价值的集中体现，是最高尚的道德境界。

职业道德的五个要求共同体现在职业道德系统内，相互联系、相互影响、相互制约。这五个要求既有基础性要求，又有较高的要求，共同发挥着作用。

（一）新时代秘书的职业道德

（1）忠于职守，热爱本职。各行各业的工作人员都要忠于职守，热爱本职，坚持以习近平新时代中国特色社会主义思想为指导进行工作，这是职业道德的一条主要规范。作为秘书，忠于职守，就是要忠于秘书这个特定的工作岗位，要爱单位、爱企业，自觉履行秘书的各项职责，认真辅助领导做好各项工作。要有强烈的事业心和责任感。

（2）服从领导，当好参谋。服从领导，这是秘书职业性质所决定的。作为领导的参谋和助手，秘书应当严格按照领导的指示和意图办事。离开领导自行其是、别出心裁，都是秘书职业道德所不允许的。个人的积极性、创造性只能在服从领导的前提下发挥，不擅权越位，不掺杂私心杂念。

当好参谋，就是要发挥参谋作用，在工作中为领导出谋献策。在领导决策民主化、科学化的新时代，尤其要求秘书增强参谋意识和能力，树立不能出谋献策的秘书就不是好秘书的新观念。

要当好参谋，面对每一项工作，都能较快地估计它的意义、影响及后果，建议领导采取必要的措施；对周围事物要保持较高的敏感性，当工作中出现新事物的萌芽或出现不好的苗头时，能够及时抓住，迅速向领导反映，以引起领导的重视；要善于从日常所发生的尚未引起人们注意的微小变化中以及大量的情况报告、统计报表中发现问题的倾向，捕捉到重要的信息，提取有价值的材料，供领导参考。

（3）兢兢业业，任劳任怨。兢兢业业，就是要求秘书人员埋头苦干，不计较个人利害得失，甘当无名英雄。秘书工作性质决定其工作主要是实干，因此，秘书人员在具体而紧张的工作中要脚踏实地，密切联系实际和群众，有吃苦耐劳甚至委曲求全的精神。

秘书工作繁杂而具体，而且要求十分严格，时效性很强，突击任务较多，需要经常加班加点，甚至节假日也不休息，在个人爱好、生活等方面要做出很多牺牲。秘书工作又多是默默无闻、鲜为人知的工作。秘书工作的这种特殊性决定了秘书人员要任劳任怨，忘我工作，乐在其中，虽苦犹荣。

（4）谦虚谨慎，办事公道。谦虚谨慎，是秘书人员应具有的美德。秘书人员不能因为在领导身边工作而自命不凡、自以为是，要平等地同各职能部门商量工作，虚心听取他们的意见，在工作中要善于协调矛盾，搞好工作；在与员工打交道时，要满腔热情，态度和蔼，尊重对方，礼貌待人。在审核公文和处理公务等工作中，要虚心向有关部门请教。在传达领导的指示和意见时，既要严肃认真，又要平和得体，掌握分寸，不能摆架子，打官腔。特别是接待普通员工时，更要注意平等待人，平易近人，切不可居高临下，盛气凌人。

办事要公道正派。秘书人员对领导、对群众都要一视同仁，秉公办事。切忌因人而异，亲疏有别，更不能看来头办事情。只有公道正派的秘书人员才能做到胸襟宽广，在工作中充满朝气和活力。

“心底无私天地宽”，要做到公道正派，首先要把自己摆在适当的位置，正确对待个人的利害得失，不凌弱、不徇私、不投机。秘书人员要自尊、自重、自爱、自强，无论对在位还是不在位的领导，无论对资历老还是资历浅的领导，无论对“一把手”还是副职领导，都应坚持原则，执行规定，不仰视、不俯视，要平视。

（5）实事求是，热情服务。实事求是是秘书人员的工作原则，要一切从实际出发，理论联系实际，坚持实践是检验真理的唯一标准。秘书工作的各个环节都要求准确、如实地反映客观实际，从客观存在的事实出发。秘书人员在收集信息、汇报情况、提出意见、拟写文件时，都必须端正思想，坚持实事求是的原则。在工作中，切忌主观臆想、捕风捉影，分析问题必须从客观实际出发，既不唯领导是听，也不唯“本本”是从。要敢于在领导面前讲真话，反映情况要真实，对实际工作不夸大、不缩小，既报喜又报忧，不弄虚作假；在工作中要讲究实效，不做表面文章；对待问题是非明确，对领导正确的决策要坚决维护和执行，不完善的要补充，不正确的要以恰当的方式提出自己的意见，不随声附和，看领导眼色行事；在工作中一定要坚持真理，修正错误，即使一时不被人们所理解，受委屈、遭打击，也无所畏惧。在我们党的历史上，有许多做过秘书工作、后来成为卓越领导者的优秀同志，他们对党、对祖国、对人民无限忠诚，襟怀坦白，实事求是，是秘书人员坚持实事求是原则的榜样。

所谓热情服务，是指秘书人员要把为领导服务、为本单位各职能部门服务、为群众服务作为自己的神圣职责。秘书人员是通过这“三服务”来体现全心全意为人民服务的宗旨的，服务是秘书工作的根本职能。“三服务”是新时代对秘书工作的客观要求。“三服务”强调发挥秘书工作对领导工作的参谋、助手作用。除了努力为领导和上级单位服务之外，对本单位的职能部门、下级单位、基层和群众，也要谦虚诚恳，平等待人，细致周到，热情服务。

（6）遵纪守法，廉洁奉公。遵纪守法、廉洁奉公是秘书人员职业活动能够正常进行的重要保证。遵纪守法指的是秘书人员要遵守职业纪律和与职业活动相关的法律、法规，秘书人员要严格按照有关的工作程序、规定办事。许多秘书部门为了实现秘书工作的规范化、制度化和科学化，建立了各项工作程序，这些程序对秘书人员的工作做了逐条逐项的规定，秘书人员必须严格执行，不能随心所欲地行事。需要逐级请示的，绝不越级；需要上级决定的，不擅自做主；需要与有关部门协商的，不自行其是；规定必需的手续，不能嫌麻烦而不照做。

廉洁奉公是高尚道德情操在职业活动中的重要体现，是秘书人员应有的思想道德品质和行为准则。它要求秘书人员在职业活动中要坚持原则，不利用职务之便假借领导名义以权谋私，不搞你给我一点“好处”，我回报你一点“实惠”的所谓“等价交换”。要以国家、人民和本单位整体利益为重，自觉奉献，不为名利所动，以自己的实际行动抵制和反对不正之风。

（7）恪守信用，严守机密。恪守信用，是对秘书人员在工作和处理人际关系中的严格要求，包括遵守时间、恪守诺言，“言必信，行必果”。遵守时间，要求秘书人员约定会晤、安排会谈、组织会议、收发函件时要准时，不拖拉。领导要求秘书人员汇报工作时，秘书人员不准迟到；为领导安排会见或会谈时，自己要事先到场，并做好一切准备工作。秘书人员要严格遵守诺言，一经允诺的事情就要尽力办到，如遇到曲折变化，要事先说明原因，使人信服。

“秘书”一词的含义说明秘书工作与保密有着内在的关系：秘书人员一个显著的特点是掌握的机密较多，因此，要求秘书人员必须具备严守机密的职业道德，自觉加强保密意识。不该说的机密绝对不说，要“守口如瓶”，不该知道的机密绝对不问，不该看的机密绝对不看，不该记的机密绝对不记，秘密文件、资料、刊物不得带出办公室，离开办公室时要收好文件，保管好文件。秘书人员应当充分认识保密工作的重要意义，明确新时代保密工作的特点，了解秘书部门保密工作的范围和重点，熟悉保密法规和要求，自觉做好保密工作。

（8）转变观念，勇于创新。面对新时代中国式现代化加快发展的新形势，秘书人员转变观念、强化勇于创新意识尤为重要。长期以来，我们的秘书队伍形成了严守纪律、埋头苦干、不计名利、默默奉献的优良作风，这是应该继承和发扬的。但也应该看到，在中国式现代化加快发展的新形势下，在经济全球化势不可挡的形势下，有许多新情况需要了解，有许多新问题需要研究，有许多新经验需要总结，如果秘书人员还停留在只知抄抄写写、谨言慎行的认识水平上，就跟不上时代的发展。现代社会要求秘书人员必须转变观念，解放思想，跳出传统的思维方式和工作方式的束缚，变领导分配什么就干什么、叫怎么干就怎么干的被动服务为积极替领导出主意、想对策的主动服务；变按部就班、无过就是功为锐意进取、大胆开拓，创造性地开展工作，提高秘书工作水平，为协助领导策划和指导工作提供良好服务。

勇于创新，要求秘书人员应具有强烈的创新意识和精神。勇于创新，要求秘书人员不空谈，重实干，在思想上是先行者，在实践上是实干家，不断提出新问题，研究新方法，走出新路子，顺应时代潮流，高举发展旗帜，紧扣发展主题，抓住发展机遇，加快发展的步伐，努力协助领导开创各项工作的新局面。

（9）善于协调，严于管理。协调是秘书工作的一项重要职责，也是秘书人员的一项基本功。会议、活动的组织需要协调沟通，基层的问题、建议需要协调沟通，上下左右、方方面面的关系也需要协调沟通。沟通协调不能想当然，要正确领会领导意图，听取方方面面的意见，不能自以为是。最主要的是秘书要有公正公道的品质、容人容事的雅量，融通融和的本领。

秘书工作无小事，秘书要管理的内容庞杂、事务繁多，没有严格的管理就可能出问题。严于管理靠三条：一靠制度约束；二靠领导带头；三靠严于律己，服从管理。

(10) 刻苦学习，提高素质。所谓素质，是指一个人在政治思想、道德品质、知识技能等方面所具有的一定水平。这种水平是必须经过刻苦学习、严格训练和培养才能达到的。从事秘书工作的人员要具备一定的素质。

秘书人员的素质，主要表现在政治品格、思想作风、知识结构、心理品质、工作能力以及掌握有关技能等方面。作为新时代的秘书人员，这种素质要求显然更为严格、全面，甚至更苛刻一些。是否具有良好的素质，对于做好秘书工作是一个非常重要的问题，也是评价一位秘书人员是否称职的基本依据。秘书工作头绪繁多，涉及面广，要求秘书人员有尽可能广博的知识，做一个“通才”和“杂家”。现代社会科学技术的发展突飞猛进，知识更新速度加快，因此，秘书人员应该具有广博的科学文化知识，以适应工作的需要。秘书人员还要有一定的文字工作能力、出谋献策的能力、独立办事的能力，以及组织协调能力、调查研究能力、信息处理能力等。

(二) 其他应具有的职业道德素质

秘书工作还要求秘书人员不断地学习，具有高尚的情操、坚强的意志、良好的性格和气质。

选择了秘书岗位，就是选择了奉献。正如有的秘书人员说，奉献是一种责任，一种才能，一种境界。第一种境界——奉献思想。秘书工作贵在思考、重在参谋，要为领导出新观点、金点子、好思路。一个新观点可以促进认识上的新飞跃，一个金点子可以带来难点上的新突破，一条好思路可以推动发展上的新跨越。第二种境界——奉献激情。激情犹如熊熊的火焰，它是一切工作的原动力。没有激情，就没有壮丽的人生。如果我们能把奉献当成使命，投入激情，付出真情，秘书工作的效率就会大大提高，从而得到领导赏识和群众重视。第三种境界——奉献心灵。奉献的最高境界是用心奉献。不仅要有百折不挠的进取心，而且要有一颗无怨无悔的平常心。呕心沥血，不计名利，把青春和热血投入“三服务”工作中，让青春因奉献而美丽，因奉献而精彩。

从发展的角度看，新时代的秘书人员必须了解与秘书工作有密切关系的领域中取得的新成果，这样才能更好地掌握秘书工作的各项技能。根据需要，秘书人员首先要掌握一些能大大提高工作效率的技术，如计算机技术，人工智能技术，复印缩微技术，录音录像和摄影技术，速记、打字和编辑技术，驾驶技术，维护和保养办公设备的技术等。这些技术都需要秘书人员随着技术的发展和工作的需要，在实践中不断学习和提高自身能力。

第二节 秘书的知识素质

当今社会知识量剧增，互联网、智能手机和人工智能技术的广泛使用使信息的传播更加快速、便捷，信息量、知识量空前巨大。谁掌握的知识多，谁就能跟上时代的发展，与时俱进，开拓创新。秘书由于处在领导层之中，接触范围广，遇到的事情多，为做好秘书工作，秘书人员应具备相当广泛的知识：一要掌握与秘书工作有关的社会科学和自然科学的基础知识；二要掌握秘书工作专业知识；三要掌握做好秘书工作的相关专业知识。

一、基础知识

秘书应具有一定的文、史、哲、数、理、化以及天文、地理、生物、心理等方面的知识，这是做好秘书工作的文化功底。需要注意的是，不能只顾学习新知识而不重视历史知识的学习，要读历史名著，诵历史名诗。对中国优秀的传统文化要继承和弘扬，对外国的文化历史要了解和尊重。

二、专业知识

秘书的专业知识包括两大部分：一是行业领域的专业知识，二是秘书工作专业知识。

（一）行业领域专业知识

当前，在某一行业中担任专业秘书工作的人员很多。作为行业秘书，便需要懂得本行业的专业知识。以商务秘书为例，他必须有市场经济知识和贸易实务知识。这些知识从空间范围看，包括国内贸易实务知识和国际贸易实务知识；从商品范围上看，包括货物贸易、服务贸易、技术贸易三方面的知识；从时间范围上看，包括传统贸易实务、电子商务等方面的知识。

如果在企业当秘书，除了应具有上述贸易实务知识外，还应具有现代企业分类特征和管理、各种类型的企业组织模式和结构、现代企业文化等知识。

（二）秘书工作专业知识

秘书工作专业知识是秘书工作知识的中心层知识，它直接影响秘书工作的水平。现代秘书专业知识主要包括信息工作、市场调研与市场预测工作、经营管理策划工作、参谋工作、办公室事务工作、会议筹划与服务工作、协调工作、接待工作、商务旅行工作、公关交际工作、文书拟写与处理工作、资料档案工作、办公现代化及电子政务、电子商务工作等有关知识。

三、秘书工作相关知识

秘书除了秘书专业工作以外，还肩负很多管理层面的工作，这就需要掌握与秘书工作相关的知识。这些知识有助于秘书更有效地开展工作，提高工作效率。

第一，管理方面的知识，包括管理科学、领导科学、行政管理学、企业管理学、公共关系学等。

第二，法律方面的知识，包括公司法、劳动法、知识产权法、商标法、世界贸易组织法等。

第三，经济方面的知识，包括中国特色社会主义市场经济、市场学、营销学、价格学、广告学等。

第四，金融方面的知识，包括金融机构、金融市场、金融调控、银行结算与信贷服务、国际金融与外汇市场、保险业等。

第五，财税方面的知识，包括会计职能、会计核算原则与方法、会计凭证、税收征收，如对流转额征税、对收益额征税及对财产、资源征税等。

第三节　秘书必备的基本技能

一、现代办公设备使用技能

秘书的主要工作场所在办公室，办公室设备是秘书经常使用的工具，因此秘书应学习和掌握打印机、复印机、传真机、扫描仪、数码相机、刻录机、移动办公设备和其他辅助办公设备的操作技能。

二、常用办公软件使用技能

计算机是办公室最主要的设备，而计算机的运行必须依靠软件。这就要求秘书必须学习计算机基础理论，掌握计算机操作系统的一般知识和技能，同时还要掌握微软办公软件使用操作技能。

三、网络办公技能

秘书网络办公是指秘书应用互联网资源处理各种事务。网络不仅具备了在线办公技术基础，而且为在线办公提供了大量资源，包括互联网信息资源、网络即时通信等。

四、人工智能技术

科学技术日新月异，飞速发展。秘书要与时俱进，学习和掌握运用人工智能技术撰写文书、绘制表格以及处理办公室各种事务，提高工作效率。

五、文字处理技能

秘书要经常从事文字工作，书法、速录、编辑、校对、印制、装订文件等便成了秘书不可少的基本技能。要重视书法，虽然有电脑对文字的处理，但在会场布置、绘制板报、文字书写等工作上，漂亮的书法具有很高的使用价值。

六、速记、速读、速写技能

（一）快速记录

秘书要会速记。速记是一种快速书写方法，只要有一支笔、几张纸就能记录讲话、领导指示、来访者意见、电话，记笔记、起草文稿、摘抄资料等也极为方便。

速记与计算机、录音机、速录机等现代化科技工具是相辅相成、相互为用的，各有各的功能，再灵巧的计算机等技能也灵巧不过人的一双手，更何况计算机等应用是有客观条件限制的，如领导会见、会谈是不准用录音机、速录机、计算机的，但可以用速记；而且，这类现代化技术都需要电，没有电就无法工作。

（二）快速阅读

面对新知识迅速增长的社会，全面提升学习效率，较好的方法就是快速阅读。德国快速阅读培训网络覆盖全国，韩国每年举办“最佳快速阅读比赛”等，世界各国都在重视快速阅读以提升学习效率。快速阅读不是一行行、一字字地读，而是将目光放在一书上的中心部位，最大程度地发挥视力区的作用。

（三）快速写作

快速写作一般是指提高公文快速写作能力，要求快速审题、快速构思、快速行文。快速行文要把好文章的三大阶段：起始阶段、主体阶段和结尾阶段。公文都有一定的格式，如“请示”格式是：请示的根据、请示的事项、请求批复。“总结格式”不管是“工作总结”还是“学习总结”，其格式是：基本情况、取得的成绩、经验与体会、存在的问题、今后的设想。

第四节　秘书的心理素质与健康素质

一、秘书的心理素质

好的心理素质指个体在各种环境中都能保持一种良好的心理效应状态，这是心理健康的表现。心理健康的目标就是能够随环境变化而及时调节心理结构，对社会做出积极的反应，达到同外界的平衡，从而培养符合社会需要的健全的人格。

秘书心理健康包括以下几个方面：

第一，保持乐观而稳定的情绪，在工作中充满活力。秘书工作头绪繁多，工作量大，常常加班加点，超负荷运转，这容易引起身体和心理上的疲惫，造成心理失调。因此，秘书人员要有心理承受力，充满自信，吃苦耐劳，任劳任怨，甘当无名英雄。

第二，能充分认识自己，公正地评价他人。秘书处在一个涉及上下、左右、内外等各种人际关系的网络中，如果能正确地处理这些关系，就会心情舒畅，干劲倍增，提高工作效率；反之，如果人际关系紧张，相互猜忌怀疑，就会产生摩擦和内耗，引起心理冷漠，影响工作开展。

第三，有较强的事业心和目标意识。秘书工作从总体上看具有一定的被动性，但同样需要具有较强的目标意识。特别是在企业工作的商务秘书，要根据商业环境的变化和不同阶段企业经营管理的要求，具有一定的主动性和灵活性。因为一些涉及巨大经济利益的决定往往是在一瞬间完成的，时间就是效益，时间就是金钱。没有强烈事业心的秘书，其工作不可能快节奏地运转，不可能和市场变化同步，也就不可能为获得更大的经济效益赢得时间。

第四，积极进取，勇于探索，锐意创新。秘书要增强创新观念。现代社会是“创新者存，守旧者亡”。市场经济的开放性、法制性和创新性要求秘书人员树立与之相适应的思维方式和工作方法，要有新思路、新举措。

第五，意志坚忍，并善于自我克制。秘书要具备坚强、豁达的个性素质，有正确的人生态度，这样才能心有所恃，情有所依，经受得住种种失意和挫折，保持良好的精神状态。秘书还要提高情感修养的自觉性，掌握自我调节本领，要善于自我克制。克制，就是通过意志努力抵制和战胜不良情感。凡事要以秘书工作的需要为目标，不得意忘形，也不忧郁悲伤。

第六，人格健全，有鲜明且较完善的性格。在秘书工作中，不同气质类型的秘书具有不同的特征，应从提高效率、做好工作出发，认真研究和安排。大家知道，多血质气质类型的秘书一般表现为主动灵活，交际能力强，但缺乏持续性，兴趣易转移，在安排重要任务时不能不考虑到这一点；胆汁质气质类型的秘书一般表现为热情、认真、果断，但容易感情冲动，影响工作的开展；黏液质气质类型的秘书一般表现为遇事沉着冷静，长于实干，稳定性强，但往往反应较慢，动作迟缓；抑郁质气质类型的秘书敏感细心，一丝不苟，但性情孤僻，优柔寡断。当然，人的气质也会发生变化，不是绝对的。无论哪种气质类型的秘书，只要品德高尚，意志力强，有强烈的事业心和责任感，都能通过不断提高修养而成为合格的秘书人才。

第七，豁达宽容，自尊敬人，遵守诺言，言行一致。秘书要有包容意识，要学会宽容，与同事寻求一致，不要脱离群众，要尊重同事的隐私。

第八，乐于交往，建立并保持和谐的人际关系。成功的秘书工作者大都拥有以下特点：

其一，在行为上倾向合群，能投入群体活动和遵守社会价值观念与规范。

其二，在与人沟通上，他们总能容易而清楚地表达自己的见解，乐观谦和，积极向上。

其三，能与他人紧密联系与合作。

其四，对人态度友善和蔼，尊重人，关心人，踏踏实实，能适度地表现自己。

第九，能够做到个人行为同组织行为和公众利益协调一致。秘书的行为要与组织行为协调一致，不能我行我素，要以公众利益为重，维护组织的良好形象。

第十，在变化的社会环境中能保持良好的心理顺应。就是说秘书要有健全的心理，能适应环境的变化。

二、秘书的健康素质

现代秘书学必须学习保健知识。健康的体魄是从事工作的前提，秘书如果没有健康的身体，其他任何素质和能力都是空谈。

（一）人群健康的十项标准

作为秘书，要清楚世界卫生组织确定的人群健康的十项标准：

（1）有充沛精力，能从容不迫地担负日常繁忙的工作。

（2）处世乐观，态度积极，乐于承担责任。

（3）充分休息，睡眠良好。

（4）应变能力强，能适应环境的各种变化。

（5）能抵抗一般的感冒和传染病。

（6）体重适中，身体匀称，站立时头、肩、臀位置协调。

（7）眼睛明亮，反应敏捷，眼和眼睑不发炎。

（8）牙齿清洁，无龋齿，不疼痛，牙龈颜色正常，无出血现象。

（9）头发有光泽，无头屑。

（10）肌肉丰满，皮肤有弹性。

（二）秘书工作精力恢复法

（1）椅子健美操。如果你无法离开你的办公桌，就快速上举双臂过头，然后回到腰部做出击动作，两臂轮换出击。接下来做数次脚趾轻叩，脚后跟轻抬，还可坐在椅子上抬放膝盖（如果担心打扰其他同事，可脱掉你的鞋子）。

（2）上半身推/拉。坐在一张带轮子的椅子上，双手紧抓办公桌，与办公桌间隔一个肩宽的距离，拇指放在办公桌下，其余手指放在桌上。双脚抬离地板，收紧腹部，然后向外推动办公桌直至将头垂至双臂间可看到地板为止。然后再慢慢把自己拉向办公桌直至腹部贴住办公桌。动作重复12~15次，每次推拉持续3秒钟。

（3）低身推/拉。坐在带轮椅子的边缘上，双脚前伸，双手放在大腿上。抬起脚趾离开地板，只让足跟着地。用足跟蹬地慢慢向后推，使椅子后移直至两腿全部伸开。上身要保持放松状态。然后用足跟钉住地板，再把椅子向前推。重复动作12~15次，推拉各保持3秒钟。

（4）交替蹲坐。离开椅子站起，双脚保持与肩等宽的距离，后背要挺直。像坐下一样弯曲膝盖与臀部，不要让你的膝盖向前弯曲超过你的脚趾，也不要贴近你的座椅，然后重新站好。动作重复4次。然后再次下蹲并保持这个姿态。短暂蹲起连做3次后站起。整个动作重复6次。

（5）办公桌推起。站立，把双手以比两肩稍宽的距离轻放在办公桌上。向后移动双脚直至身体呈前推的姿势，双臂撑住但可活动自如。弯曲双臂使两肘朝外，慢慢朝办公桌降低胸部。头、背、臀及腿保持在一条线上。保持这个姿势2秒钟，然后起身。重复动作12次。

秘书工作再忙，也不能忘记锻炼，只有保持良好的身体素质，才能真正地提高工作效率。

第五节　秘书的情商与智商

一、情商

情商（EQ）是由美国哈佛大学心理学教授丹尼尔·戈尔曼在1955年出版的《情感智力》一书中提出的。情商是指情感智力，“EQ”是“情感智力”的英文缩写。

（一）何谓情商

情商是指良好的道德情操；是乐观幽默的品性；是具有克服困难的勇气；是自我激励、持之以恒的韧性；是同情和关心他人的善良；是善于与人相处，把握自己和他人情感的能力；等等。简而言之，它是人的情感和社会技能，是智力因素以外的一切内容。

随着世界步入经济全球化、信息网络化的时代，人际交往日益频繁，情商越来越被人们所重视，普遍认为它是通往成功的必备素质。丹尼尔·戈尔曼教授认为，个人获得成功的因素里，智商的优劣占据20%，而情商的优劣占80%。由此可见，要造就一位优秀的秘书，让其走上岗位并事业有成，必须重视对其情商的培养。

（二）情商的构成

人类智慧行为的心理结构十分复杂，有许多因素可影响到它的功能。可将其分为两大系统，即认知性心理功能系统和非认知性心理功能系统。

认知性心理功能系统即智力因素，包括感知觉、记忆、思维、想象等。

非认知性心理功能系统不直接参与对客观事物的认识及处理各种内外信息等具体操作，而对活动的起始、维持、强化、定向、引导和调节起到一定的作用。情商属非认知性心理功能系统，它的构成包括以下五个方面：

（1）自我意识。自我意识是一个人对自己的认识、评价和期望，这是情商的基础。“人贵有自知之明”，就是指自我意识。作为秘书，一定要正确认识自己，正确对待别人。

（2）自我激励。每个人都想在学业、事业上有所成就，但是没有热情、没有干劲、没有动力及昂扬的斗志是不可能达到上述目的的。那么，如何激发自己的热情与干劲呢？只有自我激励和受到他人的激励，产生了“整体效应”，产生了一种内在的动力，朝向目标坚定前进，才能达到预期的目的。秘书不懂得自我激励，就不会成为一个好秘书。

（3）情绪控制。人的情绪常常受到内外因素的影响而有所波动。有些人得意时忘乎所以，悲伤时垂头丧气。一名合格的秘书人员，要能做到控制自己的情绪并保持情绪的平衡；要始终保持一种积极、乐观、自信的心态，避免和消除不良的情绪，使自己不受愤怒、抑郁等情绪的影响。总之，作为秘书，遇到任何挫折，都要保持“喜怒不形于色”的良好状态。

（4）人际交往。人际关系的基础是对别人的爱心和关心，是对人的宽容和饶恕，是对别人的尊重与谅解。作为秘书人员，关键是真正关心和同情别人。如果用爱心和同情心去看一个人，这个人总有可爱和可贵之处。没有同情心和爱心，就无法认识和理解别人，也无法与人和睦相处。

（5）对挫折的承受力。对挫折的承受能力是情商的重要组成部分。学业上、事业上有成就的人不可能都是一帆风顺的，他们多数经历了挫折、失败，但他们懂得从失败中吸取教训，愈挫愈勇，终获成功。秘书在工作中遇到挫折是很正常的，甚至是不可避免的，万不可有半点自卑心理。要相信，没有战胜不了的困难，没有过不去的难关，只要有良好的心态、必胜的信念，认真履行自己的工作职责，踏实认真，一丝不苟，就能保质保量地完成领导交给自己的各项任务，就能成为一位合格的秘书。

二、智商

（一）何谓智商

智商，英文简称IQ，是通过测验测量出来的人的智力指数，是受测者在智力测试上所得的分数，是一个人与相同智力年龄或同社会阶层的人相比较智力的高低，它反映了被测者在测验题目上的表现。在日常生活中，许多人都把 IQ 视同为智力。

智商的具体计算方式如下：

$$\text{IQ（智商）}=\frac{\text{MI（智力年龄）}}{\text{MA（实际年龄）}}\times 100$$

从以上公式可以看出，智商就是智力年龄与实际年龄的比率。例如，一个 10 岁的孩子经过智商测验，他的测验分数达到了 12 岁孩子的平均水平，那么他的智力年龄就是 12，这个孩子的智商即为：IQ = 12/10×100 = 120，也就是说这个孩子的智商略高于同龄的孩子，是一个聪明的孩子。

智力是一个人的聪明程度，我们往往以智力发达来形容一个人聪明。秘书的智力就是了解问题、分析问题、解决问题的能力。秘书要具有高智商，其智力要超过自己实际年龄的智力，这就需要加强学习，注意发展自己的智力，提高自己的能力。

（二）秘书智商的构成

秘书的高智商是由以下五个方面构成的：

（1）增强观察力。观察力是秘书智力的重要组成部分之一，秘书观察力不强，就很难正确领会领导的意图，也很难写好文书，工作也做不到点子上。

（2）增强想象力。没有想象力，就没有创新，就不能适应时代的发展。市场经济竞争极为激烈，秘书没有想象力，没有创新精神，是当不好领导助手的。

（3）增强记忆力。记忆是智力的储存库。秘书记忆力强，才能为领导做好咨询服务。

（4）增强思维能力。现代思维方式是人们在传统思维方式基础上经过扬弃，在主客体相互作用中形成的。它的表现形式主要有相似联想思维、发散思维、逆向思维、侧向思维、动态思维等。相似联想思维，就是由于某人或某事而想起其他相关的概念；发散思维是一种多方面、多角度、多层次的思维过程；逆向思维就是从对立、相反的角度去思考问题；侧向思维就是把注意力转向外部次要因素，从而找到在问题限定条件下的常规方法之外的新思路；动态思维就是以不断变化着的思维去把握生生不息的世界。秘书应掌握这几种思维方式，以便增强思维能力，做好秘书工作。

（5）增强创造力。创造的本质是突破常规，即突破旧的思维定式。它追求的是“新异”“独特”“最佳”“强势”，必须有益于单位的发展，社会的进步。增强创造力对于秘书提高工作水平具有重要意义。优质高效需要创造力，服务争优需要创造力，当好参谋需要创造力，提高工作效率需要创造力。

秘书要提高工作能力，就需同时对情商、智商都加以培养。一个秘书能力强、工作效率高，一定是因其情商、智商都比较高。

美国国家创业指导基金会（NFTE）的创办者史蒂夫·马若堤在他的著作《青年创业指南》中指出：创业素质可以培养，其中12种素质是创业者必备的。我们认为，这12种素质也是一个合格秘书人员需要具备的素质。

- 适应能力——应付新情况的能力，并能创造性地找到解决问题的方法；
- 竞争性——愿意与其他人相互竞争；
- 自信——相信自己能做好计划中的事；
- 纪律——专注并坚持计划原则的能力；
- 动力——有努力工作实现个人目标的渴望；
- 诚实——讲实话并以诚待人；
- 组织——有能力安排好自己的生活，并使任务和信息条理化；
- 毅力——拒绝放弃，愿意明确目标，并努力实现，哪怕有障碍；
- 说服力——劝服别人明白你的观点并使他们对你的观点感兴趣；
- 冒险——有勇气使自己面临失败；
- 理解——有倾听并同情他人的能力；
- 视野——能够在努力工作实现目标时，看清最终目标并知道努力方向。

21世纪是人才高度竞争的时代。美国劳工部21世纪就业技能调查委员会提出了就业人员必备的五大能力和三大基础，这是一个人情商与智商的重要表现，也是秘书人员应具备的基本素质。

● 五大能力

◇ 统筹能力——具有统筹人员、资源、时间、财力及物资设备的能力。

◇ 合作及交际能力——具备团队精神，作为团队的一员，对团体负责，能与之共同努力、为之奉献；能给他人传授新知识、新技能；能为顾客服务，并令服务对象满意。

◇ 获取并利用信息的能力——能获取信息、评价信息；能组织信息，保持信息；能诠释信息、交流信息；能用计算机处理信息。

◇ 系统动作能力——能认识社会系统、组织系统及科技系统的运作机制并有效地进行支配；能辨别动向，预测影响系统运作的因素，发现问题、及时纠正；能对现有系统提出修正建议并开发新系统以改进运作。

◇ 能利用多种科技手段工作——能选择适当的步骤、工具或设备，包括计算机及其相关的技术，熟悉设备装置调试、设备的运作内涵及适当的工作程序和步骤；能防止、识别并解决设备故障问题，能及时保养设备，包括计算机及其他技术设备。

● 三大基础

◇ 能力基础——具有较高的读、写、算、听、说的能力。

◇ 思维基础——能进行创造性思维，有决策能力及解决问题的能力，有想象能力、学习能力和思维能力。

◇ 素质基础——有责任心和自尊心，善交际，能自律，为人诚实正派。

第六节　秘书礼仪修养与形象

我国素有“礼仪之邦”的美誉。古人崇尚礼仪蔚然成风，大到“修身、齐家、治国、平天下”，小到衣着、谈吐、举止，无不讲究礼仪。礼仪是秘书社会行为基本规范的重要内容。礼仪体现了秘书的素质，礼仪体现了秘书的涵养，礼仪体现了秘书的形象。

礼仪是秘书的必修课。《礼记》云：“所谓礼者，天之经也，地之义也，国之干也，身之基也，政之舆也。”中国传统文化的核心理念就是礼。孔子曰：“民之所由生，礼为大。非礼无以节事天地之神也，非礼无以辨君臣上下之位也；非礼无以别男女父子兄弟之亲，婚姻疏数之变也。”就是说，礼是天地、国家、社会、政治、家庭、身心的基本规范和准则。

荀子《修养篇》云：“人无礼则不生，事无礼则不成，国无礼则不宁。”因此，古人谆谆告诫世人：非礼勿视，非礼勿听，非礼勿言，非礼勿动。作为新时代的秘书，要深刻理解礼仪的内涵，把握其实质，自觉遵守礼仪准则，做有礼仪修养的秘书。

一、礼貌、礼节的概念

（一）礼貌

礼貌是人与人在接触过程中相互表示敬重和友好的行为。它体现了时代的风尚与人们的道德品质，体现了人们的文化层次和文明程度。它侧重于表现人的品质与素养。礼貌是待人接物的外在表现，它可以通过仪表、仪容、言谈举止等表现出对他人的尊重。

礼貌的行动是无声的语言，一个微笑、一个点头、一个鞠躬、一阵由衷的掌声，都能表现出对他人的尊重，体现出自身的素养。礼貌的语言又是有声的行动，如使用“先生”“小姐”等敬语，或使用“欢迎光临”“请多指教”等谦语和“贵姓”“几位”等雅语，会让人觉得你彬彬有礼。在人际交往时，讲究礼貌不仅有助于建立和睦的人际关系，而且有利于避免某些不必要的冲突。

（二）礼节

礼节是人们在日常生活中，特别是在交际场合，相互问候、致意、祝愿以及表示相互尊重的惯用形式。礼节是礼貌的具体表现，是礼貌在仪表、仪容、仪态及言谈举止等方面的具体要求。在日常交往中，秘书应十分注重自己的言谈举止，以体现对他人的敬重。例如，秘书人员对刚刚进入办公室的来访者主动微笑并问候："您好!""请问您有什么事需要我帮忙?"并及时让座、敬茶等。

（三）礼貌与礼节的关系

礼貌、礼节之间是相互联系、相互制约、相辅相成的。礼貌、礼节都有一个"礼"字，表示人们在交往中要相互敬重，友好往来，两者的本质都是尊重人、体贴人。礼节是礼貌的具体表现，礼貌是礼节的规范。礼貌和礼节两者的主要区别在于，礼貌是表示尊重的言行规范，而礼节则是表示尊重的惯用形式和具体要求。有礼貌而不懂礼节容易失礼。比如：日常生活中常看到秉性淳朴的人虽有谦虚之心、敬人之意，但不知如何表达，结果搞得手足无措，十分尴尬；而懂礼节但在施礼时缺乏诚意，同样也是不行的。礼貌和礼节必须是发自内心的，是内在素质与外在表现的协调统一。

二、仪容、仪表、仪态及服饰礼仪知识

在日常生活中，一个人的着装、仪容、体态反映着一个人的个性、习惯、爱好、审美情趣和文化修养水平，向人们传递着一种"非语言信息"。在社会交往中，一个容貌整洁、穿着得体、举止文雅大方的人，会使人未闻其声，便先对其留下美好而深刻的印象，从而为今后的交往奠定良好基础。秘书人员要做好接待工作，就必须学习这些礼仪常识，塑造美好的自身形象。

（一）仪容

1. 仪容的概念及作用

仪容即人的容貌，是个人仪表的重要组成部分，它由发式、面容以及人体所有未被服饰掩盖的肌肤（如手部、颈部）等构成。仪容修饰是一种文化价值的显现，体现出一个人对自我的性格、爱好、气质、风度的重新塑造。尤其在涉外交往中，仪容修饰更是一个民族生活方式和精神面貌的折射。由此可见，仪容在人的仪表美中占有举足轻重的地位。

（1）美化形象。仪容的修饰主要突出个人容貌上的优点，掩盖缺陷，使人风采更加出众。因为天生丽质、美貌绝伦的人毕竟是少数，而恰到好处的修饰可以弥补和掩盖容貌上的不足，并把自身较美的部位展露、衬托出来。比如，一个人的唇形欠佳，眼睛却很美，则可强化眼部的修饰，让眼睛引人注目。另外，口红的颜色则须节制，使之与肤色接近，不可过分突出，这样才能达到掩瑕扬瑜之效果。在与人交往中，修饰仪容体现出一个人自尊、自爱和对社会、对他人的尊重，其本身就是一种礼仪。而得体的修饰所反映出来的个人风采和审美能力，又从另一个角度美化人的形象。

（2）辅佐社交。秘书人员与来访者初次接触，总希望在较短时间内给人留

下美好的“第一印象”。根据“晕轮效应”，一旦“第一印象”定式产生，在一定时期内就很难改变。如果你的语言传递的信息与你的仪容传达的信息一致，对方就容易对你产生信任感，留下良好的“第一印象”，从而有助于你的事业成功，否则，你可能会遭遇出乎意料的失败。由此可见，仪容的修饰在社会生活中会产生不可低估的作用，形成的价值是有形的，它不但影响着人们的办事效率、社交的成功、事业的顺达、生活的愉快等许多方面，还影响和左右着周围人的态度。

2. 仪容修饰的主要内容

（1）发式。发式美是仪表美的一部分。我国古人认为头发受之于父母，因此要格外爱惜。从礼仪角度而言，头发整洁、发型大方是个人礼仪对发式美的最基本要求。选择发型时要以美观、大方、整洁、方便生活为原则，同时还要兼顾发质、脸形、体型、年龄、气质、四季服装以及环境等因素，只有这样，才能给人以整体美的印象。另外，头发还应保持整洁，只有经常洗头，才能确保头发不粘连，不板结，无头屑，无汗馊气味。通常，至少要 3 天左右洗一次头。唯有进行科学的护理，头发才能乌黑润泽；唯有得体的发型，才能使人英姿亮丽。

（2）面容。面容是人的仪表之首，是人体暴露在外时间最长的部位，也是最动人之处。面容的清洁卫生是保持良好形象的基础和前提。男士应该经常修面，胡须最好每天刮一次。胡须比较多的人除早晨刮一次外，出席重要活动时事先也应刮一次。洗脸时，一定要养成正确的习惯，消除附在面部的污垢、汗渍等。洗脸的正确顺序是：从多油垢的“T”带（即额头与鼻间的部分）洗起，再洗面颊与眼部四周，最后是耳部、颈部及发际、眉骨等部位。洗脸的方向是从下而上，动作应轻柔。为了使自己的容貌保持青春活力，要特别注意皮肤的保养。

女士面容的美化主要采取整容与化妆两种方法。女士要懂得修饰避人的原则。所谓修饰避人，主要指人们在对自己的仪容进行整理、修饰时，务必要自觉回避其他人，不要让他人旁观自己对仪容所进行的整理与修饰。不应在外人面前，尤其是男士面前化妆，因为这样既不庄重，也不雅观。

（3）颈部。颈部是人体最容易显现一个人年龄的部位，因此应该注意每天对颈部的保养。每天抹润肤霜时不要忘掉颈部，动作应轻柔。另外，平时应经常活动颈部，这样既可防病，又可起到美颈的作用。

（4）手部。秘书部门是“窗口部门”，当你与人交往、执行公务，或打电话、就餐时，都会使对方先看见你的手，所以在考虑整体修饰时，不应忽视手、手指和指甲之美。手的清洁与否能反映出一个人的修养与卫生习惯，要随时清洗自己的手，注意修剪与洗刷指甲，不得留长指甲。对秘书人员来说，蓄长指甲既不利于健康、缺乏时代美，也与秘书身份及工作环境不相适应。女性秘书还应注意不可把指甲涂得大红大紫，那样会使人觉得俗不可耐。

（二）仪表

1. 仪表的概念

仪表指人的外表，包括容貌、姿态、服饰、风度、个人卫生等。它是人精神面貌的外在表现。莎士比亚曾说："一个人即使默默无语，从他的着装也可以了解到他的过去。"一个人的仪表的确表现了他的经历、精神状态和文明程度。仪表修饰关乎个人之美，同时也表现了对他人、对社会的尊重，还反映出民族的习俗和社会的风尚。如果某人不修边幅、衣冠不整，那么别人便很自然地将其与缺乏教养、不拘小节、不稳重联系起来。仪表中风度最重要，因为风度是一个人性格、气质、文化水平、道德修养的外化，是人自身所具有的较为稳定的行为习惯的外在表现方式，是人的一种下意识的行为习惯。

2. 仪表美的注意事项

仪表美是一门艺术，它既要讲究协调，也要注意场合、身份，又是一种文化的体现。因此，在仪表方面应做到：

（1）注意仪表的协调。仪表协调主要指一个人的仪表要与他的年龄、体型、职业和所处场合相适应，这种适应与和谐能给人以美感。例如：不同年龄的人有不同的穿着要求，年轻人可穿着鲜艳、活泼、随意些的服装，体现出年轻人蓬勃向上的朝气与青春之美，而中老年人的着装则应注意庄重、雅致、整洁，体现出成熟和稳重之美。

（2）注意色彩的搭配。暖色调（红、橙、黄等）给人以温和、华贵之感；冷色调（紫、蓝、绿等）往往使人感到凉爽、恬静、安宁、友好；中和色（白、黑、灰等）给人平和、稳定、可靠的感觉，是最常见的工作服装用色。在选择服装的色彩时，应考虑到各种色调的协调与搭配。

（3）注意场合。要根据不同的场合来着装。喜庆场合、庄重场合及悲伤场合应穿不同的服装，要遵循不同的规范与风俗。秘书人员在工作场合着装，总体上应做到整洁、大方、高雅，不要过分引人注目，尤其不宜穿暴露过多的服装。如果观看演出、参加聚会（舞会）等，服装就要穿得正规又时髦；如果在家休息、上街购物、观光游览等，服装则要既舒适又得体。

（三）仪态

仪态是指人的举止行为，具体表现为人在行为中的姿态和风度。洒脱的风度、优雅的举止，常被人们所羡慕和称赞，最能给人留下深刻印象。现实生活中，往往可以从一个人的仪态来判断他的品格、学识、能力和其他方面的修养程度。另外，人们在交往过程中，感情流露与交流往往借助于人体的各种姿态，这就是我们通常所说的"体态语言"。体态语言作为一种无声的语言，在生活中被广泛地运用。在秘书工作中，它也具有特殊的意义和重要的作用。

一般来说，仪态既包括日常生活中的动作，也包括工作中的举止，如站姿、坐相、步态、说话的声音、面部的表情，以及个人的风度、气质等。

1. 站姿

站姿最容易表现人的姿势特征。

（1）正确站姿的基本要领是腰直、挺胸、收腹、收臀。

（2）正确的站立姿势应该是：头正，有向上顶的感觉；目光平视前方，嘴微闭，面带微笑；下颌微收；梗颈；肩平且放松，并微向后展；双臂自然下垂，放在体侧，五指并拢，自然微屈，或双手在体前相握，右手放在左手上，置于腹前；挺胸收腹，立腰，夹臀；两腿挺直，双膝并拢，脚跟靠紧，脚尖外展现45°~60°，呈“丫”字形；身体重心在两脚中间。

（3）站姿中的不良表现主要有：站立时，东倒西歪，无精打采，懒散地倚靠在墙上、桌子上，低着头，歪着脖子，含胸，端肩驼背；将身体的重心明显地移到一侧，只用一条腿支撑着身体；下意识地做小动作，如腿不由自主地抖动，用手摆弄头发、手帕、打火机等；在正式场合，将手插在裤袋里面，双手交叉抱在胸前，或双手掐腰。以上姿态均应避免在人前出现。此外，男士双脚左右开立时，注意双脚之间距离不可过大，不要一站三道弯，挺腹翘臀；女士站立时尤其要注意不要让臀部撅起。

2. 坐姿

坐姿是秘书工作中最重要的人体姿势，是身姿体态的重要内容，它能表现出美与丑、优雅与粗俗等不同的内容。端庄优美的坐姿能给人以文雅、稳重、自然大方的美感。

（1）规范的坐姿。入座时，走到座位前，转身背朝座位，后退半步轻稳坐下。女士穿裙装入座时，应用手将裙子后摆稍稍拢一下，再慢慢坐下。坐时脖子挺直，下颌微收，双肩微向后展，放松，下垂，胸部挺起，立腰，上半身自然挺直，背部成一平面，身体重心垂直向下，两腿并拢，两脚跟靠紧。男士双脚可略微分开，但不要超过肩宽，大小腿呈直角。女士双腿可正放也可侧放，侧放时双脚并拢或交叠。两臂自然弯曲，双手放在膝上，也可放在椅子或沙发扶手上，掌心向下。起立时，右脚向后收半步，然后站起，动作要轻。

（2）坐姿的注意事项。落座时注意动作要轻盈舒缓，从容自若。落座时声音要轻，不要猛然坐下，以免给人一种缺乏修养或赌气之感。落座后要保持上身平直，不要耷拉肩膀、含胸驼背，给人以萎靡不振的印象。不要半躺半坐、跷着二郎腿，给人以放肆、无修养的感觉。也不要像立正一样僵硬地坐着，那样会给人过度紧张、拘谨的感觉。不要把脚跨在椅子、沙发扶手上或架在茶几上，也不要两腿笔直向前伸、两膝分得太开等。另外，入座时，不要把椅子或沙发坐满，但也不应只坐在边沿上，最好坐满椅子的2/3，坐满沙发的1/2或1/3即可。总之，坐姿要求端庄大方，舒适自然。

3. 走姿

走姿具有动态美，最能体现出一个人的精神面貌。每个人都有表现自身个性的步态。有的人步伐矫健，动作敏捷，给人以健壮、活泼、精神抖擞之感；有的人步履轻盈，体态端庄，使人感到斯文优美而庄重。美好的步态能反映出一个人良好的个性和精神状态，展现出积极向上的精神面貌。

（1）走姿的要求：

①上体正直，不低头，两眼平视，面带笑容。

②两臂前后自然摆动，摆幅以30°~35°为宜。

③肩部放松，重心可稍向前，这有利于挺胸收腹，身体重心在脚掌前部。

④行走的轨迹应是一条直线，脚尖指向前进方向，双脚内侧应落在一条直线上。

⑤步幅要均匀（步幅指行进时两脚之间的距离，一般标准是前脚的脚跟与后脚尖相距为一脚长，男士步幅约在40厘米，女士则为30厘米左右），不宜太大，步态要轻盈。

要做到这些，膝盖、脚踝都要富于弹性，同时行走要有节奏感。

（2）错误的走姿：

①双眼左顾右盼。工作时间内的行走要精神集中，不可左顾右盼，摇头晃脑。

②低头驼背含胸。这样走会让人觉得你没有精神，老气横秋。

③走路内八字或外八字脚，一走一摇摆，显得不利落。这种走法不仅不雅观，而且走长路会很累。

④多人一起行走时，横排并走，勾肩搭背，边走边说。

⑤有急事要超过前面的行人，不要跑步，可以大步超过，并转身向被超越者致歉。在狭窄的通道行走，遇到领导、长者、贵宾、女士等，应主动站立一旁，以手示意，让其先行。上下楼梯时，不可弯腰弓背，手撑大腿，一步三级。

4. 气质

气质是一个人的风度和素质的表现，它是一个复杂的“化合物”。构成气质的因素多种多样，既有与生俱来的容貌、体质、血型等遗传因素，也有后天养成的文化素养、审美情趣、价值观念和心理机制。我们在日常生活中欣赏和喜欢一个人，实际上就是被对方的气质所吸引。所以说，有气质的人一定是有魅力的人。

气质可以慢慢培养，家庭环境、所受教育、朋友交往、文化熏陶都是培养气质十分有效的手段。文化熏陶最重要，它可以使你变得温文尔雅，气度不凡。多与气质优雅的人接触交往，通过潜移默化，自己也会越来越优雅成熟，气质独特，品味高尚。

古希腊医生希波克拉底将人的气质概括为胆汁质、多血质、黏液质、抑郁质四种类型。不同气质类型的人具有不同的心理特征。不同气质类型的人对待同一件事情的态度和处理方法可能完全不同，产生的效果自然有所不同。但往往一个人可能几种气质兼而有之，只不过某种气质占主导地位，表现更为突出，其他气质处于从属地位而已。

在秘书工作中，不同气质类型的秘书具有不同的特征，应从提高效率，做好工作出发，予以认真研究和安排，达到美中有情、美中有雅、美中有诚、美中有才。

秘书人员加强气质修养的主要途径有：

第一，学会自我控制。秘书人员应清楚自己气质的优劣，要按照工作要求进行有目的地调节和改造，努力使自己的气质符合秘书活动的要求。

第二，接受职业影响。秘书人员的气质多数为后天的社会生活所造就，特别是受职业环境的影响较大。如，外向型气质的秘书去做文字、档案方面的工作，内向型气质的秘书做接待联络工作，久而久之，这些工作会使秘书人员的气质发生变化。因此，秘书人员要在工作实践中锻炼培养适应工作需要的个人气质。

第三，行为需要反向。秘书人员要有意识地寻找与自己气质相反的工作，有目的地改造自己的气质。如，胆汁质的秘书要克服急躁鲁莽，就应多做些誊写文稿、立卷编目、习练书法等细致的工作；黏液质的秘书要克服反应迟缓的不足，应多做些实地调查、对外联络等要求动作敏捷的工作。持之以恒，定会收到较好效果。

5. 风度

风度是美姿的展示，也是气质的显现，是人们在社会生活中逐渐形成的。它包括美的人体形态、言谈、举止及服饰打扮等方面的综合内容。高雅的风度与一个人的文明程度、受教育程度及修养程度有着密切的关系。

内在美是高雅风度的核心，只有通过丰富的内涵才能实现真正的美。内在美指人们的心灵之美，是一个人思想、精神、情操、品格和道德之美。风度可以将某些内在美折射出来，使人的内在修养通过言谈举止、服饰、态度和作风等形式自然流露出来。因此，高雅的风度是形式和内容的统一，其中内容起决定作用。

高雅风度又是修养的结果。美丽的仪容、俏丽的身材可以靠天赋，也可以靠化妆、美容、服饰等方式很快实现，而风度却不是天生所固有的，也不能随主观愿望而产生。优雅的风度需要靠思想修养、道德修养、作风修养以及审美修养的积淀，靠长时间不懈地充实自己、磨炼自己才能实现。因此，要想成为一个风度翩翩、举止优雅的秘书人员，必须不断地在知识的海洋中汲取养分，提高自己的修养水平，时时刻刻注意自己的仪表风度、言谈举止，以留给他人一个美好印象，使自己具备高尚的精神面貌和高雅的审美情趣。

（四）服饰

1. 服饰的含义

服饰是人形体的外延，包括衣、裤、裙、帽、袜、鞋、手套等各类饰物，它们一同起着遮体御寒、美化人体的作用。在人际交往中，人们的着装在一定程度上反映着一个人的个性、爱好、职业、文化素养和审美趣味，同时还体现着民族的习俗和社会的风尚。正因为如此，人们通常认为服饰是传递思想、情感的“非语言信息”。

在日常生活中，服饰打扮要考虑个人的年龄、身份、气质、性格、体型、肤色以及化妆和穿着场合等因素，这样服饰打扮才能得体和谐。

2. 服饰选择的基本原则

（1）TPO 原则。这是选择服饰的最基本原则。T 表示时间（time），P 表示地点（place），O 表示目的（object）。TPO 原则的基本含义是人们在着装、化妆和佩戴首饰时，要兼顾时间、地点和目的，三者必须协调一致。具体来说，要注意以下几点：

①服饰与时代变化适应。服装的变化一向都是同时代进步相一致的，不同时代，服装的总体风格有所不同。我国秦汉时期的官服是峨冠博带，清朝时的官服是长袍马褂与顶戴花翎，尽管它们都是那一时期国家官员的官服，但随着时代的发展，它们都已成为历史文物。人们应顺应不同时代的潮流，选择与之相适应、相协调的服装。

②服饰与四季变化相适应。着装的最重要功能之一就是消暑御寒，因此着装应随着一年四季的变化而更替变换，使之与四季的气候特点相适宜。假如在飞雪的冬季，穿一件质地非常薄的连衣裙显然很不合适。

③服饰与早、中、晚时间变化同步。早晨进行锻炼可着活动方便的运动服；中午在家里或宿舍里用餐，可以脱去正装，穿上轻松自由的休闲服；晚上欣赏电视节目或准备休息时，则可换上舒适惬意的睡衣。秘书人员上班时着装必须与工作场合相适应，以体现出敬业精神。

④与地点相适应。这是指着装要考虑该国家、该地区所处的地理位置、自然条件乃至国家的开放程度，也就是与所处的环境相适应，使服饰打扮具有一种“现场感”。绝不能我行我素，自以为是，使自己的着装同自己所处的环境格格不入，反差过大。比如，穿网球裙去办公室上班，就是违反这一原则的。

⑤与目的相适应。这要求秘书人员的服饰打扮根据自己所办事务的目的而有所变化。如，着装时要考虑是为了工作还是为了休闲，是为出席喜庆场合还是参加悼念活动等。

⑥要与肤色相和谐。着装时切勿忽视自己的肤色。中国人大多属黄种人，有着黄皮肤、黑头发、黑眼睛。但具体到个人来说又有所不同，大致可分为白净、

偏黑、略黄和苍白等几种。不同肤色对服装色彩有不同的要求。肤色白净者适合穿各色服装。肤色偏黑者忌穿深色服装，以免肤色显得更加深暗。肤色略黄或苍白者则宜穿浅色服装。

（2）整体性和整洁性原则。服饰整体美的构成因素是多方面的，要通过服装的色彩、款式以及质料的选择搭配和装束的匹配塑造个体形象。着装的整体协调，首先要求服装本身在色彩、图案、款式、质料和风格上要统一和谐；其次，服装的饰品，如帽子、围巾、手套、鞋袜、皮包等装束都应力求在色彩、风格、款式、图案和质料、质感等方面和服装相匹配，构成一种整体美。美在和谐，将单个美的东西杂乱无章地组合起来，会毫无美感。但若将各种相互协调的服饰在一个"主题思想"之下相互搭配，形成一种合乎规律的秩序，就能使它们大放异彩，相得益彰。

服装的整洁与整齐也十分重要。整洁是最美的修饰，代表着振奋、积极向上的精神状态。只要服装保持清洁并熨烫平整，看起来就会显得衣冠楚楚。日本早稻田大学商学系高濑体文教授在给学生上"气质"课时就曾说："以前学生所穿的衣服，领上有硬塑胶垫，而且又脏又皱，还戴着破帽子。每当我看见学生服装不整或胡子长了，总是盼着他们下回要弄干净。因为不注重外表，不但惹人讨厌，而且一定生活混乱，精神不振。"可见，服装整洁与整齐能给人留下多么深刻的印象。

三、交际心理的基本原则

（一）交际心理原则的含义

交际心理的基本原则即礼仪的基本原则。具体指与人相处或做接待工作时，在心理上要真诚地尊重人、关心人、体贴人、理解人、善待人。

（二）交际心理原则的内容

（1）自尊与尊人的原则。自尊与尊人讲的都是尊重，是一个问题的两个方面。自尊指的是对自我的尊重，是指一个人对待自身的态度，是自我意识的表现。一个人能够自己尊重自己，接纳自己，保持自己的人格和尊严，就叫作自尊。尊人讲的是对待他人的态度，这种态度要求承认和重视他人的人格、感情、爱好、习惯以及应享有的权利。尊重他人要注意三点：给他人充分表现的机会；对他人表现出你最大的热情；给对方永远留有余地。

自尊和尊人的原则是礼仪的基本原则，在人际交往中，自己首先要尊重对方，只有这样才能得到对方的尊重。尊重是礼仪的情感基础，人们只有相互尊重，才能保持和谐的人际关系，形成良好的社会风气。

（2）内在美与外在美的原则。内在美主要指一个人内心世界的美好。它是一个人外在美的基础和源泉，是一个人道德修养、文化素养、思想境界等多重内容的综合体。

外在美是内在美的自然流露。外在美如不同崇高的道德准则等相联系，便不能实现尊重他人与被人尊重的目的。只有有道德、有修养、有文化的人，才能知书达理，懂得尊重他人，尊重自己，遵守并维护社会公德，成为一个知礼的人。

交际礼仪是表现人的美德的一种具体形式，它使美好的心灵与美的仪表形成一个有机整体，使人们在交际活动中能够充分展现出自己的风采。

（3）自信大方与适应环境的原则。在交际活动中，人们的言谈举止必须自信大方。自信大方可以使人在复杂多变的环境中始终保持积极主动的心态，镇定自若，处变不惊。

自信大方进一步的表现就是适应环境。在人际交往中存在着“十里不同风，百里不同俗”的客观现实。必要时，必须坚持入乡随俗的原则，切勿目中无人，自以为是，否定他人的习惯性做法。坚持自信大方与适应环境的原则，可以使人们在交往中更加得心应手。

（4）言行适度与明确交往目的的原则。言行适度要求人们在交往中为了保证取得交往效果，必须注意技巧，合乎规范，特别要注意把握分寸，言行得体。在交往前，首先考虑交往目的何在，然后根据交往目的，针对不同场合、不同对象，正确地表达自己的敬人之意。“礼多人不怪”的传统观念在当今社会里已经失去了它存在的必要。

言行适度与明确交往目的的原则要求人们既要彬彬有礼，又要不卑不亢；既要亲切和气，又不要虚情假意，轻浮阿谀。

四、秘书交谈礼节

谈话是人们交流感情、增进了解的主要方式。中国人讲究“听其言，观其行”，把谈话作为考察一个人人品的重要标准。因此，秘书人员应该掌握谈话的艺术；不然，会有损自己的形象。

交谈礼节是指秘书人员进行各种形式的交谈所应遵循的规范。越在正式场合，就越应遵守交谈礼节。下面重点介绍面对面交谈时的礼节。

（一）交谈的仪态

在交谈中，每个人谈话的态度都为其他在场的人所关注，通过观察，人们可以更准确地把握谈话者的心态、动机及其真实的想法。因此，谈话者一定要有意识地注意自己的谈吐仪态，尽可能地给别人留下好印象。具体来说，交谈时一定要保持饱满的精神和自然大方的表情，以及亲切诚恳的态度。与交谈者的目光应平视，举止、体态要合乎基本的礼仪规范。谈话时，应尽量使用有声语言来表达，不要过分夸张地使用体态动作，如指手画脚、眉飞色舞地形容某件事。谈到一时想不起来的事情时，不要过分地表现出紧张的神态。失口、失态都是不礼貌的表现。

（二）话题的选择

所谓话题，就是谈话的中心。交谈的话题是人们进行交谈的钥匙，有了这把钥匙，谈话的大门才能打开。有人觉得谈论深奥的话题才令人尊敬，只有不平常的事情才值得交谈，因此在有些场合总感到无话可说。实际上，交往中有许多话题是可谈的，以下一些建议值得参考。

（1）选择交谈者喜闻乐道的话题。比如集邮、足球、天气状况、风土人情等。也可从询问对方籍贯入手，进而就自己所知，引导对方谈论家乡的风光与特产。要强调的是，每个人的文化修养和兴趣爱好不尽相同，同外国人交谈时尤其要注意这一点。如，有一位中国记者要采访前国际奥委会主席萨马兰奇，但萨翁公务繁忙，来去匆匆。于是记者就见缝插针，抓住机会与他聊起他酷爱的集邮。萨翁果然被这一话题吸引了，与记者进行了较长时间的交谈，记者的专访任务从而顺利完成。这次成功的交谈就在于选准了话题。

（2）选择双方都熟悉的话题。与人接触交往，如能找到双方都熟悉的话题，就等于找到了共同的语言，这将大大有助于彼此间的理解和沟通。如果别人主动谈起自己不熟悉的话题，应洗耳恭听，认真请教，千万不要不懂装懂，更不要主动同别人谈论自己一知半解的话题。不然，非但不能给自己带来任何好处，反而会损害自己的形象。

（3）回避他人忌讳的话题。有些话题是不宜交谈的，即禁忌话题。如果不顾这些禁忌而执意交谈，必然给交际增添麻烦和周折。以下话题不宜谈及。

①个人的私生活问题不宜交谈。按照国际惯例，人的年龄、婚姻状况、履历、收入、家庭住址以及其他方面的家庭情况都属于个人隐私，交谈时，一般不宜主动触及这些话题。

②令人不快的事情不宜交谈。衰老和死亡、惨案与丑闻以及格调低下的话题不宜触及。平时与人交谈，一般不宜涉及疾病、死亡等事情。在喜庆场合，更应避免不吉祥的词语。

③涉及他人长短的话题不宜交谈。有关他人的小道消息、家庭成员的矛盾冲突、单位的人际关系、女士的美丑与胖瘦、他人服饰与发型等涉及他人长短的话题，一般不宜交谈。在交谈中，如果无意触及了这类话题，应立即转移话题，必要时还应向对方表示歉意。

（三）说话的艺术

交谈就是轮流说话，而不是一方空发议论。因此，言者一定要顾及听者的反应及态度，要努力做到：

（1）谈话之初要有必要的寒暄。双方一见面，先适当寒暄几句是十分必要的。如果是熟人亲友，交谈时可先谈谈分别后的情况，再转入“正题”；如果是初次见面，则一定要先各自简单介绍一番，待气氛融洽后再“言归正传”。若一见面便开门见山，未免显得唐突。

（2）要注意态度真诚。真诚是人与人之间交流的“法宝”。真诚相见，坦率谈话，不仅能使对方倍感亲切、自然，而且对方易于接受你的观点和看法。所以，说话时一定要注意不装腔作势，言不由衷。

（3）要注意语言精练。言者不一定谈笑风生，但表达一定要精炼准确，合乎逻辑，所使用的语言应当平易通俗，清晰简洁。

（4）要注意言辞有礼。有些人在交往中有不好的习惯，或喋喋不休，或尖酸刻薄，或一言不发，或漫不经心。殊不知，交谈可反映出一个人的身份、修养和所受的教育程度。虽然各种职业、各个阶层的人各有其说话的特色和格调，但就礼仪而言，粗鲁、肮脏的语言以及不文明的举止都应避免。要尽可能地克服一些不良习惯，年轻人尤其要避免说“行话”“隐语”等垃圾语言。

（5）语速适中，语调柔和。说话者要使自己语气和蔼可亲，富于魅力，还必须做到：说话时使用低声，速度适中，语调柔和，抑扬顿挫，并辅之以体态语言。

（四）聆听的艺术

交谈中的听者应该懂得聆听的艺术。所谓聆听的艺术，就是在听取对方谈话时，能使对方情绪兴奋，产生亲切、舒畅和愉快的心理反应。

当别人阐发自己的意见时，作为听者要与说话人交流目光，适当地点头或做一些手势，表示自己在注意倾听，不时地使用“哦”“嗯”“太好了”之类的语气词，以引起对方继续谈话的兴致。也可以通过一些简短的插话或提问，暗示对方自己确实对他的话感兴趣，以引出自己关心的话题。当然，如果自己对对方的话不感兴趣且十分厌烦，那就应该设法巧妙地转变话题，但不要粗鲁地打断对方的谈话，使谈话夭折。

通过聆听，一方面可以得到必要的信息，另一方面使对方感到受到了重视。正确的做法应该是：①全神贯注，认真聆听；②态度积极，适时呼应；③表现亲切，自然应答。

另外，在聆听别人谈话时，要克服一些不良动作和姿态，如不时用手理头发、清洁牙齿、玩弄身边的东西、看手表、伸懒腰、左顾右盼等，这些都是不礼貌的表现。

五、秘书人际关系处理方法

秘书人员要有正确的人际交往理念，处理好与领导、同事及职能部门的关系，塑造良好的秘书形象。

（一）与领导相处的基本方法

（1）首先要有爱岗敬业精神。这是秘书处理好与领导关系的基础。主要包括以下内容：

一是忠于职守、爱岗敬业，不断提高自己的综合素质，要有一技之长，技压群芳。

二是要有创新精神，注重工作效率，满足领导的要求，博得领导的青睐。

三是主动与领导交流，随时完成领导交办的工作任务。

（2）尊敬领导，服从而不盲从。对领导尊敬服从是第一位的，但要注意服从而不盲从，尊重而不庸俗，守规而不拘谨，高效率地为领导服务。

（3）关键时刻要替领导分忧。

领导交办的任务确有难度时，不畏首畏尾，要勇于承担，显示自己的胆略、勇气及能力。

要多请示、勤汇报。作为秘书，工作要变被动为主动，积极主动申请任务，而不是被动接受指派。重要问题要多请示、勤汇报。

工作能够独当一面，有独立的见解，能独立承担一些重量级任务，替领导解决一些棘手的问题，做好领导的代言人、公关员。

（4）要维护领导的尊严。当领导工作出现失误或漏洞时，不要议论，不要立即给予纠正，而要选择适当时机与领导沟通，维护领导的尊严与威信。

（5）与领导关系亲密有度。任何事情都有个度，上下级关系也有个度，如果超越这个度，上下级关系就会变得不正常。下级与上级本来就是严肃的工作关系，不能擅权越位；生活上不能过于亲热，要保持一定的距离，注意自己的言谈举止，少谈个人私事，不说领导是非，不计较个人的利害得失，热诚工作，坦率待人。

（二）与同事相处的基本方法

（1）营造和谐融洽的气氛。和同事在一起，工作上要互相帮助，要从多方面培养感情，营造和谐的气氛。对同事要包容、善待，平时见同事要主动寒暄。不要认为这是小事，这实际上体现的是同事之间相互尊重、礼貌和友好。

（2）与同事合作要讲诚信。与同事合作一定要诚实守信，相互信任，相互支持，相互帮助。与同事只有诚信合作，才能使事业获得成功。如果与人共事貌合神离，心怀他意，时间长了，同事们就会对你失去信任。

（3）认同群体，适宜表现。取得成绩时，不要在同事面前炫耀，抬高自己，这只能让人反感。要谦虚谨慎，寻求一致，适宜表现。

（4）共事合作不避重就轻。在工作中切莫“挑肥拣瘦”，把轻松、有利可图的工作留给自己。要把方便留给别人，为他人着想，学会吃亏，不占便宜。

（5）及时消除误解和隔阂。同事之间发生误解和产生隔阂并不可怕，问题的关键是要及时消除误解和隔阂，不让矛盾和摩擦继续发展，积压成怨。如果是自己的过错，要及时赔礼道歉，求得同事谅解。如果是对方的过错，要宽容谅解，不要放在心里。诚恳沟通，才能融洽彼此的关系。

（6）关心同事，不苛求挑剔。同事之间要互相关心，相互帮助，特别是在同事遇到困难的时候，要伸出援助之手，扶助一把。一个乐于关心和帮助别人的人，会赢得更多人的关心和帮助。

每一个人都会有自己的缺点或不足，工作和生活中总会出现一些过失甚至错误，这时正常的、难免的。对同事的一些不足之处，只要不是原则性问题，要采取宽容和大度的态度，理解和体谅别人，这样才能赢得同事的好感和合作。

（7）不在同事之间说长道短。和同事相处，不该问的不问，不该说的不说，不谈同事的隐私，不讲同事的错误，不要对不清楚的事乱发议论。要养成在众人面前多赞美别人长处的习惯，要有团队精神。

（8）向同事学习，荣誉面前讲礼让。多看同事的长处、优点，虚心向同事学习。在荣誉、奖励面前要讲礼让，不独占功劳，有功同享，有利共得。要知道，没有同事的帮助和支持，自己将一事无成。

（三）与职能部门相处的基本方法

（1）分清是非。在处理涉及原则的问题时，秘书要敢于坚持原则，不妥协、不让步。对于一些非原则、无关紧要的事，则应谦和忍让、豁达大度，不要过于计较。在处理有关矛盾时，注意防止将矛盾随意扩大化，避免使用过激言辞，不要伤及对方的尊严。

（2）职责分明。在涉及一些需要与职能部门共同处理的问题时，秘书要以职责明确、分工合作为原则，彼此相互配合，而不能相互推诿、争功诿过。

（3）经常沟通。秘书人员与职能部门人员应经常沟通信息，交流思想，这有利于增进相互之间的了解，加深感情，融洽相互之间的关系与合作。

（4）互相配合。秘书必须注意尊重职能部门人员及其职权，维护其威信，不干预职能部门的工作，也不对职能部门的工作妄加评论，本着积极合作、相互配合的精神处理好与职能部门的关系。

（5）互相学习。秘书与职能部门人员之间应互相学习，取长补短，切勿嫉贤妒能，互相拆台。

阅读材料

领导测评秘书20题

在领导者的心目中秘书怎样才算合格？美国著名的管理学家K. 亚历克·麦肯

齐在其所著《时间管理》一书中，提出以下20道测评题目：

1. 秘书知道你在组织中的职责范围和全部活动吗？他（她）是否了解你的目标和意向？以及怎样将目标和意向同组织的总目标相结合？

2. 假如你离开机关3~4周，你是否深信你的秘书仍能认真负责地处理你的公事和私事？

3. 他（她）是否帮助你安排活动日程、协调约会，使你如期践约，一切都不用你催促和烦神？他（她）本人是不是一个很会安排自己时间的人？

4. 如果别人不提醒他（她），他（她）能否主动执行和坚决完成你交给他（她）的工作？

5. 他（她）对待你的同事、来访者和客户是否有礼貌？他（她）能尊重人、肯帮助人、把别人的事放在心上吗？

6. 他（她）是一个富有想象力和创造力的人吗？他（她）能否提出一些新的设想和建议供你参考？他（她）能否经常采用新的方法来改进你的工作和他（她）自己的工作？他（她）是否能制定新的工作制度或工作程序？他（她）的工作有条理吗？

7. 他（她）是一个机智的人吗？他（她）能否主动地解决一些问题而不麻烦你？他（她）害怕困难吗？

8. 他（她）能否提高文件运转效率？他（她）能否及时发现你办公桌上搁置了很久而其他领导正等着看的文件？他（她）能否及时地从其他领导处取来你正需要的文件？

9. 他（她）所具备的秘书基本技能（例如文件归档、速记、听电话的态度）是否无可指责？

10. 他（她）在危急关头是否沉着？在紧急状态下是否冷静？当你承受压力而沉不住气或发脾气时，他（她）是否仍能平静地像平常那样继续工作？

11. 他（她）对你的忠诚值得你信赖吗？你能把一些公或私的机密信息资料委托给他（她）吗？

12. 他（她）是否有较广的阅读面和知识面？他（她）是否能经常提醒你注意本单位及与你个人事务有关的出版物？

13. 他（她）是否成为本单位的一个有价值的信息来源，而这些信息靠你自己是很难获得、不便获得或不能获得的？

14. 他（她）是否有个人进修计划？他（她）是否参加管理方面的课程或讨论，参与管理方面的活动？他（她）是否要求更多地了解你的单位、你的工作、你的顾客或者你的行业？

15. 他（她）发言是否清晰？他（她）能否以书面或口头的方式简要地向你汇报情况？他（她）能否清楚而正确地传达你的指示？他（她）能否了解你关于某项政策和行动的想法，并像你一样把它准确地告诉别人？

16. 他（她）是否不计时间地将每天的工作做完？他（她）是否根据需要自愿在夜间或周末加班？

17. 他（她）能否像管理者那样，必要时将自己未做完的工作委托给别人，并督促他人完成？

18. 在你没有插手的情况下，他（她）能否替你处理好每日的例行公事？

19. 他（她）能否记住一些重要日期（如纪念日、某人生日、传统节日、假期等），代你为上级、家庭或顾客安排好庆祝活动？

20. 在调研工作中他（她）是否称职？如能否收集资料、调查某件事情的经过，并写出有事实、有分析、有建议的调查报告？

【评析】

领导工作的需求就是秘书努力的方向。以上20个问题站在领导的角度来看秘书所应具备的能力和素质，概括具体而又全面。虽然它们是对国外秘书的一般要求，但具有普遍的适用意义。每一个有志于从事秘书职业的青年都应以此为标准，不断加强学习和实践锻炼，努力成为一名领导满意的合格秘书。

思考与练习

1. 秘书应具有哪些职业道德？
2. 秘书应具有哪些专业知识？
3. 简述情商与智商的含义。
4. 简述礼貌与礼节的关系。
5. 秘书的仪容、仪表、仪态分别指的是什么？
6. 秘书如何与人进行交谈？

第四章　秘书工作指导思想与原则

引言

秘书人员要以习近平关于秘书工作的一系列重要论述为指导思想和工作原则。在实现中国式现代化的新时代，要求秘书工作规范化、制度化、科学化，在工作中要有创新意识，用新思维、新方法来提高秘书工作效率。

第一节　坚持“三服务”的指导思想

早在1985年，中央有关领导明确指出，秘书工作必须适应新形势的要求，紧紧围绕党提出的总任务、总目标，努力为领导工作服务，为同级和上下级领导机关服务，为基层服务，归根到底是为人民服务。这个指导思想十分明确，一直在指导我们今天的秘书工作。

随着社会发展，秘书工作要继续坚持“三服务”的指导思想，明确工作任务，努力提高为领导工作服务、为同级和上下级领导机关服务、为基层服务的工作质量和水平。

一、为提高“三服务”的工作质量，要做到五个“必须”

第一，必须始终把习近平新时代中国特色社会主义思想作为秘书工作的指南，把习近平关于秘书工作的一系列重要论述作为做好秘书工作的强大思想武器。

第二，必须始终把贯彻落实党和国家的方针政策作为秘书工作的根本。

第三，必须始终把围绕中心、服务大局作为秘书工作的主题。

第四，必须始终把保持良好作风作为做好秘书工作的保证。要紧紧围绕密切党同人民群众血肉联系这个核心，全面加强秘书部门作风建设，以良好的作风确保“三服务”工作任务的完成。

第五，必须始终把与时俱进、开拓创新作为秘书部门工作的动力。秘书工作不创新，就难以适应不断发展变化的新形势，就难以做好“三服务”工作。

二、为提高“三服务”工作质量，要具有六个“意识”

（一）学习意识

加强学习、丰富知识，掌握本领是做好“三服务”工作的基础，因此，秘书人员要努力学习习近平新时代中国特色社会主义思想，并且贯彻到秘书工作中；要学习和掌握社会主义市场经济知识，弄清社会主义市场经济的基本特征、主要内容以及具体任务和政策，逐步树立起与社会主义市场经济体制要求相适应的思想观念；要学习和掌握现代科学知识、法律知识、历史知识；要努力学习秘书工作的基本知识，不断提高业务素质，增强业务能力。

（二）开拓意识

在实现中国式现代化的新时代，为做好“三服务”工作，必须强化秘书人员的开拓创新意识。长期以来，我们的秘书队伍形成了严守纪律、埋头苦干、不计名利、默默奉献的优良作风，这是应该继承和发扬的。但也应当看到，不少秘书人员在工作中稳重有余，开拓不足，缺乏创新精神。在实现中国式现代化国家新征程中，有许多新情况需要了解，有许多新问题需要研究，有许多新经验需要总结。因此，秘书人员必须进一步解放思想，跳出传统的思维方式和工作方式的束缚，变领导分配什么就干什么、叫怎么干就怎么干的被动服务为积极替领导出主意、想对策的主动服务；变谨言慎行、按部就班、无过即功为锐意进取、大胆开拓、创造性地开展工作，促使秘书工作上档次、上水平，做好“三服务”工作。

（三）服务意识

服务是秘书工作的根本职能，必须强化服务意识。新时代的国内外形势瞬息万变，令人难以把握。为确保领导决策的正确性、科学性，作为参谋助手的秘书人员必须先领导之所想，预领导之所谋，参谋于决策之前。因此，秘书人员要认真为领导决策服务，做到知事先、晓事全、见事深、谋事准，能坚持换位思维，多角度、全方位地看问题。

（四）效率意识

效率是“三服务”工作最基本的要求。在全面建设社会主义现代化国家的新时代，如果我们的工作还依照传统的工作方式，拖拖拉拉，就可能丧失机遇。因此，秘书要增强紧迫感和责任感，要树立“时间就是金钱、时间就是效益、时间就是机遇”的观念，发扬雷厉风行、讲求实效的工作作风。无论是办文、办会还是办事，都要有一种只争朝夕的精神，做到立即办、快速办、主动办、优质高效地办。

（五）激励意识

为做好“三服务”工作，把竞争和激励机制引入秘书工作中，可以充分调动广大秘书人员奋发向上的积极性。要健全严格的岗位责任制，使每个秘书人员任务明确、责任清楚。同时要实行严格的考核、奖惩制度，彻底改变干与不干一个样、干多干少一个样、干好干坏一个样的状况，在秘书队伍中形成一种团结协作、蓬勃向上的良好风气。

（六）清正意识

清正廉洁、一身正气是秘书人员做好“三服务”工作之本，是秘书人员的立身之基。秘书人员由于经常在领导身边工作，地位特殊，树立清正意识更具有特殊意义。因此，秘书人员要树立正确的世界观、人生观和价值观，加强修养，筑起牢固的思想道德防线，做到“自重、自省、自警、自励”。要严守法纪，有令则行，有禁则止，管好自己的手，管好自己的腿，管好自己的嘴；要“讲正气”，堂堂正正做人，踏踏实实干事。

三、“三服务”工作的具体原则

（一）准确周密原则

秘书对工作中的每个细节都必须做到严谨周密，实事求是，一丝不苟，不出差错。

（二）迅速及时原则

秘书工作是领导工作重要的组成部分，工作要高效率、快节奏，方能满足领导工作的需求。

（三）安全保密原则

要做好文件保密、会议保密、办事保密工作，遵守保密制度，确保机密信息安全，不失密，不泄密。

四、“三服务”工作的具体要求

（一）为领导工作服务

为领导工作服务是“三服务”的首要要求。为领导工作服务，主要做好以下几项工作：

（1）认真履行参谋助手职责，更好地为领导决策服务。

（2）做好调查研究工作，向领导提供急需的、准确的、有价值的信息。

（3）认真检查党和国家方针政策的贯彻落实情况，及时做出信息反馈。

（4）做好领导决定、指示的检查催办工作。

（5）做好文稿起草、文书处理工作。

（6）根据领导要求开展上下、内外等综合协调工作。

（7）为领导的各项活动，包括出国访问做好安排服务工作。

（8）努力完成领导随时交办的工作任务。

做好以上工作，要求秘书人员做到：

第一，思维敏捷，头脑灵活，善于及时准确领会领导意图，同时忠于职业操守；

第二，不折不扣、认真负责地按领导指示办事；

第三，勤勤恳恳，吃苦耐劳，忍受怨言，经得起委屈和挫折；

第四，既可辅助决策，做好组织协调工作，也能细致扎实地做好具体琐事；

第五，兢兢业业做好服务工作，不给领导找麻烦，不给领导帮倒忙，要反腐防腐，维护领导尊严。

（二）为同级和上下级领导机关服务

为同级和上下级领导机关服务是秘书部门和秘书人员的重要职责。秘书部门虽然不存在上下级之间垂直领导与被领导的关系，但秘书部门的服务对象，即各机关之间却分别存在隶属关系、业务指导关系、平行关系等。它们之间必然存在相互沟通、交流信息、彼此协作配合的需求，秘书部门很自然地要承担为与本机关相关的各级领导机关服务的职能，特别是为本单位各职能部门服务。这些服务内容非常广泛，主要有：

（1）办理上级领导批示要求查办的有关事项，并及时报告办理的结果。

（2）贯彻落实上级机关下达的指示、决定，及时反馈信息。

（3）经常向上级领导机关报告本单位阶段性工作情况，如成绩、经验、存在的问题及今后打算等。

（4）为下级单位、平级单位的领导者提供信息资料等服务，并及时通报有关情况，交流经验，承办下级向本级领导的请示或报告事项。

（5）办理同级单位信函及有关事项。

（6）为本单位各职能部门做好服务工作，做好中介协调工作，确保本单位日常工作高效运转。

（三）为基层和群众服务

为基层和群众服务的要求是：

（1）在工作中必须尊重基层和群众的首创精神，忠实地反映基层和群众的意见。基层和群众中有许多真知灼见，是领导决策的思想源泉。

(2) 必须坚持实事求是，敢于讲真话、讲实话，有喜报喜，有忧报忧，忠实地反映基层的情况和群众的呼声，促使群众的合理要求在领导决策中得到充分体现。

(3) 对人民群众普遍关心的问题，要认真进行调查研究，为领导处理这些问题提供依据。

(4) 秘书部门要担当领导与人民群众沟通的桥梁，要为群众办实事、办好事，维护人民群众的利益。

从表面上看，“三服务”是互相区别的，每个服务都有自己特定的服务对象、服务内容和服务方式，只有兼顾三个方面，才能做好秘书工作。从实质上看，“三服务”又是统一的、一致的。领导做决策、部署工作，归根结底是为了实现、维护好广大人民群众的根本利益。为领导服务、为部门和基层服务，出发点和落脚点都是人民群众的利益。因此，“三服务”归结到一点，就是为人民群众服务。

第二节　秘书工作新的“三个转变”与“三化”

以高科技信息为主导的新型产业的崛起，给21世纪秘书工作带来深刻影响。当今秘书人员要适应新形势，就要不断转变思维方式，以新的“三个转变”和“三化”来提高秘书工作质量和效率。

一、秘书工作新的“三个转变”

第一，由习惯用手工操作、按部就班完成工作任务，向借助先进设备快速完成任务转变。秘书人员要从烦琐手工操作中解放出来。要能熟练地运用计算机、复印机、传真机等现代办公设备来提高工作效率。例如：将公文起草、修改、传阅、存档等多道复杂的工序，全部用计算机代替；运用AI智能写作工具起草和处理公文；座谈调查、抽样调查、问卷调查等，可用网上办公取代；后勤保障、保卫等工作，可用现代管理手段调度。这就要求秘书人员在工作中力求做到“三快”：反应快、思考快、节奏快。

第二，由习惯用常规的办法完成工作任务，向采用超常的办法完成任务转变。秘书人员要增强创新意识，要敢于提出创造性的见解，要善于提出超常的、超前的意见和建议，协助领导工作。这就要求秘书人员在工作中力求做到“三新”：形式新、办法新、标准新。

第三，由习惯凭老经验完成工作任务，向勇于探索新途径转变。要建立计算机管理系统，定出业务能力标准、定岗定责，建立差错追究、量化考核、定期培训等制度，同时革新办公室工作程序和工作制度。这就要秘书人员在工作中力求做到：多研究、多思考、多谋划。

二、秘书工作的“三化”

秘书工作的“三化”即秘书工作规范化、制度化、科学化。

（一）规范化

就具体业务而言，实现规范化就是要求秘书工作要全面提升质量标准，每项工作和每个环节都要制定相应的标准，符合一定的操作规范，避免受人为因素和不良作风的影响。例如，撰写和处理公文，要使用规范的文种；要符合统一的格式规范；文件用纸规格要与国际接轨；公文书写材料要符合长久保管和适用的原则；保管档案所用的档案装具要有统一规格，不能各自为政；接待服务要根据不同宾客适用不同的规格标准；等等。有了工作规范，工作中就有可遵循的标准，从而有利于提高工作效率。

（二）制度化

在具体业务方面，为了确保秘书工作的规范运转，要按照一定的制度来规范秘书工作程序，进行岗位职责分工，落实责任制，做到人有专职，事有专管，严格按照有关制度和程序办事，不能因人而异，随心所欲，避免工作过程的随意性。

（三）科学化

实现科学化，就是强调秘书部门在为领导服务的过程中，要注重认识事物的内在本质，处理和解决实践中发生的各种问题时要符合客观规律。同时，要善于摸索并遵循秘书工作的内在规律性要求，建立并严格执行各项规章制度，运用科学有效的工作方法促进自身的建设和发展。

实现秘书工作的规范化、制度化、科学化，就是实现科学管理的目标。这个目标不是一朝一夕所能达到的，而是一个不断追求、自我完善的过程。

第三节　参谋工作的原则与方法

随着社会的发展，一个优秀的秘书工作者不仅要努力完成领导交办的工作任务，而且要善于当好领导的参谋助手。秘书是领导的“智囊”“思想库”，要辅助领导决策，贯彻落实领导决策，这是秘书工作者的一项重要职能。

一、参谋的原则

（一）定位原则

秘书的根本性质决定了其在领导决策过程中只能发挥参谋、智囊的助手作用。作为参谋助手，秘书必须始终将自己置于辅助的地位，特别是领导审定、决断时，更要做到一切从“谋”的地位出发，“谋断分开，只谋不断”。这里的“谋”就是参谋服务，“断”指决策活动中最佳方案的最后选择。作为秘书，要十分清醒地认识到决策的主体是领导者，只有领导者才有权对方案作最后的选择。秘书人员要做到既不失职又不越权，在领导决策过程中始终摆正自己的位置，切不可反辅为主，左右领导决策。

（二）超前原则

由于决策都是对未来行动的抉择，因此决策本身有两个需要解决的问题。一是决策滞后性问题。一般说来，总是问题在先，决策在后。加上决策本身需要一段时间过程，因此决策往往落后于问题的发生和变化。二是决策执行的不确定性问题。情况和问题总是不断发生并且变化的，即使在决断时看来是正确的决策，在执行中也可能会遇到一定的风险。为了实现决策的科学化，提高决策的可靠性，必须坚持超前原则，即在科学预测的基础上搞好超前决策，以防止问题的发生，或者尽可能在问题初露端倪时及时解决。

作为一名秘书，应当做好三方面的工作：一是认真做好信息的预测工作；二是积极向领导提供超前性、防范性决策的课题及方案；三是提前做好领导决策活动的各项准备工作，以保证决策活动的顺利进行。

秘书应具备预测的本领和预见的眼光，多提供未来的信息，多考虑未来的需要，多拟定“防范措施”，发挥超前服务的作用。要实现决策的科学化，提高决策的可靠性，秘书就必须坚持超前原则。

（三）信息原则

信息是决策的基础和依据，科学决策的过程就是信息沟通的过程。决策正确与否，主要取决于决策所需的信息是否及时、准确和全面。因此，在决策的各个阶段、各个环节都要高度重视信息。秘书部门要发挥辅助决策的职能，就应当十分重视信息工作，为领导科学决策收集、加工、处理和提供及时、准确、适用的信息，满足领导在科学决策的各个阶段及每个环节上对信息的需求。

（四）协调原则

现代领导决策活动既是一项复杂的系统工程，又是一个多变的动态过程，它涉及整个决策系统和相关系统以及构成系统的各个环节。随着决策的科学化、民主化程度的不断提高，决策活动中所涉及的工作、组织和人员也越来越多。领导决策时必须考虑全局，以免做出顾此失彼、因小失大的错误决策。所以，一项成功的决策往往要依靠有效的协调。秘书在辅助决策时，要特别注意做好协调工作，使决策中的各种力量能够和谐一致，形成整体合力，保证领导决策的整体效能。秘书在辅助决策中的协调主要包括程序协调、事务协调和组织与人际协调。

（五）合法原则

国家和政府的法律、法规和方针政策规定了领导活动的指导思想、工作原则、活动方式和范围，也规定了领导决策活动的程序及组织形式，因此，秘书在辅助决策中应遵循法律制度的基本原则，依法进行辅助决策工作。

（六）忠诚原则

忠诚原则是指秘书人员要对事业负责，敢于直言劝谏。

决策是一个动态过程，受多种因素的影响和制约，难免发生错误或失误。秘书一旦察觉或发现决策中的不足或过失，或可能导致的不良后果，应本着对事业、对组织负责的精神，实事求是地向领导进言，直言不讳地提出自己的意见和建议。

二、参谋的职责

（一）决策辅助

秘书的特殊地位和职能决定了其在进行决策辅助时，不能仅考虑某一具体方面或某一具体单位（部门）的情况，而必须具有全局观念和意识，站在全局的高度，在高层次上对领导决策提供直接的全面的辅助。即秘书在为领导辅助决策时，必须客观地、全面地、多维地看待问题、分析问题，不仅要看到局部，而且要看到整体；不仅要看到现状，而且要了解过去，推测未来。只有全局在胸，才能进行最佳决策。

决策是领导工作的核心，是对两个以上备选方案的选择过程，其目的是有效地达到目标。决策是管理工作的基本要素，是领导者的基本职能，决策的正确与否决定着各项工作的成败。

决策辅助就是指智囊团、职能部门和秘书部门协助领导集团或领导个人做出正确决断并付诸实施的动态过程。它在决策的全过程中对领导者在知识（包括理论）、能力（包括技术）、经验和精力等方面给予决策活动全面的补偿，以提高决策的科学性和时效性。

秘书辅助决策不仅仅包括提供各种建议，还有信息收集整理、沟通协调及督促检查等多项工作。

第一，信息收集整理，即围绕领导所进行的决策活动进行调查研究，将收集的各方面资料进行整理加工，给领导决策工作提供各种经过深度加工的信息。

第二，沟通协调。现代决策体制是由决策中心、信息系统、智囊系统、执行系统、反馈系统等构成的，秘书部门是决策中心和其他环节的联络中介，起着沟通信息、协调动作的作用。

第三，督促检查。决策前，秘书人员介入情况、调查研究、提出预案。在决策实施阶段，秘书人员要进行督促检查，及时向决策中心提供决策落实的真实可靠的情况，以便于领导对决策加以修订和完善。总之，秘书的督查体现在决策活动的全过程。

（二）咨询辅助

领导要做好工作，单靠经验指挥决策已不适应客观形势的需要，领导还要经常向秘书咨询政策性问题、战略性问题、情报性问题，或历史性问题、反馈性问题等，以便充分了解情况，在纵横比较中科学决策，做好各项工作。为此，秘书要做好直接咨询辅助和间接咨询辅助的工作。所谓直接咨询辅助，是指秘书直接向领导提供政策、信息、资料、形势等方面的咨询服务。所谓间接咨询，是指秘书将从社会智囊群体中获取的有关信息或谋略提供给领导。

直接咨询辅助工作要做到有效地为领导的科学管理服务，就必须做到超前、科学、独立。

间接咨询辅助工作也很重要。秘书要加强与社会智囊机构的联系，成为联系领导与智囊机构的桥梁。

（三）预案辅助

所谓预案，从秘书工作范畴讲，是指秘书人员在办文、办事、办会等过程中，预先为领导提出建议、设想等，或称为拟办意见，供领导审定时参考，也包括领导决策前的拟办意见。

预案辅助有两种：一种是重大决策方案的辅助，另一种是秘书人员在办文、办事、办会中预先提出的实施办法、意见。

预案辅助是秘书辅助领导对一些具体问题做出决策的经常性工作。做好预案辅助工作可以提高领导的工作效率，也有助于提高秘书的工作能力。

（四）谈判辅助

谈判辅助指秘书在领导谈判工作中的参谋辅助工作。

（1）谈判前的准备工作。谈判之前的准备工作充分与否，对谈判结果影响很大。

谈判前一般需做好以下几项准备工作：辅助领导选派谈判人员，协助领导确定谈判目标，收集谈判资料，拟定谈判协议草案，选定谈判时间、地点等。此阶段秘书最主要的参谋工作是为领导收集谈判资料。

谈判是一项智力竞争，事先需要查阅大量资料，掌握充分的信息，建立明确的谈判目标，制订洽谈计划，以引导对方和谈判活动沿着自己设计的轨道发展。

一般来说，谈判前收集的资料主要包括三个方面：一是对方的基本情况。在商务谈判中，主要包括对方的发展历史、原料情况、产品的性能和特点、市场占有率和市场潜在需求情况、技术状况和工艺水平、价格水平和结算方式、信息处理能力等。二是谈判对手的资历、地位、谈判风格、心理状态、成功或失败的记录及其原因，以及对我方的态度、与我方交往的历史等。三是对方的文化背景和习惯等方面的资料。这些资料看起来与洽谈无直接关系，但在关键时刻会产生意想不到的作用。

资料的来源很多，只要平时注意收集、积累和整理，就会得出对洽谈有价值的信息。但是，在谈判中不能采取欺诈和蒙骗的方法去获取信息，因为这与谈判活动的宗旨和职业道德是相违背的。

（2）谈判过程中的参谋工作。较为完整的谈判一般可分为导入、概说、明示、交锋、妥协、协议六个环节。谈判的进程，就是谈判双方相互尊重、相互体谅，争取在友好气氛中促成谈判，最终达成协议的过程。

谈判的过程实际是一个互相合作的过程，双方都应在考虑自身利益的前提下兼顾对方利益。谈判绝不是一场你输我赢的比赛，更不是一场你死我活的斗争。谈判过程中，各自想方设法维护自身的利益是情理之中的事，但不应该，事实上也不可能在完全损害对方利益的情况下达成谈判协议。谈判的结果应该是双方或多方都能在满足自己需要的基础上达成一致的协议。任何成功的谈判尽管在利益分割上可以有多寡之别，但实际上都不存在胜利者、失败者。秘书应熟悉谈判的各个环节及其要求与规范，努力促成谈判的成功。

三、做好参谋工作的方法

（一）参谋不能越位

秘书要增强参谋意识，经常用“若我是领导怎么办”来提醒自己，不在其位也谋其政，这是秘书为领导决策服务、当好参谋应该具有的责任感，但绝不能以此反辅为主，甚至“越俎代庖”。

（二）根据领导意图参谋

要根据领导意图进行参谋。作为秘书，在日常工作中要细心观察领导的“兴奋点”和“关注点”，细心体察领导的工作规律和工作方法，细心觉察领导的性格特征和生活习惯。善于领会领导意图的秘书，会根据领导的言谈举止进行认真思考——“假如我是领导，应如何处理这个问题”。秘书经常进行这样的换位思考，就能参谋到点子上。秘书平时要想领导之所想，急领导之所急，做领导之所需，这是做好参谋工作的根本。

（三）领会领导意图的方法

1. 直接观察与间接了解相结合

直接观察就是通过同领导的正面接触来了解领导。尽可能正面接触领导是秘书了解领导意图的最有效的方法。秘书人员应尽可能多地随从领导外出；在领导做指示时认真聆听，把握领导发出意图的方式，准确领会，熟悉其口语习惯、语言风格；留心领导的举动，把握领导思维、办事和生活的特点及规律。

间接了解就是通过间接的途径来了解领导意图。秘书人员应留心听取经常在领导身边工作的同志对领导特点的介绍、评价；留心收集基层干部群众对领导的施政、决策、政绩、作风等方面的反映；查阅领导以前的讲话稿和签批的文件，了解领导对事物的看法和观点。

在上述直接观察和间接了解的基础上，秘书要进行认真的综合思考，把对领导的零散的认识综合成系统的印象，找出特点和规律。这就要求秘书平时注意做好笔记，以便到时有的放矢。

2. 加强沟通，善于运用多种信息沟通方式

沟通是秘书处理与领导关系的最基本的手段。秘书应当采取积极沟通的方法予以协调，如平时根据领导者的兴趣爱好，适当安排业余活动，创造机会相互交流感情，增进友谊。

秘书人员在沟通活动中，要将自己与领导摆到平等的位置上，既尊重领导的意见和感情，也时刻牢记自己与领导在人格上是平等的，从而在平等、友好的氛围中交流思想、沟通感情，实现双向沟通。

沟通方式是进行信息沟通时所采用的方法、技术或技巧的总称，一般可划分为语言沟通和非语言沟通两大类。语言沟通又包括口头语言和书面语言两种形态。不同的沟通方式各有自己的优缺点，秘书要善于运用各种信息沟通方式，有效地与领导进行双向沟通，从而更好地领会领导意图。

3. 加强听知能力的培养

听知能力又称口语理解能力。听取领导者的口头指示、记录领导者的会议发言和对某些事情的陈述等，都离不开秘书人员的听知能力。一般来说，领导者喜欢无须交代第二遍就能明白意图的下属。秘书的听知能力首先要求秘书人员注意力高度集中。语言信号是易逝的，秘书人员不能随便要求说话人特别是领导重复他们的讲话。因此，高度集中的注意力是秘书人员听知能力的基础。其次要求秘书人员具有迅速准确的理解力。口语信号的表达往往同一定的情境有关，也常因

不同的表达风格而使同样的话具有不同的含义。秘书人员要善于从领导的发言中抓住要点，判断其真实用意，察觉其言外之意，从领导的语气、停顿、眼神、表情和姿势中体会其说话的分量，从而抓住矛盾的焦点，找到问题的症结。这就要求秘书人员在倾听领导谈话时，不仅要用耳，更要用“心”。

4. 正确领会领导意图

领导意图是指领导在实现某一目标的过程中针对某个问题提出的实质性意见。由于受特定的主观心理和客观环境的影响，领导意图常常具有隐蔽性和不确定性，这就产生了领导意图真实与否的问题。因此，秘书在接受领导意图的时候，要辨别领导意图的真实性和确定性。一般来说，领导在生气时情绪波动比较大，理智不足，做出的决定往往不是确定的，不能原封不动地去执行它。作为秘书，应等领导怒气消退后再去征询意见，这时领导会冷静地思考，也许会改变主意。

5. 心细如发，掌握方法

作为秘书，要细心把握领导者的工作规律，细心观察领导者的近期“兴趣”并努力加以满足，细心体察领导者的生活习惯。在领会领导意图时注意方式方法。要善于察言观色，做到“善解人意”。

（四）决策前多参谋，决策后多反馈

决策前参谋有三种类型：一是“顺向参谋”，即紧随领导决策的方向所进行的“辅助性参谋”。二是“逆向参谋”，即领导的决策意图不符合实际情况时，秘书所进行的“劝阻性参谋”。三是“侧向参谋”，即领导集中主要精力考虑某一方面工作时，秘书为避免领导顾此失彼而进行的“提示性参谋”。

不管采用哪种类型的参谋，在领导决策前，秘书要通过调查研究，协助领导广泛收集同决策密切相关的各种信息，然后进行纵向、横向的可行性研究，为领导提供可供选择的方案。

领导决策后，秘书要通过调查研究，了解和掌握决策意见的执行情况，协助领导搞好跟踪反馈工作，保证决策顺利地贯彻落实，或根据客观变化了的形势对先前的决策及时进行调整。

为做好参谋工作，秘书要掌握相似联想、发散思维、逆向思维、侧向思维、逻辑思维、动态思维、创新思维等方法，还应具有科学决策的知识。

阅读材料

科学决策知识

一、科学决策的概念

决策是人们为了达到一定的目标，在掌握充分的信息和对有关情况进行深刻

分析的基础上，用科学的方法拟订并评估各种方案，从中选出合理方案的过程。

决策是一个过程。也就是说，决策是为达到一定的目标，从两个或多个可行方案中选择一个合理方案的分析判断和抉择的过程。一般认为，决策过程可以划分为三个主要阶段，即：①找出制定决策的理由；②找出可能的行动方案；③对诸多行动方案进行评价和抉择。

二、正确决策的基本要求

为了保证决策的正确和合理，决策过程的每个阶段都有一定的基本要求。

1. 把握住问题的要害。在决策过程的第一阶段，首先要求找出关键性问题和认准问题的要害。要找出针对这个问题而不是其他问题作决策的理由。关键问题抓不准或者问题的要害抓不准，就解决不了问题，所做的各种决策就不可能是合理、有效的。

2. 明确决策的目标。在决策过程的第一阶段，除了要找出关键的问题以外，还需要明确决策的目标。实践证明，失败的决策往往是由决策的目标不正确或不明确导致的。犹豫不决通常也是由目标很模糊或设立得不合理导致的。

3. 至少要有两个以上的可行方案。决策过程的第二阶段，强调要找到几个可能的行动方案。决策的基本含义是抉择。而如果只有一种方案，无选择余地，也就无所谓决策。没有比较就没有鉴别，更谈不到所谓“最佳”。要求多个可行方案的过程通常是一个创新的过程。每个可行方案都要具有下列条件：①能够实现预期目标；②针对各种影响因素都能做到定性与定量的分析；③对于不可控的因素也能大体估计出其发生的概率。

在制订可行方案时，还应满足整体详尽性和相互排斥性的要求。所谓整体详尽性，是指将各种可能实现的方案尽量都考虑到，以免漏掉那些可能是最好的方案。所谓相互排斥性，是指各种可能实现的方案都有彼此的针对性和侧重点，能凸显差异以便选择最佳方案。

4. 对决策方案进行综合评价。决策过程的第三个阶段是对各个可行方案进行评价和抉择。每个实现决策目标的可行方案都会对目标的实现发挥某种积极作用，也会产生消极作用。因此，行政人员必须对每个可行方案进行综合的分析和评价，即进行可行性研究。可行性研究是决策的重要环节。决策方案不但必须在技术上和经济上可行，而且应当考虑社会、政治、文化等多方面的因素，还要使决策结果的副作用（如环境污染）减小到可以允许的最小范围内。通过可行性分析，确定出每个方案的经济效益和社会效益以及其可能带来的潜在问题，以便比较各个方案的优劣，从中选择最佳方案。

5. 敢于冒险。决策的风险是抉择时始终会遇到的另一个主要困难。因此，对于参与决策的人员来说，基本的要求是敢于冒风险，敢于承担责任。也就是说，要求决策人员要有胆识，要有勇气。管理决策不是赌博，敢于冒风险不等于蛮干。决策人员必须清醒地估计到各项决策方案的风险程度；估计到最坏的可能性并拟出相应的对策，使风险损失不至于引起灾难性的、不可挽回的后果；必须尽量收集与决策的未来环境有关的必要的信息，以便做出正确的判断；还应考虑到是不是到了非冒更大风险不可的地步。决策人员还应当对决策的时机是否成熟有准确的判断。这些都有助于行政人员将决策方案的风险减至最低。

6. 把决策过程看作一个学习过程。决策过程的最后阶段是对已实施的方案进行评价，以检验决策的正确性，及时修正偏离目标的偏差。评价的结果常常导致一个新的决策的产生，也就是决定要不要继续做下去、怎样继续做下去等。应当把决策看作一个学习过程，即在做出最初的抉择之后，还需要不断地对其实施的情况进行检查，注意对那些新出现的未曾预料到的情况进行分析和判断，即时补充新的决策内容。

第四节　沟通的原则与方法

一、沟通的含义

汉语中的“沟通”一词颇有深意。沟者，本意为通水道；通者，本意为由此端至彼端，中无阻隔。“沟”与“通”合为一词，原指开沟而使两水相通。《左传·哀公九年》说：“秋，吴城，沟通江淮。”以后，“沟通”泛指相通；信息概念出现之后，又泛指信息沟通。

沟通作为最广泛的社会现象有广义和狭义之分。广义的沟通现象并不限于人类社会，在有些动物中也存在沟通。例如，一些动物被“派”到离群很远的地方“放哨”，一旦四周出现威胁，它们会用叫声报警，通知同伴们采取一致的习惯行动来摆脱险境。

狭义的沟通指人类特有的信息沟通，又称人际沟通。人际沟通含有多层意思，可以是传达、联系、交通，也有磋商、对话、谈判之意。它是人们相互之间通过交换语言和非语言信号来分享信息和相互影响的过程。

我们在这里讨论的是狭义的沟通。

二、秘书沟通的优势

秘书处于领导机关中心枢纽的位置，这就决定了秘书具有沟通的先天优势。

（一）信息枢纽具有沟通优势

秘书部门是组织内外信息集散的重要枢纽，是组织运转的“神经系统”。秘书在处理信息的过程中能够及时发现局部失调现象和潜在的失调危险。

在组织管理实践中，经常出现各子系统之间、各负责人之间、各工作人员之间的误解、隔阂和矛盾等失调现象，秘书人员通过加强信息沟通，使各相关方面了解事情的真相，促进相互的理解和信任，就可以消除误解和隔阂，化解矛盾，不少失调问题就可以得到解决，从而促进各相关方面的相互配合与合作，维系组织的和谐运转。

（二）综合部门具有沟通的便利条件

秘书部门是领导机关各职能部门的综合部门。秘书既能全面地领会领导决策层对工作的总体计划和各个阶段的工作重点，又能比较充分地了解基层的具体情况以及实际存在的困难和要求。因此，当上下级出现矛盾时，秘书有着从中沟通协调的便利条件，促进了上情下达，下情上传。例如，当职能部门间出现事权交叉、事权冲突的失调状况时，秘书能够及时发现问题，及时向领导报告有关情况，协助领导进行协调和仲裁，以免失调事态扩大，造成更大范围的失调。

（三）办公部门蕴藏着沟通的能量

秘书部门是领导机关的办公部门。办公部门往往受命于领导，代表领导机关办理组织管理中的各项工作事务。秘书在办理各项事务的过程中不仅能与各子系统、各相关方面保持密切的联系，而且能取得各相关方面的信任和支持。我们可以把它理解为公务服务所取得的信赖效应。

秘书虽然没有执掌管理系统中支配性的权力，但凭借其为各相关方面提供公务服务所取得的信赖效应，秘书进行沟通能够取得良好的效果。例如，秘书出面约请矛盾各相关子系统负责人开协商会，进行调解；约请各相关方面会稿、会签文件，以求协同配合，步调一致。这些都能起到良好的沟通效果。

三、秘书沟通的特点

（1）非权力支配性。在管理体系内，秘书没有执掌法定的支配性权力。但是，秘书是领导机关的工作人员，处理沟通事务时代表着领导机关的意向，凭着领导机关的权威和权力惯性，秘书在沟通过程中有着很大的影响力。协调各方心理上受着领导机关权力辐射的影响，在一般情况下能够接受秘书进行的调解。

（2）非职责限定性。一般来说，管理职能只有在确定的职责范围内才能有效地发挥作用。秘书的沟通协调职能却没有确定的职责范围的限定。

秘书沟通的非职责限定性是与其非权力支配性紧密相关的。由于没有法定的支配性权力，沟通主要依靠领导机关的权力惯性、领导的权力辐射和秘书的思想素质和工作方法。而领导机关的权力惯性、领导的权力辐射以及秘书的思想素质和工作方法是三个受着个性影响的变量，具有较大的不确定性，加上环境、条件等因素的影响，使得秘书沟通协调的范围具有极大的伸缩性，没有确定的职责范围的限定。

由于具有这种非职责限定性，秘书部门才被人称为“不管部”。对于其他部门不能管理或难以处理的矛盾和纠纷，秘书可以发挥沟通作用，进行处理。

（3）非确定地位性。在管理体系内，执行职能任务一般具有确定的地位，确定了地位，才能明确执行职能任务时与工作对象的个性。秘书沟通没有确定的地位，如：在上级领导成员间沟通信息，促进相互理解和支持，这种情况下，秘书处于下级的地位，是下对上的工作关系；在同级职能部门工作人员间协调，秘书处于同级地位，是平行级间的工作关系。执行同一沟通协调职能任务，处于几种不同的地位并存在不同的关系，这就是秘书沟通协调的非确定地位性。

由于具有这种特性，秘书沟通时更需要具体情况具体分析，采取恰当的沟通协调方式。

（4）认同疏导性。由于秘书沟通具有以上三个特性，所以在沟通过程中，秘书一般不能用直接的强制手段，而应采用信息沟通、感情沟通的方式加以疏导，使有关方面形成认同，消除分歧，实现协调。认同疏导不仅要有足以澄清事实真相的信息依据，还要有足以明辨是非的道理，更要有感染有关人员的感情基础。这样才能明之以事，晓之以理，动之以情，使有关各方在维护组织整体利益、实现组织整体目标的基础上达到协调一致。

四、秘书沟通的原则

沟通是一种信息交换过程，是人们为了既定目标，用一定的符号，把信息、思想和情感在人与人之间进行传递的过程。要使沟通有效，必须遵循以下七个原则：

其一，可信赖原则。沟通要从彼此信任的气氛中开始，营造这种气氛是秘书的责任。

其二，一致性原则。组织的沟通计划必须与组织的环境要求相一致。良好的沟通需要建立在对环境充分研究的基础之上，秘书有责任为此提出建议。

其三，内容原则。沟通的内容需对接受者有意义，与接受者的价值观念有同质性，与其所处的环境相关。一般说来，公众会很快接受带来更大价值的信息。信息的内容在极大程度上决定公众的态度。准备好有针对性的沟通内容是秘书的工作之一。

其四，明确性原则。沟通要以简明的语言进行，所用的词汇对沟通者和接受者都代表同一含义。信息在传递中所经历的环节越多就越应该简单明确。所以，简明的语义表达是对秘书的基本素质要求之一。

其五，连贯性原则。沟通是一个没有终点的过程。要达到有效的目的，在许多情况下需要重复并补充新的内容，因此，沟通的过程需要持续连贯地进行下去。

其六，渠道原则。沟通者要尽量利用现实社会已存在的信息传递渠道。利用沟通者经常使用的渠道易于成功沟通。重新建立新的渠道，会增加沟通的时间和难度。因此，有针对性地选用不同的沟通渠道是明智之举。

其七，接受者的接受能力原则。用来沟通的信息资料对接受者的能力要求越低，信息越简单，就越容易被接受，沟通成功的可能性就越大。被沟通者的接收能力主要取决于他们的信息接收习惯、阅读能力和知识水平。所以，秘书应能够准确判断对方的接受能力。

五、秘书沟通的方法

秘书在工作中要与他人实现有效沟通，首先应学会有效的倾听和有效的提问。

（一）有效倾听

倾听是指我们与他人进行沟通，创造出“相互理解”的共同基础。我们所说的倾听是：让对方看出你在认真地听，努力理解对方所说的话，并不时地反馈给对方以确认你真正理解了对方的意思。

1. 有效倾听的准备工作

（1）约束自我。倾听本身是一种劳心劳力的事，一般人都倾向于随意、懒散，所以倾听前要对自己有所约束。

（2）做好心理准备，提醒自己一定要专心，并清除头脑中的杂念。

（3）让身体做好倾听的准备，不要一副无精打采的样子。

（4）调整情绪，提醒自己要评判信息而不要想着去批评人。

（5）准备好笔和纸或本子，以便做笔记。

2. 有效倾听的方法

（1）少讲多听，保持沉默和冷静，不要打断对方讲话，最好不要插话。

（2）设法使交谈轻松，使讲话人感到舒畅，以消除拘谨和不安情绪。

（3）表示出聆听的兴趣，不要显示出冷淡和不耐烦。

（4）尽可能排除外界干扰，避免因干扰使谈话中断。

（5）与对方进行心理位置交换，站在对方立场上考虑问题，这样容易实现理解和达成谅解，从而使沟通效果更好。

（6）要有耐心，不要对对方意见妄加评论。

（7）在必要时，提出问题以显示在充分聆听和求得了解。

（8）除非必要，一般不做笔记。做笔记时，只需记下提示性的关键字就够了，不必记下对方说的每一个字。

（9）沟通结束之后，要抽些时间回想一下。

3. 创造良好的倾听环境

良好的倾听环境不仅包括自然条件因素，而且包括社会因素，人的心理、生理因素。

（1）非威胁环境——大家感觉平等的环境（环形座位、并行座位、面对面的交流环境）。

（2）适当的地点——保证不受打搅或干扰（足够的私人空间，如设置一米线、小客厅等）。

（3）反馈或行动——能够观察到对方的眼睛或面部表情（适当的亮度和非直射光线）。

（4）时间因素——保证足够的沟通时间（使双方都有表达的机会）。

（5）平和的情绪状态及正确的态度（避免先入为主的猜测和结论）。

4. 克服有效倾听中的障碍

人们一般只能记住听过信息的25%。但是，只要专心地听，这种情况就可以改变。通常在听的时候无法专心的原因有：①语意不清；②预期反应；③分散注意力；④预先下结论；⑤某些字眼引起反应；⑥想逃避困难的工作；⑦只听取自己想要的内容；⑧只重形式而不重内容；⑨想着另外的问题；⑩过分依赖笔记。

（二）有效提问

提问时要求对方明确答复称为有效提问。秘书在工作中要迅速确认来访者的意图，尽量处理相关事宜，这就要把握好有效提问。

1. 如何实现有效提问

（1）态度——以理解的态度，认真、诚恳而准确地提出一些双方都能接受的问题。

（2）时机——提问不要过早，也不要太迟，要就当前的事情提问。

（3）提问内容——提出自己想知道的信息。

（4）注意语速——注意提问时的话语速度。

（5）问题的形式——用不同的提问形式引导对方向有效沟通的目标前进。可选用开放式提问，如“请想一想还有其他问题吗？”；或者封闭式提问，如“我是不是可以认为这是最后一个问题了？”。

2. 如何自信地提出要求

（1）提出要求时，要有清楚的目标并留有余地；要求你所需要的东西；要求本来属于你的东西；希望对方提供具体帮助；希望对方考虑你的请求。

（2）提问要简洁，中心内容要突出，要使对方在最短时间内了解你的意图；兜圈子实际上是对于自己要求的内容不够自信而寻找理由。

（3）用果断和坚决的手势语协助表达要求的坚定性。

3. 如何礼貌拒绝对方的要求

（1）礼貌拒绝对方的要求可采用委婉的语言和巧妙的方式向对方说“不”。拒绝的口气要坚决，形式要礼貌，使对方不再纠缠。

（2）礼貌拒绝的前提是避免自责、担心和愧疚感。应该了解不能满足别人的要求并不等于做了对不起人的事。

（3）清楚地表达拒绝信号不一定使用生硬的语言。例如，可以说“很遗憾，我别无选择，希望你能理解”。

（4）礼貌拒绝的技巧：避免使用借口，借口使人感到还有余地，可以讨价还价；留出时间延期答复，使人感到你在深思熟虑后进行了拒绝；提出替代方案，满足对方的补偿心理；说明原因以求得理解，使对方自动放弃要求。

4. 注意事项

（1）不要问对抗性的问题。

（2）不要在任何时候都提问题而不看时机。

（3）不要问显示自己精明的问题。

（4）不要中断别人的话题，去提自己的问题。

六、秘书沟通的技巧

（一）秘书的对内沟通

1. 上行沟通

（1）上行沟通的概念。上行沟通是指组织中的成员、群体通过一定形式的渠道与决策层进行的信息交流，如下级向上级定期或不定期的工作汇报、反映问题和情况、听取上级布置工作等。

（2）上行沟通的有效方法。上行沟通的有效方法主要有首次印象法、迂回前进法、环境适应法、心理相通法。

（3）上行沟通的具体实施：向上级汇报工作；听取领导布置工作。

（4）上行沟通的几点技巧：懂得尊重领导；不要与领导争功；不要轻易向领导提意见；“忍”亦有“度”；让上司接受你的建议；具有主角意识 。

2. 下行沟通

（1）下行沟通的概念。下行沟通是指自上而下的信息传递和沟通过程。下行沟通是领导把组织的路线、方针、政策及意图传递给下属，从而给下属指明工作的目标，明确其职责和权利。

（2）有效下行沟通的原则：明确性原则；准确性原则；需要原则；反馈原则。

（3）有效下行沟通的方法：平等交往；宽容待人；明责授权；坚持原则；关心互助。

（4）下行沟通的几点技巧：

①学会聆听，别把阴晴写在脸上。

学会有效聆听是秘书与下属沟通的一个重要技巧。据研究估计，人在聆听十分钟的谈话时，大约仅有 25% 的效率。在现实沟通中，秘书要克服以下不良习惯：

其一，对谈话主题没有兴趣，因此不安心聆听。

其二，被对方说话的姿势或着装所吸引，而忽视了谈话的内容。

其三，听到不合意的事情，情绪便受影响，以致影响对其余信息的接受与处理。

其四，过分重视事实而忽略原则和推论。

其五，过分重视条理，对条理较差的谈话内容不愿多加思索。

其六，对较难的词句或技术性词语不求甚解。

其七，利用谈话间歇思索别的事情。

秘书必须记住，漫不经心式的聆听或者一边聆听一边与人争论式的聆听，不仅会伤害他人的自尊心，而且也不会取得最佳的沟通效果。

②该批评时还得批评，见机行事，掌握分寸。

首先，该批评的就批评，但不能发怒。国有国法，家有家规，一个单位也有自己的奖惩标准，他人行为不端或不能完成任务，自然要批评，这是工作上的需要。但不可发怒，发怒就带有了个人情绪，最容易伤感情，使下属离心离德。

其次，掌握分寸，先褒后责。沟通中先认同他人，对其优点给予充分的赞扬，然后对有错的地方加以指出，这样对方也就容易接受了。

最后，处罚过后还应注意沟通疏导工作。

3. 平行沟通

（1）平行沟通的概念。平行沟通又称横向沟通，指在组织系统中处于相同层次的人、群体、职能部门之间进行的信息传递和交流活动。

（2）有效平行沟通的原则：真诚；平实；谦虚；细致。

（3）有效平行沟通的方法：信守承诺；全神贯注；赞美别人；承担责任；不忘幽默。

（4）平行沟通的几点技巧：不要处处当主角；是是非非不掺和；不要与同事为敌；遇事多商量。

（二）秘书的对外沟通

1. 外部沟通对象

组织外部沟通的对象，对单位而言，主要包括顾客、股东、上下游组织、社区、新闻媒体、政府等。

2. 如何接近组织外部公众

有效接近组织外部公众要靠组织形象、组织的自我推销、多种形式的社会协作。

3. 与组织外部公众沟通的方式

（1）与顾客沟通的方式：提供优质产品和服务；直接接触沟通；给顾客打电话；充分利用信函、顾客调查等形式；运用好广告、公共关系、CI 策划；等等。

（2）与股东沟通的方式：书信；年度报告；年度股东大会；邮寄新产品样品；宴会；个人拜访；电话；等等。

（3）与上下游组织沟通的方式：建立电子通信网络；互派人员；参与彼此的

重大决策；给对方人员提供培训机会；深入实际解决问题；增加信息交流；商务谈判；等等。

（4）与社区沟通的方式：利用开放式的讨论会、特殊事件；扩大内部出版物的发行范围；组织志愿者活动；赞助慈善活动；通过新闻媒介；等等。

（5）与新闻媒体沟通的方式包括提供新闻信息、新闻发布、举办记者招待会、制造新闻、邀请参观访问、赞助节目等。新闻媒体是所有组织都必须面对的，它是组织外部环境的重要因素，组织的办公室人员必须了解各类媒体及其不同特点，除了善于应对各类媒体以外，更要建立良好的媒体关系管理机制，变被动为主动，完善媒体联系制度，为组织营造良好的舆论环境。

（6）与政府沟通的方式：争取各级人民代表了解组织的作用、贡献、想法和要求；通过媒体和相关网络向社会介绍组织，由此增进政府和人民代表的了解，借舆论影响有关决策；同党政领导、知名人士、专家学者等保持紧密联系，通过他们的影响争取政府支持；政府实施某项社会经济计划时根据自身条件和可能，主动伸出援手，协助解决问题。

思考与练习

1. 新时代秘书工作的指导思想是什么？

2. 新时代秘书“三服务”工作的具体要求是什么？如何提高“三服务”工作的质量和水平？

3. 秘书如何做好参谋工作？

4. 某公共汽车公司共有若干个车队，其中一个车队的负责人找到公司领导，反映本车队车少、客流量大、工作繁重，要求增加本车队奖金，公司经理派你予以处理。作为公司办公室秘书，你该怎样开展工作？

5. 某公司召开内部会议时，座位上一位员工附近的手机响了，主席台上的领导点名批评了他，这位员工立即反驳说：“不是我的。”领导立即向他道歉。你如何看待这件事？

第五章　秘书接待工作

引言

接待工作是一个单位的窗口，外界通过这个窗口来了解你单位的工作，评价你单位工作的优劣。因此，秘书一定要掌握接待工作的原则、流程、方法，注重礼仪，通过接待工作树立本单位的良好形象。

第一节　接待工作的意义与原则

接待工作是一个单位重要的窗口和形象标志。接待工作做好了，不仅在一定意义上反映了本地区、本单位甚至本系统、本行业的精神风貌，而且会增加被接待者的信任感，从而提高本单位的知名度和美誉度。显然，成功的接待工作是单位的无形资产；从某种意义上说，接待工作已成为一种潜在的生产力。因此，秘书一定要掌握接待工作的原则、流程、方法，注重礼仪，保证高质量地完成每一次接待任务。

一、接待工作的意义

（一）扩大交往合作，传播本单位文化，塑造本单位的“品牌形象”

接待工作是机关、企业与外界发生联系的基本环节。它是单位工作的门面和窗口，是单位联系内外的纽带和桥梁，是领导工作的有力保证。得体的接待工作可以使交往双方建立信任，获得友谊，化解矛盾，消除误会，创造出和谐坦诚的合作气氛，对于吸引投资、扩大合作、树立良好的单位形象具有重要意义。为此，接待工作是单位看似被动、实则主动的一种广义的公关行为，是一种无形的公关工作。

机关、企业不能把接待工作停留在迎来送往、安排食宿的低层次上，必须把它看成自身工作的一个重要组成部分，做好接待工作不仅是组织长远发展的需要，也是从更高层次上展示组织形象的需要。一次成功的接待能够增加交往双方的相互理解、信任和友谊，促进交往与合作。如有些客人可能一生只到某单位拜访一次，若接待工作热情周到、精心细致，单位良好的精神风貌、浓厚的文化氛围和高水平的服务将会给他留下终生难忘的美好印象。

每个机关、企业都有自己的文化，作为展示组织形象的窗口，不论是接待工作整体方案的策划，还是微观的接站牌的设计、汇报材料的写作，甚至接待车辆的停放，都要努力凸显本单位的与众不同之处。秘书要充分利用接待工作的每个细节展示单位的全新风采和独具魅力的特色文化，要用每一次接待机会增强组织的凝聚力和向心力，提升组织的知名度和影响力。要让来宾从接待工作的点点滴滴中感受到组织的个性，感受到组织文化的特色，从而宣传、塑造组织的“形象品牌”。

案例

一场车祸后

一场车祸彻底改变了王新标的人生轨迹。车祸发生后，王新标身体受伤、赔付不到位、医疗康复无法保障、生活困顿，从此他变得异常偏执。从2011年开始，他采取极端方式进京上访，他的极端上访行为甚至惊动了国家信访局。

两年来，王新标的极端上访行为不断困扰着九江市的信访接待部门。

“跨地区、跨部门、跨行业，人事分离（人与事分属两地）、人户分离（常住地和户口登记地不一致）、人事户分离（案件发生地、户口所在地、居住地均不在一起）。这是一起典型的‘三跨三分离’信访案件。”九江市信访局副局长吴周全对记者介绍说。

无论多么艰难，也要帮助王新标解决实际生活困难！这是九江市信访接待工作人员的一致认识。面对王新标的特殊案例，九江市信访接待工作人员陷入了深思。王新标多次采取极端行为上访，并未给其本人及家庭经济生活带来转变，相反其处境仍然非常艰难，其病情也未得到好转，以致他没有勇气和信心面对未来的生活。“我们必须换位思考，站在王新标的立场理解其处境和难处，方能耐心细致地做好工作。”九江市委副秘书长、信访局局长宋细妹认为，必须争取多方支持，化解矛盾，落实措施，才是解决这起典型案件的关键。经过多方不懈努力，这起“三跨三分离”的典型信访案件最终得到了妥善解决。

如果说一场车祸扭曲了王新标的人生之路，那么，是温情、细致、缜密的九江市信访接待工作让他又重回正常的生活轨道。

（二）获得效益，牵线搭桥，架起合作的桥梁

接待工作是一个单位与社会公众联系的开端，其关系到来访客人对单位的第一印象，直接影响到他们对本单位的评价，进而影响单位的声誉和形象。热情、礼貌、耐心、细致的接待，能给来访者“宾至如归”的感觉，而且还会使之在享受服务时感受到赏心悦目，轻松舒畅。

接待工作展现的是单位形象，而单位形象是一种效益，就形象而言，投入与产出是成正比的。接待工作做好了，不仅会给上级领导和来宾留下良好的印象，而且无形中会为单位带来社会效益和经济效益。秘书的接待对象来自四面八方、各行各业，他们各有需求，面广人杂，这是一个可以充分利用的资源。通过接待工作，秘书人员可以了解接待对象的各种需求，为本地区、本单位的经济发展提供有益的信息，穿针引线，铺路搭桥，促进本地区、本单位与外地区、外单位的合作；接待中会接触到各类人员，可以获得大量通过其他途径难以获得的信息。例如，接待上级或其他管理部门的人员，可以获得有关社会、管理、政策等方面的信息，为单位决策提供重要参考；接待下属单位人员，可以获得管理方面的感性认识，甚至一些在汇报材料中很难看到的信息，为更好地改进管理工作提供重要参考；接待外来参观访问者，在为客人介绍经验的同时，也可以听到一些对本单位有益的经验和教训，可以促进和完善本单位的工作。总之，接待广大客户，可以广交朋友，加强沟通，密切本地区、本单位与四面八方的联系，为组织的发展创造更多的机会和条件。

在感受到接待单位认真严谨的工作作风和蓬勃向上的精神风貌后，来访者一定会大加赞赏，广为宣传。久而久之，就会形成一种单位的形象品牌，进而为单位引来更多的客户。成功的接待工作不仅会给上级领导和来宾留下良好的印象，而且无形中会为单位带来社会效益或经济效益。同时，要及时做好来宾反馈信息的收集和处理工作，不断优化接待流程，力求实现接待活动效益的最大化。

案例

一次周到的接待服务

A 市经济部门的领导和工程技术人员，先后 4 次来到 B 市洽谈联营生产高钡铁项目。B 市把接待任务交给接待处刘主任和小王。刘主任和小王每次接到任务，一面拟出接待方案呈领导审批，一面到宾馆、车队联系安排好食宿、车辆。客人到达前，刘主任和小王一一检查落实并填好住房卡、领好房门钥匙，等候迎接客人。客人一到达即领客人进客房并介绍有关情况和询问客人需办的事。到开饭时间领客人进餐厅，客人要离开 B 市，事先陪客人到宾馆总台结账并及时送站，每次都在工作和生活上为客人提供方便。后来，该项目签订了协议，A 市在 B 市投资达 5 000万元，年产值 1.5 亿元，年利税可达 1 000 多万元。而且，客人对 B 市周到的接待工作十分感谢。他们说："我们到 B 市就好像到了家一样""你们热情周到的接待，使我们看到 B 市同志办项目的诚心和决心。高钡铁项目的签订，有你们的一份功劳"。

二、接待工作的原则

（一）接待工作的一般原则

（1）诚恳热情。俗话说：良言一句三冬暖，恶语伤人六月寒。热情友好的言谈举止，会使来访者产生一种温暖、愉快的感觉。诚恳热情的态度是人际交往成功的起点，更是待客之道的要点。古语云："上交不谄，下交不渎"，意谓对上交往不可奉迎巴结，对下交往不可待人不恭。秘书对于来访者，不管是上级机关还是下级单位，也不管其身份、职位、资历、来意如何，都应一视同仁、平等相待、诚恳热情、不卑不亢、落落大方。坚决杜绝"门难进、脸难看、话难听、事难办"的官衙门作风，以诚恳热情的态度树立本单位的"形象品牌"。

（2）讲究礼仪。讲究礼仪是个人修养的自然流露和体现，这同虚情假意、矫揉造作是截然不同的。以商务活动接待为例，现代商务活动是一种互利双赢的活动，各方追求的是互利互惠的结果。因此，任何成功的商务活动都必须努力寻求合作的途径，不断调和双方的矛盾和利益，最终达成某种协议。在这一过程中，必然要求参与商务活动的秘书人员体现出彬彬有礼、豁达大度、善解人意、灵活机智等风度气质。商务接待活动作为一项典型的社会交际活动，务必以礼待人。具体说，在仪表方面，要面容清洁，衣着得体，和蔼可亲；在举止方面，要稳重端庄，风度自然，从容大方；在言语方面，要声音适度，语气温和，礼貌文雅，充分体现出秘书人员较高的礼仪素养。

（3）细致周到。一次接待活动往往涉及许多部门和人员，内容具体、细微、繁多、复杂，涉及衣、食、住、行和人、财、物、时等方方面面。若是涉外接待，还需事先研究两国的有关礼仪文化和有关政策规定。这就要求秘书人员开动脑筋，综合考虑，把接待工作做得细致入微、有条不紊、面面俱到、善始善终，使来宾有"宾至如归"的感觉。秘书接待人员要时刻记住：接待工作无小事。必须有认真、严谨的态度和细致、周到的作风，才能成功地完成接待任务。

（4）按章办事。接待工作在某种意义上是一项消费活动，需要人力、物力、财力的投入。秘书人员要厉行节约、精打细算、勤俭务实，不搞形式主义，不摆阔气、讲排场，应尽可能少花钱多办事。在这方面，许多机关单位和企业都制定了接待工作制度，秘书人员必须严格遵照执行。例如：不得擅自提高接待标准；重要问题随时请示汇报；对职责范围以外的事项不可随意表态；不准向客人索要礼品，对方主动赠送，应婉言谢绝，无法谢绝，要及时汇报，由组织处理；要根据不同国家、地区、民族的风俗习惯来区别接待来访者。

（5）保守秘密。秘书人员是有关单位或企业决策人以外最先获得保密信息的人员，在重要的接待工作中，往往参与接触到一些机要事务、重要会议、秘密文电等，所以要特别注意保密工作。在接待各色人等、迎来送往的过程中，尤其要注意言谈举止的分寸，做到既热情友好、尊重对方、文明礼貌，又提高警惕，内外有别，严守秘密。

(6) 对口接待。根据宾客的身份及接待的目的、要求和内容，要统一标准，对口接待，分工负责，力求从简，不搞层层陪同。哪个部门邀请的客人，哪个部门接待；哪个部门主办或承接的会议，哪个部门接待领导。主办方负责牵头，有关单位配合，共同做好接待工作。

（二）约见安排的原则

(1) 要根据领导的工作习惯和生活习惯来安排约见。领导对自己的日程安排有不同的喜好。如有的领导可能是工作负荷越重就越拼命干的人，故较多的约见并不会导致其工作效率降低，但安排约会不能打乱领导的常规工作，约见的时间必须得到控制。那么，如何做到接待工作不打乱领导的常规工作呢？秘书人员可以通过对领导如何分配时间的观察，聆听领导的工作计划，并据此分析、掌握领导的工作和生活习惯。领导的工作习惯可能会因工作变化而形成峰谷。注意约见不能安排在领导的休假时间和睡眠时间。

(2) 要区分轻、重、缓、急安排约见。接待人员在领导频繁的约见活动中，需要分辨轻、重、缓、急，根据约会的性质及重要性妥善安排。做到：①要保证该约的、该见的不耽误，适时安排；②不该见的，坚决不约、不见，但必须说明原因，要想办法推辞；③该见的，但并不是很急的，可稍后安排约见。

一般来说，凡是领导安排约见的人，一定要进行安排，但对方要见领导，就不一定有约必见。

(3) 约见应当是要准备的，越是重要的约见，越要准备好。为此，秘书人员应协助领导搜集有关的情况、文字材料等，使领导事先做到心中有数。

(4) 酌留弹性。这种弹性包括两方面，一是指接待人员安排约见时间要错开进行，不可太急或太松。每次约见时间要留出 10~15 分钟的机动时间。两个外出约见之间，要留出足够的路上所需时间；二是早期安排的约见时间不能太确定，可能因情况有变更改约见时间。

(5) 保证准时赴约，不误约，不失约。秘书人员要注意提醒领导准时赴约，如果领导不能按事先约好的时间约见，秘书人员要设法及早通知对方。

（三）不干扰领导工作的原则

秘书人员在接待工作中不要打断领导工作。除非事先得到许可，否则领导会客时，接待人员不要贸然进入他的办公室。大多数领导不喜欢在与别人商量事情时有人来打扰他。由于打断工作如同打断思路一样，领导对别人中断他工作的容忍，取决于他的性格及其对中断后果的判断。因此，秘书人员必须充分理解领导的工作，以判断在会谈期间是否打断他的工作。

(1) 有时，领导会叮嘱你随时用电话来中断会见，而有时他则要求绝对不可打断会议。当你需要凭自己判断且感到无所适从时，则不要去打断领导的工作。

(2) 若秘书人员必须递进一个紧急的通知时，敲门后要先说一声“打扰一下你们的谈话”，然后悄悄地进入室内并把通知交给领导；或将其放在领导面前。除非必须等待即刻答复，应尽快退出办公室。退出时务必再次致歉，“对不起，打扰了”。

(3) 尽量使电话打断领导会谈的次数保持在最低程度。让对方留言或亲自想办法帮助对方解决问题。如果秘书人员不能处理来电，则请对方留下他的电话号码，然后由领导给对方回电。

(4) 当领导感到不便答复时，则由秘书人员先答复来电。因为领导进行电话会谈时，需要隐秘的环境。

(5) 遇有情况紧急而领导的办公室内又有人时，秘书可以把来电者的姓名及来电内容打印在便条上交给领导并等待指示。这样，他会根据情况决定亲自复电还是交由你处理。

(6) 如果来电是找来客的，秘书要让对方留言或把来电者的电话号码交给访客，以便回复。秘书为来客记录对方留言时最好打印出来，而不要让客人读你的手写稿。在留言的下面签上自己的名字和时间。

(7) 如果对方坚持让来客听电话，秘书人员应将情况通知客人，并对打断会谈表示歉意。秘书也可以通知来客来电者的姓名，并征询客人是否愿意接电话。

(8) 如果房间内有几位来客，则要把留言条交给来电者要找的那位客人并等候他的回复。如果来客不去接电话，则会告诉来电者，同时向对方索要电话号码，并把该号码打印在为来客准备的电话记录上。

(四) 外事接待工作的原则

(1) 平等互利。平等就意味着相互尊重，它包括尊重对方和捍卫自尊两个方面。尊重对方就是不论对方的国家是否强大、企业是否庞大，或者风俗习惯、宗教法律等是否与我们相同，都不要歧视对方。尊重往往以一些外在形式表现出来，尤其表现在我们的言谈举止之中。这些生活小节与正规礼仪是同等重要的。相互尊重的另一方面就是自尊，只有自尊才能得到对方对你、对你的单位，甚至对你的国家的尊重，才能谈得上平等合作。

(2) 依法办事。国际交往，有一个原则时刻不能忘记，这就是合法。无论是我国的法律、对方国家的法律，还是国际法和国际私法（如各种双边或多边条约、协议等），各种法律都要尊重，这样才会得到有关法律的保护。随着我国法律体系的逐步建立和完善，我国公民尤其是从事对外交往的人员更应具备守法意识，忽视了这一点，可能造成意想不到的被动局面。

(3) 内外有别。据说，我国独有的一项景泰蓝制造工艺就是在一家国外访问团参观时泄密的。当时，这家工厂的陪同人员在介绍工艺流程时，把绝密的制作工艺无意中泄露了出去，使对方得到了花多少钱都买不到的情报。其实，对那位陪同人员来说，他介绍的情况可能是他认为很普通的常识，由于没有注意到内外有别的原则，结果造成了不可挽回的损失。

（4）文明礼貌。这里有必要提醒秘书人员，绝不可以己度人，即不要拿自己国家或地区的礼俗套用到外宾身上去。由于各国、各民族的礼俗千差万别，即使你是好意，也可能引起不必要的误会。所以，在同外宾打交道时，了解一些对方国家和民族的礼俗是非常必要的。

第二节　秘书接待工作流程

一、日常事务接待工作流程

秘书日常事务接待工作流程如图 5-1 所示。

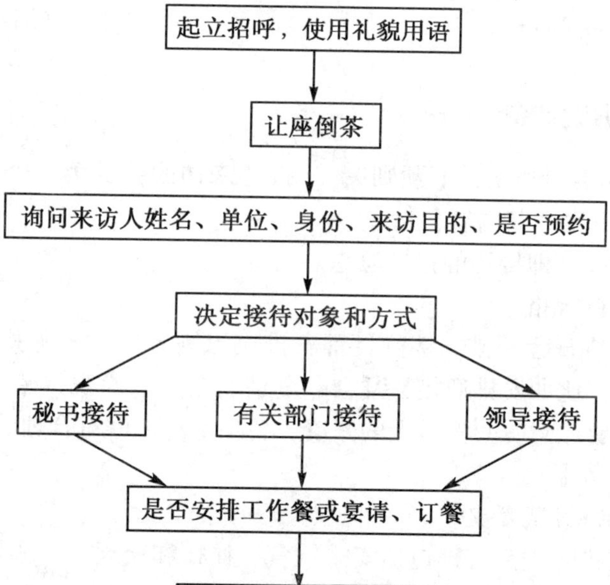

图 5-1　日常事务接待工作流程

二、大型团队接待工作流程

大型团队接待工作流程如图 5-2 所示。

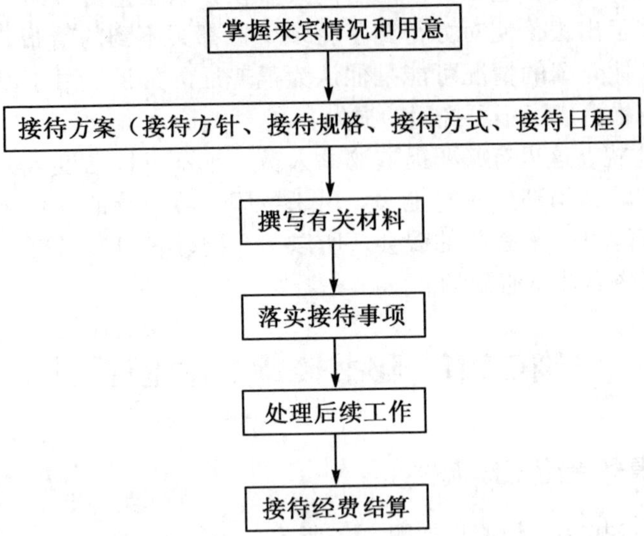

图 5-2　大型团队接待工作流程

三、接待工作技巧

（一）接待方案准备

俗话说："凡事预则立，不预则废。"接待来访团体的第一个步骤就是拟订出切实可行的接待方案。其内容包括：

（1）接待方针，即接待的指导思想。

（2）确定接待规格。

（3）拟写接待日程安排。接待日程安排应当制定周全，尤其是接待活动的重要内容不可疏漏，比如安排迎接、拜会、宴请、会谈、参观、游览、送行等事宜。接待日程安排还要注意时间安排上的紧凑，各项活动之间有合理的空档。

（4）确定接待形式。

（5）预算接待经费开支。

（6）生活安排。生活安排包括安排饮食、住宿和交通，照顾好来访人员生活，做好医疗工作，代购车、船、机票等。

拟出接待方案后，要报请主管领导审批，亦可征询来访者的意见，然后再一一落实。

（二）接待环境准备

接待工作一般是在会客室（办公室）中进行的。接待环境准备包括硬环境和软环境两方面的准备。

硬环境包括室内空气、光线、颜色、办公设备及会客室的布置等外在客观条件。会客室要清洁、明亮、整齐、美观，让来访者一走进来就感到这里工作有条不紊，充满生气。如果没有专门的会客室，也应在办公室中腾出一个比较安静的角落来，让来客一进门就有个坐处，可以从容地谈话。

会客室（办公室）的绿化是不能忽视的。可在窗台、屋角摆些盆景或花卉，以显得室内环境生机盎然。室外环境应力求做到芳草铺地，花木茂盛。

办公室的用具设计要精美、坚固、耐用，适应现代化要求。办公桌应美观、实用。有条件的可采用自动升降办公椅，以适应秘书人员的身体高度。同时应根据不同工作性质，设计不同形式的办公桌、椅。另外，办公室应根据不同情况，设置垂直式档案柜、旋转式卡片架和来往式档槽，以便保存必要的资料、文件和卡片等，并便于随时翻检。这些设备和桌椅一样，应装置滑轮，便于移动。如有来访者，就将其置于一隅。办公室美，就会给来访者一个好的印象。

为了方便来访者进屋后有放衣物的地方，应准备衣帽架。要使来访者排遣等待的时间，可准备一些书报杂志、单位介绍材料。

软环境包括会客室的工作气氛、接待人员的个人素养等。制约会客室环境的因素很多，有自然因素、经济因素，最主要的还是人的素质修养因素。

（三）接待工作的心理准备

在接待工作中，领导不可能会见每一位来访客人，而秘书人员必须接待每一位来访者。来访客人大致可以分为三类：①直接关系的客人，如客户、股东、单位内部高级人员等。②间接关系的客人，如税务人员、媒体记者等。③与工作无关的客人，如上司的朋友、宗教团体、员工家属等。

对各类访客，负责接待的秘书人员均要做到笑脸相迎，礼貌得体，反应敏捷，热情友善，使客人有“如坐春风”之感。这就必须有应对各种客人的心理准备。

秘书接待工作心理准备的核心要素是“诚心”，只有站在对方立场，有一颗真诚的心，接待中能将心比心，才能体现出优雅感人的礼仪。

待人接物应该热情开朗、温存有礼、和蔼可亲、举止大方而灵活，这种良好的行为有助于赢得对方的敬慕。客人对于本单位领导人员的评价高低，首先取决于秘书接待客人的好坏。若客人一开始就受到秘书真诚亲切的接待，来访者对将见到的单位领导人员也会抱着同样的期待。反之，如果秘书对于客人拉长脸，嫌麻烦，客人也一定会产生连锁反应，认为自己不受欢迎或接待单位的领导也不会热情。因此，秘书要清楚地认识到自己是以上司代理人的身份来接待来客的，随时都应有真诚的待客心理。

（四）接待工作的信息准备

接待工作的信息准备包括两个方面：一是客人的基本情况，二是接待材料的准备。

1. 客人的基本情况

客人的基本情况包括：客人的单位、姓名、身份（职务、级别）、人数（包括男、女各多少人）、民族、来意、抵达日期及大体停留时间、客人乘坐的交通工具及班次、抵达地点，等等。特别注意涉外接待、对少数民族的接待必须了解相关的礼仪。

掌握客人的基本情况，便于确定接待规格，安排接站、住宿和用膳，使来宾有“宾至如归”的感受。

2. 接待材料的准备

凡事预则立，不预则废。重要的接待活动，秘书部门必须制订接待方案，秘书人员要协助领导准备有关文字材料。

（1）接待方案是接待工作的依据。接待方案一般包括接待方针、接待规格、接待组织、活动方式、日程安排、食宿标准、陪同人员、参观游览、交通用车、安全保卫、医疗保健、经费预算等内容。接待方案拟好后，要呈报主管领导审批，大型接待活动的日程安排，要提前传给对方，征求意见后再修改定稿，定稿后原则上不能再改变，否则会失信于人。

（2）需准备的有关文字材料一般有汇报材料、发言材料、参考材料、欢迎词、祝酒词、答谢词、协议书、会议纪要等。如果有可能的话，这些材料要在接待开始之前就准备好。准备越充分，接待工作就越主动。

（五）接待工作的有效做法

无论是来客自行推门而入还是有人引见，秘书要马上放下手头工作从办公桌后起身，微笑着问候客人并与客人握手，招待客人入座或与客人一起入座。入座前，应指示或告诉客人衣帽应挂在何处，也可帮助客人将衣帽挂起来，并会意或用手指引客人该坐于何处。

1. 热情迎客

如果接待地点是会客室、接待室，秘书要守时、迅速、步履轻快地走进接待室，轻声问：“哪位是×先生（小姐）？”确认后，马上自我介绍：“您好！我是××部门秘书，我叫×××。”

秘书对来客的称呼有“同志”“先生”“小姐”“女士”。正规场合用“先生”“女士”较多。有时还可以称对方的职务或职业，譬如，“刘经理”“王医生”“高老师”。称呼之后，是自然真诚地问候“您好”，或其他寒暄。寒暄用语应言简意赅，要尽快确认来客的目的并进入正式面谈的话题。

2. 诚恳待客

接待工作的核心是明确客人来意，尽快处理事宜。秘书要事先了解哪些人是上司愿意见面的，哪些是不愿见面的。尤其要把握好以下几点：

（1）确认需要引见的客人。秘书对要会见自己的领导、上司的来客，坚持事先约定的原则，不向领导引见无约来客。对于有约来客，秘书在确认后，引见给领导。

（2）如果引导客人到其他地方，秘书要注意迅速将办公桌上的文件收拾妥当后再离开办公室。

（3）为来客引见介绍时，秘书要注意站立介绍，尽量不要背对任何一位被介绍者；引见介绍应遵循“受尊者有优先权”的原则。一般应先介绍年长的、身份高的、女士，后介绍年轻的、身份低的、男性；介绍的内容主要是被介绍人的单位、职务和姓名。介绍应尽量简明，不要过多涉及其他内容。细心记住别人介绍给你的每一位客人，引见介绍完成后，作为秘书，应微笑退出，走时应面向室内关门。

（4）需要稍候被会见的客人和直接由秘书接谈的客人，都应受到及时的热情招待。一般做法是：彼此确定身份后，马上为来客让座或将其让进会客室；尽量选一个便于谈话的安静环境，以示对来访者的重视；及时为来客斟水，水杯用前一定要当着客人的面烫净，最好用一次性纸杯或小瓶饮用水，也可以询问客人习惯饮何种饮品；对等待会见的来客，秘书不一定陪聊，可以送上报纸、杂志等，由其自便更好；接谈来客前应准备好笔和记录纸或登记册，耐心倾听，仔细询问，一一记清；对能答复、能办妥的事，要尽量答复、办妥，不能答复的，要做周到的解释，不能办妥的，要约定下次协商的时间或办妥时限。

3. 礼貌送客

来客告别，秘书要起身相送。领导、上司约见的客人也可以由秘书送出。对一般客人，秘书可以只送到楼梯口或电梯处。秘书要为客人叫电梯，握别后，目送客人乘电梯或走下楼梯离去。尊贵的客人，送至大厅门口或办公楼外，甚至要为客人叫好出租车，握别后，要目送客人离去。

送别外宾亦应考虑周全，大体上要依照迎候的规格来确定送别的规格，主要迎候人应参加送别活动。送行人员可前往外宾住宿处，陪同外宾一同前往机场、码头或车站，亦可直接前往机场、码头或车站恭候外宾。必要时可在贵宾室与外宾稍叙友谊，或举行专门的欢送仪式。外宾临行前，送行人员应按一定顺序同外宾一一握手话别。飞机起飞或轮船、火车开动之后，送行人员应向外宾挥手致意，直至飞机、轮船或火车在视野里消失，送行人员方可离去。尽管只几分钟的时间，却十分重要，弄不好会因小失大。

总之，在整个接待活动中，秘书要客套而不俗套，亲切而不做作，尽量少闲聊，寒暄中用语要得体、适当。

（六）接待工作的落实和检查

大型接待活动，必须提前召开接待会议。会议的内容主要是布置接待任务、分发接待方案、明确各自职责、听取各方意见、协调各方事宜。最后，由主管领导讲话，对接待工作提出具体要求，会后分头准备。

秘书部门会后还要对接待会议上布置的任务进行督促检查，抓好落实，做到万无一失。

（七）接待工作的迎送流程

1. 机场迎送工作流程

（1）机场接站流程。以迎接外国客人为例，机场接站的流程如下：确认需给予礼遇的主宾及航班、随员信息；协调检验检疫、边防、海关等单位；联系航空公司、机场，提供车辆及休息室；通知接站领导提前30分钟到达机场；工作人员提前1小时到达机场，办理能进入国际、机坪、廊桥等区域的证件；查询停靠机位；接站领导由工作人员引领，从国际进口进，经海关、边防、检疫等通道，前往停机位；接到客人后，前往休息室休息；收齐护照、申报单等，交各联检单位检查、核对；工作人员提取、清点行李；手续办理完毕后，通知车辆到达指定地点等候；引领领导经检疫、边防、海关等礼遇通道登车出机场。

（2）机场送站流程。以送别外国客人为例，机场送站流程如下：确认需给予礼遇的主宾及航班、随员信息；协调检验检疫、边防、海关等联检单位；联系航空公司、机场，提供车辆及休息室；提前90分钟到达机场，办理国际、机坪、廊桥等区域证件；接待人员提前更换登机牌、托运行李；协调各联检单位查验手续，提前30分钟过安检，乘车前往登机。

2. 火车站迎送流程

（1）火车站接站流程。火车站接站流程如下：核准接站车次和时间，提前准备车辆和接站牌；追踪火车运行情况；提前15分钟抵达车站出站口，确定路线和上车点；协助客人提取行李；如需车辆进站接客，则提前协调车站，核实客人乘坐的车厢番号，在车站工作人员引导下迎接客人。

（2）火车站送站流程。火车站送站流程如下：核实送站车次和时间，提前准备车辆；提前50分钟把客人送抵车站进站口；如需安排客人走贵宾通道，则提前与车站贵宾中心协调；提前40分钟抵贵宾中心休息室，提前20分钟检票进站上车。

3. 陆地（公路）迎送流程

主动与客人商定抵达时间，抵达我地入城线路、车辆数量、车型和迎接客人的点位；注意天气变化情况，确定客人是否按计划时间出发，提前30分钟到达指定迎候处等候；与客人保持联系，确定客人行驶情况是否正常，及时告知接站领导和相关人员。

4. 酒店入住工作流程

酒店入住工作流程如下：根据客人需求预订房间，确认房型、数量、入住时间；提前取得房卡或待客人到达酒店后协助客人办理入住手续；提前检查有关准备工作，如鲜花、水果、报纸的摆放情况及卫生情况等，熟悉酒店布局；引导客人入住；客人到达酒店前30分钟，通知酒店人员迎候并做好行李转移；相关事项协调。告知重要客人房号，避免打扰。客人如需用餐，协助订餐。

（八）接待保密工作流程

1. 外事接待保密工作流程

根据上级部门下达的外事接待要求，由外事部门负责接待工作，保密部门负责保密管理；会同保密部门、业务部门制订接待方案和保密工作预案，按照方案要求组织实施；确定外事接待场所、路线、活动范围，严格按规定的行车线路行驶，不得扩大活动范围，参与外事活动的工作人员全程陪同；外事接待中签订合同或协议时，应在合同协议中附加保密条款，明确对方保密义务和责任；参与外事活动的人员不得擅自提供图纸、声像资料等相关资料信息；外事活动形成的相关资料按照有关程序办理。

2. 企业（政务）接待保密工作流程

根据上级机关下达的接待要求、活动内容、日程安排，制订接待活动方案；明确接待活动的保卫保密责任人、活动路线、参观范围、参观场所；一二级接待的警卫工作，由当地公安部门根据实际情况，制订严密的安全警卫方案，并报当地主管部门领导审批后组织实施；一二级接待任务的信息必须加密传递。其他来宾的保卫工作应根据工作需要，由当地公安部门负责安排；当地部门领导的汇报材料由对口办公室和相关部门负责准备，并报有关领导审定；涉及国家秘密的，必须严格履行保密程序；接待活动结束后，有关接待活动的汇报材料、活动的图片、影像资料等，按照有关规定归档管理。

第三节　秘书接待礼仪

接待工作是组织对外展示的“窗口”，单位领导者不可能接见所有求见者，但是所有来访者都必须受到秘书人员周全的接待，秘书人员必须公平地对待每一个人。从客人踏进办公室到客人离开办公室，秘书人员都代表本单位或本公司的主人，他们经常是客人第一个见到的人，也是最后一个告别的人，秘书接待客人的态度和效果如何，往往会对本单位或本公司的形象产生重要的影响，关系到客人对己方的印象和态度。接待规范的基本要求是热情友好、彬彬有礼、不卑不亢、落落大方。

一、一般接待礼仪

接待礼仪也称接待规范。秘书接待工作有三个阶段：迎客、待客、送客。接待工作的礼仪在迎客、待客、送客中各有各自的内容。

（一）迎客礼仪

迎来送往，是社会交往接待活动中最基本的形式和重要环节，是表达主人情谊、体现礼貌素养的重要方面。尤其是迎接，是给客人良好第一印象的最重要的工作，它为下一步深入接触打下基础。

（1）收集客人背景资料。尽快掌握来访客人的情况，了解来访客人的意图和要求，是做好接待工作的基础，因此要尽可能多地收集来访客人的背景资料。收集的方法主要包括：

一方面，秘书人员可通过对方的证件、信函等来收集来访客人的人数、性别、民族、职务、级别、抵达和离开时间、乘坐的交通工具和车次、航班及其任务、目的等各种背景材料。秘书人员要尽快掌握来访客人的人数和性别，便于确定接待规模和安排住宿；要主动了解来访客人的民族和风俗习惯；要掌握来访客人的职务、级别，便于确定接待规格；掌握来访客人的抵达和离开时间、乘坐的交通工具和车次、航班等背景资料，便于安排迎送和往返的车、船、飞机票；掌握来访者的任务、目的是可以预先准备好相关材料，便于安排具体工作。

另一方面，收集背景资料还包括准备和撰写文字材料，如欢迎词、祝酒词、汇报材料、发言材料等。准备好有关背景材料、案卷后，最好事先送领导审阅。

总而言之，只有掌握了来访客人的情况等背景资料，做接待工作时才能心中有数。所以，收集背景资料工作做得好坏直接关系到接待工作的质量，一定要高度重视。

（2）确定接待规格。对前来访问、洽谈业务、参加会议的外国、外地客人，要按接待规格确定的人员前去迎接。若因某种原因，相应身份的主人不能前往，前去迎接的人应向客人做出礼貌的解释。

接待规格是指根据来访者的身份所确定的接待人的规格。接待规格是从主陪人的角度而言的，它主要有三种：①高规格接待。这是指主要陪同人员比主要来宾的职位高的接待。如，一家公司的副经理接待上级单位派来了解情况的工作人员，或接待一位重要客户，而该客户的职位不过是某公司部门经理。高规格接待表明对被接待一方的重视和友好。②对等接待。这是指主要陪同人员与主要来宾的职位相当的接待。这是最常用的接待规格。③低规格接待。这是指主要陪同人员比主要来宾职位低的接待。这种接待规格常用于基层单位，比如某部领导到下属企业视察，企业最高领导的职位也不会高于部领导，这就属于低规格接待。此时，必须由下属企业的负责人亲自迎接。

一般接待的准备工作应于客人到达前 15 分钟就绪。主人到车站、机场去迎接客人，应提前到达，恭候客人的到来，绝不能迟到让客人久等。客人看到有人来迎接，内心必定感到非常高兴，若迎接来迟，必定会给客人留下心理阴影，事后无论怎样解释，都无法消除这种失职和不守信誉的印象。对外国的国家元首、政府首脑和军方领导人的来访，通常安排盛大的欢迎仪式，而对身份一般的团体或个人，则不必如此。

若迎候地点人声嘈杂，客人甚多，或客人与你素未谋面，一定要事先了解一下他的外貌特征，同时最好举个小牌子来迎接他，小牌子上写“××先生，欢迎您”等字样。字迹应力求端正，这样，客人看到后会感到心情愉快。同时，也可以使客人一目了然，便于寻找接待人员。

（3）掌握迎候时间。到车站、码头或机场迎接客人，一定要掌握好时间，最好提前30分钟到站等候，使客人一到就有宾至如归的感觉。迎接时应当出示本单位的标志，以防漏接。

（4）见面礼仪：

①问候语。接到客人后，应首先问候“一路辛苦了”“欢迎您来到我们这个美丽的城市”“欢迎您来到我们公司”等。然后向对方作自我介绍，如果有名片，可送与对方。

②递送名片的礼仪：

A. 递送名片。需要将本人的名片递交给他人时，通常有五个方面的礼仪问题需要注意：

● 有备而至。参加重要的人际交往活动之前，应当有意识地准备好自己的名片，并且将其置于易于取拿之处，以备不时之需。最为得体的做法，是将名片装入专用的名片盒、名片夹或名片包之内，然后将其放入自己的上衣口袋或随身携带的包、袋中。

● 讲究时机。一般来说，递送名片多见于初次见面，进行自我介绍之后。但是做过自我介绍之后，并非非要递送本人的名片不可。将自己的名片递送给对方，除了希望对方进一步对自己有所了解之外，还含有对对方表示重视、希望结交对方、希望与对方保持联络之意。把自己的名片递送给熟人，仅见于本人的单位、地址或联络方式发生变更之后。

● 考虑顺序。交换名片时，合乎礼仪的顺序有二：一是两人交换名片时，应当遵守“尊者居后”的规则，即双方之中地位较低者应当首先把自己的名片递送给地位较高者。二是一人将本人的名片递送给多人时，要么应当由尊而卑依次而行，要么应当由近而远依次而行。

● 毕恭毕敬。名片应双手呈递，态度上显得恭恭敬敬，使对方感到你对他的名片很感兴趣。具体来讲，有下述五点必须注意：一是应当起身站立；二是应当主动走近对方；三是应当以双手或右手递上名片；四是递上名片时应当使之处于低于本人胸部的位置；五是应当将名片正面面对对方。

● 语言提示。将自己的名片递送给别人时，一言不发是极不礼貌的。按照常规，在递上本人名片的同时，应当对对方面含微笑，并略道谦恭之语。可以说：“请多关照”、“请多指教”或者“希望今后保持联系”。直接说“这是我的名片”，也未尝不可。

B. 接受名片。接受他人递送过来的名片时，亦应对相关的礼仪规范认真加以遵守。当时的表现稍有失当，便会失敬于人。

● 认真接受。名片者，具名之物也。因此，在接受他人名片时态度是否认真，往往体现着是否尊重对方。为此，接受他人名片时，要表现出自己的认真友好之意。必须注意以下三点：一是要起身站立；二是要迎向对方；三是要以双手或右手捧接，要以不低于胸部的位置收下；四是要由名片的下方恭敬接过收到胸前，并认真拜读；五是要眼睛注视着名片，认真看对方的身份、姓名，也可轻轻读名片上的内容。

● 口头道谢。他人将名片递送给自己，尤其是当对方首先递上自己的名片时，这种做法本身就是对自己的一种尊重。所以在接受对方名片时，理当口头向对方致谢，或告知对方“非常荣幸”。

● 专心通读。为了表示对递上名片者的尊重，但凡有可能，在接过名片后，务必要牢记“接受名片，一定要看，通读一遍”这12个字。这样做，至少有三个好处：一是可以表示对对方的重视；二是可以及时了解对方的具体情况；三是可以当面请教不清楚的地方。如果不认识或不会念对方的姓名，应毫不迟疑且有礼貌地向对方请教：“真是抱歉，请问您的贵姓大名该怎么称呼？”如果碍于情面，迟迟不敢发问，导致念错，反而会让对方见怪，或使对方不高兴。

● 妥为存放。接过名片后，忌随手乱放或不加确认就收入包中。切勿用手反复把玩名片、在桌子上敲、折折叠叠、随手乱扔、乱掖乱塞、递给他人或放入裤兜之内。当着对方的面，在其名片上涂涂改改，当作记事簿来使用，或随手乱丢，在上面压上杯子、文件夹等东西，亦为不当之举。得体的做法是，在将他人的名片通读之后，即应将其收入名片盒、上衣衣兜、随身携带的包袋或者桌子的抽屉之中。客人走后，可在名片上记下初次见面的时间等，以便再见面时便于记忆。

● 有来有往。他人首先递上名片之后，自己亦应当即将名片递给对方。有来而无往，难免会令对方不快。倘若尚无名片的话，则可直言相告，或者告诉对方：“改日再补。”

C. 索取名片。在一般情况下，你想得到对方的名片，但对方却未必会给你，那最好不要直截了当地说：“请您给我一张名片”，而应该以请求的口吻说：“如果没有什么不便的话，能否请您留一张名片给我？”若对方确实已没有名片，一般会婉言说明的。

根据交换名片的礼仪，索取他人的名片，大体上共有以下四种常规的方法可循。

● 主动递上本人的名片。所谓“将欲取之，必先予之”。首先递上本人的名片，对方一般都会有来有往，做出必要的回应。

● 向对方建议互换名片。假如担心上一种做法不管用，不妨直接告诉对方：“能否与您交换一下名片？”这种做法，通常都不会遭到拒绝。

● 询问对方：“今后怎样向您请教？”向有地位、有身份的人或者长辈索要名片时，可采取这种暗示之法。它不仅点到为止，而且不失谦恭之意。

● 询问对方：“今后如何与您联系？”向平辈之人或者晚辈索取名片时，大抵都可以做出这样的暗示。这样即便遭到对方的拒绝，也不至于过分尴尬。

以上四种索取他人名片的具体做法，应当说各有各的适用对象。前两种做法主要适用于携带名片之人。后两种做法则主要适合于未携带名片者。应当说明的是，不论他人以何种具体方式向自己索取名片，都尽可能地不要加以回绝。

作为一名有经验的接待人员，还需准备一本名片夹和一个通信簿，把名片依不同标准加以分类、整理，收集、存放在名片夹中，同时在通信簿上记录来访客人的简况，以便再次相见时，可以准确、迅速、自然地招呼对方。

（5）主人应提前为客人备好交通工具和安排好住宿，帮客人办理好一切手续并将客人领进房间，同时向客人介绍住处的服务、设施，将活动的计划、日程安排交给客人，并把准备好的地图或旅游图、名胜古迹等介绍材料送给客人。

（6）将客人送到住地后，主人不要立即离去，应陪客人稍作停留，热情交谈，谈话内容要让客人感到满意，比如客人参与活动的背景材料、当地风土人情、有特点的自然景观、特产、物价等。考虑到客人一路旅途劳累，主人不宜久留，要让客人早些休息。分手时将下次联系的时间、地点、方式等告诉客人。

（二）待客礼仪

（1）引见。在接待工作中，接待人员应做好领导与来访者之间的引导与介绍工作，即引见工作。有时会客室的布置，经常会有使来客不知该坐何处才好的感觉，因此引导座位的行动是必要的。通常请宾客坐上位，系指离入口处较远的位子。西方国家通常认为右为上，因此入座时常请宾客坐在主人的右侧。在引导来宾到会客场所或领导办公室时，应当注意：秘书一般应该走在客人左前方数步，进出门时，秘书应主动为客人开门，走旋转门时，不要与客人同走一扇。其具体做法有：

●在走廊的引导方法。配合客人的步伐，保持适当的距离（1~2 米左右），并不时左侧回身，调整步伐，应答提问，招呼来客。遇转弯处时，要伸出右手示意走向，并说“这边请”，让客人走在内侧。

●在楼梯的引导方法。当引导客人上楼时，应该让客人走在前面，接待人员走在后面；下楼时，应该由秘书人员走在前面，客人在后面，上下楼梯时，秘书人员应该注意客人的安全。

●在电梯的引导方法。进电梯时，要告诉客人上几楼，主动按钮。一般情况下，秘书人员在无人服务电梯时先进后出，有人服务电梯时后进后出。出电梯时，亦须让客人先出去，秘书人员出来后，伸手示意“这边走”，继续引导。

注意：接待客人时，要主动取过客人的伞、帽子、外套，放在衣帽架上，并说“帮您挂在这儿”。秘书人员在退出会客室关门时，不要背对访客，而应以正面倒走方式退出。

（2）接待客人的几点注意事项。接待客人时要注意以下几点：

①客人要找的负责人不在时，要明确告诉对方负责人到何处去了，以及何时回本单位。请客人留下电话、地址，明确是由客人再次来单位，还是我方负责人到对方单位去。

②客人到来时，我方负责人由于种种原因不能马上接见，要向客人说明等待理由与等待时间，若客人愿意等待，应该向客人提供饮料、杂志。如有可能，应该时常为客人换饮料。

③秘书人员应该掌握正确的引导、入座、接见的规范要求。

贵宾到达后应先请至贵宾室奉茶及休息，然后立即通报主管、负责人准备接见。此时要注意，在领导与贵宾见面之前，秘书人员应先将来宾的基本资料、相貌特征和来访目的向领导报告，以便双方见面时能立刻进入状态。引导贵宾进入领导办公室后，秘书应作简单介绍，并礼貌地退出。如果领导暂时不能会见，秘书应让来宾旁坐稍候并敬上茶水，然后可以继续做自己的工作，等待领导通知。

（3）诚心诚意地奉茶。我国人民习惯以茶水招待客人，在招待尊贵客人时，茶具要特别讲究，倒茶有许多规矩，递茶也有许多讲究。

递送茶水饮料要注意：第一，秘书人员的手要清洁，头发要整齐，同样，茶杯茶具也要清洁光亮，里面不能有茶锈等不清洁的痕迹。第二，有条件时可询问客人的意见，请客人选择饮品的类别；无条件时则不要问，端不出客人指名的饮料，会更尴尬。第三，送茶时，将杯放在托盘内，以齐胸高度捧进，先敲门，然后说“对不起”。有茶几时，先将茶盘放在茶几上，再将茶杯或茶碟托出，轻轻说声“请用茶”，通常先宾后主，并注意放在安全地方。最好顺便为客人备好餐巾或餐巾纸。送茶的时机应是在客人就座后而未开始谈论工作事务前。

（4）参观、访问中的介绍。带着客户参观公司时，不必将每个走过你们身旁的人都介绍给访客认识。如果在宾主见面时，有与之相关的人恰好站在附近，可以简单地介绍一下彼此；或是你正带领客户参观各部门，可以决定是否将有关人员介绍给他，这全视是否准备向客人介绍该部门的功能而定。另外值得特别注意的是，在办公室为来访客人作介绍时，不应把同事的昵称介绍出来。在工作场合的专业介绍方式应是：“陈经理，让我来为您介绍，这位是本公司业务部的××小姐，××小姐，这位是大州公司的陈××经理。”

接待来宾时，不论是自我介绍还是帮人介绍，千万不要长篇大论，而应简明扼要，只要说清姓名、公司名称、头衔这三点，就算是完整的介绍了。

（5）馈赠纪念礼品。纪念礼品应在贵宾临走前赠送，以免给贵宾增加提拿礼品的负担。有些单位的主管喜欢在接贵宾的时候赠送礼物以示隆重，如果来宾不是马上离开，则应请服务人员为来宾拿礼物。

馈赠纪念品也是一门学问，有观礼者时礼物面要对着观礼者，没有观礼者时礼物面则朝向贵宾（礼物面是指包装的正面）。

向外国人赠送礼品，是绝对不能有悖对方的风俗习惯的。要了解受礼人所在国的风俗习惯，在挑选礼品时，主动回避对方有可能存在的下述六个方面的禁忌：

一是与礼品品种有关的禁忌；

二是与礼品色彩有关的禁忌；

三是与礼品图案有关的禁忌；

四是与礼品形状有关的禁忌；

五是与礼品数目有关的禁忌；

六是与礼品包装有关的禁忌。

为外国友人挑选礼品时，只有在这些方面都做好了，才可以使自己所精心挑选的礼品正常地发挥其本应发挥的作用。

（三）送客礼仪

送客比待客更重要，送客时礼仪得当，可留给对方美好的回忆，同时也是下一次接待的前奏。许多人员接待工作做得很好，但却没有良好的结尾，这是很可惜的。常言道："出迎三步，身送七步。"可见中国人是非常注重送客礼节的。

送别客人应考虑周全，大体上要依照迎候的规格来确定送别的规格，主要迎候人员应参加送别活动。送行人员可前往客人住宿处，陪同客人一同前往机场、码头或车站，亦可直接前往机场、码头或车站恭候客人。秘书人员在送客时应注意：

（1）起立相送。客人打算离去时，秘书人员要起身送出，但一定要待客人起身后，自己再站起来，否则会有撵客之嫌。要帮忙留意是否有物品遗漏，这是一种体贴客人的行为，不要让客人回头再来一趟，同时也减轻自己保管客人物品的麻烦及责任，对双方都有好处。

（2）握手告别。要将客人送至门外，在与客人握手话别时，不要忘了由客人首先伸手才对。

（3）说"下次再来"。客人离开前应询问他是否熟悉回程路线及搭乘交通工具的地点和方向，尤其对远道而来的访客更应表达关切之情。

不要忘了向客人道别说"请走好""再见""请下次再来"等。即使再忙碌，也不能忽略这个环节。

（4）目送离去。一般应将客人送到门外，若送到电梯口，应为客人叫电梯，陪客人等候，握别后目送客人下楼或乘电梯离去。若是尊贵的客人，则一定要将客人送至小轿车旁，看着客人坐好，车子开出后，方可离去。这里要遵循"右为上，左为下；后为上，前为下"的原则，请客人入座轿车的右后座位上。但当客人已随意坐好，就不要烦劳人家再起身重新坐下。除非上司要求，送客不必太远。客人离去后，秘书人员还应将接待结果记录在约会簿上。

（5）送客车辆选择。如果客人未开车前来或己方无车相送，要为客人选择出租车或网络上约专车，不能选择"顺风车"。

以上是体贴客人的送客之道，也为用心的接待礼仪画上了一个完美的句号。

阅读材料

常用接待礼仪的环节

- 张贴欢迎标志；
- 按规格等候迎接；
- 引导、入座、接见；
- 参观、会谈；
- 茶点、餐宴款待；
- 馈赠纪念礼品；
- 送客。

（四）接待礼仪的注意事项

一是迎接宾客进行宾主介绍时，一般由礼宾人员或我方迎候人员中身份最高者，率先将我方迎候人员按一定顺序一一介绍给客人，然后再由客人中身份最高者，将客人按一定顺序一一介绍给主人。若宾主早已相识，则不必介绍，双方直接行见面礼即可。

二是送别时可在贵宾室与宾客稍叙友谊，或举行专门的欢送仪式。宾客临行前，送行人员应按一定顺序同宾客一一握手话别。飞机起飞或轮船、火车开动之后，送行人员应向宾客挥手致意，直至飞机、轮船或火车在视野里消失，送行人员方可离去。

三是在机场迎送宾客时，一般以送玫瑰、兰花、紫罗兰为好，颜色不拘，可扎成花束、花环、花篮，也可以送女士以花篮，花环一般送给男士。花束和花篮也可送至宾客下榻的旅馆。

二、涉外接待礼仪

（一）涉外接待礼宾次序

礼宾次序，就是依照国际惯例，对参与国际交往的国家、团体和个人的位次所排列的次序。各国的做法并不完全一致。

我国涉外活动中的礼宾次序，一般有以下几种排列的方法：

第一种，按外宾的身份与职务的高低顺序排列。在官方活动中，通常采用这种方法安排礼宾次序。例如，在许多外国代表团出席的国际会议上，可依照各国代表团团长的身份与职务的高低，来安排礼宾顺序。

第二种，按参加国国名的字母顺序排列。在国际会议和国际体育比赛中，都采用这种方法，多按照英文字母顺序进行排列。凡重大的国际比赛，在开幕式上，代表团均依照国名的字母顺序出场，唯有东道国的体育代表团出于礼貌排在最后面。

第三种，按派遣国通知东道国的日期排列。若各国代表团的身份、规格大体相等，通常采用这种方法。有时，还可以按照各国代表团到达活动地点的时间先后来排列礼宾次序。

礼宾次序所体现的是东道国对各国来宾的礼貌和尊重，它是一个极为敏感的问题。不论大国小国、强国弱国、富国穷国，都应对其平等相待和尊重，所以在对外工作中考虑接待问题时，必须反复对礼宾次序加以推敲。

在民间交往中，对礼宾次序虽没有官方交往中看得那么重要，但也大意不得。一般情况下，我们宴请外宾或请他们观看文艺演出时，要注意礼宾次序。如果外宾的身份、职务相仿，则应以声望、资历和年龄为礼宾次序，我方亦应由与外宾身份、职务相等者出面接待。

（二）一些国家（地区）的礼仪知识介绍

（1）亚洲国家（地区）的主要礼仪知识。亚洲位于东半球东北部，是世界上最大的一个洲，人口众多，历史悠久，各国（地区）的礼节多有不同。

①日本人的礼仪。日本人大多信奉神道教（日本固有的宗教）和佛教。佛教徒遵守“过午不食”的教规。

日本人讲话分敬体、简体两种语言，使用时要么都用敬体，要么都用简体，二者不可混淆。对客人、长者、上司讲话都用敬语，否则便被认为是不尊重对方。

日本人在见面时一般都互致问候，脱帽鞠躬，稍微低头，眼睛向下，表示诚恳、可亲。初次见面，互相鞠躬，互换名片，一般不握手。行礼时双手平摊膝前，同时表示问候。没有名片就自我介绍姓名、工作单位和职务。如是老朋友或比较熟悉的人，就主动握手，甚至拥抱。若遇女宾，女方主动伸手就可握手，但不要用力或久握。遇到年长者亦然。日本人十分重视礼节，特别是妇女，温柔体贴，对男子很尊重。日本人平时见面最常用的语言是“您早”“您好”“再见”“请休息”“晚安”“对不起”“拜托您了”“请多关照”“失陪了”等。

在日本，“先生”这个称谓不是随便称呼的。就狭义而言，它是指教育者（教授、讲师、教员、师傅）和医生；就广义而言，则是对年长者、国家与地方领导人及有特殊技术才能人员的尊称。即使被称为“先生”，也应有受之有愧的表示，否则会给人傲慢的感觉。对于普通人，一般都不称“先生”，只要在其姓名后加上职称或“样”（音 Sama）或さん（音 Sang）即可，等于我们通常称呼“小张”或“老王”的意思。

日本人吃饭使用筷子有许多讲究，对于客房服务来说，切忌为客人备餐时将筷子垂直插入米饭中，因为垂直插着筷子的米饭在日本是用来祭祀死者的。

日本人忌绿色，认为绿色是不祥的颜色；忌讳荷花图案，还认为梅花是不祥之花；赠送礼品忌讳“4”“9”字。

②泰国、印度等东南亚国家的礼仪：

在泰国，90%以上的人信奉佛教，此外，尚有少数人信奉伊斯兰教。

泰国人的姓名是名在前、姓在后，通常在名字前加上一个称呼。对成年男人，常加“乃”（意为“先生”），“乃”字是尊称，也表示男性。而对成年妇女，名字前常加“娘”字（意为“夫人”“女士”）。泰国人一般只简称名字，口头称呼时，不论男女，一般在名字前加“坤”字，表示亲切。

泰国人见面时通常双手合十于胸前，稍稍低头，互致问候。

合十礼分三种：小辈见长辈双手举得较高，一般到前额；平辈相见举到鼻子高度；长辈对小辈还礼到胸前为止。双手举得越高，表示尊敬的程度越深。当别人向你合十致意，你要合十回敬，否则为失礼。当然，现在的政府官员和知识分子有时也握手问好，但男女之间见面是不握手的。

泰国人认为头是人最神圣的部位，随意摸别人的头被视为莫大的无礼。小孩子的头只让国王、高僧和父母摸。递送东西时，切忌将物越过他人头顶。递送东西给别人须用右手，正式场合双手奉上，用左手则会被认为是鄙视他人。不得已而使用左手时，要说一句“请原谅，左手”；小辈给长辈递东西用双手，长辈接东西时可用一只手。坐时跷腿被认为不礼貌，把鞋底对着别人，意即将别人踩在脚下，被认为是一种侮辱性举止。妇女坐时要双腿并拢，否则会被认为缺乏教养。走过别人面前，必须弓着身子，以示歉意，妇女尤须这样。就餐按辈分入座，长者在上首。喝酒吃菜都由长者先动手。

印度是一个人口、民族众多的国家，居民分别信仰印度教、伊斯兰教、基督教、锡克教、佛教等。大部分印度人信奉印度教，等级观念极强。印地语和英语为官方语言。此外，还有乌尔都语、泰卢固语、孟加拉语等十多种主要语言。

牛在印度是神圣的，被称为“圣牛”，牛奶更是圣洁之物。印度人一般不使用牛皮鞋和牛皮箱。印度人的姓名是名在前、姓在后，女人结婚后改用丈夫的姓。男人通常只称呼姓，不称呼名；女人则通常只称呼名。印度人见面的礼节是双手合十。对妇女不可主动握手。印度人交谈中如同意对方的意见，将头向左摇动，不同意时则点头。印度人以玫瑰花环献给贵宾，宾主相互问好后将花环套在客人颈上。花环大小视客人的身份而异，献给贵宾的花环很粗大，长度过膝；给一般客人的花环则仅及胸前。

印度是个多民族的国家，信奉各种宗教，因此习俗也各不相同。印度教徒最忌在同一食盘里取食，素食者甚多。一般说来，等级越高，荤食越少，等级较低者才吃荤。印度教徒一般都用右手吃饭，拿食物或敬茶，递取别人东西时也忌用左手。印度人一般不喝酒，喜好喝茶，大部分人喝奶茶。

新加坡华人多信奉佛教；新加坡的马来裔人和巴基斯坦裔人多信奉伊斯兰教；

新加坡的印度裔人多信奉印度教；此外，还有人信奉天主教和基督新教。在新加坡，社会开放，人们又严守本民族的礼仪，十分注重礼貌。礼节以握手为主。

新加坡人到中国来，一般都喜欢吃粤菜，而工程师、医生等知识分子早点时则喜欢吃西餐。他们爱吃炒鱼片、油炸鱼、炒虾仁，不信佛教的还爱吃咖喱牛肉。主食方面，爱吃米饭和包子，不吃馒头。水果方面，爱吃桃子、荔枝等。下午希望有点心。

③巴基斯坦、阿拉伯等国家的礼仪。巴基斯坦及西亚国家大部分人信仰伊斯兰教，禁忌猪肉类食品，也不使用猪皮制品。他们见面第一句话常是“真主保佑”，以示祝福。告别时多讲祝愿的话，如“真主保佑你一路平安”“真主保佑你全家团圆”等。伊斯兰教徒每天做礼拜五次。西亚国家人民的礼节各地不一致。例如，一部分阿拉伯地区的人见面，一般以左手贴在胸前，右手举在额前表示敬意。

④东南亚华侨和港澳台同胞的礼节。东南亚华侨多信佛教，每到宗教圣地，一般都捐献香火。由于民族血缘关系，他们的礼节和国内差不多，一般行握手礼，但同妇女握手不宜过重。礼貌语言近似国内。在香港，春节重视互相拜年，喜欢讲“恭喜发财”之类的吉利话，而不说“新年快乐”或“节日快乐”。因为粤语中的“快乐”和“快落”听来相似，人们过年过节又特别忌讳“落”字，尤其是生意人和上了年纪的人，更是如此。另外，粤语中“八”与“发”谐音，而“四”与“死”同音，故人们避免用“四”做标志，送朋友礼品，不送“四”个。非说不可时，则以“两双”或“两个二”代替。此外，对华侨和港澳台同胞的称谓语也与内地不同，男的称“先生”，女的称“太太”（已婚）或“小姐”。

（2）非洲人的礼节。非洲是阿非利加洲（Africa）的简称，位于东半球西南部，为世界第二大洲。非洲人多信奉伊斯兰教、天主教和基督教，礼仪比较复杂。例如，埃及人信奉伊斯兰教，许多礼节与西亚的阿拉伯国家相似。中非部分黑人的见面礼节不是握手，而是自己的两手互相握住，在脸前摇动，表示问候。由于历史上非洲长期受到英、法等国的殖民统治，在文化上受到英、法等国的影响，在礼仪上也打上了这些国家的烙印。譬如，坦桑尼亚等国的礼仪带有英国人的习俗。而阿尔及利亚、马里等国家的人则带有法国人的习俗。

（3）欧美国家的一般礼仪。欧洲是欧罗巴洲（Europe）的简称，位于东半球西北部，绝大多数是欧罗巴人种。美洲的全称是阿美利加洲（America），现在来我国旅游的美洲客人主要指北美的美国和加拿大人；他们的祖先多系欧洲移民，礼节礼貌和欧洲差不多，所以此处一并介绍。

①鞠躬礼。鞠躬礼系下级对上级或同级之间的礼节。行礼时须脱帽，右手（如右手持物可用左手）握住帽前檐中央将帽取下。右手垂下后身体对正，用立正姿势，双目注视受礼者，身体上部向前倾斜约 15 度，尔后恢复原状。脱帽时所用之手和敬礼方向相反，即向左边的人敬礼，以右手脱帽；向右边的人敬礼，以左手

脱帽。

②点头礼。点头礼系同级或平辈间的礼节，也须脱帽。如果在路上行走间相遇，可在行进中施礼；如果在路上遇见长官或长者，则须立正行鞠躬礼，但长官对部下或长者对幼者的答礼，可在行走中点头答之或伸右手或手触帽檐答之。

③举手注目礼。举手注目礼系军人礼节。敬礼时举右手，手指伸直并齐，指尖接触帽檐右侧，手掌微向外，上臂与肩齐高，两眼注视对方，待对方答礼后方可将手放下，对长官或长者每次见面都应照常行礼。

④握手礼。握手礼是欧美最常见的礼节，在世界上许多国家都通行。行礼时距对方约一步，上身稍前倾，伸右手，四指并齐，拇指与之分开伸向受礼者。饭店客房服务中须注意，客人先伸手时，方能握手，切忌一脚门里一脚门外与人握手，尤忌四人交叉握手。和初次见面的女士通常不握手，只行鞠躬礼。同男士握手越紧，表示友情越深，和女士握手则需轻些。男女相见，男士不先伸手。

⑤吻手礼。吻手礼是流行于欧美上层社会的一种礼节。和上流社会贵族妇女或夫人见面，若女方先伸出手做下垂式，则应将其指尖轻轻提起吻之。但女方如不伸手，则不吻。行吻手礼时，若女方身份地位较高，要支屈一膝作半跪式后，再握手吻之。此项礼节英法社会中最重视。

⑥接吻礼。接吻礼是上级对下级、长辈对晚辈、朋友之间、夫妻之间表示亲昵、爱抚的礼节。通常是在受礼者脸上或额上轻吻一下。遇到高兴的时候，或有喜事或悲伤的时候，一般也行接吻礼，表示亲热和慰问。

⑦拥抱礼。拥抱礼是欧美各国熟人、朋友之间表示亲密感情的一种礼节。他们见面或告别时互相拥抱，表示亲密无间。拥抱礼通常和接吻礼同时进行。

思考与练习

1. 接待工作的基本原则是什么？
2. 结合实际谈谈迎客、待客、送客的礼仪。
3. 举例说明涉外接待的礼宾次序。
4. 根据接待工作程序进行模拟演练。

第六章　办公室事务与管理

引言

办公室可以泛指一切办公场所，也可以专指特殊办公场所，如校长办公室、厂长办公室等。本章所述办公室特指秘书机构：在高级领导机关称为办公厅，如中共中央办公厅、北京市人民政府办公厅；在中级机关或基层单位称为办公室，如××学院办公室、××公司办公室等。

办公室作为机关、企事业单位内部的综合办事机构，是秘书辅助领导处理日常公务的枢纽，也是其发挥参谋助手作用的主要办公场所，因此，办公室事务与管理是秘书工作的重要内容之一。

第一节　办公室环境维护与管理

办公室环境的维护与管理，是指对办公室的总体布局、整理、美化、保护等一系列工作，目的是建立一个整洁美观、和谐有序的办公环境，使领导和工作人员情绪安定、精神愉悦，从而高效率、高质量地开展工作。

一、空间环境的维护与管理

办公室的空间环境，总体上要求美观、整齐、适用。办公室的布局要注意有效利用空间，利于缩短工作流程，方便工作人员沟通。

如果采用大间办公，可以将文件柜背靠背排列，或用隔板、屏风将其分成若干个单元，使每一个工作人员都有自己独立的办公空间，既不互相干扰又便于联系。如果主管人员与其他工作人员在同一间办公室，应将主管的办公桌置于其他工作人员的最后，可用玻璃门隔开，这样既避免被干扰又便于监督下属工作。办公座位次序，应照顾工作流程，面对同一方向，尽量呈直线型，以提高工作效率。相关部门应该按系统联系的紧密程度，尽可能排列在相邻地点，以便于工作联系。为方便人员出入、走动，应在办公室中间或一侧留出通道。

如果是各自独立的小办公室，布局上应该体现出工作上的联系。秘书人员的房间应紧邻主管领导的房间，或采用与领导内外间办公，以便随时听候领导指令或向领导汇报工作。信访办公室、接待室应靠近建筑入口处，既方便来访者，又不干扰其他工作人员办公。

办公室内要有适宜的办公家具。办公桌椅的样式、质地、规格要尽量统一，档案柜、书橱的高度也应一致，还要做到排列有序。

办公桌上除必要的计算机、文具、电话机、文件外，其他物品都应尽量放进抽屉或文具盒里。秘书要养成随手整理、物归其位的习惯，让办公桌显得整齐、清爽，这样既方便工作人员办公，也会给他人留下作风干练、训练有素的良好印象。

此外，办公室保洁也很重要。办公室的门窗桌椅要经常擦拭、吸尘，做到窗明几净，一尘不染，清清爽爽。

二、色彩环境的维护与管理

办公室的色彩对人的心理、生理会产生一定影响。办公室色调的总体要求是淡雅、柔和、单纯。如，地面应该选择耐脏、稍深的颜色，天花板应选择白色，墙壁可选择浅色，办公桌椅可以选择灰色或咖啡色、纯木色，窗帘应选择单色。这样的色彩搭配可以给人平静舒适的感觉，不会让人感到眼花缭乱、烦躁不安，还要讲究桌椅、地面、墙壁、窗帘等色彩的协调统一，力求清新淡雅，避免花花绿绿、光怪陆离。

办公室可以适当摆放一些绿色植物，如藤萝、兰草等。绿色既可以舒缓办公人员的视觉疲劳，又可以净化空气。

接待室、会议室在布置上应该满足待客、开会的特殊功能，要体现出与本单位相适应的文化品位。除去质地良好、色彩和谐的桌椅、沙发、茶几外，还可以铺设地毯，放置一些鲜花、盆景，或者在墙上挂一些格调高雅的装饰画。还可以把本单位获得的荣誉奖杯、证书以及其他单位送来的锦旗、礼物陈列出来，可以激发工作人员的荣誉感，引发客人对本单位的敬重之情。但应避免在装饰上显得奢华、凌乱或者俗气。

三、空气环境的维护与管理

空气环境直接影响人的健康，办公室的空气质量应该达到环保要求，清新怡人，令人精神振奋。要注意空气流通，每天早晨应开窗换气，办公室内禁止吸烟，还可以养些绿色植物或用空气净化器调节空气。现在许多写字楼都设置中央空调，易造成空气污染，秘书每天都应定时通风换气，以免患上“写字楼综合征”。新装修的办公室、新买的办公家具可能会散发出有害气体，应该先通风一段时间再使用。

办公室还要保持适宜的温度和湿度，温度以在20℃~25℃之间，相对湿度在40%~60%之间为宜。秘书应准备一个温、湿度计悬挂在办公室的墙壁上，随时观察温、湿度。一旦温、湿度过高或过低，及时用空调、加湿器、除湿机等辅助控制，也可以用自然通风、洒水、放置吸湿剂等方法进行调节。

秘书也要注意个人卫生，可在夏天用些淡雅宜人的香水，但要注意气味不能过于浓烈；尽量少吃容易产生异味的食品，饭后刷牙漱口，保持口气清新。

四、听觉环境的维护与管理

办公室应该营造一个安静、祥和的听觉环境，这样才能使工作人员集中精力开展工作。

办公室应选用吸音、隔音的建筑和装修材料；临街的窗户可以使用中空玻璃；对容易发出噪声的办公用具放置软垫；有条件的单位可以在办公室内铺设地毯。

秘书人员要自觉减少人为噪声：不要大声喧哗，谈话尽量压低声音；走路要轻，不穿声音过响的鞋子；不将文件、纸张翻得哗哗作响；开会时务必将手机关闭或改为振动模式；接打公务电话，不要高声谈笑，要长话短说；如果需要打私人电话，应该到走廊去打。这些举措既可以保持安静的办公环境，也能体现出秘书人员良好的文明修养。

五、光线环境的维护与管理

办公室的光线应该充足、明亮，这样才便于工作人员阅读和书写。光线来源有自然光源和人工光源两种。

办公室应充分利用自然光源；采光的窗户应高大，宜多角度接纳光线；玻璃要保持明亮；光线宜来自桌子的左上方或斜后上方，避免阳光直射眼睛。

办公室还应安装人工光源，以弥补自然光线的不足。人工光源一般采用均匀柔和、不炫目刺眼的日光灯；办公桌上也可以安装台灯，要尽量选择没有频闪的护眼灯。办公室还应安装窗帘或百叶窗，以调节光线的强弱。

六、人文环境的维护与管理

办公室的硬件环境建设固然重要，但办公室的灵魂是人，所以，办公室的人文环境建设更为关键。人文环境建设是指营造办公气氛、调节人际关系、建立团队精神以及加强工作人员的自身修养等工作。

办公室应该营造出一种和谐愉快的工作气氛，大家团结一致，齐心协力，互相帮助。在这种环境中工作，每个人都会心情舒畅，干劲十足。

办公室的全体成员应该具有团队精神，大家各司其职，团结协作，默契配合，让每个人的潜能都得以最大程度地发挥，使办公室的工作达到整体优化。

秘书作为办公室承上启下、联络左右、沟通内外的枢纽，应该成为办公室人际关系的润滑剂，在办公室团队作风的形成中发挥核心作用。秘书要尊重、体谅领导，有了矛盾及时与领导沟通，对领导的批评虚心接受，心胸宽广，不计较个人得失。秘书与其他工作人员应该团结合作，互相帮助，不拆台、不嫉妒。秘书要与客户、群众坦诚相待，乐于助人，自律守诺。秘书要学会协调各种矛盾，帮助领导减少单位的内耗，提高工作效率。秘书人员应成为办公室安定团结的中流砥柱。

另外，作为窗口行业，秘书要注重自身的形象和气质修养，讲究仪表和风度，穿着打扮美观大方，言行举止稳重得体，待人接物真诚有礼，做到内外兼修，秀外慧中，这样的秘书才会得到领导和群众的喜爱。

第二节　办公室日常事务

一、电话事务处理

秘书每天要接打无数次电话，电话是秘书最重要的通信手段之一。

（一）电话接打程序

1. 打电话

（1）打电话前的准备工作。打电话之前，秘书应做好准备工作，对于提高打电话的效率和质量有很大帮助。

①掌握电话号码（包括区号）。这个号码应该是对方单位的电话号码，一般不要打对方的私人电话。如果是长途，应知道对方区号。如果是分机，应知道分机号。

②了解对方的身份。如果是初次通话的人，应该确切了解对方的职务或身份，这样不致因称呼错了让双方感到尴尬；也可以避免因轻信而导致上当受骗。

③备好要用到的文件、资料或数据。因为是己方打出的电话，如果在电话中要求对方等候，自己去取文件资料，显然不太礼貌，也会耽误对方时间。

④在记事本上逐一列出电话中将要谈的事情。如果要谈的事情较多，应事先在本子上或纸上写下通话涉及的所有事情及重要的细节，可以帮助秘书顺利地完成通话而不致有什么遗漏。

（2）电话振铃等待。拨叫电话要有耐心，要考虑到对方接电话的人可能不在电话机旁边，万一对方没有及时接听，也应该让电话铃声响过六七声之后再挂断。有时对方的电话占线，秘书听到忙音后，要暂时挂断电话，过一段时间再重新拨叫。

（3）及时自报家门。在对方接听电话后，秘书应该及时向对方问好并通报自己，让对方了解自己的姓名、职务及通话目的。例如，可这样讲：“您好，我是××公司的秘书王晓玲，我要找张祥处长，麻烦您给转接一下。”

（4）重要内容请对方重复。如果在通话中涉及重要内容，如通知中的时间、地点等，为保险起见，应请对方重复，以确保无误。

2. 接电话

（1）及时拿起电话。正常情况下电话铃声响起三声之内，秘书应及时拿起电话接听。这样做主要是避免让对方长时间等待。不要电话来了，照旧不慌不忙做自己的事情，但也不要电话响起第一声后就拿起来，这是因为对方往往还没有心理准备。

如果因为一些特殊原因未能及时接听电话，应在通话时向对方致歉并说明原因，以避免对方不快。

当秘书离开办公室、电话无人值守的情况下，最好为电话配备自动应答器，要求对方留言。也可以向电信局申请转移呼叫服务，这项服务可以将他人呼叫你的电话号码自动转移到临时去处的电话机上。

（2）通报问候。秘书拿起电话后，应主动向对方通报自己的单位、姓名及身份。有些人习惯上来就查问对方是谁，这是失礼的行为。

（3）电话记录。工作通话往往会涉及一些重要的事情，秘书不能完全依赖自己的记忆力，要做好电话记录工作。

一般应将电话放在桌子的左手边，当电话铃响起后，迅速地用左手拿起电话，同时右手马上拿起准备好的电话记录本和笔，做好记录准备。电话记录本和笔应该是专用的，并且放在趁手的地方，以方便拿取。

电话记录的内容应包括对方的相关信息以及所通告的主要内容，如通话人的姓名、职务，对方电话号码，通话原因，对方通知涉及的时间、地点、要求等。很多单位已经将电话通知格式化，秘书只需填写项目即可。

（4）通话内容处理。如果秘书接听打给领导的电话，一定要问明对方的身份及目的，这样可以替领导过滤掉一部分不必要接听的电话，尽量避免对领导工作的干扰，节约领导的时间。例如，有些电话所涉及的事情，可能不需领导解决，由秘书或其他人就可以处理，但过后一定要向领导进行转达。

对有些电话，秘书需具体问题具体分析。例如，事关领导或属于领导职责范围的重要事情的来电，必须及时请领导接听；一些秘书不能肯定是否应转给领导接听的电话，必须进行请示；有些来电所涉及的事情经秘书了解后不属于领导职责范围，而应由其他部门负责，秘书不能简单地拒绝，而应该耐心前往联系；有些来电实际是为了询问一些事情或预约，事属秘书授权范围内的，可以由自己做出决定。

打错的电话或与公司业务无关的电话，当然无须打扰领导，但在处理这类电话时不应该给人留有这种印象，即领导是否接听电话完全取决于秘书的决定，或领导只是有选择地接听某些人的电话。

（二）电话礼仪

电话工作是秘书日常工作的一个重要内容。因为通话时彼此双方不能谋面，看不到对方的表情、举动，只能通过电话应答的声音、方式去揣测对方的心理、态度，从而得到某种感受。所以秘书在电话中，应给人热情有礼、乐于助人的良好印象。

在通话过程中，秘书应该让对方感觉到他是受欢迎的或是让人乐于与之交往的。秘书应该通过礼貌、友好的态度和言语让对方感受到这种信息。

(1) 及时向对方问好。如果与对方已经不是第一次打交道了，应尽量尝试着不需对方自我通报就能从声音中判别出对方，并及时恰当地称呼。这样做往往会使对方感觉到在过去的交往中他确实给你留下了深刻印象，从而有一种受尊重的感觉。

(2) 尽量使用礼貌用语。秘书在通话中要习惯用“您好”“请”“谢谢”“对不起”“再见”等语言。

(3) 声音温和，语气自然愉快，面带微笑。秘书应微笑着拿起电话听筒，将笑容一直保持到通话结束。尽管对方看不到你的表情，但微笑确实会使你的声音听起来更加柔和、悦耳。通话时要保持语速、音量适中，语气自然亲切，不让人感到生硬、突兀或夸张。

(4) 吐字清楚。电话联络属于口头交流的一种方式，由于受到时空的限制，容易产生歧义。因为人们在讲话时由于发音或表达的缘故，可能会让对方理解困难甚至产生误解。所以，在电话表达中，发音、吐字清楚是非常重要的，要说标准的普通话，尽量不要讲方言。如果用外语，发音要准确。

(5) 热心周到。在电话交往中，秘书应该尽量做到耐心、热情、周到，显示出愿意与对方合作的态度，既不要显得不耐烦，也不能显得过分热情。面对对方的提问，在工作原则允许的范围内应有问必答，不含混其词，敷衍搪塞；如果对方找人或寻求帮助，要有耐心，在力所能及的范围内予以协助；即使是打错的电话也不要粗暴应对。

(6) 通话简捷、高效。在通话过程中，应注意效率问题，尽量不占用过多的时间，不要在办公室煲电话粥，以免使别的电话打不进来，耽误工作。

案例分析

拔掉电话线的刘小姐

秘书刘小姐正在忙于写一份文件，总经理让她上午必须交稿。这时电话铃响了。刘小姐心想，领导这份文件要得急，完不成肯定挨批。因此她继续端坐在计算机前，不理睬那电话。可这电话铃响起来没完，刘小姐听得不耐烦，她拿起电话，大声地问：“你找谁?”对方说：“我找你们张副经理。”“张副经理不在。”“那他什么时候来啊?”“他出去开会了，今天不来单位。”不容对方再说什么，刘小姐啪的一声挂断电话，继续写自己的文件。

过了一会儿，电话又响了，刘小姐拿起电话一听还是刚才那位，她不高兴地说：“我不是告诉你我们经理不在吗？”对方说：“对不起，小姐，我找你们张副经理有急事，你能告诉我他的手机号吗？”“我们经理的手机号不经允许不能告诉别人，你明天再来电话吧。”

刘小姐放下电话，心想：照这样什么时候才能写完文件啊？干脆，先把电话线拔了，等写完再插上，别人问就说电话坏了。于是她拨了电话插头，继续埋头写文件。一个半小时后，她终于写完了文件，高高兴兴地去找总经理交差了。可怜的电话插头孤零零地躺在地上，刘小姐早把它忘了。

【分析】

刘小姐在接打电话工作中表现得极不专业，主要表现在以下几方面：

(1) 不管有什么特殊情况，刘小姐不应该不接电话，一般情况下电话铃声响起三声之内，秘书应及时拿起电话接听，不应让电话响起没完。当然更不应该拔掉电话插头，这样会影响单位通信畅通，万一有什么紧急事项，就会耽误。

(2) 刘小姐接电话时没有礼貌，不自报家门，不向对方问好，拿起电话就反问对方找谁，也不称呼对方为“您”，且态度生硬，有损本单位形象。

(3) 来电方要找张副经理，也许有什么私事，也许是业务上的事，她不问清楚，也不主动联系领导，就擅自挡驾，是缺乏工作责任心的表现。

二、信件、邮件管理

秘书每天都会收到一些邮件、报纸、杂志、信件、印刷品、快递包裹等，也可能每天要寄出一些信函或快递包裹。这些收收发发看来简单，但要做得干净利落，不出差错，除了细心与熟练之外，也需要掌握一定的方法。

（一）分类

邮件收进后第一步工作是根据其性质将其大体分为以下几类：①电报、特快专递、航空信等急件；②政府部门或上级公司文件；③业务往来公函；④写明上司亲启的信函；⑤汇票、汇款单；⑥快递包裹、印刷品；⑦报纸、杂志；⑧同事的私人信件。信件分类后，按其轻重缓急分别处理。

（二）拆封

上司的“亲启”件和同事的私人信件，秘书不可拆开，应原封送交本人。机密文件一般由领导指定专人负责，秘书没有授权不得拆开。万一无意拆开这类信件，应立即封口并注明“误拆”字样，还需秘书签字。其他邮件均需拆去封皮，要注意原件的完好、整洁，不受破损。拆封时不可随手就撕，以免撕坏信笺，而应沿边剪开或用裁纸小刀从封口裁开。抽出信笺后再看看信封内有无小附件，如单据、名片等，勿使遗漏。信封不可丢弃，因上面有邮戳、地址、电话号码等。

（三）登记

除私人信件外，其他公文、公函、汇票、快递包裹、杂志等均需分别登记，以便管理。登记时应写明：编号、收到日期、发出日期、发出单位、收阅人或部门、邮件种类、处理办法、办理日期等。

（四）分送

上司亲收件应立即呈送，应归部门办理的文件信函要及时送交各部门，需由多人阅办的文件可按常规程序传阅或分送复印件。同事的私人信件可放入指定信袋或顺便送交。报章杂志则分别上夹或上架。一般邮件按常规或授权由秘书自己阅办。

（五）阅办

秘书阅看文件、信函应仔细、认真。重点部分可用红笔画出，以提醒上司注意；还应为上司处理信件提供有关依据，如注明参阅某日来信、某文件等；内容复杂的长信应做摘要，也可提出拟办意见供领导参考。每份信笺、信封及附件等应平整装订在一起，然后分送上司或有关部门处理，也便于办毕保管备查。

（六）复信

秘书按照上司的批示写回信，或授权按常规自行复信。复信的内容应针对来信的要求，或回答问题，或提供来信人所需的资料，或联系事项，应尽可能给予来信人确切、满意的答复。如果不能解决，也要说明理由，或提示解决问题的其他途径或方法。复信的文句应简明扼要，注意礼貌，不必添枝加叶，也不能虚言搪塞。信件的书写或打印格式要正确并整洁无误。

（七）查对

复信在寄发之前，必须认真查对。查对项目包括：①信笺上的收信人姓名以及信封上收信人姓名、单位地址或信箱号码、邮政编码是否正确无误，以免发生误差；②签名或用印是否正确、清楚；③信封上的邮件标记（如“机密”“亲启”“加急”“挂号”等）是否正确无误；④附件是否齐全，是否已在信件上标明。

（八）寄发

在发信前，秘书应注意核对通信地址，正确地书写或打印信封，寄往国内各地的汉字书写格式是一样的，但寄往欧美各国的西文书写打印格式和位置则与我国的汉字信封书写格式不同。首先，必须一律横写；其次，收信人地址、姓名写在右下方，依次为称呼、姓名（或单位）、街号、街名、地名、邮政编码、国名，而发信人的姓名、单位、地址、国名则写在左上方（或信函背面）。信笺折叠入信封时，直写信笺可用中国传统的叠法，收信人姓名显露，一抽即见。横写信笺则用一般的三折法或欧美通行的两折法。但无论用哪种折叠法，都必须注意折叠后的信笺应比信封上下或左右两边各小 1 厘米。

规模较大的机关、单位往往有专门的信邮寄送部门或人员，小型单位则由秘书负责。秘书去邮局寄发邮件时应将邮件分类，如先将信件、印刷品、包裹等区分开；信件则进一步分为境内平信、境内航空、港澳台航空、国际航空、特快专递等。同等邮资的信件一起寄，这样计算邮资和粘贴邮票都更方便些。

随着现代通信技术的发展，电子邮件、微博等由于具有快速、准确、简便的特点，近几年来已逐渐取代传统的书信方式。

计算机网络通信是将众多分散用户的电脑终端、线路、外围设备和数据中心等联结在一起，形成网络，从而可以互相通信，实现信息共享和情报交换。秘书现在普遍使用电子邮件发送通知、召开会议、查询资料、传递信息，十分迅捷、方便，而且保密性能也较好。秘书每天都应查看自己的邮箱，及时收信和回复邮件。

微博，即微博客的简称，是一种互动性及传播性极快的工具，它可以通过手机、IM 软件及外部 API 接口等途径发布消息，并实现即时分享。现在不仅个人开通微博，很多组织也利用微博发布相关信息。秘书要关注并利用好这个新型信息平台，让它成为传递和利用信息的有力武器。

秘书还可以利用微信公众平台等新兴通信手段，实现与领导、同事、客户等特定群体的文字、图片、语音的全方位沟通与互动。

三、值班事务管理

机关、企事业单位在 8 小时正常工作时间以外和节假日当中，还会有一些信息传递、业务交往，也会不可避免地遇到一些突发事件，为了避免机关、企事业单位工作的“停摆”，这些机构和部门一般都设置了值班工作。值班工作一般归办公厅（室）领导，并由办公厅（室）负责安排本单位的值班表。

（一）值班工作的组织形式

办公室值班工作的组织形式，依据其工作性质和规模大小有所不同：

（1）专职性值班。大中型机关、企事业单位和一些具有特殊性质的工作单位，一般设有专职值班室和值班人员，实行昼夜 24 小时值班。

这种专职值班室的工作内容就是负责值班，不涉及其他事务。在某些高级领导机关或特殊工作单位则设立总值班室，直属秘书长或办公厅主任领导，其地位与同机关内的办公室或秘书处相等，是独立的职能机构。

（2）轮流性值班。大多数中小机关、企事业单位不设立专职值班室，在8小时工作之外和节假日期间，由秘书和其他行政工作人员轮流值班。值班地点一般设在日间办公室内。

（3）电话值班。近年来，许多领导机关为转变工作作风，密切与社会公众之间的联系，设置了各种热线电话，由秘书值班进行接听、记录、汇报和协助处理。这是秘书值班工作的一种新形式。

（二）值班工作的内容

（1）通信联络。秘书值班期间，应负责接收和传递各种邮件、公文，并按照文书工作的程序和要求进行处理。要接听、记录、处理电话事宜，保证本单位与其他单位之间的信息畅通。

值班室应该配备必要的办公通信设备（如计算机、电话、传真机等）并保证其性能良好，运行正常，还应该备有本单位领导、各部门负责人以及上级主管部门、公安、消防、交通、急救部门的电话号码、联络方式，以备不时之需。

（2）公务接待和咨询。遇有来访的业务人员或客人，值班秘书应按照正常的接待要求和接待礼仪做好相关接待工作，并妥善回答客人的咨询，尽量满足客人要求。对于外地来访客人，必要时应提供诸如联系食宿、预订车票等服务。

（3）处理紧急问题和突发事件。当遇到紧急公文或紧急情况，如发生自然灾害、事故或突发事件时，值班秘书应做好传达信息、沟通协调、灵活处理等工作。

处理特殊事务时，秘书必须镇静自若、临危不乱。除了及时向有关领导通报情况、协助领导和有关部门妥善安排外，还应采取有效办法果断处理，避免贻误时机，给工作造成不良后果。

（4）承办领导临时交办的工作。领导有时候把一些临时性、随机性的工作交给值班人员处理，如迎送突然造访的客人、下发临时性会议通知、更改既定计划、紧急联络有关人员、检查某项工作等。值班秘书要认真对待这些工作，向领导问明情况和要求，保证按时无误地处理好，并及时向领导复命。

（三）值班工作制度

值班室是展示机关、企事业单位形象的窗口，是对外联系、传递信息的枢纽，值班秘书的精神状态、一言一行都关系到本单位的威信与形象，所以必须把值班工作纳入规范化管理的范畴，制定值班制度，对值班秘书提出相应要求。

（1）岗位责任制度。值班秘书必须遵守纪律，按时到岗。在值班期间必须坚守岗位，尽职尽责，做到“人不离机（电话）”。如遇特殊情况需要离岗，应提前向主管负责人请假，以便安排临时替班人。接班秘书如果迟到，上一班的工作人员应坚守岗位，并电话请示主管，任何情况下不得擅离职守。

（2）值班记录制度。值班记录主要指对《值班日志》（或《值班记录》）的及时填写。《值班日志》是值班工作的原始记录，其内容包括：值班时间、人员，处理有关问题时领导的指示以及处理结果，需要交代给下一班工作人员处理的待办事宜等。《值班日志》是对值班工作情况的真实反映，不仅是交接班的凭据，也便于日后查考。

（3）交接班制度。在值班工作中，上一班工作人员应把值班情况、办毕事项、待办事宜，按照《值班日志》的记载，逐项交代给下一班人员。这对于值班人员之间沟通情况、避免工作脱节具有重要作用。

（4）请示报告制度。值班秘书在工作中，应本着认真负责的精神，慎重处理问题。除去常规工作可自行处理外，重要问题均应立即向领导请示汇报，并按照领导的指示办理，不能越俎代庖、擅自裁决。

（5）安全保密制度。值班秘书在值班期间应集中精力，保持警惕，与本单位保卫人员密切配合，共同做好安全保卫工作。当然，两者各有偏重，保卫、保安人员侧重于室外巡视，值班秘书更侧重于室内的信息沟通，两者协调配合，才能相辅相成。

值班秘书对收到的机密文件和涉及的机密事宜，必须按照保密要求处理，不该看的坚决不看，不该说的坚决不说，做到严格保密。《值班日志》和《值班报告》应按规定妥善保管，无关人员不能随意翻阅。

值班秘书不能把家属带入值班室，也不能接受私人来访，更不能在值班室内喝酒、娱乐、闲聊，做与值班无关的事情。

（四）值班室的建设

值班室的建设包括软件建设和硬件建设两方面的内容：软件建设是指建立一支高素质的值班队伍，建立严格的工作制度，提高值班人员的业务水平。硬件建设是指搞好值班室的设备、资料建设。值班室应备有良好的办公通信设备，如电话机、传真机、复印机、计算机等，工作人员应能熟练使用这些设备。要有适当的办公、招待用品，如桌椅、文件柜、茶杯、饮水机、值班人员休息的床铺等。值班室还应该有一定的信息资料储存，例如，值班工作中经常涉及的上级单位、本单位和下级单位领导的名单、住址、联系电话及其秘书人员的住址、电话；本地车站、机场、码头、医院、主要宾馆饭店以及娱乐场所的位置及其联系电话；各种地图、交通路线图、时刻表；领导对值班工作的指示、要求，值班工作规章制度以及其他适用的工具书等。

四、旅行出差事务管理

领导不论是在国内还是到国外出差，不论是短期还是长期出差，在每次动身前，秘书都要为领导做大量的准备工作，如安排日程，预定飞机票、船票和旅馆，整理随身携带的用品，预支差旅费，准备必需的文件资料和领导在不同场合的发言提纲等。如果与领导同行，秘书不仅要做领导工作上的助手，还要做领导生活上的帮手。如果留在家里，同样要做好自己承担的各种日常工作。

秘书在领导出差时要负责为领导办理以下相关事务性工作。

（一）出差前做好各项准备工作

为领导做出差准备，一定要细心周到。秘书在为领导草拟出差日程的时候一定要弄清楚出差的目的，然后围绕该目的，再制订出行计划。

秘书制订的出行计划需经过领导同意后方能付诸实施。秘书一定要注意与对方的工作人员进行沟通，把活动的时间、地点约好，安排好行程；还应考虑到除去这项主要的出差任务外，还有没有其他工作可以顺便做。对于这些问题，秘书预先要草拟一个提纲，请领导过目。领导可以根据自己的习惯和安排，对秘书的日程表做些修改。

日程表安排好以后，要多复印几份，给领导和留在单位的负责人员各送一份。安排日程的时候，在时间上一定要留有余地，既不要过于匆忙，也不要过于闲暇。另外，在日程安排上不要出现“撞车”现象，以免给领导、给自己带来麻烦。秘书对于出差过程中的每一项日程，都要像放电影一样让每个情节在自己的头脑中过一遍。

（二）预订车、船、机票

要提前预订车、船、机票和旅馆，办理旅行保险。如果出国，要提前办好护照和签证。

要注意使用最新的交通时刻表，因为有许多车次、航班是季节性的或者临时性的，要避免订不上票耽误行程。订票的时候，一定要考虑清楚领导的级别是什么，可以享受什么样的出差待遇。还要考虑安全因素，尽量选择信誉良好、安全的航空、车船公司。注意换乘问题，能直达的就不要换乘，如果换乘，计划中应当留出足够的时间。

（三）安排住宿

领导出差，一定要事先预订旅馆，可根据价格、方便程度以及领导的个人爱好和习惯来决定。如果出差的地方是第一次去，在那里有子公司或自己的关系单位的话，就请他们为自己联系安排住处。没有的话，就请当地旅游或者交通部门介绍。

（四）准备好携带的用品

领导出差要随身携带哪些东西，秘书一定要替领导想好。要提醒领导带好证件和私人物品，要准备好必须携带的文件资料和物品，包括相关资料、合同、文具、手提电脑或掌上电脑以及旅行支票（信用卡或现金）等。如果此次出差是远行，临动身前，秘书要把领导随身携带的东西列出清单，给领导看看有没有遗漏。

（五）临行前的工作安排

秘书一方面为领导出差做准备，另一方面也要让领导对单位的事情做出安排。领导要出差了，特别是出差时间比较长时，各部门来请示的人肯定会比较多。这时，秘书要注意安排好领导的休息，不要让领导带着疲倦和牵挂出差。

（六）与上司一起出行时做好旅行服务

秘书陪同领导出差时，应全权负责事务性工作，如办理登机、入住手续，与当地有关部门进行联络，照顾行李，联系交通，安排食宿，照应好领导的生活，还要注意领导的身体健康和人身安全。与平时在单位办公不同，领导在出差过程中的工作节奏更快，而且对秘书的指示也会更多，这就要求秘书有更高的工作效率。但是出差途中的环境毕竟不同于在单位，有许多不可预见的因素会影响秘书的工作，因此秘书在工作中既要更加细心，又要更加灵活。

五、安排庆典活动

有时机关、企事业单位要举行一些庆祝活动，诸如店庆、厂庆、开业、庆功、开幕式等，这些庆典活动关系到本单位的形象，属于公关活动范畴，所以秘书需要精心安排设计。其具体工作包括：

第一，协助领导拟定出席者名单、发请柬、登记回执。

第二，协助领导拟定典礼程序，一般可以包括以下内容：①宣布典礼开始；②领导或嘉宾致贺词或答谢词；③由领导或嘉宾剪彩，组织舞狮、放气球或燃放烟花爆竹、文娱表演等欢庆活动；④宣布典礼结束。

第三，协助领导准备相关文件，如领导的发言、致辞、请柬、证件等。

第四，协助领导确定剪彩嘉宾，联系媒体，安排好摄像、摄影人员和礼仪小姐，安排相关工作人员各负其责、提前到位。

第五，准备有关物品，诸如剪彩用的剪刀、红绸、托盘及气球、花篮等装饰品，必要时还要准备礼品。

第六，根据活动的内容布置会场，烘托出喜庆、热烈、祥和的气氛。

第七，协调好安全、保卫、车辆停放、人员疏散等事宜。

六、印信管理

印章和介绍信是各级各类组织对外联系的标志以及行使职权的凭证。印信管理就是对印章和介绍信的管理。

（一）印章的使用和管理

印章是机关或组织职权的象征，应当按照规定使用和慎重保管。

1. 印章的作用

（1）标志作用。机关或领导的印章都是一种职责权力的标志。

（2）法律作用。公文只有加盖公章或签署才产生法定权威效用，任何公文信函若没有印章，它就不能代表机关，也就无法生效。

（3）辨伪作用。通过印章可以鉴别各种伪造凭证。文件上如果没有印章或签署，当然无效；如果有印章，也可以通过对印章的式样、字体、图案等方面进行鉴辨，判明真伪。

2. 印章的种类

现代印章的种类很多，主要包括：

（1）按质料分，印章有铜印、钢印、木印、塑料印、胶皮印、万次印等。万次印又分成原子印和渗透印。原子印是用特殊材料、采用现代排版技术制作，将所需刻制的印章先制成印版，然后将原子油与印版经热压固化成型，属液体压铸；渗透印是将所需刻制的印章采用固体材料热压成型，再注入印油，属固体压铸。它们都有以下特点：字迹清晰美观，不易变形，使用方便，随印即平，永不褪色，可连续使用3万次以上，还可同时套用几种颜色，制作工艺先进，不易仿造，有利于印章的保密。

（2）按性质分，印章有单位印章、部门印章、领导印章（含签名章），还有业务专用章，如密封章、收发文章、财务专用章、资料专用章、物资专用章、图书馆藏书章以及一些业务人员的工作用章等。

在数字化时代，还有电子签名和电子印章。电子印章是合法的数字化印章与数字证书绑定的，用其私钥进行了数字签名的权威性电子文件，其中包含用户身份、印章信息、公开密钥、有效期等信息。

3. 印章的启用

印章的刻制必须由本机关、本部门申请，经上级主管机关批准到公安部门办理手续后，再到指定的刻字单位刻制。私刻公章是违法行为。

印章的大小、样式、名称、文字、字体、质料等，必须遵守有关部门的规定。印章的直径一般为4~5厘米；国家机关、企事业单位的印章一般为圆形，其他印章可以有条形、腰形；印章所刊名称一般应为本单位的法定名称全称，印章所刊名称字数过多、不易刻印清晰时，可适当采用通用的简称；单位印章的印文一般使用宋体字和国务院公布的标准简化字。

印章的启用必须经过上级机关批准并正式行文。关于启用印章的通知应包括正文、印模和启用日期。

印章因损坏或单位撤并、改名等原因停止使用，应及时上缴原制发机关，并按规定封存或销毁。

4. 印章的保管使用

印章应由可靠的专人保管，并遵循保密原则，将其存放在保险箱或加锁的抽屉里。领导一般指定秘书人员保管和钤盖印章。

秘书人员使用印章之前，必须经过领导批准，并要做登记。凡不符合用印手续的，秘书人员有权拒绝受理。未经领导批准，秘书人员不得擅自用印，不能把放置印章的抽屉、保险箱的钥匙交给他人代开代取，不得委托他人用印，更不能以印谋私，违者要受纪律处分甚至法律制裁。

秘书人员在公文上用印时，一定要注意位置准确，印文要端正、清晰。印章用毕，及时放归原处妥善保管。

案例分析

小李与公章

小李是厂办秘书，负责保管单位的印信。一天，有一份文件急等盖章，小李却怎么也找不到公章了。后来他猛然想起，昨天供销科老王要开一封介绍信，自己当时正忙着，就拿出介绍信和公章给了老王，让他自己填写、盖章，老王用完后，不知将公章放在了什么地方，自己也忘了收。小李急忙给老王打电话询问，老王抱歉地说，昨天因为看见小李他们较忙，就将介绍信拿回自己屋里填写、盖章，章用完后忘了还给小李，还在自己的办公桌上呢。老王急忙将公章拿过来还给小李，小李才在文件上盖了章。

【分析】

小李的行为严重违反印信管理规定：公章应由专人保管使用，不能随便将它交给别人。小李轻易将公章交给他人，而且让公章在办公桌上过夜，隐藏着极大风险，小李没有负起保护公章安全的责任，属于失职。介绍信也应由小李亲自填写，不能让别人填写、盖章，这样很容易出问题。

（二）介绍信的使用和管理

介绍信是机关、团体、企事业单位向有关单位介绍被派遣人的情况与任务的一种专用信件。它具有介绍和证明两种作用。

1. 介绍信的形式

常见的介绍信有两种形式：一种是带存根的普通介绍信，它用铅字印成，有两联，一联填写后供外出公干人员使用，另一联当作存根保存，并有骑线的编号和盖章。另一种是根据需要临时书写的介绍信，纸张一般用带有单位名称的信笺，落款处加盖机关印章。

2. 介绍信的种类

根据介绍信的用途，可将其分为三类：

（1）行政介绍信。当机关人员调动工作时，需要出具这类介绍信，介绍被调人员的姓名、职务、级别、被调往何单位、任何职务。被调人员持这类介绍信到新单位报到。

（2）组织介绍信。这是机关人员调动工作时接转组织关系的书信。被调人持这类介绍信到新单位报到，可以证明被调人的政治面貌，参加新单位的组织生活。

（3）专用介绍信。这是外出联系业务、洽谈工作或办理有关事务的书信。

3. 介绍信的管理

像印章一样，介绍信也由秘书人员负责保管、填写或撰写。任何介绍信在填写或撰写之前，须经主管领导批准，否则不得填发、撰写。

秘书人员要认真负责，如实写出被派遣人的真实姓名和身份，简明清楚地写出所要联系和办理的事项，不要笼统含糊，要注明介绍信的有效期限。

介绍信要书写工整，不许涂改，如有涂改，应在改动的地方加盖公章。介绍信一般用毛笔、黑色或蓝色签字笔、钢笔书写，不能用铅笔或红色笔书写。

一封介绍信只能写给一个单位，要防止介绍信被滥用。秘书人员在任何情况下都不能开具空白介绍信。开出未用的介绍信应交回，粘贴在对应的存根上。

七、保密事务管理

机要保密是秘书办公室工作的一项重要任务。由于秘书人员经常接触本单位各类机密，并掌管大量机密文件，所以秘书人员要以高度的责任心和使命感做好机要保密工作，维护本单位乃至国家的根本利益。

（一）机要保密的含义

机要是指机密、重要的工作、文件、部门或人员。

个人、单位或国家出于某种需要，把不能让外界知悉的秘密事项限定在一定的时空范围，不使其外泄，称为保密。

为达到保守秘密的目的所进行的一系列工作叫作保密工作。

（二）机要保密的内容

1. 秘密的范围

（1）国家秘密的范围。根据《中华人民共和国保守国家秘密法》（以下简称《保密法》）的规定，关系到国家安全和利益的秘密事项就是所谓国家秘密的范围。它包括以下内容：

①国家事务的重大决策中的秘密事项；

②国防建设和武装力量中的秘密事项；

③外交和外事活动中的秘密事项以及对外承担保密任务的事项；

④国民经济和社会发展中的秘密事项；

⑤科学技术中的秘密事项；

⑥维护国家安全活动和追捕刑事犯罪中的秘密事项；

⑦其他经国家保密工作部门确定应当保守的国家秘密事项。

（2）秘书人员职业秘密范围。秘书作为一种职业，在其职责范围内的业务活动中所知悉的秘密事项属于秘书人员职业秘密范围。它包括以下内容：

①公文秘密，即具有机密内容的文件、信件、电报和资料。

②决策秘密，即领导者在实施指挥、管理的过程中不宜为外人所知的行动目标和行动方案。

③商业机密，即不为大众所知悉，能为权益人带来经济利益，并由权益人采取了相应保密手段的技术信息和经营信息。

④会议秘密，即内部会议的日期、议题、议程、文件、记录、音像材料等。

⑤信访秘密，即信访者的检举、控告材料，领导者的批示，信访案件的查处材料等。

⑥领导秘密，即领导的重要活动、日程安排、个人隐私等。

2. 秘密的等级

划分秘密等级，有利于对不同等级的秘密采取相应的保密措施，也有利于执行保密纪律。《保密法》将国家秘密分为三个等级：

（1）绝密。这是最重要的国家秘密，泄露出去会使国家的安全和利益遭受特别严重的损害。国家秘密的最重要部分包括：国家的政治、军事、经济方面的核心秘密，科学技术的重大发明创造，我国独有的传统工艺、技术诀窍，等等。

（2）机密。这是重要的国家秘密，泄露出去会使国家的安全和利益遭受严重的损害。凡涉及国家的政治、军事、经济、科学技术等方面的重要秘密均属机密。

（3）秘密。这是一般的国家秘密，泄露出去会使国家的安全和利益遭受损害。凡在一定程度上反映国家的政治、军事、经济、科技、文化等方面的秘密均属秘密。

3. 机要保密的任务

（1）公文保密。公文是国家、单位秘密的一种存在形式，是保密工作的重要内容之一。秘书人员对秘密文件的制发、阅读、传递、复印、保存、销毁，都应遵循有关的保密规定。

制发秘密文件，必须准确划定密级，明确印制份数、编制份号，确定发送范围和阅读级限，并在有保密条件的印刷厂印刷。

传递秘密文件，必须由机要通信部门或人员递送，不得使用普通邮政，电子文件应设保密程序。携带秘密文件外出，应采取保密措施，携带绝密文件应实行双人护送制度。

收发秘密文件，必须建立登记签收制度，按照规定在阅文室和办公室阅读，不得将文件带到住所或公共场所。

复印秘密文件，必须经过有关部门批准，履行审批手续，并视同原件一样妥善管理。

秘密文件必须在严格安全、保密设施齐全的地点保管，并严格执行文件的定期清退、归档制度。

销毁秘密文件，必须登记造册，经过有关领导审批，并派专人监销，在指定处所销毁。

（2）会议保密。会议是机关、企事业单位重要的工作方式，做好会议的保密，也是秘书人员的重要职责。

重要会议，会前应与保卫、保密部门取得联系，采取适当的安全保卫措施，对与会人员进行保密教育，规定保密范围，不向规定以外的人员泄露会议内容。不在内、外宾混住的宾馆、饭店召开秘密会议，确实需要的，要采取保密措施。提前对会场的视、音频设备进行保密检查，严禁无关人员入场。严格会议文件的管理，绝密文件应该在会议结束时清退。会后对会场、住所进行检查，发现文件丢失或被窃，必须立即报告，及时追查，避免损失。

（3）通信保密。秘密文件、资料等不准通过普通邮政部门传递，必须由机要通信部门传递或派专人传送。密码、密码机及电报译稿，必须严加保密。拍发电报必须“密电密复”“明电明复”，不得明密混用。不得在普通电话内传递秘密信息。电子文件应加强技术监管，防止病毒和黑客袭击。

（4）计算机保密。计算机房应设置在安全的地方，应加装屏蔽网或电子干扰器，以防止电磁信号泄密。计算机在安装使用前应请专业部门进行安全技术检查。秘密信息及数据软件，应建立健全使用、借用、复制、移交、保管等保密制度。

（5）涉外保密。涉外活动应注意内外有别：涉密单位不得擅自接待外国人参观访问；参加外事活动及出国人员，未经领导批准不得携带秘密文件、资料、笔记；与外国人交往时说话要注意分寸。

（三）机要保密的纪律要求

1. 保密纪律

《中华人民共和国宪法》第五十三条规定：“中华人民共和国公民必须遵守宪法和法律，保守国家秘密……”保守党和国家的机密应该是每一个公民的义务和责任。对于秘书人员来说，保守秘密更是一种职业道德和纪律规范。

秘书人员，特别是机要人员，应该严格遵守《党和国家工作人员保密守则》的具体规定：

（1）不该说的机密，绝对不说。

（2）不该问的机密，绝对不问。

（3）不该看的机密，绝对不看。

（4）不该记录的机密，绝对不记录。

（5）不在非保密本上记录机密。

（6）不在私人通信中涉及机密。

（7）不在公共场所和家属、子女、亲友面前谈论机密。

（8）不在不利于保密的地方存放机密文件和资料。

（9）不在普通电话、明码电报、普通邮局传达机密事项。

（10）不携带机密材料游览、参观、探亲、访友和出入公共场所。

2. 保密责任

秘书人员如果违反了保密规定，甚至损害了国家、单位的利益，那么他就应该承担相应的责任。

《中华人民共和国保守国家秘密法》（1988 年 9 月 5 日第七届全国人民代表大会常务委员会第三次会议通过，2010 年 4 月 29 日第十一届全国人民代表大会常务委员会第十四次会议修订）第四十八条中明确规定：违反本法规定，有下列行为之一的，依法给予处分；构成犯罪的，依法追究刑事责任。

（一）非法获取、持有国家秘密载体的；

（二）买卖、转送或者私自销毁国家秘密载体的；

（三）通过普通邮政、快递等无保密措施的渠道传递国家秘密载体的；

（四）邮寄、托运国家秘密载体出境，或者未经有关主管部门批准，携带、传递国家秘密载体出境的；

（五）非法复制、记录、存储国家秘密的；

（六）在私人交往和通信中涉及国家秘密的；

（七）在互联网及其他公共信息网络或者未采取保密措施的有线和无线通信中传递国家秘密的；

（八）将涉密计算机、涉密存储设备接入互联网及其他公共信息网络的；

（九）在未采取防护措施的情况下，在涉密信息系统与互联网及其他公共信息网络之间进行信息交换的；

（十）使用非涉密计算机、非涉密存储设备存储、处理国家秘密信息的；

（十一）擅自卸载、修改涉密信息系统的安全技术程序、管理程序的；

（十二）将未经安全技术处理的退出使用的涉密计算机、涉密存储设备赠送、出售、丢弃或者改作其他用途的。

第三节　办公用品管理

秘书要想当好领导的管家，必须做好办公用品的管理工作。办公室的家当包括各种办公器械、办公用品和小额经费。

一、办公器械管理

办公器械包括电话、计算机、传真机、打印机、复印机、录音机、摄录机、照相机、幻灯机、投影仪等。对这些设备，秘书人员要学会使用方法，了解一些基本原理，并与厂家保持联系，随时解决故障，维护保养。

二、办公用品管理

办公用品包括办公家具、饰品、耗材，如桌椅、窗帘、摆设、信封、纸张、移动硬盘、光盘、笔尺、印盒、日历、名片盒、小刀、图钉、小型机器（如订书机、打孔机、切纸机、计算器、拆信器、碎纸机）等。

秘书人员要负责这些办公用品的购买、维护和分发。购买时要注重质量、价格，学会货比三家。向同事分发这些用品时，要做好登记，避免浪费。

如果办公器具和用品出现污损，秘书人员要及时清洁、更换或找人修理；对橱柜、房门的钥匙要妥善管理，避免遗失；还要学会使用消防设施。

三、经费管理

办公室有些小额开销，如请客吃饭、礼品馈赠、出租车费、零星办公用品购买等，可以用现金支付。秘书人员一般从财务那里领取一定数额的现金，以应付平时的这些开销。这就要求秘书人员对经手的办公经费妥善管理。购买物品时，一定索要发票，开好明细。对所购物品进行登记；对手中现金细致管理，不出差错；有些花销拿不准时，要向领导请示；任何时候都严格遵守财务纪律和上级规定。

第四节　办公效率与时间管理

如果把办公室工作看作一个系统工程，那么在这个系统工程中，工作人员既要各负其责，又要互相配合，各项工作程序之间要紧密联系，互相呼应，这样才能发挥整体功能。办公室主任应发挥其领导、协调、督查的作用，率领秘书人员将办公室这盘棋走活，把各项工作都安排得井井有条，做到忙而有序、配合得当。

一、制订工作计划

秘书是领导活动的辅助者，所以，秘书对领导的会议、出差、约会、访问等活动都应该加以计划，或根据情况进行变更或调整。秘书要按照领导意图为领导拟订工作计划，有效地为其管理时间，提高领导的工作效率。

秘书应该为领导安排好一段时间内（一般是一个月、一周或一天）的工作活动，将计划存储在记事簿或掌上电脑中，最好打印成时间表，以提醒领导做好每一项工作。

（一）制订工作计划的原则

1. 讲究效率

（1）总结领导一天中的效率点，合理安排时间，使领导利用高效时间处理重要事情，利用低效时间看报、整理文件、写信等。

（2）计划要分清轻重缓急，先主后次，先易后难。把主要工作放于桌面，集中精力逐一解决。

（3）计划要有张有弛，给领导足够的休息时间，不要过于紧张。要注意领导的状态，领导感到疲倦时要挤出时间让他休息，使领导恢复体能，保证良好的精神状态。

2. 内外兼顾

随着业务的发展，领导与外界打交道的时间越来越多，领导必须做到内外兼顾。因此，秘书在给领导安排工作日程表的时候，一定要留出专门的时间让领导来了解本单位的发展、经营状况，及时处理业务中的各种矛盾和问题，把握本单位的发展契机。如果总是把日程安排得很紧，只顾和外界人士打交道，那么就没有时间了解单位的内部情况，就会影响本单位的发展。所以，秘书在制订工作计划的时候必须做到内外兼顾。

（二）计划安排的变更和调整

计划安排应根据实际需要做出变更和调整。制订计划时，要根据职业活动规律进行预测，留出富余时间。秘书要加强与领导的密切联系，要尽量避免因粗心失误而变更日程。

计划变更和信息的补充都应写进计划安排表。同时，要把变更情况通知给所有的领导和所有的有关人员。载入计划的事项要变更，应当立即与领导联系，安排其他日程。计划变动涉及其他人员时，秘书要立即向领导报告计划变更情况，说明变更可能带来的影响，与领导商量处理办法后，立即通知有关人员，并详细说明变更时间的原因；同时，与对方商量再次约会时间，时间确定后，再向领导报告，然后列入计划表中。

秘书应当以谦虚豁达的态度谨慎地处理计划表中的变更事项，避免引起有关人员的误解。当计划变更时，秘书要能够相机行事，立即采取妥善措施。因此，要事先准备各有关人员联络一览表，以方便与他们的联系。

二、安排约会

秘书还要负责为领导安排约会，做好预约事宜。

如果客人提出会见领导的要求，秘书不要擅自答应，要记录下对方的姓名、职务、要求等有关情况，然后请示领导，待领导同意会见后，再与客人协商，给双方安排合适的时间、地点见面。

如果领导自己想约见人，秘书就要帮助领导做好联系工作，要问清对方的姓名、身份，然后与其联络；如果对方与领导不是很熟悉，可以先请对方提出他认为合适的见面时间、地点，而后再与领导协商。一旦时间确定下来，就要及时记录在领导的工作日程表上，到时提醒领导准时赴约。

三、巧妙挡驾

挡驾就是谢绝来访的宾客。秘书不仅要协助领导接待客人、会见来宾，有时也要为领导谢绝一些不速之客。

秘书的挡驾应该巧妙，要讲究方式方法。任何时候，秘书都应该以礼待人，不能简单生硬，对客人一拒了之。如果来访者的问题不属于本部门管辖，应该向他说明，并告诉他到什么地方去办理；如果来访者的问题无须领导出面，秘书应该向他做出解释和回答；如果领导者不便会见来访者，秘书应想出一些适当的理由委婉谢绝。对于那些无理取闹或纠缠不休的人，要耐心劝阻，讲明道理。

此外，对于那些搞不清要不要挡驾的客人，秘书可以请对方稍候，问清其姓名、身份、来意，向领导请示后再作决定。

总之，秘书的挡驾是为了给领导排忧解难，减轻负担，不能适得其反，为领导带来负面影响。

四、办公室时间管理

（一）充分利用时间

充分有效地利用时间，对提高办公室工作效率意义重大。

秘书要善于集中时间。切忌平均分配时间，要把自己有限的时间集中在最重要的事情上，切忌每样工作都抓，要有勇气拒绝不必要的事、次要的事。

利用时间有以下几个原则：①目标原则。合理利用时间，要有明确的目标，目标正确，工作效率就高，成果就大。如果目标错了，可能时间花费得越多，效果越差，甚至劳而无功。②整体原则，即按照系统论的要求，从宏观整体上安排时间，取得运用时间的整体效应。③弹性原则。制订安排计划时，必须考虑尽可能多的因素和由于特殊情况而出现的偶然因素。在安排时间时要有弹性，要有可调节的方案，不致因为某些因素和意外情况而打乱整个计划。④最佳原则。因为“生物钟”的作用，对不同脑力活动分别安排最佳时间，以提高工作效率。⑤立体原则，即把时间看成一个多层次、整体化、综合化的开放系统，设法利用一切可以利用的时间，不断充实时间的容量。

（二）雷厉风行的作风

办公室工作效率关系到整个机关、单位的工作效率，工作必须迅捷、高效。秘书要具备雷厉风行的工作作风，力戒浮躁拖拉的习惯，应该今日事今日毕，日清月结。

秘书在工作中不能漫不经心、磨磨蹭蹭，或者车轱辘话来回说，张家长、李家短，在办公室侃大山，不珍惜别人的时间。

要强化效率意识，有紧迫感和向前抢的精神。没有这种精神，所谓的有效管理、高效工作只能是一句空话。

（三）优化机制

运转机制是办公室各种工作关系的有机组合。要使运转机制优化，首先要使运转机制中各个工作机构的职权划分合理；其次，还要使各个运转部位安置确当，没有多余的环节。机构配置要合理，一是上下关系归属要顺当；二是部门立岗要切实，要因事设人，位不虚，员不冗。部门林立，办一件事要经过若干“衙门”和“关卡”，内耗加外损，必然拖延时间，贻误良机，很难达到工作上的高效。

除了抓管理体制，还要抓好日常工作制度的建设。要提高工作人员的主动性、积极性和创造性。工作制度的建设，特别要强调划清职责范围，层层建立健全责任制。任何时候，在任何情况下，都明确地规定每个人对一定事情所负的责任，各负其责，尽责尽力，这样才会有高效率。

（四）掌握现代化的办公手段

办公手段现代化是提高工作效率的一个很重要的途径。当今秘书人员必须熟练操作计算机、人工智能、复印机、投影仪、数码相机等现代化的办公设备及软件，还应掌握汽车驾驶技术。这些都有助于提高办公室的工作效率。

思考与练习

1. 单位重新装修了房子，领导将布置会议室、会客室、信访接待室、档案室的任务交给了赵秘书，请问他应如何完成任务？

2. 秘书在值班时接到了上级的一项紧急通知，请问她应该如何处理？

3. 公司老板即将去英国伦敦参加一个商务会议，这是他第一次出国，请问老板的秘书应该为他办理哪些手续？准备哪些资料？如何预订机票？

4. 秘书保密工作的任务有哪些？

5. 秘书如何进行印章管理？

6. 秘书怎样进行办公室的时间管理？

7. 某厂王厂长与某公司张经理，双方约定于2023年1月20日下午在某厂厂部商谈业务合作事宜。就在张经理快到达时，不巧厂子出了点急事儿，王厂长必须马上去处理，而其他领导也不在。王厂长吩咐他的秘书李小姐接待张经理，自己先走了。请问，李小姐要如何做才能消除张经理的不满情绪，并对双方的合作继续抱有兴趣？

第七章　会议与会务组织工作

引言

会议是现代社会一种经常而广泛的活动形式，也是领导者和管理者的重要管理手段和工作方法。在我国，会议已经成为党和国家机关实行集体领导的基本方法之一，成为各级党政领导机关进行民主决策的主要方式。我国每天召开的各种会议数以万计，会议从筹备到善后，有一系列秘书工作要做，这一系列秘书工作就叫作会务组织工作。会务组织工作水平的高低直接影响会议的质量和效果。因此，做好会务组织工作，对辅助领导决策和管理有着重要作用。

第一节　会议的类型

会议分类有不同的标准，按照不同的标准可以把会议分为多种类型。

一、按照会议规模（人数）划分

（一）小型会议

小型会议的人数少则十几人，一般不超过 50 人。例如，各级党委会、政府办公会等。这类会议一般安排在会议室召开。

（二）中型会议

中型会议的人数在 100～300 人之间。例如，党中央全会、中央工作会议、省级党代表大会、省级人民代表大会等。这类会议视人数多少安排在会议厅或礼堂召开。

（三）大型会议

大型会议的人数在 300 人至 3 000 人之间。例如，全国党代表大会、全国团代表大会、全国人民代表大会、全国妇女代表大会，以及各种内容的报告会。这类会议一般需要安排在礼堂、会堂召开。

（四）特大型会议

特大型会议的人数在万人以上。例如，节日集会、庆祝大会、纪念大会等。由于人数众多，这类会议一般在体育馆、体育场或露天广场举行。

二、按照会议阶段划分

按照会议阶段，可以将会议划分为预备会议和正式会议。预备会议是整个会议的组成部分，是为正式会议做准备的会议。在预备会议上，与会同志围绕会议议题，充分讨论，反复酝酿，或者修改文件，或者酝酿人事安排，把一切准备工作做妥当，然后在正式会议上表决通过文件或者进行投票选举。这样做，可以用轻松愉快的方式解决重要问题。各级代表大会一般在正式会议前召开预备会议，产生大会主席团，通过大会日程等事项。一般性会议则不需要召开预备会议。预备会议在职权和效力上同正式会议有所区别。

三、按照会议时间划分

按照会议时间，可以将会议划分为定期会议和不定期会议，还可以划分为多次性会议和一次性会议。定期会议也叫例会，到时如无特殊情况必须召开。不定期会议则视情况灵活掌握，必要时随时召开。多次性会议是指需要开两次以上或一天以上的会议，一次性会议是只需要开一次或一天的会议。

四、按照会议形式划分

按照会议形式，可以将会议划分为定场会议和移场会议。定场会议，是指一次会议在一个固定场所连续开完。移场会议，是指一个会议预定不在一个会场开完，准备转移会场的会议；或原定在一个会场开完的会议，因为中途变故而不得不转移会场的会议。例如，经验交流会往往就有室内会场和室外会场（现场）两个会场。

五、按照会议的性质、任务划分

按照会议的性质、任务，可以将会议分为法定性会议、决策性会议、工作性会议、学术性会议、显示性会议、会商性会议和信息性会议。

（一）法定性会议

法定性会议是指团体组织依照法规召开的具有法定效力的会议。常见的有各级党的代表大会、人民代表大会、政治协商会议、共青团代表大会、妇女代表大会、职工代表大会、教师代表大会、股东代表大会以及各种学会、协会的会员代表大会。这类会议规模较大，会期较长，庄严隆重，法定程序严密，与会者资格要求严格。

（1）党代会。党代会是各级党的最高组织形式，如中国共产党第二十次全国代表大会、广东省第十五次党代会、深圳市委第十次全会等。党代会定期召开，每5年举行一次；代表由下级党组织召开代表大会或党员大会选举产生；代表资格要认真审查；各级党代会要经上级党委批准。

党代会的主要任务是：

①听取和审查党委会的工作报告。

②讨论和决定本单位建设的工作方针、工作任务。

③选举党的委员会及出席上级代表大会的代表。

党代会的一般议程是：

①召开预备会议，研究确定会议的重要问题和有关事项。

②举行主席团会议，确定大会主席或召集人，征求对大会的意见、建议。

③举行大会开幕式，致开幕词和做工作报告。

④各代表团讨论工作报告。

⑤通过工作报告和议决其他事项。

⑥选举本届委员会和出席上级党代会的代表，举行闭幕式。

⑦新选出的本届党委会举行第一次全体会议，选举领导班子。

（2）人民代表大会。人民代表大会是全国及各级人大、人大常委会召开的会议。每年年初，全国的人大代表和政协委员都会云集北京，参加一年一度的两会。从中央到地方，各级召开的人民代表大会上，人大代表听取并审议政府工作报告，任免政府工作人员，参与管理国家事务。这是我国实行的根本政治制度——人民代表大会制度。全国人大为最高国家权力机关，全国人大常委会为常设机关。全国人大及常委会行使国家立法权，选举国家领导人，决定和罢免政府组成人员的人选，审查批准政府工作报告等。每届人大任期5年，人大会议每年举行一次，由常委会召集，选举主席团主持会议。

（3）团代会。作为中国先进青年的群团组织，共青团定期召开代表大会。由各级团代表出席的团代会是共青团全国及地方团组织召开的会议，它也是团的全国及地方的领导机关。全国团代会每5年举行一次，由中央委员会召集，特殊情况下可以提前或延期举行。

地方的团代会，省、自治区、直辖市、自治州每5年举行一次，县、自治县、市辖区每3年举行一次，由同级团的委员会召集。特殊情况下，经同级党委和上级团委批准，可以提前或延期举行。

（4）妇代会。妇女联合会是中国妇女界的群众组织。全国和地方各级妇联定期召开妇代会，讨论和决定妇女运动和各级妇女工作的重大事宜。妇代会是全国及地方妇联召开的会议，也是全国妇联和地方妇联的最高权力机关。全国妇代会每5年举行一次，在特殊情况下，经执行委员会讨论决定，可以提前或延期举行。

其主要任务是：

①讨论、决定全国妇女运动的方针、任务。

②审议和批准全国妇女联合会执行委员会的工作报告。

③修改妇女联合会的章程。

④选举全国妇女联合会执行委员会。

地方各级妇代会，省、自治区、直辖市，设区的市、自治州、县，不设区的市和市辖区每5年召开一次；乡镇、街道每3年召开一次。特殊情况下经执行委员会批准，可以提前或延期举行。其任务是：

①讨论决定本地区的妇女工作任务。

②审议和批准本级妇女联合会执行委员会的工作报告。

③选举本级妇女联合会的执行委员会。

（5）职代会。职工代表大会是指各类企业由员工选举出来的职工代表参加的会议。企业职工有参与管理企业的权利，而行使这种权利的基本方式就是企业职工代表大会。职工代表大会的主要任务是：协同党政部门抓好物质文明和精神文明建设，坚持疏导和正面教育的方法，对职工进行思想、纪律和职业道德教育。教育动员职工贯彻所在企业单位的各项决定，自觉遵守纪律，努力完成各项工作任务。密切联系广大职工，维护职工合法权益，如实反映职工的意见和要求。职工代表大会的任务是：

①定期听取单位负责人的工作报告，审议任期责任目标、发展规划、财务预决算、规章制度及其他重要事项。

②监督、评议各级行政领导干部，对行政领导干部提出奖惩直至免职的建议。

③审议通过职工劳动保护、集体福利等有关职工生活福利的重大事项。

（6）股东大会。股东大会是由经济组织或经济组织的权力机构召开的一种会议，由公司全体股东组成，对股份公司重大事项进行决策。股东大会的主要任务是：

①审议董事会（局）的报告。

②讨论决定经营管理的重大事项，包括增减公司资本，公布股息，公司解散、合并等。

③变更公司章程。

④选任或解除董事。

股东大会采取“一股一权”制，即一个股东的表决权数是他所有的股份数。股东大会要有持有股份总数过半数的股东出席才能开会；出席股东的总表决权数过半数，才能通过表决。

（二）决策性会议

决策性会议是指机构组织领导人员对工作中的重要问题集体讨论做出决策的

会议。常见的有各级党委的常委会、党组会，政府及部门的全体会议、常务会议、办公会议、部（厅、局）务会，企业事业单位的厂务会、校务会、院务会等。这类会议规格高，影响大，规模小，人员固定，定期召开，就地举行。

（1）常委会。党的地方各级委员会的常务委员会是在委员会全体会议闭会期间行使委员会职权的组织。一级党委的常务委员是党内的一个重要领导职务。由常务委员参加的会议就是常委会。常委会讨论决定的事项主要有：

①对本地区、本单位经济建设、社会发展、党的自身建设等重要问题做出决定。

②对同级政府机关、团体组织党组请示事项做出决定。

③按照干部管理权限任免干部。

常委会会议一般每月召开两次，由书记召集并主持；会议议题由书记确定，或由书记委托副书记确定；常委会会议必须有半数以上委员到会方能举行。

常委会议召开的时间和议题，一般应在会议召开两天前通知到委员，会议材料应同时送达；会议应有专人记录，决定事项编发会议纪要。

（2）党组会。党组是设在政府部门、团体组织及其他非党组织领导机关的组织，主要负责贯彻落实党的路线方针政策、讨论和决定本部门的重大问题、团结非党干部和群众、完成党和国家交给的任务、指导机关和直属单位党组织的工作。党组由若干成员组成。由党组成员召开的会议就是党组会。党组会是为加强党的领导、保证党的方针政策的贯彻执行而建立的一种会议制度。党组会的主要任务为：

①研究重大问题。

②通报重要情况。

③讨论重要人事问题和奖惩事项。

④总结工作，交流思想。

党组会议不定期召开。

（3）行政会。行政机关和企事业单位做出决策，通常要通过决策会议的形式来实现。行政会是机关单位领导层在职权范围内议决有关事项的决策性会议。例如，政府的全体会议、常务会议、工作会议，厅（局）的厅（局）务会、学校的校务会、工厂的厂务会等。政府的全体会议由政府组成人员参加，有关负责人列席。其主要任务是：

①传达贯彻上级方针政策和重大决策，执行人大的决议。

②决定和部署本级政府的重要工作。

③总结年度或阶段性工作。

④通报重要情况。

政府常务会议由政府领导及秘书长参加，根据需要有关方面负责人列席。其主要任务是：

①研究贯彻上级方针政策、重大决策的意见。

②研究年度工作安排。

③讨论上报的请示事项和工作报告。

④讨论提请人大或常委会审议的议案、发展计划、财政预决案、执行报告等。

⑤讨论政府发布的重要决定、规章。

⑥讨论各部门及下级政府的请示、报告事项。

政府工作会议由政府领导或委托秘书长主持召开，研究处理政府日常工作中的重要问题。

（4）董事会。董事会是经济组织的权力机构召开的一种会议，也是股份公司的执行机关或权力机关。例如，吉林××股份有限公司董事会发布公告：

吉林××股份有限公司第三届二次董事会议于20××年×月×日下午×时在公司二楼会议室召开。应到董事××人，实到董事××人，监事会成员列席了会议，会议符合《公司章程》及有关法律法规要求。会议由×××董事长主持。会议审议通过了如下决议：

①审议通过了公司20××年度中期报告及摘要；

②审议通过了公司20××年度中期利润分配及公积金转赠方案，不分配、不转增；

③关于补充企业财务管理标准的报告（补充提取固定资产、在建工程、无形资产等减值准备有关规定）。

上述公告，可以看出股份公司董事会议的大致情形、董事会成员的构成、会议的议定事项等。实行股份制的企业都要成立董事会，对企业的重大事项做出决策和实施领导。董事会的组成和召开需要一定的条件。董事会是由股东大会选举产生的，有的由集股的各方任命。董事会由董事长担任主席，董事长不能出席会议时由副董事长担任；副董事长不能出席时，则由到会董事推举一名董事担任。

（三）工作性会议

工作性会议是指党政机关、社会团体、单位部门总结和布置工作而召开的会议。如，全国宣传部长会议、全国纪检案件审理工作会议等。这类会议有定期召开的，也有临时召开的；有普通会议形式，也有现场会、电话会、电视会等形式。这类会议以总结和布置工作为主要内容，有下行性的特点。

（1）动员会。动员会是指为开展一项工作和活动而召开的思想发动会议。例如，20××年×月×日，水利部水文局召开防汛预报工作动员大会，局主要领导主持了会议，全体职工参加了大会。两位局领导分别作了动员报告。这次动员大会是对下一阶段防汛预报工作的战前动员。这是一次常见的动员大会。动员会一般宣讲某项工作或活动的目的、意义、工作方针、内容任务、注意事项，并提出要求，起发动群众、广泛动员的作用。动员会一般要有一定的规模，会议要求气氛热烈，能够鼓舞士气、振奋精神。

(2) 现场会。现场会一般是指在典型单位或典型现场召开的借鉴性会议。例如，卫生部于20××年夏天在河南平顶山市召开药品招标采购现场会。中纪委委员、国务院纠风办副主任×××在会上发表讲话，提出要研究在现有的情况下把纠风工作搞好。与会代表观摩了平顶山市第一人民医院药品招标采购的现场。辽宁省、青海省、重庆市、大连市、厦门市等8个省市的代表介绍了本地实行药品集中采购的情况。上述会议具有一般现场会的特征：以研究解决工作中的问题或推广某一经验为主题，现场观摩性强。现场会主要起典型示范、典型引路的作用。通常要选取有典型意义的生产、工作、试验、经营、教育等活动场所。各类观摩会的性质和任务也和现场会相仿。有些单位召开的现场办公会则是具有决策性质的会议。

(3) 电视（话）会。电视、电话会是一种远程会议，是利用现代通信设备和媒体来布置工作的一种会议。例如，20××年×月×日，××省召开“三五”普法总结表彰暨“四五”普法动员电视电话会议。省委副书记、政法委书记×××作重要讲话，总结“三五”普法工作，部署“四五”普法工作；省委常委、宣传部长×××宣读了省委、省政府对全省“三五”普法先进单位和先进个人的表彰决定。全省各市组织分会场出席会议。上述会议，从会议目的上说，尽管有总结表彰的内容，但还是以部署工作为主。这种会议一般有一个中心会场，在主办单位所在地设置，往下一两个层级设分会场。电视、电话会开得紧凑，会期不长，严格控制时间，通常要准时开会，准时结束；会议内容简明扼要，讲话和发言简短明了。这种会议通常以全国或某省市为范围，可以迅速布置传达，时效性强，经济高效。

(4) 总结会。总结会就是以总结工作为主要内容的会议。机关单位、团体组织，经过一个阶段和完成某项活动后需要进行总结。除了组织写作班子进行书面总结外，通常还要召开会议进行总结，回顾过去，总结成绩和经验，查找不足和教训，分析成因，以便发扬成绩，克服不足。总结会有以年度、半年、季度、月份为期召开的，也有以一项工作、一项活动结束后召开的。总结会常常和表彰会结合起来召开，还有的和动员会一起召开，从而可以精简会议，提高效率，降低会议成本。有些总结会开得比较隆重，规格较高，规模较大；有些则开得比较简朴，规模较小。

（四）学术性会议

学术性会议是指研讨、传播学术问题而召开的会议。这类会议学术性强，会员以专家学者为主，具有横向特点。

(1) 研讨会。研讨会是专业人士及有关方面的代表，就某一专业问题进行研讨的会议。例如，中华环保基金会、国家环保总局华南环境科学研究所、香港溢达集团和人民日报社华南分社于20××年×月×日至×日在广东省××市举办了“人与自然、环境与经济协调发展国际研讨会”。来自内地和我国香港、台湾地区以及美、德等8个国家和地区的200余位学者、专家、企业家代表共聚一堂，就环境保护战略、生态保护和环境管理、建立可持续发展模式、实施清洁生产等议题各抒己见，为我国的可持续发展战略献计献策。这就是一个典型的研讨会。从中大致可以看出，它是围绕某一专题进行研究探讨的会议；参加者多为专家学者，具有横向性的特点。研讨会的关键是选题要有价值，不是什么议题都能开研讨会的。所研讨的问题必须是现实生活中具有全局性和前瞻性的重大问题。研讨会还要选准与会者，参加研讨的人员是否有代表性，是否对研讨的问题在理论、实践和政策上有较深的研究和了解，是否善于充分发表意见等都显得格外重要。研讨会的人数还要适当。人数达不到一定的规模，会影响研讨的气氛和深度，无法充分展开话题；人数太多，超过主持人控制的限度，研讨会开成了报告会，同样会影响会议的质量和效果。所以，研讨会一般以中型会议为主。

（2）论证会。论证会是指对某种方案、某项成果进行评鉴、论证的会议。这类会议的与会者通常是专家、行家、管理者、执行者。会议的组织既要充分考虑专家的意见，又要尊重实践者的意见。提供论证的方案、成果要有实践基础和现实意义。有时还需要有可供比较和选择的数种方案，让人从中择优。

（3）务虚会。务虚会是指产生思想观念的政策性、理论性会议。例如，20××年×月下旬，在全国足球职业联赛委员会会议上，中国足协专门组织了甲B 12个俱乐部负责人开了一个务虚会，主要针对维护下一阶段联赛的纯洁性，避免“假球”“黑哨”等问题，请诸位俱乐部老总畅所欲言，直抒胸臆。从上述会议可知，它不是中国足协召集的一次工作性会议，目的不是部署工作、提出要求，而是采取务虚会的形式，让各俱乐部老总充分发表意见，进行思想碰撞，从而产生新的思路。这类会议具有开放性的特点，要求发挥与会者的创造性和想象力，充分表达各自的意见，提出方案和想法，集思广益，集中智慧，通过碰撞，产生一些新思想、新思路。

（五）显示性会议

显示性会议是以宣传教育和彰显事物为主要目的的会议。这类会议隆重热烈，强调宣传教育效果，会员有广泛性和代表性，会期短而精。

（1）纪念会。纪念会是指为纪念某一重要事件或人物而召开的会议。纪念会的与会者有领导，也有群众；有与纪念对象直接相关的人员，也有与现实相关的人员。纪念会的规模一般较大，有相当大的教育面。也有用座谈会的形式召开纪念会的。如，2013年12月26日，中共中央在北京人民大会堂举行了纪念毛泽东诞辰120周年座谈会。中共中央总书记、国家主席、中央军委主席习近平发表重要讲话。中央文献研究室主任、中央党史研究室主任、解放军总政治部主任、湖南省委书记等先后发言。

（2）庆祝会。庆祝会是指对重大节庆、重大成就举行庆祝活动的会议。例如，为庆祝××经济特区建立××周年，××市于20××年×月×日下午举行庆祝大会，中共中央总书记、国家主席习近平出席大会并发表重要讲话。中共××省委书记×××、××市委书记×××发表讲话，大会由××市市长×××主持。有关方面负责人和各界代表400余人参加了庆祝大会。这类庆祝会，在我国政治和社会生活中比较多见。如，“香港回归二十周年庆祝大会”、“××工商职业技术学院成立庆祝大会”、“×××先生80寿辰庆祝会”、“×××教授从教50周年庆祝会”等。庆祝会一般开得隆重热烈，起礼仪性和宣传性的作用。

（3）表彰会。表彰会是指表彰先进、树立典型的会议。例如，××市20××年×月×日召开双拥工作表彰大会。会议由市长×××主持，市委书记×××发表重要讲话，总结××市建立特区以来的双拥工作，评价工作成效，提出新的工作要求。市委副书记、政法委书记×××宣读了关于表彰双拥工作先进单位的通报。省民政厅副厅长×××，市领导×××、×××出席了大会。这是一个常见的表彰大会。通过表彰某个领域的先进分子及某阶段或某方面做出突出成绩和贡献的单位和个人，弘扬正气，树立榜样，起到正面宣传、典型引路的作用。表彰大会要开得隆重、热烈，又简短紧凑。除了领导的主题讲话外，还可以适当安排获得表彰的人员代表作表态性发言。有的表彰大会和总结会放在一起开，此时要把总结工作作为主要议题。

（4）命名会。命名会是为某一单位和个人授予荣誉称号时召开的会议。例如，20××年×月×日中央军委在北京召开授予王伟“海空卫士”荣誉称号命名大会。中央军委有关领导宣读了中央军委授予王伟“海空卫士”荣誉称号的命令，向王伟的妻子颁发了中央军委授予王伟的一级劳动奖章和荣誉证书，海军政委宣读了海军党委关于开展向王伟学习的决定，王伟生前部队代表、王伟的妻子及王伟家乡浙江省湖州市领导在大会上发言，解放军四总部、驻京部队各单位、武警部队领导和部队官兵代表2 200人参加了大会。上述会议是一个典型的命名大会。召开这种会议的目的是表彰先进，弘扬正气，起宣传教育作用。命名会一般规格比较高，会议规模也较大，但会议议题单一，会期较短。

（六）会商性会议

会商性会议是指以协调商议事项为内容的会议。这类会议的代表不相隶属，关系复杂，矛盾较多，涉及各个方面和与会者的不同利益。

（1）联席会。联席会是不相隶属的单位、部门为协商问题而召开的会议。例如，香港回归以后，粤港联手推出一种会议方式——粤港合作联席会议。这种由香港特首提议、经中央政府批准的“粤港合作联席会议”，对粤港两地间的合作发挥了重要作用。联席会议一般由一个部门或单位牵头，其他方面分工配合，如党政联席会、群团联席会等。联席会一般由单位、部门负责人或代表出席，会议对讨论的问题提出各方面都能接受的方案，形成纪要便于会后执行和遵守。

(2) 会商会。会商会就是由某一单位、部门牵头，为了解决某一问题，把有关方面召集在一起，商讨对策或解决办法，最后达成共识的会议。例如，连云港市曾制定《关于改善外商投资软环境的若干规定》，其中规定了会商、会办规则。规定对投资总额在300万美元以上或市外用投资管理中心认定的其他重要项目，由市外商投资管理中心牵头，市计委、经委、环保、工商、外管、国税、法制、司法等部门参加，进行会商、会办。连云港市所规定的会商规则，没有具体规定其实现形式，可以通过会签文件、电话沟通等方式进行。但最简便、最有效的方法应该是通过会商会的形式来进行。这种会议往往涉及各个方面，有时还会涉及与会各方各自的利益。需要牵头单位或主持会议的人员从国家和全局的利益出发，站在公正的立场上说话和处事。会商会有的是临时因事而召开的，有的则是通过制度固定下来的，定期由相对固定的人员、单位参加，会商事项也大体固定，如年度地震会商会、防汛会商会、全国小麦病虫趋势会商会等。

(3) 座谈会。座谈会是指与会者坐在一起交流信息、交换意见的会议。例如，20××年×月×日，广东、广西两地政府举行座谈会，商讨粤桂开展合作事宜。座谈会上，广东省副省长×××、广西壮族自治区常务副主席×××分别介绍了广东、广西经济社会发展的基本情况以及加强两地经贸合作的思路，争取年内达成100个合作项目。两地经贸、科技、交通等各部门负责人参加了座谈会。会后举行了有关单位的签字仪式。如上述会议，它是开展调查研究、取得第一手材料的主要手段，一般不做出什么决定。座谈会因目的不同，出席座谈会的人员也不同。

(七) 信息性会议

信息性会议是指以发布信息为目的的会议。这类会议通报性强，通常以新闻媒介为对象，没有约束力。

(1) 新闻发布会。新闻发布会是有关部门向新闻媒体通报有关情况的会议。这种会议是典型的信息性会议。它通过发布会的形式，集中而快捷地把有关情况向媒体传递。即将推出的重大活动、重要举措，需要媒体配合宣传；发生重大事故、突发事件，需要媒体作准确报道，因此，新闻发布会就起到扩大宣传、以正视听、加强引导的作用。为了维护新闻发布会的严肃性和权威性，许多地方制定了较为规范的制度，加强对发布会的管理。

(2) 记者招待会。记者招待会与新闻发布会的功能相近。例如，20××年×月×日在北京召开了第三届高交会记者招待会。深圳市常务副市长、高交会组委会副主任×××详细介绍了第三届高交会的有关情况。境内外70余家媒体近100名记者出席了招待会。市委常委、宣传部长×××出席了招待会。国家外经贸部、科技部、信息产业部及中科院有关负责人出席了会议。记者招待会的主要目的是发布信息，把有关情况向媒体通报。有时也为了答谢和款待记者而召开，会议功能有所拓展。

(3) 报告会。报告会是指以口头形式向听众告知有关事项、传达有关信息的会议。这是领导机关和领导者宣传教育群众的传统方式，用这种会议形式传播信息，释疑解惑，实践证明是有效的。报告会常常因内容、目的不同，叫法也不一样。总结部署工作的，叫“工作报告会”；分析阐述形势的，叫“形势报告会”或“时事报告会”；传播理论知识的，叫“学术报告会”或“辅导报告会”；传播先进思想的，叫“先进事迹报告会”。有的报告会的主讲人是机关单位的负责人，有的则是有关方面的专家。对于组织报告会，要讲究时机，选准主题。单位负责人主讲的，要充分准备讲稿；请专家学者主讲的，要说明报告对象，选好报告人。主持报告会通常需要说明背景情况，引出话题；结束时总结强调，提出要求。外请专家的，则要介绍报告人的基本情况，以便调动听众的聆听兴趣；结束时要做些恰如其分的评价，并对报告人表示感谢。

(4) 咨询会。咨询会是指为对某项决策、某个方案征求意见而召开的会议。如××经济发展国际咨询会，这是××省省长经济顾问咨询年会，每年举行一次。在内容上将围绕××省经济发展中具有导向性、前瞻性的问题，分别确定每年的主题，请顾问就此提出报告并发表咨询意见，提出思路、意见和建议，这是较高规格的信息性会议。会议的价值在于与会代表提供较高层次的信息，可供决策层参考。会议组织者和参与者对于咨询会都较为重视。

上面所列的六种分类方法不是分类方法的全部，可能还有其他分类方法。研究会议要素和分类的目的在于从不同的方面来认识会议，从而为做好会务组织工作奠定科学基础。

第二节　会议筹备工作流程

充分准备是会议顺利召开的前提和基础。会议筹备工作必须做到：思想上高度重视，思路上十分清晰，措施上全面具体，工作上认真仔细，调度上适时准确，落实上逐项到位。

会议筹备工作的主要内容有拟制会议预案、起草会议文件、发出会议通知、联系会议住地和会场、制作会议证件、布置会场、安排会议报到以及准备预备会议会场等。重点是拟定会议预案和分工落实两项工作。

一、拟制会议预案

拟制会议预案是做好各项会务工作、使会议达到预期目的的前提。拟制会议预案通常在领导授意下或参加有关会议后着手进行。

(一) 会议预案的要求

(1) 领会意图要准确到位，所提预案要符合会议主题。会议召开的目的是什么，会议主题有哪些，会议的范围有多大，会议组织的要求有哪些，会议的时间、地点等，这些内容对于拟制会议预案是十分重要的。作为会议的组织者，只有准确领会领导的意图，所提的会议预案才能符合会议的主题，才能使会议预案顺利通过领导的审定。

（2）人员编组要科学合理，编制预算要精打细算。对于需要分组讨论的会议，应根据会议主题和参加会议的代表构成情况，有针对性地进行人员编组，达到会议分组的科学性和合理性。分组时应以块为主，条块结合，这样，讨论时代表们才能畅所欲言，产生共鸣，达成共识。

对会议经费预算，应坚持厉行节约的原则，精打细算，按规定编制，既要满足会议的需要，又要符合有关财务规定。

（3）建议内容要细致周全，重要事项要有两套方案供领导决策。拟制会议预案的目的就是方便展开会议的各项准备工作，预案所提建议应细致周全，考虑问题要全面，所提事项要有根有据，既要分工合理，便于督促检查，又要统调方便，拾遗补阙。对于一些重要事项，应有两套方案供领导决策。

（二）会议预案的内容

会议预案的内容一般包括会议名称、会议内容、会议的时间和地点、会议规模、参加人员名单、日程安排、会议分组、参观路线和参观点、会议工作机构和负责人人选建议、会议的宣传报道、会议文件印发范围、会议记录和简报工作、会议经费预算、食宿安排、保卫和保密工作等。

（1）会议名称。会议的名称按会议决定、领导指定或顺序类推的方法拟定。会议名称在文字表述时一定要规范和统一。

（2）会议时间和地点。会议召开的具体时间或计划召开的时间应根据要求确定；根据会议的规模和规格，拟定安排会议的宾馆和饭店、使用的会场等。

（3）出席人员。根据会议的主题，确定出席、列席会议的人员范围。由于是建议方案，要尽可能将总数概算准确。

（4）日程安排。根据会议主题和内容，按有关会议的决定或领导要求，初步提出会议日程安排建议，包括时间、内容、主持人、地点等要素。

（5）会议分组。初步确定会议分组的原则和召集人建议名单、领导同志参加的组别建议等。

（6）参观路线和参观点。根据会议主题的需要，如安排参观，应事先与有关部门联合排定参观点，并设计好参观路线。

（7）会议工作机构和主要工作职责。会议工作机构通常包括会务组、文件起草组、组织组、情况反映组、简报组、总务组、宣传报道组、安全保卫组等。各组的主要工作职责是：

①会务组。大型会议通常设会务组，对外称会议秘书处。会务组主要负责：

协助领导把握会议进程，统筹会议安排，进行会议编组，编印会议须知，制发有关证件，制作会议秘书处专用印章和钢印，分发会议文件、用品，组织报到和会场签到，安排会务值班，布置会场和分组讨论用会议室，接待来访人员，组织参观，协调、衔接各组和分住地、分会场的相关工作，订阅并分发报纸，等等。会务组通常要设立会议值班室、机要室、文件收发室、信访室、文印室等内部机构。一些大型会议由于需分几个宾馆食宿，还必须在分住地设立大会联络组，接受会务组的领导，处理分住地有关会务工作。

②文件起草组。文件起草组的职责是：根据会议主题和领导要求，组织力量撰写并付印会议报告、领导讲话和有关会议文件。这些报告或文件通常需提前准备。

③组织组。组织组的职责是：根据有关章程规定组织有关选举工作，协助完成代表资格审查工作，编印、分发、回收候选人背景材料、简历等，设计选票、组织投票并对选票进行统计，为会议撰写选举说明等文件，承办会议秘书处交办的有关事项。

④情况反映组。情况反映组的职责是：会议期间参加分组讨论，听取代表对会议的意见，编印情况反映或会议快报。

⑤简报组。简报组的职责是：会议期间参加分组讨论，记录代表发言，编印会议简报。

⑥总务组。总务组的职责是：安排与会人员的住宿和伙食，制发会议餐券，安排医护人员，检查供电、供水、供气情况，提供车辆等后勤保障，协助会务组进行会场和参观点的布置，进行会议经费的预、结算等。

⑦宣传报道组。宣传报道组的职责是：负责会议期间的宣传报道工作，组织安排文娱活动，撰写并发布会议通稿，组织新闻媒体开展会议宣传、采访等工作。

⑧安全保卫组。安全保卫组的职责是：负责会议期间的安全保卫工作，制发有关证件等。

（8）文娱活动安排。根据会议主题和需要，提出文娱活动安排的建议。

（9）经费预算。根据会议规格、规模和会期及宾馆、饭店、会场等情况，提出会议经费的概算。

（10）有关事项。根据会议的主题和需要，提出一些需要领导决定的事情。如，会议主席台人员建议名单和座次图草案，召开会议工作机构协调会的时间建议，购置相关物品的建议等。

二、起草会议文件

会议文件通常包括会议报告、领导讲话、决议（决定）、经验交流材料、会议须知等，有些会议还应为会议主持者提供主持词、选举说明等文字材料。

（一）会议报告、领导讲话、决议（决定）、经验交流材料、主持词、选举说明

上述文件要根据会议的主题，提前进行准备。由文件起草组负责起草、修改和付印工作，其中选举说明由组织组负责。印数多少要与会务组进行协商，并将印好的会议文件交会务组按分发要求进行适时分发。

在编印会议文件时，除大型重要性会议在文件的左上角标示“××××会议文件之×”和密级外，一般性会议文件使用白头印刷即可，如有交流材料，可统一编“××××会议交流材料之×”，会议文件的文尾可印“××会议秘书处××××年×月×日印发”。对有保密要求的应在会议文件左上角用黑体字标示密级，需会后回收的还应加盖“会后收回”戳记。

案例分析

习近平在执行“神十”升天任务航天员出征仪式上的讲话

（二〇一三年六月十一日）

聂海胜、张晓光、王亚平同志，你们好！

看到你们精神饱满、英姿勃勃，我感到很高兴。在你们即将出征之际，我代表党中央、国务院、中央军委，代表全国人民，来为你们壮行。

你们执行我国第五次载人航天飞行任务，承载着中华民族的航天梦，展现了中国人“敢上九天揽月”的豪情壮志，这是光荣而神圣的，全国人民都为你们感到骄傲。为了这次飞行任务，你们进行了认真扎实的训练，各方面做了精心周密的准备，我对你们圆满完成任务充满信心。预祝你们成功，期待你们凯旋。

【分析】

领导在会议上的讲话有两种性质：一种是三言两语、即兴而作的讲话；另一种是专门准备的、代表组织的指示性和总结性的讲话。后一种讲话，往往需要秘书代拟讲话稿，领导应该把讲话意图以及所表达的要点向秘书人员交代清楚，或经集体讨论后再由秘书执笔。秘书人员也应主动向领导了解讲话意图。领导讲话关键是要有的放矢，有话可讲。

秘书人员为领导写讲话稿，特别要注意针对性——既要针对听讲者，更要针对讲话人。秘书人员要根据领导者的年龄、资历、出身、文化程度、群众威信及性格特点等拟写讲话稿，不可随便下笔，仓促为之。

为领导写讲话稿还要站在听众的角度去构思。为此就要分析听众的构成，包括年龄构成、职业构成、性别构成及语言构成等。讲话稿还需找到最恰当的语言媒介去接近听众，进入听众的世界。这个媒介包括年龄语言、职业语言和性别语言。

（二）会议须知

会议须知是参加会议人员的行动指南，通常由会务组负责编印。会议须知的编印一要准确，二要明细。特别是参加会议人员的编组、姓名、性别、单位职务、房号等一定要准确无误。会议须知应根据领导审批过的会议预案和会议最终报名情况来编写，再经领导审定后付印，并在会议报到时发给每位会议代表。会议须知的内容包括会议日程、作息时间、参观路线、会议编组、注意事项等（参见图 7-1 至图7-8）。

（1）会议日程。会议日程有两种编写形式，一是表格式，二是文字式。表格式多采用三栏数行型，即时间栏、内容栏和地点栏，根据会议时间、内容和地点填写；文字式把时间、内容和地点合在一起叙述。会议日程的编写应力求简明、精练。

×密

××××××××会议

会议须知

××××年×月×日・×××

图 7-1　会议须知样张 1

目　录

1. 会议日程………………………………………… ×
2. 作息时间………………………………………… ×
3. 参观路线………………………………………… ×
4. 会议编组………………………………………… ×
5. 注意事项………………………………………… ×

图 7-2　会议须知样张 2

1. 会议日程

<table>
<tr><th colspan="2">时　间</th><th>内　容</th><th>地　点</th></tr>
<tr><td>×月×日</td><td>下午</td><td>报到</td><td>各宾馆</td></tr>
<tr><td rowspan="2">×月×日</td><td>上午</td><td>大会：
1. ×××
2. ×××</td><td>××会堂</td></tr>
<tr><td>下午</td><td>分组讨论</td><td>各组会议室</td></tr>
<tr><td>×月×日</td><td>全天</td><td>参观</td><td>×××</td></tr>
<tr><td rowspan="2">×月×日</td><td>上午</td><td>分组讨论</td><td>各组会议室</td></tr>
<tr><td>下午</td><td>大会：
1. ×××
2. ×××</td><td>××会堂</td></tr>
</table>

图 7-3　会议须知样张 3

2. 作息时间

早　　餐	7：30
上午会议（参观）	8：30~11：30
午　　餐	12：00
下午会议（参观）	14：30~17：30
晚　　餐	18：00
文娱活动	19：30~21：30

图 7-4　会议须知样张 4

3. 参观路线

（第一路）

宾馆出发→×××→×××
（8：30）×千米（××：××）×千米（××：××）
　　　　×××→　　×××→
×千米（××：××）×千米（××：××）
　　　　×××→　　返回宾馆
×千米（××：××）×千米（××：××）

图 7-5　会议须知样张 5

4. 会议编组

（1）未编组人员名单

姓名	单位、职务	序号	乘车号
×××	××××××	×××	×××
×××	××××××	×××	×××
×××（女）	××××××	×××	×××
×××	××××××	×××	×××
×××	××××××	×××	×××
×××	××××××	×××	×××

图 7-6　会议须知样张 6

(2) 编组人员名单

第一组(××)××人

召 集 人:××× ×××

讨论地点:××××

记 录 员:××× ×××

联 络 员:××× ×××

姓名	单位、职务	序号	乘车号
×××	××××××	×××	×××
×××	××××××	×××	×××
×××(女)	××××××	×××	×××
×××	××××××	×××	×××

图 7-7 会议须知样张 7

5. 注意事项

(1)请遵守会议纪律,妥善保管会议文件,切勿遗失。

(2)大会会场设在×××,请与会人员带好证件,持签到证准时入场;在参加大会和分组讨论时请将手机调为振动模式,请勿吸烟。

(3)与会同志在会议期间一般不要请假,如有特殊情况需请假者,请及时报告小组召集人。

(4)会议期间不会客,如有特殊情况,请与安全保卫组联系。

(5)参观时请按乘车号乘车;参加文娱活动请出示证件。

(6)会务组设在×××房间、文件收发室×××房间、医务室×××房间、安全保卫组×××房间;房间之间互通电话,请直拨房号。宾馆总机:××××××。

(7)与会人员凭会议餐券就餐,会议代表在×××餐厅就餐,工作人员在×××餐厅就餐。

(8)请与会驾驶人员自觉服从交通管理,注意行车安全,凭会议证件和车辆通行证进出住地,按指定位置停放车辆。

图 7-8 会议须知样张 8

（2）作息时间。会议的作息时间通常应与机关的上下班时间相一致，并注意季节和天气的变化。一些特殊的会议，作息时间应作相应调整，时间的记述应采用24小时制，使用阿拉伯数码。

（3）参观路线。参观路线的表述可有三种形式：一是图例式，即将参观的路线在缩略图上用加粗实线表示出来，在参观点处加注时间和参观点序列号；二是表格式，即将参观的线路用表格的形式来表现；三是文字式，即将参观的线路用文字加箭头的形式表示出来。参观路线的表述用何种形式为佳，应根据实际需要来确定。

（4）会议编组。需分组讨论的会议才进行会议编组。参加会议人员的名单包括两部分：一是未编组人员名单，包括姓名、性别、单位职务、房间号、乘车号等，未编组人员主要是指一些主要领导，不把他们编入组的目的是方便他们参加讨论时可根据自己的工作分工情况自行安排。二是编组人员名单，包括姓名、性别、单位、职务、房间号、乘车号等以及组别、本组召集人姓名、讨论地点、记录员、联络员等。

分配房间时，应按照以块为主、相对集中的原则进行，根据宾馆、饭店的住房布局，先在平面图上划定区域，然后根据会议代表的实际人数再进行分配，并在编组名单中标记房号，完成后应进行姓名、房号、房图三者之间的校核，不能出错。

（5）注意事项。会议须知中的注意事项往往由于会议类型不同，其内容编排应有所区别，通常情况下注意事项包括的内容有会议纪律、会议要求、会务组联系电话、就餐地点、车辆管理、文娱活动安排等。

在编印会议须知的同时，会务组还应编印会议工作人员名单，分发给有关领导和工作人员。主要内容包括会议各工作机构负责人和工作人员姓名、性别、房间号、乘车号、联系电话和注意事项等。对于大型会议，为方便工作，还应编印各组召集人、讨论地点、工作人员一览表（参见图7-9），分发给有关领导和工作人员。

××××××××会议

各组召集人、讨论地点、工作人员一览表

××××年×月×日

组　别	召集人	讨论地点	工作人员	备　注
×××	×××（房号） ×××（房号）	B楼 第二会议室	×××（房号） ×××（房号）	
×××	×××（房号） ×××（房号）	A楼 第一会议室	×××（房号） ×××（房号）	

图7-9　各组召集人、讨论地点、工作人员一览表

三、发出会议通知

（一）会议通知的种类

1. 按通知送达方式分

（1）书面通知。书面通知是采用书面的形式通知会议的方法，一般采取寄送或派人取回。

（2）电话通知。电话通知是采用电话的形式通知会议的方法。一般范围小、内容单一的会议多采用这种方法。

（3）电子邮件通知。电子邮件通知是采用电子邮件的形式通知会议的方法。随着电子政务的普及，这种方式将会得到广泛应用。

2. 按通知内容分

（1）预备通知。预备通知是提前将召开会议的有关情况，包括会议主题、主要内容、会议时间、参加人员等通知有关部门和单位，便于参加会议的部门和单位做好有关准备工作。

（2）正式通知。正式通知是召开会议的正式通知。

（二）会议通知的内容

会议通知的内容包括会议名称、内容、时间、地点、出席人员、会议材料准备以及上报出席会议人员名单的时限、工作人员数量和有关具体要求。

（三）会议通知的拟写

根据领导批准的会议预案和会议通知的内容，拟写会议通知。一般情况下，会议通知可写成会议主题与内容、参加会议人员、会议报名与报到、有关要求等部分。会议通知拟好后，报送领导审签后便可发出。会议通知拟写力求简明、准确，特别是参加会议的人员范围一定要界定清楚，会议地点要写清门牌号码，会议时间、有关要求等必须书写详细。如果会议通知以文件形式下发，还应编发文字号。有少数民族代表参加的会议，还应要求报名时准确告知是哪个民族。

案例分析

会议通知

定于3月22日8：30—10：30在市政府一号楼1103会议室，由×××秘书长召集会议，研究有关加快第九届全国运动会（简称九运会）场馆建设问题。

会议议题：

（1）特事特办，加快竹料广东划船赛场、黄村广东奥林匹克中心有关申报手续审批问题。

（2）控制流溪河水位标高，确保完成赛艇湖建设问题。

（3）××××股份有限公司经广东奥林匹克中心场地的电缆、水管搬迁问题。

以上议题请九运会省级场馆建设指挥部、市建委、市规划局、水利局和××××股份有限公司主管负责同志参加。

会议时间10：30—12：00，研究省人防办（省战备指挥所）用地红线问题。

请市规划局、白云山风景区管理局负责同志参加。

【分析】

这份通知传递了两个会议的信息，如果是一份政府公文，就有了一文多事的嫌疑，处理得不好，容易导致主旨不清楚。这份通知之所以要这样处理，是基于以下考虑：

两个会议的议题内容有一些共性，即都是研究和解决有关建设项目的用地问题；

两个会议在时间上前后相继，有连贯性；

两个会议的部分主体重叠——主办者和会议召集人相同，部分参加者也相同。对于需要参加前后两个会议的市规划局来说，接到这份通知后，就更好安排时间。

在这样的前提下，用上述处理方式可以少发一份文书，提高了工作效率。但是，如果不具备类似的前提条件，仍然要注意避免这种“两会合一”式的会议通知。

四、联系会议住地和会场

根据会议召开的规格与规模、时间与会期，联系安排会议住地和会场。通常情况下，选择会议住地和会场应遵循以下原则：

一是保证会议顺利召开。召开会议是工作的需要，为保证会议的效果，联系的住地和会场应具备开会的软硬件条件，同时坚持不扰民、不浪费、不讲排场，以保证会议顺利召开。

二是勤俭节约，精打细算。严格执行有关会议经费的标准，不要选择高星级宾馆、饭店。原则上能在内部宾馆、招待所安排的会议，不要安排到社会上的宾馆、饭店；能不住会的尽可能不安排住会，以最大程度节约会议开支，严格会议经费管理。

三是相对集中安排。这主要包括住地与会场的相对集中、人员食宿的相对集中、讨论地点与大会场地的相对集中，以方便会务的组织，尽力减少用车量。

四是便于安全保卫。对于一些重要会议所使用的宾馆、饭店、会场，要便于进行安全保卫工作。对宾馆、饭店内的长包房和散客要采取有效措施，加强管理。

会议期间，代表就餐方式宜采用自助餐形式，并注意饮食卫生，同时应调剂好花色品种，兼顾不同风味和口味。对少数民族代表要设专用餐区或专桌，并用指示牌标示。召开大型会议时联系住地和会场，应提前与有关宾馆、饭店、会场单位预订，以免与宾馆、饭店、会场的其他预订发生冲突。

五、制作会议证件

一个会议往往需要制作多种会议证件。会议证件的种类有代表证、主席团证、出席证、列席证、选举工作证、记者证、工作人员证、车辆通行证、签到证等。

会议证件制作的原则是：主题鲜明，美观大方，经济适用，证件种类的名称醒目，便于携带和识别。不同的会议应有不同的制作风格。对于一些有纪念意义的重要会议，会议证件的制作还要具有不易仿制的特点，且可收藏。

会议证件正式制作前应出样本，最好设计两种以上样式，报送有关领导审定。

（一）代表证

代表证是供出席会议的代表珍藏的荣誉证件，如党的代表大会上的代表证等。代表证的制作应设计精美、主题突出、质地考究，具有一定的珍藏价值，一般为对开折叠式加封套，要粘贴或印制代表彩照，并加盖会议秘书处钢印。

（二）主席团证

主席团证是供有主席团会议的主席团成员佩戴的，制作时应与出席证相区别。一般情况下，主席团证与出席证、列席证均制作成胸佩式。

（三）出席证

出席证是供出席会议的代表佩戴的，是会议证件中重要的一种。通常情况下，出席证的设计制作应紧扣会议主题，突出会议性质，便于识别和佩戴，并为本次会议其他证件的制作提供基准风格。

（四）列席证

列席证是供列席会议的代表佩戴的，设计的风格应与出席证相一致，但要有色差，便于区分。

（五）选举工作证

选举工作证是为一些带有选举任务的会议而制作的证件，制作时可为胸佩式，也可为胸挂式。

（六）记者证

记者证是供新闻媒体采访会议的记者佩戴的，制作时可为胸佩式，也可为胸挂式。

（七）工作人员证

工作人员证是供会议工作人员佩戴的，对于一些大型会议，由于工作人员较多，为便于区分工作职责，往往将工作人员证件用 A、B 等类别加以区分，制作时可为胸佩式，也可为胸挂式。

（八）车辆通行证

车辆通行证是为车辆进出会场和住地而制作的证件，通常由会议的安全保卫组监制和发放。

（九）签到证

签到证是供会议代表参加大会时使用的，目的是掌握代表到会情况。签到证分两种，一是纸介质签到证；二是磁介质签到证，包括 IC 卡和磁卡两种。纸介质签到证上需印有会议名称、会议时间、会议地点和注意事项，同时留出会议代表签字的姓名和单位空格。而对于磁介质签到证而言，制作时必须将会议代表的有关信息录入数据库，然后对 IC 卡或磁卡进行写卡。由于 IC 卡或磁卡的成本相对较高且具有重复读写性质，磁介质签到证的表面一般不印刷会议代表的单位、姓名，而只印刷“会议签到证”字样。为便于分发，可采用加贴单位、姓名签条或套信封的方法以示区别，并采取报到时发放到代表手中、最后一次大会签到后收回的方式，以提高利用率，节约开支。

第一次使用磁介质签到证时，工作量可能大一些，因为要建立与会人员基本情况数据库，但随着相关数据库日常维护的经常化，这项工作会逐渐显现事半功倍之效。

六、布置会场

（一）会场布置的基本要求

应根据会议的性质与主题、规模与规格、会期与要求、会场条件等综合考虑会场布置事宜。布置会场时应做到：会场的色调要协调，要与会议的类型和主题相适应；会场的座位排列要合理，要与参加人员的基本情况相适应。一般情况下，党代会应朴素大方，人民代表大会应庄严隆重，工作会议应简洁明快，表彰会应喜庆热烈，座谈会应和谐融洽。

（二）会场主席台布置

党政机关召开的会议通常设有主席台。主席台布置包括会徽、红旗、会标与回头标、桌椅、话筒与音乐、投影和影视放映设备、席卡、花草、茶水与方巾等。

（1）会徽。党的代表会议、党委全会、“七一”纪念会等使用党徽，人民代表会议使用国徽，政府的工作会议可用也可不用国徽，人民政协会议使用政协会徽，共青团的会议使用团徽，系统或行业性的工作会议可用或不用本系统或本行业的徽记。纪念性的会议悬挂会徽时，可在其正下方悬挂用阿拉伯数码表示的纪念起止年号（年号要用全称）。会徽应悬挂于主席台背景墙或幕墙的中央，大小应适当。

（2）红旗。悬挂会徽的会议，应在会徽左右两旁各斜插 5 面红旗。一般性的工作会议也可以不插红旗。

（3）会标与回头标。会标通常用会议全称，一些会议名称较长的也可使用规范性简称。会标通常使用红底白字，字体选用大标宋体或美术字，字的大小取决于舞台口的长宽比例，以美观为标准，会标悬挂于舞台口上方或主席台背景墙的上方。回头标适用于一些大型会议，内容应根据会议主题确定并报领导审定，回头标通常悬挂于二楼看台或主席台对面的墙体上部，红底白字，字体为大标宋体或美术字，大小应适当。

（4）桌椅。主席台桌椅的摆放应与主席台就座的人数相一致，无前挡板的桌子应使用桌布，椅背不宜过高，且桌椅要牢固。有主席团的会议还应设置阶梯式座位和报告台，报告台的位置应根据舞台口的大小确定，台口大的放于主席台（面向）的左侧，台口小的放中间。

（5）话筒与音乐。根据讲话人数的多少设置话筒，设置多组话筒时应大小规格一致，并注意检查话筒质量。

一些会议在开幕和闭幕时需放国歌、国际歌或会议颁奖时播放进行曲，需准备专用音乐，并要事先试放试听。一是不要放错曲目，二是不要放不出声音。

（6）投影和影视放映设备。需放映投影和影像的会议，在主席台上应事先布置好投影和影像播放设备，并应进行调试。

（7）席卡。席卡的质地有纸质和有机玻璃两种，根据主席台座次图摆放，做到一人一卡，席卡大小应与桌面的宽窄相协调。席卡的字体无特殊要求，可根据本机关的习惯选定，席卡姓名上方可使用徽记。

（8）花草。花草的摆放应根据季节和会议主题的需要而定，正式性的会议应多放绿色植物，庆祝会等多选用鲜花，以烘托会议气氛。花草选定后，应注意保湿，并对枯萎的花草进行更换。主席台桌面上不宜摆放插花，报告台上可用插花遮盖讲稿架。

（9）茶水与方巾。主席台桌面上通常放置茶杯和方巾，茶杯内事先放好茶叶

（夏季时可摆放小瓶矿泉水）。需要注意的是，应告知服务人员掌握加水的频率，对有大会发言的会议，应要求服务人员根据发言对象的变动而及时更换茶杯和方巾。

（三）会场座次的排定

1. 主席台座次的排定

主席台座次的安排分以下几种情况：

（1）主席团的主席台座次（见图 7-10 和图 7-11）。凡有主席团的主席台，第一排为主席团常务委员会成员，顺序按常委排列顺序从中间向两边排列；主席团其他成员按姓氏笔画排序，从第二排起自左向右安排（如有邀请代表列席会议并在主席台就座的，安排在第二排，主席团其他成员按姓氏笔画从第三排起自左向右安排）。

（2）一般性会议的主席台座次（见图 7-12 和图 7-13）。一般会议的主席台座次，第一排通常安排主要领导同志，从第二排起按领导职级大小从中间向两边排定。

第五排	28	29	30	31	32	33	34	35	36
第四排	19	20	21	22	23	24	25	26	27
第三排	10	11	12	13	14	15	16	17	18
第二排	1	2	3	4	5	6	7	8	9
过　道									
第一排	9	7	5	3	1	2	4	6	8

图 7-10　主席团常委为奇数时的主席台座次图

第五排	28	29	30	31	32	33	34	35	36
第四排	19	20	21	22	23	24	25	26	27
第三排	10	11	12	13	14	15	16	17	18
第二排	1	2	3	4	5	6	7	8	9
过　道									
第一排	7	5	3	1	2	4	6	8	

图 7-11　主席团常委为偶数时的主席台座次图

第三排	18	16	14	12	10	11	13	15	17
第二排	9	7	5	3	1	2	4	6	8
第一排	9	7	5	3	1	2	4	6	8

图 7-12　一般性会议主席台前排为奇数时的座次图

第三排	15	13	11	9	10	12	14	16
第二排	7	5	3	1	2	4	6	8
第一排	7	5	3	1	2	4	6	8

图 7-13　一般性会议主席台前排为偶数时的座次图

（3）特殊会议的主席台座次。特殊会议如报告会，主席台往往只设主持人和报告人（见图 7-14）。

报告人	主持人

图 7-14　报告会主席台座次图

2. 代表席座次的排定

（1）有代表团的代表席座次。凡有代表团的会议，代表席座次按代表团名称顺序一字排开，根据代表席的座位数量和代表团人数合理划分每个代表团有几个座位，通常代表团团长、副团长坐第一排，并在团长座位前摆放代表团名称牌，代表团其他成员依次往后排座。

（2）一般性会议的代表席座次。在一般性会议上，地区、部门的主要领导安排在前排就座，其他代表依次往后排座。

3. 党的委员会会议的座次排定

（1）党的委员会全体会议（见图 7-15 和图 7-16）。常委按顺序在主席台就座。委员、候补委员按得票多少排序，在台下的中央，从第一排起自左向右依次就座。不是委员的领导人列席会议时，在台下左边的前排按序就座。纪委委员列席时，按姓氏笔画排序，在台下右边从第一排起自左向右就座。

主席台	9	7	5	3	1	2	4	6	8	10	主席台

领导人列席席						委员、候补委员席										纪委委员席				
5	4	3	2	1		1	2	3	4	5	6	7	8	9	10	1	2	3	4	5

图 7-15　常委人数为偶数时的座次安排

主席台	9	7	5	3	1	2	4	6	8	主席台

领导人列席席						委员、候补委员席										纪委委员席				
5	4	3	2	1		1	2	3	4	5	6	7	8	9	10	1	2	3	4	5

图 7-16　常委人数为奇数时的座次安排

（2）党的委员会常委会议。通常常委会议应有专设的会议室，采用椭圆形会议桌并配置固定话筒，常委在内圈就座，列席会议人员在外圈就座，记录人员设置专用记录台。由于常委会议召开的频率较高，人员相对固定，座次也就约定俗成，一般不需放置席卡。

4. 电视、电话会议

电视、电话会议一般都在专设的场所进行，其座位相对固定，主要是考虑到摄像的需要。其座次的排定有以下几种情况：一是本部门召开的，其座次同一般会议座次，只是规模略小些；二是参加上级机关召开的会议，一般不设主席台，根据参加会议的人员范围要求，其座次按顺序由前排中央向两边再向后排安排，同时在摆放席卡时，要在主要领导的座位前放置地区或机关单位名称简称的席卡；三是当上述两种情况同时发生时，应提前做好有关准备工作，先参加上级机关的会议，然后经过快速调整，转入召开会议的模式。

5. 座谈会、茶话会、欢送会等会议

座谈会、茶话会、欢送会等会议通常不设主席台，而使用圆桌或长条桌摆放为“口”字形或“回”字形。

（四）分组讨论的会场安排

有分组讨论的会议应安排各组的讨论地点。安排时应根据会议分组数量和各组代表人数的多少确定会议室数量，座位宜摆放为“口”字形或“回”字形，同时还应摆 3~4 个座位的记录台。是否摆放话筒应根据会议室空间大小和代表人数确定。如摆话筒，对于非保密性会议最好放置 1~2 路无线话筒和 2 路有线话筒，便于代表发言和召集人使用。

七、安排会议报到

（一）设置会议报到台

会议报到台通常用条桌安排在住地宾馆大堂门厅处，并用醒目标牌标示“×××会议报到处”。

（二）安排报到

会务组应安排有关人员组织报到。报到时应将会议文件（包括会议相关文件、会议须知等）、会议证件（包括出席证、签到证、通行证等）、会议用品（记录本、笔等）、房间钥匙、就餐券等一并交会议代表。会议代表无论是本人报到还是他人代为报到，都应在会议报到表上签字。报到截止时间到了以后，应收集汇总报到情况，并向有关领导报告。

（三）特殊情况处理

（1）临时换人的情况处理。对于临时更换会议代表的情况，要问明原因，确有特殊原因不能到会的，要请示领导本次会议可否另换他人参加。如领导同意，则发放有关会议文件和报到物品，并向其说明会议须知上的姓名不作变更，会场席卡可作调整，如性别不同又是两人合住的，需重新调整安排房间；如领导不同意，则按请假处理。

（2）因故迟到的情况处理。对于因特殊情况迟到的代表，要及时掌握，将其迟到的原因和时间的长短向有关领导报告，并将其会议文件和报到物品放会务值班室。

（3）多带助手的情况处理。对于一些会议代表因某种原因多带助手和驾驶人员的情况，要根据会议要求和会议住地、会场的实际情况，向领导报告后分别妥善处理。

八、准备预备会议会场

预备会议是为正式大会的召开而提前举行的会议，除党代表大会等大型会议需全体代表参加、选举通过主席团成员和代表资格审查委员会成员以及会议的有关议程，按正式会议的要求进行会场布置外，一般会议的预备会议主要由各组召集人、会议工作机构负责人参加。其目的主要是通报会议的重大意义、会议的日程安排和开好会议的有关要求等。预备会议会场布置时一般以简洁为宜，根据人数多少选择相应的会议室，并提前将会议时间和地点用书面或电话的形式通知到参加会议的所有人员。

九、做好会议筹备工作的有效措施

（一）抓好基础资料建设

平时应注意抓好基础资料建设，积累工作资料。基础资料建设是一项经常性的工作，应指定专人负责收集整理；要保持资料积累的连续性和适时性，遇有变化，及时更新。例如：出席各类会议和活动人员的情况，包括领导机构和组织的人员构成、排序及联系电话、联系人等；各接待场所的分布、容量、设施及道路交通情况；礼堂、会议室及主席台的大小和座位摆放条件等。

（二）抓好各项工作协调

会前工作事多量大，协调工作至关重要，要根据会议预案的内容，有针对性地做好组织协调工作，召开有关协调会议，互通信息，掌握工作进展情况，处理相关问题。为使会前工作做到任务明确、责任落实，可根据会前工作量的大小，制定会前工作任务责任分解表或工作统筹图，以有效把握各项工作的进展落实情况。

（三）抓好重点工作落实

会前工作准备的重点是根据会议的性质和领导的要求来确定的，通常情况下，做好预案、抓好检查是会前工作的重点，在进行预案准备时，必须明确分工，责任到人，确保工作的落实和按时完成。

（四）抓好相关业务学习

会议召开是有阶段性的，我们应当利用平时时间，加强有关会议业务知识的学习，从思想上、理论上、知识上进行必要的准备。对一些内容、人员、程序相对固定的会议进行模拟操作，有针对性地做好准备工作。在进行业务学习的同时，还应加强调查研究，对有关会前准备工作进行形式和程序的创新，不断提高会前工作准备的质量和水平。

第三节 会议组织工作

会议的组织工作，关键是要把握好会议的进程和会议效果，使会议衔接有序，召开顺利。

会议组织工作通常包括会议签到、分发会议文件、组织会议记录、编印会议简报、组织选举、安排参观活动、组织文娱活动、安排合影、会议新闻通稿、会议文件回收、会议资料归档、掌握会议贯彻落实情况、会议经费结算等。

一、会议签到

（一）手工签到

手工签到是传统的会议签到形式，具有方便、简单的特点。手工签到一是持入场券签到，二是在会场门口设置的签到台签字签到。持入场券签到需会议代表在入场前将自己的姓名和单位在签到证上填写好，在会场门口交会议工作人员即可。会议代表签字签到时，需在会场门口设置签到台，印好签到表格，备好签字笔等，供会议代表使用。

手工签到由于需要人工统计数据，因而到会人数的统计需要一定的时间，加上签到人与真实参加会议人员无照片对照核实，这是其不足之处。

（二）电子签到

电子签到是近年来发展起来的一种新型会议签到形式，具有方便、安全、快速、准确的特点。与会者持IC卡或磁卡签到证，在相应的验卡器上出示即可，签到显示屏可显示签到人的照片图像和相关信息，如单位、姓名、职务、代表团等。全部到会人数还可适时通过会场显示屏进行相关数据显示，使会议主持人和会议代表随时掌握代表到会情况，并可根据需要分类打印出详细的数据统计报表。

二、分发会议文件

（一）会议文件的类别

会议文件分为报告、决议（决定）、讲话、交流（经验）材料、参阅书目、会议须知和有关资料等。

（二）会议文件的分发

会议文件的分发分为报到时分发、会议中分发和会后分发三类。通常报到时分发的会议文件有会议须知、参阅书目、进行书面交流的交流（经验）材料和有关资料等，通常放在代表文件袋中，在代表报到时分送到代表手中；会议中分发的材料有报告、决议（决定）草案、讲话、大会发言的交流（经验）材料等，通常放在会场代表座位上，也可在会场门口分发，与会者人手一份；会后分发的材料有有关决议（决定）、需回去贯彻的领导讲话等，通常通过文书传递的方式分发。对一些需收回的秘密文件，应编号分发，并按要求严格掌握分发的时间和范围。

三、组织会议记录

（一）安排记录人员

会议记录是会议原始情况的记载，对于一些大型会议而言，会议记录工作尤为重要。应按会议分组安排好工作人员，便于他们参加会议的分组讨论，进行记录。

（二）会议记录的方法

会议记录的方法主要有笔记法和录音法，对于一些重要的会议最好两种方法合并使用，以求得最佳效果。

（三）会议记录的整理

会议记录的整理工作要求快速而准确，特别是一些重要的会议，会议记录需要及时整理出来，以便于编辑情况反映和会议简报，供领导参阅。现代科技可以将录音直接转换为文字，秘书稍加修改就可以完成会议记录的整理。

四、编印会议简报或情况反映

会议简报是会议情况的简要报告，一般情况下以正面反映会议情况为多，印发范围也较宽。情况反映是会议代表对会议情况的反映，带有一定的内部性，主要反映与会人员对一些重要问题、原则问题的表态性意见，对某些重要问题的不同看法，对当前存在问题的分析与建议，对某些问题比较深刻的见解等，印发范围较窄。会议简报和情况反映都是为领导掌握会议宏观情况而服务的，编印会议简报或情况反映是及时反映会议进程、交流会议情况、提高会议质量的一种有效方法，是领导同志全面了解会议动态的重要渠道。

编印会议简报或情况反映应注意：

第一，注意典型性和代表性。要抓重点、抓特点，对代表的发言进行筛选，要有典型性和代表性，不必要的、重复的内容或问题可以不编。

第二，注意真实性和公正性。要实事求是，准确客观，对记录的发言进行整理编稿时尊重事实和现实，同时要防止只报喜不报忧。

第三，体现快速性和简短性。文字要简练、篇幅要短小，真实迅速地反映值得注意的动态和问题，快速敏捷、讲求效率。

第四，注意保密性和安全性。对一些重要和具有保密内容的会议而言，要做好编印过程中的保密工作，严格控制分发范围，并按规定程序审签和分发。

五、组织选举

（一）制作选票和候选人简历

选票通常有手工统计选票和电子选票两种。制作选票时要讲究严肃性、科学性、准确性和可操作性，设计要合理，印制要清晰，姓名要正确，对重名的要在选票中加注单位以示区分。制作好的选票要清点过数，加贴封条，两人监管，妥善保存。候选人简历印制好后，通常在选举前发给代表，分发时应注意保密，并在会后收回。

（二）现场组织

（1）合理设置票箱。根据投票人数多少、会场桌椅布局，合理设置票箱数，科学摆放，方便代表投票。使用电子选票时，对电子票箱的机器设备要认真检查，确保运转正常。

（2）认真清点人数。正式选举时，会议应安排推选大会监票人、总监票人人选的程序，待会议代表通过后，在总监票人、监票人的监督下，选举工作人员开始清场，将非会议正式代表和无关人员请到会场外休息。要确保清点人数的准确无误，在向总监票人报告实到代表人数前，应与会议签到人数和应到人数相核实。

（3）准确发放选票。分发选票前，选票数量应经大会监票人过目，多余选票封存，要保证一人一票，同时要求代表按要求打“√”、“×”、“○”，或按要求对电子选票涂黑，另选他人的请端正书写姓名。

（4）快速准确统计。回收的选票应在大会监票人员的监督下快速统计，统计时一定要保证统计质量，统计选票时可采用计算机等现代化设备，以缩短统计时间。对废票的认定要由监票人确定。使用电子选票时，其统计结果直接交大会总监票人。在统计选票时，会场内可放映电影，以供会议代表等待结果。

（5）公布选票结果。选票的统计结果交由大会总监票人签字确认，在向大会报告结果前，应先分别向大会主席团常委会、主席团成员进行通报，这时工作人员应立即通知有关人员到指定会场集中。通报时，得票情况通常请工作人员宣读。

六、安排参观活动

根据会议主题和日程安排，如有参观内容时，应按会议预案进行组织。

组织参观时安排一路还是多路，要根据参观点的数量、道路情况和会议代表人数等综合考虑。在组织多路参观时，参观车队的交汇点宜选择在比较宽阔的道路上。

安排参观时，要做的工作有：组织好前导车、代表车辆和收容车，掌握好车速和各参观点的停留时间，提前发出相关通知，提醒会议代表准时乘车等。

七、组织文娱活动

由于现代传媒的普及和多样化，现在多数会议已不组织文娱活动，只是提前与代表住地的宾馆、饭店联系，请他们开放娱乐设施供代表们选择使用，同时备选一些碟片在闭路电视中播放。

如需安排娱乐活动，应做的工作有：一是提前进行娱乐活动项目的选定，报领导审定。如举行专场演出，还应与宣传、文化、广电、演艺等部门配合，提前协调和准备节目，并安排时间进行审查。二是分发票号，组织车辆。三是张贴广告和印发书面通知；四是现场引导领导同志就座。

八、安排合影

一般会议都安排合影，其工作内容有：

第一，与摄影社取得联系。告知摄影社合影时间和地点，以便安排摄影技术人员勘察场地，准备摄影器材和站位架。

第二，提前绘好合影站位图（见图 7-17 和图 7-18）。合影站位图绘好后，送领导审定，之后付印分发给会议代表。

第三，现场进行人员调度和安排。待代表站好后，再请领导按椅背上的名号就座。

18	16	14	12	10	11	13	15	17
9	7	5	3	1	2	4	6	8
9	7	5	3	1	2	4	6	8

图 7-17　领导为奇数时的站位图

15	13	11	9	10	12	14	16
7	5	3	1	2	4	6	8
7	5	3	1	2	4	6	8

图 7-18　领导为偶数时的站位图

九、会议新闻通稿

对于一些大型会议而言，会议新闻往往采用播发通稿的形式进行报道。会议新闻通稿的拟写一般由宣传报道组负责。根据会议的性质和内容，新闻通稿撰写的深度和广度应有所区别。一些重要会议的新闻报道还要在履行严格的审批手续后，方可播发见报。

十、会议文件回收

当会议临近结束时，会议上发放的会议文件根据要求有一些需回收的，应在会议代表离开住地前将其收回；对一些应收回而被会议代表带走的文件，在会议结束后，应立即与会议代表取得联系，将会议文件收回。同时要求宾馆、饭店、会场对可能散失在代表房间和会场、会议室的文件进行清理集中，交回会务组的文件收发室。

十一、会议资料归档

会议上分发的文件和会前、会中、会后组织工作中所形成的所有资料，均应作为归档的对象，并指定专人负责。特别是一些大型的、重要的会议，更需对会议文件、资料进行及时收集和整理，待会议结束后按会议资料归档要求进行归档。

会议资料通常分为六类：

第一，会议文件类。它主要包括会议须知、会议报告、领导讲话、决议（决定）、交流（经验）材料、主持词、选举说明、有关资料等。其中一些文件的草稿本、定稿本、正本均应收集齐全。

第二，会议预案类。它主要包括会议预案拟定的草稿本和定稿本、代表座次安排图等。

第三，会议简报总结类。它主要包括会议记录、会议简报、情况反映、会议总结报告等。

第四，会议新闻报道类。它主要包括新闻通稿、新闻照片、新闻电视光盘、有关本次会议新闻报道的报纸等。

第五，会议证件类。它主要包括本次会议所制作的全部证件。

第六，会议经费结算类。它主要包括会议经费结算清单等。

会议资料整理通常将一次会议所发生的文件、资料作为一卷，“一会一案”，并于会议结束后抓紧进行，装订成册后送档案室归档。

十二、掌握会议贯彻落实情况

会议结束后，各地、各部门、各单位的贯彻落实情况要及时进行收集整理，向领导或上级机关反馈有关信息。掌握会议贯彻落实情况的方法一般有三种：

第一，电话联系。根据会议的要求，通过电话的形式，将下级贯彻会议的情况作简要了解。

第二，书面催报。要求下级机关和单位通过书面报告的形式，将贯彻落实会议精神的情况进行上报。

第三，实地了解。组织人员深入基层实地了解会议精神贯彻情况，主要用于对重点地区和单位的检查了解，这样可以有针对性地发现和帮助解决贯彻会议精神中出现的问题。

无论采取何种方法，都必须实事求是地了解下级机关、单位贯彻落实会议精神的真实情况，如实整理汇总上报，防止信息失真。

十三、会议经费结算

会议结束后应与宾馆、饭店、会场等有关单位就会议的开支情况进行经费结算。会议经费的类别有：人员的食宿费用，租用会场、会议室的费用，租借车辆的费用，文件印刷的费用，通讯传真的费用，医药费用，文娱活动费用，证件制作费用，会议用品费用，租用花草费用，等等。会议经费在结算过程中如超出预算经费较多时，应写出专题报告，详细说明会议经费超支的项目和数额，报分管领导审定。

第四节　会议规则

召开正式会议，除了必须遵守国家的各项法律法规外，必须有一个会议规则。会议规则是约束会议如何召开的规范。有了会议规则，会议就有了法律依据，就能有条不紊地进行，达到预期目的，同时又能保证会员行使权力和履行义务，便于与会者有效地接收会议信息。会议规则是提高会议质量和效率的保证。

2016 年 6 月 29 日，财政部、国家机关事务管理局、中共中央直属机关事务管理局联合印发了《中央和国家机关会议费管理办法》，对会议分类和审批，会议费开支范围、标准和报销支付，会议费公示和年度报告制度、管理职责及监督检查和责任追究，做了详细规定，所有党政机关必须严格执行。

会议规则大体有：一是国家根本法对集会、结社做出的规定；二是依照法律法规制定的议事规则；三是约定俗成的习惯做法。会议规则大体包括会期、会员、议事、议程、议决规则。国际会议有一套独特的规则。

一、会期规则

会期是指会议的时间及频度的要求，包括何时举行会议、开多长时间的会议和多长时间开一次会议。临时性会议是因需要而及时召开的应急会议，如处理突发事件、防震、防洪、防汛、防风、抗旱等会议，十万火急，不得延误，这些会议不存在“何时召开”的问题。这类会议通常开得简短、紧凑，大多是一次性会议，因此也不存在“开多长”和“多长时间开一次”的问题。会期规则主要适用于国家机关、党团组织、群众团体及其他团体定期召开的例行会议。

（一）权力机关的会期

我国的权力机关是全国和地方各级人民代表大会及其常务委员会。

我国宪法规定，全国人民代表大会会议每年举行一次。如果全国人大常委会认为有必要，或者1/5以上的全国人民代表大会的代表提议，可以临时召集。

我国地方各级人大会议每年至少举行一次。经1/5代表提议，可以临时召集。

我国对全国人大和地方各级人大举行会议的具体日期和会期长短没有做出规定。但我国人大议事规则只规定于每年第一季度举行；每届人大第一次会议在本届人大代表选举完成后两个月内举行。

（二）行政机关的会期

国家行政机关例行会议的会期大致是：政府全体会议原则上半年召开一次，常务会议每周召开一次，政府部门例会每周召开一次。

（三）党团组织的会期

《中国共产党章程》对党的会期做出了规定。党的全国代表大会每5年举行一次。中央委员会认为有必要，或者有1/3以上的省一级组织提出要求，可以提前举行；如无非常情况，不得延期举行。中央委员会全体会议每年至少举行一次。

地方党的代表大会每5年举行一次。特殊情况下经上一级委员会批准，可以提前或延期。党的地方各级委员会全体会议，每年至少召开两次。

《中国共产主义青年团章程》对团的会期做出了规定。团的全国代表大会每5年举行一次，特殊情况下可提前或延期举行。团的省、自治区、直辖市、省辖市、自治州代表大会每5年举行一次；县（市、旗）、市辖区每3年举行一次。团的地方各级委员会全体会议每年至少举行一次。

（四）其他组织的会期

其他群众组织和社会团体的会期一般由相关的章程规定，会期大体相同。例如，《中华全国妇女联合会章程》规定，全国妇女代表大会每5年举行一次，在特殊情况下，经执委会讨论决定，可提前或延期召开。全国妇联执委会全体会议每年举行一次。地方各级代表大会一般每5年召开一次，乡镇、街道妇女代表大会每3年举行一次，特殊情况下经执委讨论决定，可以提前或延期举行。地方各级妇联执委会全体会议一般每年举行一次。

二、会议成员规则

会议成员，或称会员，这里是指出席会议的人员。会议成员规则是规定与会者资格、权利与义务的规则。会议成员的构成因会议性质不同而迥异，通常由会议主办部门根据会议的目的任务而确定与会人员，会议成员资格都是临时赋予的、一次性的。出席这种会议会员的权利义务比较单一，不少会议只有聆听的义务，而没有议论或议决的权利。因此，会议成员规则是对例行会议成员的规定。从会议类型上说，会议成员规则主要规定法定性会议、决策性会议和工作性会议的与会者的范围、权利与义务。

（一）权力机关会议成员规则

权力机关的会议成员规则最为严格，包括会议成员的资格、会议成员的权利和义务等。在会议成员的资格问题上，各类代表大会为正式代表。如，全国人大代表是由各级人大选举出来的；党代表大会的代表一般由下级党组织召开党代表大会或党员大会选举产生；因故不能召开上述会议时，则由下级党委召开党委全体会议或党委扩大会议在充分酝酿协商的基础上选举产生。

代表的资格通常需要严肃认真的审查。审查的内容包括：是否合乎代表的条件；选举手续是否完备；代表获选到党代会举行前的现实表现；等等。

（二）行政机关的会议成员规则

行政机关的会议成员规则主要规定与会人员的范围、人数。《中华人民共和国国务院组织法》规定，国务院会议分为国务院全体会议和国务院常务会议。与会人员范围是：全体会议由国务院全体成员组成，即包括总理、副总理、国务委员、各部部长、各委员会主任、审计长、秘书长；常务会议由总理、副总理、国务委员、秘书长组成。

各级行政机关的会议成员规则大体和国务院会议组成相同。如《深圳市人民政府工作规则》规定，市政府全体会议由市政府组成人员组成，即市长，副市长，秘书长，市政府组成机构的局长、主任，市政府副秘书长、各区区长及市政府其他部门的负责人列席会议，必要时邀请市人大常委会、市政协、市中级人民法院、市人民检察院、市委有关部门及有关单位的负责人参加。市政府常务会议由市长、副市长、秘书长组成，根据需要市政府副秘书长、有关部门主要负责人和各区政府负责人列席，必要时邀请市人大常委会、市政协的负责人参加会议。

行政会议与会人员的确定要坚持精简的原则，要严格控制与会人数。例行会议中，要保证正式人员出席，又要严格控制列席人员。无限制地任意扩大列席会议者的范围，会造成大量的人员陪会，或者以列席人员代替正式人员参与会议的讨论和议决，影响决策的结果。

（三）社会团体的会议成员规则

社会团体召开的会议，其参加会议人员的规则因会议内容、性质不同而不同。代表大会或会议成员大会，会议成员规则和权力机关的会议成员规则大体相同，有些要经过一定程序选举产生和会议成员资格审查认定；有些则由全体成员或会议成员参加。工作会议就有各种具体情况。一般要在团体章程和组织规程中规定参加会议人员的范围、人数以及权利义务。

在社会团体中，会议成员的地位是平等的，与会人员的权利义务也是一样的。与会者有讨论和表决的权利，同时有遵守会议规则、维护会场秩序的义务。

三、议事规则

议事规则是会议举行的基本法则。从大的方面说，包括会议的举行、召集，议案的提出和审议，选举任免人员，发言和表决等。

（一）法定人数规定

如果你出席一个临时性会议，可以不去注意出席会议的人数。即使主持会议，不论人数多少都可以开会。但是，当你出席一个法定性会议时，就必须时刻注意出席人数，因为这里有一个法定人数问题。没有达到法定人数，主席或主持人不能开始会议；出席者可以提出疑问：“今天参加会议的人达到法定人数了吗?”

法定人数是指举行会议、通过决议和进行选举时所需要的人数，是一个组织为求合法性而被要求在与会人数上达到一定的数目和比率。没有达到法定人数，会议不能举行；即使举行，所进行的选举、表决也是无效的。

永久性团体需要法定人数。如，全国人大议事规则规定，全国人民代表大会会议有2/3以上的代表出席，始得举行。大会全体会议表决议案，由全体代表的过半数通过。宪法的修改，由全体代表的2/3的多数通过。地方各级人民代表大会进行选举和通过决议，以全体代表的过半数通过。

各国权力机关举行会议的法定人数一般规定为全体代表的半数以上。通过决议，一般以多数通过即为有效。宪法的通过和修改通常需要有全体成员 2/3 以上的人赞成，方为有效。

（二）召集人规定

凡是会议，总得有人来召集。有的是某单位发起和组织，有的是某一领导指挥和调度会议。会议的召集人是指会议的组织者和指挥者。各类会议的召集人有所不同。有的会议是由有关法规明文规定的，有的则是由专门制定的会议章程所规定的，还有一些是按照惯例确定的。

法定性会议对召集人的规定比较严格。我国宪法规定，全国人民代表大会会议由全国人大常委会召集。每届全国人大第一次会议由上届全国人大常委会召集。全国人大议事规则规定，全国人大会议举行前的预备会议由全国人大常委会主持，每届首次会议由上届常委会主持。由预备会议选举产生的主席团举行会议由主席团常务主席召集并主持。其他团体组织法定性会议的召集规则大体和全国人大的规定相同。

行政会议的召集人一般是行政长官。如在我国，国务院组织法规定，国务院全体会议和常务会议由总理召集和主持。政府各部委的部务会议、委务会议由各部部长、各委员会主任召集和主持。地方各级政府及其部门的行政会议，召集方式大体同上。如，深圳市政府的会议规则规定，市政府全体会议和常务会议由市长或市长委托副市长主持；市长工作会议由市长或副市长主持，必要时可委托秘书长主持；涉及两位副市长分管工作的，可共同召集。

有些会议的召集人由会议推选产生。如，广东经济发展国际咨询会议由主席主持，而主席是由顾问在全体会议上推选出来的。

（三）发言规则

发言是每个与会人员参与会议的主要方式，也是会议成员的基本权利。

一般会议的发言是发表意见和参与讨论。其发言规则有：发言要在会议允许的情况下进行，有的要经主席或主持人同意才能发言；发言必须围绕会议的议题进行，不能东拉西扯，“离题万里”；在所有与会者轮流讲完之前，一人不能讲两次；发言严格控制时间，一般一人发言在数分钟之内，切忌长篇大论，滔滔不绝。

法定性会议的发言较为严格，一般要注意以下几点：

（1）发言的顺序。提议人或报告人有优先发言权，用于解释议案，同时有最后发言机会；未发言者有优先权，少发言比多发言者有优先权；赞成与反对双方轮流发言，双方发言机会均等。

（2）发言的次数和时间。全国人大议事规则规定，代表在大会全体会议上发言，每人可以发言两次，第一次不超过 10 分钟，第二次不超过 5 分钟。主席团会议第一、二次发言时间分别为 15 分钟和 10 分钟，经主持人许可可以适当延长。

（3）必经许可。全国人大议事规则规定，要求在全体会议上发言，应当在会议前向秘书处报名，由大会执行主席安排发言顺序；临时要求发言，要经大会执行主席许可。

（4）发言受法律保护。全国人大议事规则规定，全国人大代表在全国人大各种会议上的发言受法律保护，不得追究发言者的责任。

（四）议事方式规定

议事方式一般采取公开的方式进行，即在议事过程中准许旁听和发表记录。这种方式一般称为公开会议。按照我国人大组织法规定，全国人大会议公开举行，代表在各种会议上的发言，整理成简报印发会议，并可以根据本人要求，将发言记录或摘要印发会议；大会设旁听席；大会举行新闻发布会和记者招待会。

也有的议事采取不公开的方式进行，也就是不设旁听席，议事过程不公开，议事记录不发表，这种方式称为秘密会议。按照我国人大组织法规定，必要时可以举行秘密会议。举行秘密会议，要经主席团征求各代表团的意见后，由各代表团参加的主席团会议决定。

四、会议程序规则

会议程序关系到会议的目的、任务、方法，是指对已确定的议题列出先后顺序，然后依次进行审议。议程应在会议进行之前确定，拟定会议程序要按照有关法律、规定和领导同志的意见进行，要认真细致，周到全面，不可疏忽遗漏。不同的会议所拟定的程序要体现会议的特点，不可千篇一律。程序只供领导同志主持会议时参考，不发给其他与会人员。

会议程序一般为："议题—议论—议决"，或"传达—部署—落实"，或"报告—讨论—总结"，等等。具体议程大体包括：

（1）宣布会议开始；

（2）宣布会议的宗旨及任务，有的还要介绍筹备情况；

（3）大会报告；

（4）大会或小组讨论；

（5）选举领导机构；

（6）讨论下一阶段计划；

（7）讨论通过其他事项；

（8）表决会议决议或宣读会议议定事项和议决记录；

（9）散会。

例一：

中国共产党第××次

全国代表大会第一次全体会议程序

（××××年×月×日上午）

一、中国共产党第××次全国代表大会现在开幕

二、全体起立

三、奏《国际歌》

四、中国共产党第××次全国代表大会应到正式代表××人，候补代表××人

因事因病请假正式代表××人，候补代表××人

今天实到正式代表××××人，候补代表×××人

五、请××同志致开幕词

六、请××同志代表××届中央委员会做报告

七、休会

例二：

××省委第×次常委会议议程

（20××年×月×日上午）

一、省委关于贯彻党的十六大精神的意见，×××同志说明。

二、省委组织部提出的干部任免事项：

1. 关于×××同志任职的请示。

2. 关于××、×××同志职务任免的请示。

五、审议程序规则

会议代表在审议议案、工作报告、国家计划、财经预算和决算报告时需要按一定的程序进行。审议议案的主要规则有：

其一，议案的列入。议案由主席团决定是否列入会议议程，或交由专门委员会审议，提出意见后交由主席团决定是否列入。

其二，议案的提交。将主席团通过的议案处理意见、报告印发大会。列入会议议程的议案，提案人要提出关于议案的说明，或由有关委员会提供相关的资料。

其三，议案的审议。由各代表团进行审议，主席团可以交有关专门委员会进行审议、提出报告，再由主席团审议决定提请大会全体会议表决。

审议报告的规则与审议议案略有不同。主要有：

（1）向会议提出报告，经各代表团审议，会议做出决议。

（2）有关报告应提前交由有关委员会审查。

（3）有关专门委员会对报告的审查意见要及时印发会议。

六、选举程序规则

选举是各级各类法定性会议的一项重要议程，选举过程是严格按照有关程序进行的。选举程序包括有关组成人员的选举、罢免和任免。主要程序有：

其一，提名。选举人选一般由主席团提出。经由各代表团酝酿协商后，再由主席团根据多数代表的意见，确定正式候选人名单。

其二，说明。候选人的提名人应当向会议介绍候选人的基本情况，并对代表提出的问题作必要的说明。

其三，选举。采取无记名投票方式，超过半数者当选。选举或表决任命议案时，设秘密写票处。

其四，公布。选举或表决结果由会议主持人当场宣布，同时公布候选人的得票数。

七、立法程序规则

国家权力机关在制定、修改或废除法律方面的活动程序，就是立法程序。这一程序规则要求最高，规定最严格。

立法程序包括四个阶段：

其一，提出议案（动议）。提出议案，即被授予专门权限的机构和人员向权力机关提出法律和决议草案。会上只有正式动议才是合法建议，只有属于会议职权范围内的议案才能列入会议议程。我国宪法规定，人大代表和人大常委会组成人员有权依照法律规定的程序分别提出议案；人大组织法对提出议案做出了更加详尽的规定。地方各级人大举行会议时，主席团、常务委员会、本级人民政府和有3人以上附议的代表可以提出议案。

其二，审议议案。审议议案，即对动议所提出的问题交换意见或进行辩论。列入会议议程的法律案，人大全体会议听取该法律案的说明后，由各代表团审议，并由法律委员会和有关的专门委员会审议。法律委员会根据各代表团和有关的专门委员会的审议意见，统一审议后向主席团提出审议结果报告和法律案修改稿。主席团审议后印发会议，并将修改后的法律案提请大会全体会议表决。

其三，表决。表决即对动议中提出的建议表示赞同或不赞同而做出决定。表决方式采取投票、举手或其他方式。我国人大组织法规定，修改宪法采取投票方式表决。

其四，公布。公布即宣布结果，把表决结果正式告诉与会者。公布方式包括口头公布和书面公布两种。普通会议采用口头方式，重要会议则用书面形式，以文件形式公布或刊发在刊物上。

八、表决规则

每当动议讨论结束，主席或主持人就会发问：“还有什么意见吗?”当得到否定的回答后，就会把问题付诸表决。表决是会议结果的一种表现形式，是会议程序的重要一环。选择表决方式，遵守表决规则，是表决结果有效性的重要保证。参与表决也是每个与会者的权利，只有了解表决规则，才能正确行使这一权利。

不论使用哪种表决方式，都必须统计表决结果，并记录在案。表决结果要当场公布，告诉与会者。普通会议采取口头宣布的方式，重要会议则采取书面形式，以正式文件的形式发布，或在一定的刊物上刊载。

（一）口头表决

每当问题即将付诸表决时，就面临对表决方式的选择。常见的是口头表决方式。出席会议人数较少、容易统计表决结果时，可以采用这种方式。

口头表决的方式有三种情形：

(1) 口头表决。口头表决通常是口头表示同意或不同意。有时主持人征求与会人员意见，默许也被看作同意。

(2) 呼声表决。呼声表决就是用呼声大小来决定表决结果。由于这类表决方式难以统计结果，除人数较少的会议外，一般不采用这种方式。

(3) 点名投票。点名投票实际上是一种口头和投票表决相结合的方式。由会议秘书或大会指定人员逐个点名，当点到会议成员名字时，答“同意”、“不同意”或“弃权”（不出声）。这种表决方式有留有记录的优点。

（二）举手表决

举手表决是最基本的也是传统的表决方式。这种方式便于统计表决结果，许多会议都采用这种方式。和这种方式相似的有起立表决。如果涉及个人不便公开表决时，就不宜采取这类表决方式。

（三）投票表决

投票表决是最庄重、最科学的一种表决方式。它克服了口头表决不易统计、举手表决不易保密的缺点，又便于统计，即便规模较大的会议，统计起来也较为方便。同时，可以设秘密写票处，表决者可毫无顾虑地充分表达自己的意愿。现代科技发明了电子表决器。代表们只要按照自己的意愿按下赞成、反对或弃权的按钮即可。

（四）鼓掌表决

经常可以看见一些会议采取鼓掌通过的形式进行表决。这是一种不很科学的表决方式。因为这种方式无法统计表决结果，也会令与会者无所适从。这种表决方式一般很少采用。

九、国际会议规则

国际会议规则是由相关国际组织所制定的。随着我国的改革开放和现代化事业的推进，国际交往越来越多，我们参加国际组织和国际会议、参与组织和承办国际会议的机会也越来越多。掌握国际会议规则，就能更好地利用国际会议实现参加会议的目的；同时，研究国际会议规则也是为了更好地借鉴国际规范做法，使我们的会议开法与国际惯例接轨，树立我国对外开放的良好形象。

（一）国际会议的召开

国际组织的会议有例行会议和特别会议之分。例行会议是定期召开的会议，如联合国大会的例行会议每年举行一次，在 9 月的第三个星期开会。紧急情况或特殊情况下召开的会议叫特别会议，会期自定。

举行例行会议或特别会议，都由会议召集机构或组织秘书长事先发出通知。提前时间为：例行会议为 60 天前，特别会议在 14 天前，紧急会议在 12 小时前。

（二）会议代表

国际组织或国际会议的会议代表一般都由该组织或会议的章程所规定。正式成员都有参加会议的资格，非正式成员只有受到邀请才能参加。如果是少数国家发起的会议，只有发起国家和受到邀请的国家才能参加。如，联合国大会和安全理事会会议，会议成员国和理事国才能参加。

以“观察员”身份参加会议，或临时被邀参加某一会议的代表，在会议中具有什么权利，如旁听权、发言权、陈述权、提交书面文件权等，都由会议规则加以明确。这类会议代表通常都没有表决权。

会议代表的人数一般都有规定。如，联合国大会的成员国代表一般不超过 5 名代表和 5 名副代表。副代表经代表指定，可代行代表职务。

国际会议代表通常有资格认定问题。如，参加联合国大会的代表必须提交全权证书，并规定必须在会议开幕前一周将全权证书和其他成员名单递交秘书长。

（三）会议主席

每次会议都在会议开始前从代表中选举主席一人，副主席若干人。主席因故不能出席会议，指定一名副主席代行主席职务，其权力、职责和主席相同。

主席的职权主要有：①宣布会议开始和散会；②主持会议的讨论；③主持表决并宣布决定；④裁决会议程序，维持会议秩序；⑤提议休会、暂停会议或暂停议题讨论；⑥会议规则规定的其他职权。

一般国际会议规定，主席和代行主席职务的副主席不得参加表决，但指定所属代表团的另一成员代为投票。讨论的事项有利害关系时，主席应当回避。

（四）会务机构

一般国际会议的会务机构设置为：大型会议设总务委员会，执行会议的组织工作和其他工作，类似我国的大会主席团；下设秘书处处理事务性工作。小型会议则不设总务委员会，由大会秘书处执行有关组织工作。

总务委员会是会议的组织机构。如，联合国大会的总务委员会由大会主席、副主席和主要委员会主席组成。其主要职权是协助主席处理一般事务，协调各方面的工作。

秘书处为处理一般事务的办事机构，负责人为秘书长。秘书处的主要职责是：①接受、翻译、印制和发放大会文件；②编印和散发会议纪要、记录；③负责大会发言的口译；④负责会议文件的管理。

（五）议事规则

国际会议的议事规则大体包括议程、讨论、表决等内容。

国际会议的议程通常分临时议程和正式议程。临时议程是做出正式议程之前，由秘书处或会议筹备组织，提供大会审议决定的议事项目。临时议程经大会讨论通过后成为正式议程。

讨论或称辩论、审议，是大会议程中的重要阶段。一般的讨论议程是：听取报告——般性发言一大会讨论，或交由某一委员会审议—大会审议—大会做出决议草案—提交大会表决。

表决是一个议程的终结，是会议对于某一项议程项目做出的决定。国际会议中表决权是一个基本问题，出席会议的成员国不论大小，都有一票表决权。原则上采取多数表决通过的规则。一般的国际会议采取举手或起立的方式进行表决；也有以点名投票的方式进行表决，点名表决时分别回答“赞成”、“反对”或“弃权”。表决也可以利用机械、电子设备进行，以无记录表决代替举手或起立表决，以记录表决代替点名表决。

第五节　会议中的生活管理与服务

一、会议生活服务工作

会议的生活服务工作对于保证与会人员身体健康、精力充沛地参加会议具有重要的意义，应当认真对待，不可认为其无关紧要而掉以轻心。会议生活服务工作大体包括以下内容：

（一）迎接与会人员

会议秘书部门接受会议接待任务后，要尽快掌握需接待与会人员的人数、身份，包括职务、级别、年龄、性别等。对于外地与会人员，有条件的可为他们安排好来程交通工具；对自备交通工具的外地与会人员，要弄清楚他们所乘飞机、动车、汽车或轮船等交通工具的班次、抵达日期和具体时间，及早安排接待人员、车辆，安全、准时接站。同时要做好各项生活服务准备工作，迎接与会人员的到来。

（二）食宿安排

（1）住房安排。大中型会议由于与会人员多，一般需要租用招待所、饭店、宾馆，供与会人员住宿。选择招待所、饭店、宾馆，除了要考虑到住房、饮食、卫生等条件外，还要考虑到会议室是否够用的问题。安排住房时，要根据与会人员职务、年龄、健康状况、性别和房间条件等进行综合考虑，统筹安排。尽量将老同志、身体弱的同志、女同志安排到向阳、通风、卫生条件比较好的房间，将年轻的、身体健壮的同志安排到条件相对较差的房间。注意不要把汉族同志同生活有禁忌的少数民族同志安排到一个房间。对有打呼噜等习惯的同志，要妥善安排，尽量不要影响其他同志的休息。

（2）饮食服务。会议饮食直接关系到与会人员的身体健康。要按照国家有关部门规定的标准，尽最大努力满足与会人员饮食方面的合理要求。认真做好饮食预算、采购、烹调、就餐等工作。要努力调动烹调人员的积极性，优质高效地搞好餐厅服务工作。饮食要干净、卫生、美味可口，尽量照顾到不同口味的人的需要。要照顾病号，照顾少数民族同志，照顾有特殊需要的与会人员。有条件的可设立病号席、清真席，实行分餐制。对因开会误了开饭时间的人员，应预留饭菜。

（3）居住服务。会议所住招待所、饭店、宾馆，要提高服务水平，搞好居住服务。保持住房、卫生设施清洁干净。有条件的应设立日常生活用品小卖部、理发室等，开辟活动室、健身房、阅览室。服务人员应热情、周到、文明、礼貌，使与会人员有宾至如归之感。

（三）安排会议领导看望

与会人员报到后，有关部门应组织会议领导部门的领导到与会人员住地看望，实地检查生活服务工作情况，征询与会人员对生活服务工作的意见。工作人员要安排好会见地点和陪同人员等。这项工作可以体现会议领导部门对与会人员的关心，也是互相沟通、增进了解、增强感情的渠道，应当认真组织好。

（四）医疗卫生保健

会议的医疗卫生保健同与会人员的身体健康关系极大，必须采取有效措施，做好会议的医疗卫生保健工作。要建立健全集体生活的各项卫生制度，主要包括疾病治疗、食品卫生、饮水卫生、会场卫生、住宿卫生、个人卫生、环境卫生等方面。可根据会议性质和规模与有关医院联系，请其派出医务人员在会议住地设立医务室或约定就诊医院，负责与会人员和会议工作人员的医疗保健工作。并应同附近医院沟通联系，保留一定数量的床位，以备不时之需。会议医务室的医务人员应掌握与会人员的身体状况，为年老多病的同志做好保健卡片，重点保健。开会时，应视情况在会场附近设立一个或几个医疗点，以防不测。要做好健康咨询，搞好卫生防疫，防止流行性疾病。协助有关部门搞好饮食卫生，防止病从口入，所有食品均须符合国家食品卫生法的规定，必要时应采取抽样检查或全部检查的办法，严格进行化验，不得麻痹大意，防止发生食物中毒事件。饮用水必须煮沸，餐具、茶具必须洗净消毒，被褥应勤洗勤换，周围环境要打扫干净。

（五）通信保障

在信息时代，通信起着越来越重要的作用。为了保证会议同各个方面的联系畅通无阻，保证与会人员远在千里之外仍能对其所领导地区、部门的工作实施领导，应对会议通信畅通做好保障工作。通信保障的基本要求是迅速、准确、保密、稳定。要建立或利用纵横交错的通信联络网络，保证会议使用的电话、电传、电脑网络、电子邮路、数据通信电路等畅通无阻。在保证通信畅通时还要注意保密，防止敌特窃听。

（六）交通保证

会议的交通保证是一项重要工作，应当尽力做好。要根据会期长短、与会人员数量多少等实际情况，本着既保证工作又勤俭节约的原则做好交通安排。交通管理的主要任务是车辆组织、用车制度、车辆调度、租车管理、用车检查和驾驶人员的管理。组织车辆应根据需要来安排。如果会议住地距会场较远，必须有车辆接送与会代表，那就要按与会人数尽可能组织足够的车辆，以保证会议的需要。对于集体活动用车，因为车多人多，必须加强派车管理、用车检查和驾驶员的管理，保证与会人员对号入座、有序乘车。零星用车，必须建立用车制度，规定用车的范围和任务，履行批准手续。至于领导干部用车，则应按规定予以保证。

会议交通安全工作，任务繁重，责任重大，务必要配合保卫部门努力搞好。会场、住地附近要开设必要的停车场，大车、小车、自行车、摩托车都必须停放于指定地点，不得随处停车，必要时应设人看管。进出车辆必须服从交通指挥人员的管理，不得争先恐后。必要时应配备交通警察，现场指挥。行车路线必须明确划分，要人车分离、各行其道，不能混行。对机动车驾驶人员必须进行慢行礼让的教育，不要与人流、自行车争道；对所有人员都要进行交通制度的教育，不为一时争先而造成伤亡事故。

（七）文娱活动安排

适量的文娱活动对于调节会议气氛、保证与会人员身心健康有着良好的作用。所以，应根据会议的日程，本着有劳有逸、劳逸结合的原则，安排适量的文娱活动，丰富与会人员的会余生活。文娱活动一般应以电影、电视为主，辅以戏剧和体育表演等，并尽可能围绕会议主题认真加以选择。每次活动的时间应长短适度，适可而止，以免影响与会人员第二天的精力。集体参加文娱活动，要加强组织工作，认真做好具体安排。票证、座位、交通工具、出发和返回时间等都应具体筹划，妥善安排。各项文娱活动应按规定由本人购票，特殊情况需免费的，要按统一规定办理。至于会议期间的小型文化娱乐和体育锻炼，则应尽可能创造条件，满足与会人员的需求。

（八）办公用品保证

要尽力做好与会人员办公用品的供应工作。在与会人员报到后，应发给他们工作需要的文件袋、笔记本、笔等。还要准备一些其他常用办公用品，供与会人员使用。

（九）安排与会人员回程事务

有外地同志参加的会议，应根据会期长短、外地与会人数多少等实际情况，及早安排好外地与会人员的回程事务。要事先了解外地与会人员对时间安排、交通工具的要求，尊重他们的意愿。一般情况下，要按先远后近的次序安排。要掌握交通工具的航班、车次等情况，同民航、铁路、公路、港口等部门沟通联系，预订好飞机、火车、汽车、轮船票。届时应安排好送行车辆，派人将外地与会人员送至机场、车站、港口，待他们乘坐的交通工具启程后再返回。如有必要，还应安排有关领导同志为与会人员送行。

（十）经费管理

召开大中型会议前，应当做好会议经费预算。会议经费预算项目应当包括会场租用和布置费用、文件印刷费用、证件制作费用、办公用品费用、住宿费用、伙食补助费用、交通工具费用、文娱活动费用和其他符合规定的杂费支出。要根据国家有关财政规定，本着勤俭节约的原则，精打细算，减少开支，厉行节约，杜绝浪费。会议经费预算必须经过领导机构的审核，报请财政主管部门批准。现金报销应按规定的级别严格履行审批手续。会议经费的决算应当如实报销，经领导审核后报财政主管部门结算，如超过预算支出，须申明正当理由。如违反财经纪律，必须认真查究。

会议的接待及生活服务，人多事杂，各有需要，应该尽可能满足与会人员的合理要求。对过高要求，要耐心解释；对不合规定的无理要求，应说明情况，予以抵制。

二、会议警卫工作

高级党政机关召开的会议和大中型代表会议等，均需做好会议警卫工作，要按照有关规定，坚持内紧外松的原则，采取相应的警卫措施。还应当处理好加强会议安全工作与尽量减少扰民的关系，防止顾此失彼，扰乱民众的正常生活。

（一）会议领导成员的警卫工作

会议领导成员的警卫工作是会议保卫工作的重点，应该按照规定，坚持内紧外松的原则，采取相应的警卫措施，保证做到万无一失。由于会议时间集中，领导活动频繁，就不能仅按常规办事，要针对会议保卫工作的特点，机警灵活地做好领导成员的警卫工作。高级领导干部的专职警卫人员必须坚守岗位，集中精力，随身警卫，不能稍有松懈，并且要注意观察情况，做到心中有数，以便随时行动。对全体领导成员和各类来宾（含外宾）的警卫工作，也应指定专门保卫干部负责。要掌握领导活动路线和地点的治安情况，采取相应的警卫措施，并指导专职警卫人员的工作。在执行警卫任务当中，如遇异常情况，应及时报告领导，采取果断的处理措施。

（二）会议代表和其他有关人员的警卫工作

会议代表和其他有关人员的警卫工作直接关系到大家的生命财产安全，应该十分重视。应该根据会议代表的实际情况，加强会场、会址、住地、沿路各种活动的内部警卫，必要时应加派武装警卫。对于各种出入证件，要制作规整、加盖印章、严格检查，以防止外人混入。同时，要向代表讲明治安情况，提出具体要求，明确各项纪律，防止坏人乘机破坏。万一发生事故，要求大家听从会议领导和保卫人员的指挥。

（三）会议的保卫工作

会场、住址的保卫工作比较复杂，既有内部保卫，又有社会治安，应该会同地段公安机关，密切配合，共同做好。为了防患于未然，应对会议的各个会场和与会人员的住地事先做必要的检查，熟悉情况，堵塞漏洞，排除隐患，并为整个会议的内部保卫打下基础。对于会场、住址的社会治安，应该尽早向有关公安机关了解情况，共同研究，解决问题，制定协同执行任务的具体措施，并且要加强联系，互通情报，统一行动。会议期间，应指定专门人员负责内部保卫，注意社会治安，并请有关公安机关负责维护社会秩序。特别是内外重点、要害部位，应该密切注意，不可麻痹大意。为了保证会议的绝对安全，要把会议内外的警卫、保卫、治安人员组织起来，形成一个相互配合的战斗集体，建立明确的岗位责任制，使人人有岗位，处处有人管，避免出现无人负责的现象。并且要教育与会人员提高警惕，防止坏人作案，依靠群众做好保卫工作。对于一切危险苗头，一定要抓住不放，彻底查处。万一发生治安事故，应该临危不惧，冷静沉着，加以果断处理，并做好善后工作。

会议生活的保卫工作应该与生活管理工作结合进行，主要任务是保证饮食安全、集会安全、娱乐安全、用电安全、财务安全和使用各种设备的安全。在集体生活的条件下，需要特别注意这些问题。食品、饮水和饮料，要防备食物中毒或坏人投毒；集会要维持良好的进出秩序，防止拥挤伤人；娱乐要防止发生意外事故，不要涉险娱乐；个人财物要妥善保管，不要随处乱放，漫不经心；用电必须依照规程，不安全之处必须采取防范措施；使用各种设备，也要注意安全。为了达到这些要求，一方面要责成主管人员负起责任，做好工作；另一方面要教育与会人员，注意生活安全，懂得安全知识，保护自身安全。万一发生生活事故，应根据情况及时处理。

（四）会议的社会治安工作

会议环境的治安工作是搞好会议保密、警卫、保卫工作的基础，必须在会前充分做好社会调查。凡是与会议有关的周围环境的情况都应该调查、掌握。社会情况调查的主要内容有人口、地形、建筑物、各种设备、历史事件、现实状况、交通状况、危险人物、易出事故地段、易燃易爆物品等。为了掌握这些情况，不仅要与公安机关取得联系，还要与有关单位的保卫人员取得联系，依靠群众性的自保组织，请他们协助搞好会议环境的社会治安工作，对重点人物、重点地段采取特别的防范措施。还应当处理好加强会议安全工作与尽量减少扰民的关系，防止顾此失彼，扰乱民众的正常生活。

思考与练习

1. 开会为什么一定要先明确议题？分析议题不明的会议可能导致哪些弊端。

2. 读下面一段文字，再调查一家企业，然后归纳出在上司外出开会前，企业秘书应该做哪些文书材料方面的准备。

董事长、经理们的文件袋里应包括所有与会议有关的资料。所有的议程、报告、票券、预备会的备忘录、往来信件和其他重要资料副本都要放入文件袋内。

当然，要是外出开会，文件袋内还应有旅行资料和施行路线图。文件袋上应该贴上会议名称，正在召开的会议的地点、日期及其他有关的资料标签。秘书将会发现，当其上司是大型会议的主持者时，卷宗标签应包括会议名称或名称的缩写、与会议有关的细目、将要举行会议的城市名称及有关日期等。

3. 下面是某大学学院聘请名誉教授、顾问的会议议程安排。各个环节的衔接是否流畅，能否通过议程的调整将会议的时间再压缩一点？

聘请兼职教授典礼程序：

2：45　参加典礼的人员入场。

3：00　校领导、院领导、名誉教授及顾问入场；介绍到会校、处级领导。

3：05　宣布大会开始。

（1）×××院长讲话 6 分钟；

（2）×××校长向各位名誉教授颁发名誉教授证书、证牌（逐位拍照）；

（3）×××书记向各位顾问赠送狮头印章（逐位拍照）；

（4）名誉教授代表××集团董事长×××讲话 5 分钟；

（5）第一届顾问委员会轮值主席×××教授讲话 5 分钟；

（6）×××校长致辞 3 分钟；

（7）与×××房地产公司签订办学基地协议书 5 分钟；

校方代表：×××

××房地产公司总经理：×××

（拍照）

（8）××地产公司总经理讲话 5 分钟；

（9）宣布大会结束，请名誉教授、顾问退席到贵宾厅召开第一次全体会议。

4. 会议有哪些类型和功能？

5. 会议筹备阶段有哪些秘书工作？

6. 如何拟制会议预案？

7. 如何布置会议场所？

8. 会议组织工作有哪些内容？

9. 会议秘书如何组织选举？

10. 会议有哪些规则？

11. 一般会议的议事规则有哪些？

12. 会议中的生活管理与服务有哪些秘书工作？

第八章　文书撰拟与公文处理

引言

文书拟写与公文处理是秘书的重要工作。本章主要论述了事务文书与党政机关公文的概念及分类，文书撰拟的质量要求，常用文书的写作方法及公文处理的程序和要求。

第一节　事务文书与机关公文

一、文书概说

（一）文书的定义

文书的定义大致包含两方面的内容：一是指物，即行为主体在社会活动中，为处理相关事务而形成和使用的、具有相对固定格式的文字材料。此即古往今来关于文书的本义，属集合概念。二是指人，即在各种组织中担任公文处理工作人员的职务称谓。例如有的单位在办公室设置“文书”一职，人们通常称担当此任者为“某文书”。这一概念系由前一概念衍生而来。

（二）文书的要素

文书的要素有四个：事由、对象、时间和主人。

（1）事由。事由指具体文书的主要内容。对于一定范围发生的事情，或告知人们了解，或要求人们行动，或记录在案，或立下凭据，事由便成为文书的重心，也是诸要素中的首项。例如，《国务院关于表彰全国再就业工作先进集体和个人的决定》（国发〔2004〕22号），其事由十分清楚：“表彰全国再就业工作先进集体和个人”。这篇公文的事由含于标题之中，读者一看标题，便知公文的内容指向。撰写文书时，必须将事由写得明明白白，唯其如此，读者才可做到了解情况清清楚楚，付诸行动毫无差错。

（2）对象。文书所致对象十分明确。对于诗歌、小说等文学作品，作者不能也无法限定读者，而文书则不然。公文，要标示受文机关；书信，要写明受信人；

请柬，受请者姓名要书于显著位置。当然，少数文书可以不写接受对象，但不等于没有接受对象。如日记，是写给作者自己的；在员工大会上作的报告，接受对象即全体听众；上报领导机关，接受对象即主送机关。可见，文书都有所致对象，只不过有的写出，有的不注明；有的直接，有的潜在。

（3）时间。文书中的时间表述主要有以下方式：第一，行动时间。例如，《国务院办公厅关于做好2004年下半年新型农村合作医疗试点工作的通知》（国办函〔2004〕56号）附件《新型农村合作医疗试点工作检查评估方案》中，第四条“时间安排”中规定：“（一）2004年8月份，各省、自治区、直辖市组织自查，8月底之前将检查评估结果报联席会议办公室。（二）2004年9月份，联席会议办公室对中西部试点县（市）进行抽查。”受文机关便可按此要求操作。第二，成文日期。一般文书下款之后标明该文制成的年月日。例如，《国务院关于2003年度国家科学技术奖励的决定》成文日期为“二〇〇四年二月十四日”。第三，生效时间，即公文内容发生法定效力的时间。有的未作注明，则与成文日期合一；有的单独注明，通常在文末或列一条，或设一段，明确标示。第四，所含时段，即文书规定的时间起止范围，有的含于标题，有的明于正文。

（4）主人。文书中的主人是指制发该份文书权力的拥有者。通常有两种表现形态：一为隐含式，即文中无须署名，如日记、读书笔记。日记用以自励、自我积累，读者对象亦为作者自己，署名自然不具必要性。一旦公开发表，则冠主人姓名于书名或题名，如《雷锋日记》，此时隐含式便转化为公开式。二为公开式，即文书需要标注发文者名称，使主人得以彰显，多数文书采用此种形式。主人署名的书写位置有两种：①标题，即在文书标题之中交代这一要素，如《辽宁省行政学院2014—2015学年度行政工作要点》；②下款，即惯常使用的文末署名法，如一般书信的最后署名。

（三）文书的特征

（1）务实性。文书从产生之日起就同现实生活息息相关。流传下来的古代文书，篇篇都是适应社会需求的“时文”。在历史的长河中，人类创造、写作文书，社会需要、运用文书，文书之所以经受洗礼而持续地发展、繁荣，其根本原因在于它直接作用于人们生产、工作、生活、学习中的具体事务，大到国计民生，小到迎来送往，功效显著，无可替代。因此，务实便成为文书的定义特征。

（2）针对性。凡制发文书都要明确特定指向，解决特定问题，达到特定目的。从中央政府颁发文件到人民大众互致信函，概莫能外。社会在发展，时代在前进，生活本身随时都要提出问题。有矛盾产生，就需措施回应。于是，文书便可大显身手。比如，针对“企业办中小学教师工资及退休待遇执行的政策与地方政府办中小学不尽相同，造成大部分国有企业中小学教师待遇偏低”的问题，国务院办公厅发布了《国务院办公厅关于妥善解决国有企业办中小学退休教师待遇问题的通知》（国办发〔2004〕9号）。文书内容的针对性决定了读者对象的针对性。普通书信，写给A的，B收不到，也不能看。至于公文，则限制更多，不仅有地域、行业的划界，还有行政级别的区分。

（3）时效性。文书重应用，任何事物的应用都有个时间要求，文书的时效性便由此而来。战争时期，撰写文书如此；和平时期，经济文书、外交文书等同样如此。有些事务由于情势紧迫，文书就要及时写、及时发、及时办，倘若延搁时日，雨后送伞，必将造成损失，有的甚至酿成难以想象的恶果。当然，也并非所有文书都急，当急则急，当缓则缓，无论急与缓，都有一个时限。文书的制作、发出、阅读、办理，必须在时限之内完成。文书的效用有着强烈的现实性，相关人员必须具有强烈的时间观念。

（4）稳定性。在历史发展中，文书逐渐形成了比较固定的格式。尽管文体变迁，有的消亡，有的新生，但都各有其格式。这种格式一经形成，便具有相对稳定性。从长远观点看，文书的格式也并非一成不变，这种变化呈现出一种渐进的过程，要有统一的规范，有的则为约定俗成。不同的文体有不同的格式，比如：标题设置，如何拟制；有无主送，怎样列出；首句的设计，结语的运用；怎样落好下款，如何标注时间。在这些方面，张冠李戴，移花接木，画蛇添足，疏漏缺项，都要出差错、捅娄子，也自然会影响文书的严肃性。有的文体，其格式并不刻板，写法也较为灵活，但同样不可随意为之，从形式到内容都要遵循一定的要求。

（四）文书的分类

我国是文明古国，在5 000年的文明史中，祖先为我们留下了浩如烟海的文书，成为今天研究古文书的宝库。时代的变迁推动着文书种类的新陈代谢：原有的一些文体发生裂变，曾经热度极高的文体逐步退出历史舞台；曾经备受冷落的文体重新受到人们的青睐；新生的文体则如雨后春笋，令人目不暇接，比如“招标书”“投标书”“述职报告”“专利书”“任职公示”“可行性分析报告”等，它们在文书这个大家族中已经占有重要席位。鉴于上述内容，文书的分类就成为一个复杂的课题。由于标准不一，角度不同，许多著述的分类呈现见仁见智的局面。有人从内容性质着眼，将当代文书分为六类：公务文书、事务文书、规章制度、笔记、函电和条据告白。有人从实际应用出发，将当代文书分为九类：新闻文体、史传文体、教学文体与学术论文、行政公文、机关事务文书、经济文书、司法文书、日常应用文和对联。有人从工作内容、使用对象的角度，将当代文书分为三类：公务文书、行业专用文书和日常应用文。

我们认为，文书根据主人即制作主体的性质，可分为两大类：第一，私务文书，即个人、家庭或家族在处理私人事务或同外界交往中形成、使用的文字材料。诸如信函、日记、家史、凭证、遗嘱、契约等。此类文书不列入本书讨论范畴。

第二，公务文书，即机关、团体、企事业单位等行为主体在处理公务、实施管理、联系事项、记载活动过程中形成、使用的文字材料。公务文书可分三大系列：①机关公文；②事务文书；③专用文书，即机关、团体、企业事业单位，在处理本系统、本行业业务过程中形成、使用的文字材料。专用文书可分若干种群，包括经济文书、司法文书、涉外文书、教育文书、科技文书、医疗文书等。

二、党政机关公文

（一）党政机关公文的定义

公文这一特定概念始见于范晔的《后汉书·刘陶传》："但更相告语，莫肯公文。"公文在历史上还有"官文书""公牍"等称谓。

2012年4月16日，中共中央办公厅和国务院办公厅联合印发《党政机关公文处理工作条例》（以下简称《条例》），自同年7月1日起施行。2012年6月29日，中华人民共和国国家质量监督检验检疫总局、中国国家标准化管理委员会发布国家标准《党政机关公文格式》（以下简称《格式》），自同年7月1日实施。《条例》的定义是：党政机关公文是党政机关实施领导、履行职能、处理公务的具有特定效力和规范体式的文书，是传达贯彻党和国家方针政策，公布法规和规章，指导、布置和商洽工作，请示和答复问题，报告、通报和交流情况等的重要工具。

我们认为，公文是法定机关和组织在处理公务中形成的具有特定效力和规范体式的文书，是履行职能的重要工具。理解公文这个定义，要注意几个区别：一是广义公文与狭义公文的区别，广义的公文即本节所指的公务文书，狭义的公文即本节所指的党政机关公文；二是大公文与小公文的区别，大公文同广义的公文，小公文同狭义的公文；三是常用公文与法定公文的区别，前者即本节所指的事务文书和专用文书，后者即本节所指的党政机关公文。在上述三组概念中，前两组概念各自构成包容关系，而后一组概念之间则是并列关系。

（二）党政机关公文的特征

（1）政治鲜明性。在我们社会主义国家，党的机关、国家权力机关、行政机关到军队机关等制发的公文都要坚持马克思列宁主义、毛泽东思想、邓小平理论、"三个代表"重要思想、科学发展观、习近平新时代中国特色社会主义思想，执行党的基本路线，代表最广大人民群众的根本利益，任何公文都无例外。为使这一基本原则成为贯穿全部公文的红线，鲜明突出，还要有组织保障系统，即上级领导下级，下级服从上级。凡公文，都要体现领导集体的意志，各级组织都须如此。

（2）社会管理性。公文，生于社会管理活动，用于社会管理实践。任何社会要想协调有序地运行，都要运用公文这个重要而有效的手段。在当代，从传达党的方针政策到解决具体矛盾，从统一认识、规范行为到联系上下、沟通内外，社会生活的各个方面都离不开公文。在社会管理的舞台上，任何文字作品都难与公文相提并论。也就是说，只有公文才能够顺理成章地担当社会管理的责任。

（3）效力法定性。法定的机关、组织及其领导握有人民赋予的权力，具有法定的权威。而公文正是法定机关、组织表述意志的载体，自然具备特定效力。比如：中共中央文件代表党中央讲话，全党全国全军各级各类机关都要贯彻执行；国务院文件代表中央人民政府行使权力，实施行政领导，下级机关、单位必须服从。

（4）制阅专任性。公文经由法定的作者制作、发布。“法定作者”是指依法组建并能以自己的名义行使法定职权、承担义务的组织或其中的个人。“法定作者”同时又是专任的，并非人皆可为，因其代表组织，代表领导集体。公文的起草、修改、会签直至签发，看似少数人所为，其实受机关、单位领导的委托，人员相对集中，具有一定的专门性。从另一方面看，公文的阅读者是定向的、确定的，因为作者在拟制公文的过程中对发文对象已经了然于心，实为量身制作，定向表述。公文内容的编排、语气的运用、字词的选择是依据主送机关而定的。这样，公文的阅读者就是限定的、明确的。

（5）处理程序性。公文处理是指公文的拟制、办理、管理等一系列相互关联、衔接有序的工作。公文处理要坚持实事求是、符合发文机关要求和公文处理规定的原则，做到准确、及时、安全、保密。任何文体都有一定的制作流程，但就关节多、要求严、统一管理、环环相扣而言，其他任何文体都不能同公文相比。《条例》规定：“党政机关公文由文秘部门或者专人统一管理。”其收发、审核、用印、归档和销毁等工作环节，由专司公文处理的部门或人员，根据统一规范，按照特定的渠道、严格的程序操作，这有益于保证公文的完整性、准确性和有效性，提高机关工作效率。

（6）确保秘密性。公文处理的要求是“及时、准确、安全”。其中的“安全”包含两方面：其一是物质上的，要想方设法延长公文的保存寿命；其二是内容上的，要严格将公文限定在应知范围之内。要认真执行保密制度，确保国家秘密不丢失、不被盗，又要杜绝各种漏洞，不失密，不泄密。从制发到收办、管理，公文的全程保密工作必须妥善，要慎之又慎。

（三）机关公文的分类

机关公文，又称法定公文，指党政等最高机关在公文规范中确定的正式公文。其中：

《条例》将公文规定为15种：①决议；②决定；③命令（令）；④公报；⑤公告；⑥通告；⑦意见；⑧通知；⑨通报；⑩报告；⑪请示；⑫批复；⑬议案；⑭函；⑮纪要。

《全国人大机关公文处理办法》（2013年1月根据《党政机关公文处理工作条

例》修订）将公文规定为13种：①公告；②决议；③决定；④议案；⑤建议、批评和意见；⑥请示；⑦批复；⑧报告；⑨通知；⑩通报；⑪函；⑫意见；⑬会议纪要。

《军队机关公文处理工作条例》（自2017年10月1日起施行）将公文规定为12种：①命令；②通令；③决定；④指示；⑤通知；⑥通报；⑦报告；⑧请示；⑨批复；⑩函；⑪通告；⑫纪要。

对一般机关、单位而言，常用的主要是党政机关公文。

公文的分类，从不同的视角，如作者特征、行文方向、紧急程度、秘密等级、处理方式等，可有不同分法。按照公文的适用范围可分为：①指挥类公文，包括决议、决定、命令（令）、意见、批复、指示（限于军队机关）；②报请类公文，包括报告、请示、意见、议案；③知照类公文，包括通知、通报、函、意见、公报、公告、通告、纪要。

三、事务文书

（一）事务文书的定义

事务文书，亦称机关事务文书，它还有准公文的称谓。

事务文书同机关公文既有联系又有区别。联系之处，从它包含于广义的公文及其特征即可看出；而区别之处，将在下题事务文书的“特征”中说明。

我们认为，事务文书的定义可表述为：事务文书是机关、团体、企事业单位或个人等行为主体，为处理工作事务、传递相关信息而形成和使用的文书。

（二）事务文书的特征

作为文书的一大系列，前述文书的几大特征，事务文书完全具备。此外，事务文书还具有以下特征：

（1）普遍性。自新中国成立以来，尤其进入新时代以来，事务文书已成为我国各级各类机关、团体、企事业单位须臾不可离开的工具。特别是基层组织、单位，对事务文书的制发、使用甚至超过了机关公文。仅以管理文书中的计划、总结为例，行为主体总结上段工作，安排下段任务，已成普遍工作规律。这样，这两种文体便成为得心应手的利器。行为主体根据各自的工作性质、特点，或每月一次，或每季一次，或半年一次，总结工作、制订计划而每年岁末的总结、年初的计划更是不可或缺的。事务文书这种使用的广泛性、普遍性不仅为其他文体所难以匹敌，也使其自身功能益发彰显。

（2）内部性。多内部、少公开，是事务文书使用的又一明显特征。一个单位、组织履行职责，开展业务，维系整个组织正常运转，调查研究，沟通协调，召开会议，拍板决策，进行诸种公务活动，机关公文、事务文书都是必不可少的手段。前者多用于外，后者多用于内。以会议记录为例，领导召开会议，或议事项，或作决定，无一例外地要记录在案。设置会议记录本成为各单位的共同做法，大多数单位记录用纸印制固定格式。这种记录本是作为本单位机密文件保管的。它不公开，只在必要时经主要领导批准才可查阅，即使内部人员也不可随意阅读。另外如“工作守则”“岗位责任”一类的文书，虽不保密，也只限于内部使用；至于“经验总结”之类，一旦需要公开发表，须经上级机关批准，或应新闻媒体要求。

（3）执行性。事务文书主要服务于行为主体内部，其运行也大多限于内部。如果要求庄重严肃，将计划视为号令，做到令行禁止，那就需要“红头运行”，即以“红头文件”下发。这就是说，要用本机关的“发文机关标志”，即“文件头”作为正式文件，标题通常用《关于印发××××年工作计划的通知》一类字样。同样，若发至本系统基层单位，亦照此办理，只不过主送机关与通知内容有所变化罢了。倘若报与上级领导机关，还是使用“红头文件”，标题可用《关于呈送××××年工作计划的报告》之类的字样。超出本机关范畴，无论上报还是下发，都必须以“红头文件”的形式发布。

（4）简便性。在功能方面，事务文书与机关公文可谓行为主体的左右手。但在处理程序方面，公文要严格得多，而事务文书则相对宽泛、简化。这自然同两种文体的特定要求、发挥作用相关，而在文稿的质量要求上并无不同。以制发一篇“请示”与撰写“工作总结”为例：前者源于领导交拟，否则不可为，后者根据工作惯例，办公室主任或秘书届时即可操作；前者如涉及相关工作部门，需要组织会签，后者则无须各相关部门参与，只事前提供素材即可；前者要经办公室核准人员审核，最后领导签发，后者的工作重心在办公室主任，领导如审阅、修改当然好，若只了解基本路数、重要观点、相关数据，即原则把关亦可。由于手续少、程序简，“工作总结”初稿完成后，也不必附“公文制发单”于前，如公文般进入制发程序。

（三）事务文书的分类

（1）管理文书，即行为主体为实施各方面管理而形成、使用的文书。主要有：①计划，包括规划、安排、设想、方案等；②总结，包括综合总结、专题总结等；③调查报告，包括反映社会情况、传播典型经验、揭露各种问题等；④简报，包括工作简报、专题简报、会议简报、动态简报等；⑤述职报告；⑥公示；⑦协议书。

（2）规章文书，即行为主体制定、发布的适用于一定范围的规定与要求，对相应群体提出行为规范的文书。包括：①法规类规章文书，指由全国人民代表大会及其常委会、国务院及其各部门、地方人民代表大会及其常委会和人民政府制定的法律、行政法规、地方性法规、政府规章。文体主要有法、办法、条例、规程、规定、规则、准则等。②管理类规章文书，指由机关、团体、企事业单位制定的规章制度。文体主要有办法、守则、制度、细则等。③公约类规章文书，指由单位或群众公议订立的规章制度。文体主要有须知、公约、守则等。

(3) 会议文书，即行为主体围绕召开会议所形成、使用的文书。包括：①会议筹备方案；②会议通知；③会议筹备工作报告；④开幕词；⑤闭幕词；⑥会议工作报告；⑦主旨演讲词；⑧来宾致辞；⑨领导讲话稿；⑩会议记录；⑪会议简报。

(4) 笔记文书，即行为主体在工作中记录业已发生的事件的文书。包括：①大事记；②工作记录；③单位工作日记；④接待记录；⑤来访摘记；⑥电话记录；⑦谈话记录等。

(5) 公关文书，即行为主体为开展公共关系活动而形成、使用的文书。主要有：①普通函电，除一般书信、明信片、普通电报之外，还有贺电、致敬电、致谢电、慰问电、唁电等；②专用书信，包括介绍信、证明信、公开信、表扬信、致谢信、慰问信、祝贺信，申请书、志愿书，决心书、保证书、挑战书、应战书、倡议书、建议书、报捷书、邀请书、聘书、辞职书、求职书、竞聘书等；③礼仪演讲词，包括庆贺类演讲词、迎送答谢类演讲词、聚会类演讲词、悼词等；④简历、简介。

(6) 告据文书，即行为主体为处理事务或制定凭据，或发布信息而形成、使用的文书。主要有：①条据类：单据，包括收据、借据等；便条，包括请假条、留言条、欠条等。②告启类：广告、海报、启事、声明、请柬、名片、题词、讣告、碑文、对联等。

第二节 文书撰拟的质量要求

一、必须注重文书的撰拟质量

同任何产品、服务、工作都讲究质量一样，文书的撰拟、制作也必须注重质量。

(一) 注重文书撰拟质量的意义

文书的撰拟质量关系到行文目的的实现。凡制作文书，必由行文目的支配；而行文目的，必以文书质量做保证。如果文书写得吸引人，使人读得懂，并且能够说服人、打动人，其宣传的道理就能为读者接受，提出的措施就易于转化为读者的行动。此为文书的预期目的，也即正效应。反之，文书质量低下，读者不爱看，不愿执行，就达不到行文目的，其效应就会降低，甚至出现负效应。

文书的撰拟质量关系到文书力量的发挥。人们曾比喻优秀文书为“精神原子弹”，它所释放的能量绝非寻常：或摧枯拉朽，雷霆万钧；或感天动地，撼人心扉。解放战争初期，人民解放军同国民党军队两军对峙，在我军强大的军事压力下，我方开展政策攻心，靠话筒喊话，播发广播稿，使敌人军心动摇，纷纷投降。以《三大纪律八项注意》号令三军，整饬风纪，严以自律，对老百姓秋毫无犯，使我党我军赢得了民心。精品文书的威力源自撰拟、制作的高质量。也就是说，只有高质量的文书才可发挥同自身相匹配的力量。

文书的撰拟质量关系到行为主体的形象。文因事起，文由人生。文书是通过机关、团体、企事业单位的工作人员制发的，代表行为主体表达意志。可以说，文书既是行为主体工作的产物，又是行为主体形象的反映。好文、优文、精文，是行为主体政策水平、工作作风、写作精神的客观反映，读者可由文及人，对行为主体做出良好评价；反之，读者就会做出不良评价。

（二）提高文书撰拟质量的途径

（1）强化质量意识。任何物质产品、精神产品的生产者都要强化质量意识，确立品牌意识。文书的撰拟、制作自然也不例外。“质量就是生命”这一命题同样适用于文书撰拟。质量对文书而言是一个全方位概念，从形式到内容，尽在其中，诸如公文的版头、主体、版记的整体布局，公文用纸及版面尺寸，排版规格与印刷装订，各要素标志及特定格式，领导意图和文书主旨，观点与材料，结构和语言等，均有质量方面的特定要求。文书撰拟、制作无小事，对任何细枝末节，制作者都要高度重视，认真操作。有了精品意识，才会有精品成果。

（2）开展全员培训。在制作文书的行为主体内部，应该形成人人皆可动笔的良好局面，这就要求开展全员培训。只要领导重视，措施得当，全员行动，培训便可开展，开展便会取得成效。

（3）创造重质氛围。在造就全员动笔写作的长期目标活动中，领导班子、综合部门都要开动脑筋，多想办法，以调动全体工作人员的积极性，变“要我参加”为“我要参加”，内驱力一旦形成，成功便大有希望。可由办公室制定长远规划与短期计划，使全员动笔写作活动形成长流水不断线的局面，并有机地同正常工作结合起来。例如：开展工作中制作的文书评比活动，可由群众评价与专家评委打分相结合；开展同题写作竞赛，搞展览，配以佳作点评。在各种活动中可辅以奖励，并将文书撰拟列入个人业绩考核、职务晋升系列。

（4）严格把关工作。《条例》规定：“各级党政机关办公厅（室）主管本机关的公文处理工作，并对下级机关的公文处理工作进行业务指导和督促检查。”这就确立了办公厅（室）的地位与职责。非党政机关系列应参照执行。有条件的单位可自行制定处理办法一类的文件，以为规矩。要加强文书审核工作，业务部门领导应为部门起草文书的第一把关人，变轻易通过为从严把关，力争部门稿件优秀率逐步提高。以此为基础，办公室的核稿、领导的终审签发均应以高标准对待，做到一字不虚设，一文不苟发。

二、文书内容的质量要求

评价文书的质量，无论是作者的撰拟、制作，还是读者的阅读、办理，都是将思想内容列为第一位的。

（一）意图传递与主旨表达

文书是表达行为主体的领导意志的，主要表现于领导者交拟、研究文稿时所传递的领导意图之中。所谓领导意图，是指机关、单位的领导者对全局或局部工作制定政策、部署任务、处理问题的设想、目标及策略、打算。此处的领导是指领导班子集体，因为我们党的领导制度和国家的政治体制是民主集中制。文稿撰拟人在领会领导意图的过程中，要理清脉络，善于从整体上把握，并积极思索，逐步深化，对领导意图的把握做到完整、准确、充分，将自己的思想上升到领导思想的高度。唯其如此，才能达到为领导代言的水准。

文书的主旨，是制发文书的行为主体通过全部内容表达出的基本意图与公务目的。主旨之于文书，相当于灵魂之于人体。文书质量的高低、效用的强弱，主要取决于主旨。对文书主旨表达的基本要求是：其一，正确，即正当、准确，排斥偏颇、错误。这就要求文书主旨符合客观实际，符合党和国家的路线、方针、政策及法律、法规、规定，符合历史发展的总趋势。其二，鲜明。文书主旨要界限鲜明，是与非、赞成与反对，要清清楚楚，明明白白。语言要鲜明，做到一以贯之，排斥前后矛盾；要笔法鲜明，直陈其事，直道而行，直截了当。其三，集中，即主旨勿分散，要聚集，做到一文一旨。一篇文书，既想讲此，又要讲彼，贪多求全，注定失败。其四，结合，即理论同实际相联系。这就要求文书作者摸准上情，即“上头”的精神，把握理性思维的依据；还要握准下情，也就是“下面”的实际状况，立稳文书的基石；更要全力结合，将上下两者有机地结合起来，这样的文书才能提高其行文效率。

（二）观点科学与材料充实

在各类文书中，作者都要表明、阐释观点。观点是旗帜，可为文书带来亮色。在综合性文书中常常出现若干观点，其中必有一个基本观点，而其他则为从属观点，前者制约后者，后者服务于前者，共同表现主旨。胡乔木指出：“写文件与写小说剧本不同，鲜明性的要求不同，关键是观点要突出。”观点是行为主体对文书内容指向的看法，只有实事求是，符合实际，揭示事物本质，掌握内在规律，才具有科学性。只有科学的观点，才经得起历史的检验。

材料，在文书的酝酿阶段可产生观点，体现材料的基础性；在文书的写作阶段可说明观点，体现材料的服务性。在使用中，务求观点统率材料，材料服务于观点，两者应有机地结合，辩证地统一。材料须恰当地支撑观点，有力地证明观点，科学地说明观点，而不能方向不一，例如同观点毫无关联甚至两者相抵触。就材料的数量而言，应坚持适当、充实的原则，并非多多益善。有时针对着力强调的重要观点，材料虽可放手一用，亦当勿滥而有度；在通常状况下，选择最有说服力的一两份材料即可，以质取胜。

（三）结构合理与语言准确

文书的结构，是作者依据对客观事物的内在规律和事物间相互联系的认识，对观点、材料实施全面调度，用完美的形式组成有机体，用以表现、突出主旨的重要手段和具体方式。无论从文书基本形态的设计，诸如标题、主送机关（有的不设）、正文、发文机关（作者）、成文日期，还是结构方法的运用，诸如逻辑型、自然型、复合型的正文组合，过渡、照应的正文内部衔接，都要合理、自然、熨帖，使之承接紧密，开启顺畅，浑然一体。

通过文书中的语言文字，作者表达公务目的、传递信息，读者接收信息，采取相应行动。遣词用字准确、规范，成为文书撰拟的基础性要求。文书用语准确恰当，读者才可看得懂，明其义。准确，就是根据字词的含义、属性，将其放于合适的位置，这是语言使用的第一位要求。恰当，就是要辨析词义，精心选用，包括范围、程度、感情色彩方面，要精细鉴别，讲究分寸。在此基础上，还要讲究语法，符合逻辑，进而达到言简意赅的境界。

三、文书形式的质量要求

形式取决于内容，又服务于内容。在文书内容相同的条件下，完美的形式可以圆满地表现内容，而不当的形式则损害内容。格式固定为文书一大特征。在文书中，机关公文的格式要求严格，而事务文书则相对灵活些。

（一）结构安排得当

从文书的外部结构看，机关公文可分三大部分。第一，版头，为公文首页红色分隔线以上各要素。包括：①份号；②密级和保密期限；③紧急程度；④发文机关标志；⑤发文字号；⑥签发人，上行文需标注签发人姓名，平行排列于发文字号右侧；⑦版头中的分隔线，宽度同版心，即156mm。第二，主体，为红色分隔线以下至版记中的第一条分隔线（不含）之间的各要素。包括：①标题；②主送机关；③正文；④附件说明；⑤发文机关署名，署发文机关全称或者规范化简称；⑥成文日期，署会议通过或者发文机关负责人签发的日期，联合行文署最后签发机关负责人签发的日期；⑦印章，公文中有发文机关署名的，应当加盖发文机关印章，并与署名机关相符，有特定发文机关标志的普发性公文和电报可以不加盖印章；⑧附注；⑨附件。第三，版记，为版记中的第一条分隔线以下各要素。包括：①版记中的分隔线；②抄送机关；③印发机关和印发日期；④页码。

相对于机关公文，事务文书则简单许多。一般说来，事务文书的文体结构可分为：第一，标题；第二，正文；第三，作者署名、成文日期。其中，简报较特殊，有些类似于公文，可分为：第一，报头，位于简报首页上方，约占全页的1/3。包括：①简报名称；②期号；③编发单位；④印发日期；⑤密级；⑥编号；⑦分隔线。第二，报体。包括：①按语，如需加写“编者按”一类，则位于报体上端，如无则罢；②标题；③正文。第三，报尾，位于末页底部。包括：①发送范围；②印刷份数；③责任编辑；④分隔线。以上所有要素，均要位置准确，字体字号符合要求。

（二）文面设计规范

文面，指机关公文映入读者眼帘所展示的整体面貌。它包括印制完毕、准备下发的公文以及撰拟完成、将要送审的公文文稿两种。对文面的要求是：

第一，用纸规范。在用纸规范上，《格式》规定，公文用纸采用GB/T 148中规定的A4型纸，其成品幅面尺寸为210mm×297mm。起草公文，多数单位使用统一印制的发文稿纸，同样采用A4型，也为此后的立卷、归档求得规格统一。在用纸质量上，对于公文用纸的主要技术指标，《格式》规定：公文用纸一般使用纸张定量为$60g/m^2$~$80g/m^2$的胶版印刷纸或复印纸。纸张白度为80%~90%，横向耐折度≥15次，不透明度≥85%，pH值为7.5~9.5。书写用纸同样要求质地好，具有耐久性。

第二，印装合度。①印制公文的页边与版心尺寸：天头（上白边）为37mm±1mm，订口（左白边）为28mm±1mm，版心尺寸为156mm×225mm（不含页码）。②排版规格：公文格式各要素一般采用3号仿宋体字，一般每面排22行，每行排28个字，并撑满版心。③印刷要求：双面印刷；页码套正，两面误差不得超过2mm；印品着墨实、均匀；字面不花、不白、无断划。④装订要求：公文左侧装订，不掉页；两页页码之间误差不超过4mm；平订钉锯与书脊间的距离为3mm~5mm；无坏钉、漏钉、重钉，钉脚平伏牢固，后背不可散页明订。

第三，格式讲究。①标题：文字排列要妥当合理，醒目匀称，美观得体；无论书写还是制版，都要居中设置；两行或两行以上文字的标题，首尾两端字差要相等；标题回行时要保持尾词的完整性，标题排列应当使用梯形式菱形。②文中小标题，位置同样居中。③提行：除每自然段起始，前面空两字位之外，一些特殊做法，如序码领起、强调领起等，均作提行处理。

第四，书写工整。在当前尚用笔、纸办公的条件下，执笔人，包括修改、会签、审核、签发等各环节的文字操作者，都要书写工整，即一笔一画，横平竖直，循规书写，细致整齐；还要清晰，即清清楚楚，明明白白，易于辨认、阅读。同时，无论文稿书写者还是制版者、清样校对者，都要防止出现错别字，特别对那些音同形近而义异的文字，尤当慎重，防止张冠李戴或用字不合规范。使用计算机写作，同样应注意后者。

（三）标志符合要求

中华人民共和国国家标准 GB/T 9704—2012《党政机关公文格式》（即前述《格式》），专章设置了“公文格式各要素编排规则”，对各要素的位置、字体、字号、方法等均作了统一规范。凡党政机关公文，当一律执行，照办即正确，违之即谬误。现举两例：①版头部分的发文机关标志，由发文机关全称或规范化简称后加“文件”组成；也可只标志发文机关全称或规范化简称。发文机关标志上边缘至版心上边缘为 35mm。推荐使用小标宋体字，用红色标志，此即“红头文件”的“红头”，字号由发文机关以醒目为原则酌定，但最大不能等于或大于 22mm×15mm。②主体部分的公文标题，红色分隔线下空 2 行，用 2 号小标宋体字，可分一行或多行居中排布；回行时，要做到词意完整，排列对称，长短适宜，间距恰当。

第三节　文书撰制与范文示例

一、文书撰制程序

文书撰制，包括机关公文撰制和事务文书撰制两大类。对于前者，党政机关有明确规定，对于后者，尚无统一规范，只是各撰制者在实践中摸索探究，形成了适合自己的做法。

（一）公文撰制程序

公文撰制在公文处理程序中属于公文拟制系列。公文拟制为公文处理程序三大系列中的第一系列。《条例》规定：“公文拟制包括公文的起草、审核、签发等程序。”根据公文制发行为主体的实践，公文制发主要有以下程序：

（1）交拟。这是机关、单位的领导者向有关人员交代公文写作任务，使其按照领导者要求撰拟文稿的过程。公文制发始于交拟，只有领导下令，部属才可行动。交拟中，领导者要讲明领导意图、基本思想、大体要求，回答“为什么写”、“写什么”和“怎么写”的问题，使执笔者有明确遵循。

（2）构思。这是执笔人根据领导的要求，在搜集材料等工作的基础上，围绕达到写作目的、完成写作任务而进行的一系列思维活动。它是对即将诞生文稿的酝酿、思考、构想的全过程。构思的内容是文稿的全部，主要包括选用材料、确定主旨、设计结构。为使这种构思物化下来，可形成或详或简的写作提纲。

（3）拟议。这是相关人员根据领导意图，围绕撰写文稿这一课题，各抒己见，群策群力，为执笔人出点子、提建议的过程。拟议的内容主要包括理解意图、提出观点、设计结构等方面。这一步骤是公文写作中集体智慧的凝聚，也是具有实际意义的业务研讨。

(4) 起草。这是执笔人将写作提纲转化为公文初稿的过程。起草是公文制发程序中的关键环节。撰拟者通过艰辛的劳动，使领导意图转化为有形的文字，成为公文制发的起始，又构成以后各道工序的基础。起草之后要修改，此处重点指起草人的自行修改。公文的修改主体，除起草人之外，还有审核者、会签者、签发者，相关各方合为一个群体。

(5) 会签。这是两个或两个以上的机关、部门联合行文，或者主办部门代领导机关拟写文稿而涉及其他部门时，主办者同相关机关、部门对文稿进行会商，征求意见并共同签署的过程。会签有利于文稿排除缺点、错误，也有利于相关的机关、部门统一认识，协调行动。制发公文并非一律经此程序，只在上述特定条件下才需会签。

(6) 审核。这是公文草稿送请机关领导签发之前，由办公室核稿人员对其内容、体式、文字和手续进行全面审查、修改的过程。在公文制发过程中，这一程序非常重要，能进一步完善文稿，提高质量。

(7) 签发。这是发文机关领导对业已审核的拟发公文文稿，经最终把关、核准，决定发出并签署意见的过程。在此程序之前，无论经过多少修改达到何种程度，文稿都在未定稿范畴，不能生效。可是一经签发，文稿性质立即改变：未定稿转化为定稿，同时发生效力。

从公文制发的全程看，此后还有若干程序，例如注发、编号、复核、缮校、印制、用印、核发、登记、封发、投送等，这些将在本章第四节述及。

(二) 事务文书撰制程序

相对于公文撰制，事务文书的撰制程序要简单些，也自如些。一般说来，主要程序有：

(1) 受命。事务文书作为公务文书的一类，以公务为第一要义。执笔人同样要以领导者交代写作任务为起点。惯例性写作可以由撰拟人提出，并做必要准备，但务必由领导者总体性部署或同意。

(2) 构思。从领导安排的特定写作任务出发，撰拟人进行全面谋划，从材料到观点，从主旨到语言，尤其是整体框架，起承转合，都要精心安排，成熟设计。

(3) 起草。对于重要文稿，如大型总结、调查报告等，可拟议在先；一般文稿，撰拟人直接动笔亦可。

(4) 讨论。重要文稿草稿形成、撰拟人修改之后，可组织相关人员进行讨论、修改，集体把关。这种集体加工对提高文稿质量大有好处，也为领导审批奠定了基础。

（5）审批。这是对文稿的终审程序。领导者先审查，遇到问题即修改，全面把关，达到标准才可批准通过。

二、机关公文撰拟

（一）通知的撰拟

1. 通知的概念

通知是用于发布、传达要求下级机关执行和有关单位周知或者执行的事项，批转、转发公文的公务文书。

在日常公务活动中，通知主要用于下行文，适用范围较广；而在用于传递信息、知照事项方面，在同级机关、不相隶属机关之间可作为平行文使用，只是此类用法很少。

2. 通知的特征

通知具有以下特征：

（1）广泛性。党政机关、社会团体、企事业单位，按职权凡可行文的组织均可使用通知这一文种，这就构成其使用范围广的特点；同时，在多种党政机关公文中，通知又是使用率最高的。

（2）告晓性。通知主要用于告知受文机关做何事、为何做、如何做，使其明白、照做即可。通知的内容涉及多方面，尽管有的通知还具指示性质，但仍以其知晓为基础。告晓性便成为各种通知的共同特点。

（3）简便性。在实践中，通知的应用简便灵活，事项可大可小，文字可长可短，结构不拘一格，语言通俗简明。事项关涉几个单位的，可发联合通知；事情急迫的，可发紧急通知；情况发生变化需要继续告知的，还可发补充通知。

3. 通知的分类

通知可分为以下几种：

（1）发布性通知，一般内容重要，命令性、规定性较强。主要用于向所属下级机关发布重要事项、领导讲话等，要求其贯彻执行。

（2）指示性通知，内容的政策性、理论性较强。在管理工作中，主要用于对某一事项做出具体规定，或对某一问题作出指示，使下级机关贯彻执行，推进工作。

（3）批转性通知，用于批转下一级机关公文，转发上级机关、不相隶属机关的公文。此类通知用语简洁，首先画龙点睛，简要评价，再结合实情，有针对性地提出要求。

（4）事务性通知，用于要求受文单位知晓或办理某一具体事项，诸如成立、调整或撤销某一机构，启用或废止公章等。如需要，可通过传媒向社会公布。此类通知内容单一具体，将事情交代清楚即可。

（5）会议性通知，即以召开会议为主要内容的通知。各发文机关、单位普遍使用。召开一般性会议，要写明相关要素，使受文者如法操作。对于重要会议，通知内容尤需详尽。

4. 通知的写法

通知的结构形态主要包括以下几部分：

（1）标题。标题通常由三要素组成，即发文机关名称、事由和文种。

（2）主送机关。主送机关从实际出发标注：普发性通知，要列出类别性直属下级机关，即称统；专发性通知，或一个，或几个，具体标列主送机关名称。

（3）正文。正文通常包括三个层次：①引据。简述本通知的起因缘由，写明背景依据，再通过承启用语，转入下文。②主体，也称事项。此为通知的重心所在。一般性通知，写明事项，提出要求即可；较复杂的，如指示性通知，通常可用两种写法：或为一气呵成的贯通式写法，或为分条列项法。③结语。通知的结尾用语不可千篇一律，须因事而异，即不同要求使用不同语言。例如，内容关系到全局性的方针、政策、规定等，常以"请遵照办理""希依照执行"一类文字作结语。

（4）发文机关署名、成文日期和印章。

加盖印章的公文：①成文日期一般右空四字编排，印章用红色，不得出现空白印章。②单一机关行文时，一般在成文日期之上、以成文日期为准居中编排发文机关署名，印章端正、居中下压发文机关署名和成文日期，使发文机关署名和成文日期居印章中心偏下位置，印章顶端应上距正文（或附件说明）一行之内。③联合行文时，应将各发文机关署名按照发文机关顺序整齐排列在相应位置，并将印章一一对应、端正、居中下压发文机关署名，最后一个印章端正、居中下压发文机关署名和成文日期，印章之间排列整齐，互不相交或相切，每排印章两端不得超出版心，首排印章顶端应当上距正文（或附件说明）一行之内。

不加盖印章的公文：①单一机关行文时，在正文（或附件说明）下空一行右空二字编排发文机关署名，在发文机关署名下一行编排成文日期，首字比发文机关署名首字右移二字，如成文日期长于发文机关署名，应当使成文日期右空二字编排，并相应增加发文机关署名右空字数。②联合行文时，应当先编排主办机关署名，其余发文机关署名依次向下编排。

成文日期：用阿拉伯数字将年、月、日标全，年份应标全称，月、日不编虚位（即1不编为01）（以下各文种的这部分写法，基本相同，不再一一列出）。

5. 示例

国务院关于开展第四次大督查的通知

国发明电正〔2017〕1号

各省、自治区、直辖市人民政府，新疆生产建设兵团，国务院各部委、各直属机构：

今年以来，面对复杂多变的国内外形势，在以习近平同志为核心的党中央坚强领导下，各地区、各部门认真贯彻落实中央经济工作会议部署和《政府工作报告》提出的任务要求，坚持稳中求进工作总基调，以推进供给侧结构性改革为主线，稳增长、促改革、调结构、惠民生、防风险各项工作取得积极成效。但在一些地方、一些方面，仍然存在工作不落实、政策不落地、改革不深入、进展不平衡的现象，仍有一些干部庸政懒政怠政不作为，影响政策效力和改革红利持续释放。为进一步推动党中央、国务院重大决策部署和政策措施贯彻落实，按照李克强总理在中央经济工作会议上关于今年继续开展国务院大督查的重要讲话精神，国务院决定对各地区和各部门工作开展第四次大督查。现就有关事项通知如下：

一、总体要求

围绕中央经济工作会议部署和《政府工作报告》提出的任务要求，切实发挥督查抓落实、促发展的“利器”作用，深入了解党中央、国务院重大决策部署贯彻落实情况，进一步强化各地区、各部门抓落实主体责任，推动解决影响政策落实的突出问题，促进稳增长、促改革、调结构、惠民生、防风险政策措施落到实处，确保经济运行在合理区间，推动实现经济平稳健康发展和社会和谐稳定，以优异成绩迎接党的十九大胜利召开。

二、督查重点

这次督查的重点内容是推进供给侧结构性改革、适度扩大总需求、推动新旧动能转换、保障和改善民生、防范重点领域风险等五个方面工作。

（一）推进供给侧结构性改革。（以下略）

（二）适度扩大总需求。（以下略）

（三）推动新旧动能转换。（以下略）

（四）保障和改善民生。（以下略）

（五）防范重点领域风险。（以下略）

此外，对本届政府“约法三章”等公开承诺事项、“十三五”规划纲要重要目标任务落实情况开展督查。

三、督查安排

（一）全面自查。各地区、各部门要围绕中央经济工作会议部署和《政府工作报告》提出的任务要求，对照五个方面督查重点，从接到本通知之日起全面开展自查。自查工作必须严肃认真，深入总结梳理工作落实情况，切实查找工作中存在的突出问题和薄弱环节，研究提出管用、长效的整改措施，于2017年7月5日前将自查情况报告报国务院。自查情况报告要坚持问题导向、目标导向，反映问题、提出整改措施及相关建议的篇幅应达到报告总篇幅的60%。

（二）实地督查。实地督查要聚焦突出问题，不搞面面俱到。综合考虑东中西部区域经济发展情况，在全面自查基础上，国务院将于2017年7月中旬派出督查组，选择重要经济指标排名相对靠后、重点工作任务进度相对滞后、有关问题相对集中的部分地区进行实地督查。同时，选择《政府工作报告》重点目标任务完成进度较慢、有关督查发现的重点问题整改力度需进一步加大的部分国务院部门，组织开展书面督查。

国　务　院

2017年5月30日

（二）报告的撰拟

1. 报告的概念

报告是用于向上级机关汇报工作、反映情况，回复上级机关询问的公文。

报告属于陈述性的上行文，是下级机关向上级机关沟通情况、交流信息、协调工作的重要文种。报告多用于下级机关主动行文，应上级机关指令而被动行文的情况也是存在的，只是为数不多。它可使上级机关及时了解下情，掌握下级机关的工作进展、存在问题，为更好地指导下级机关工作，减少失误奠定基础。

2. 报告的特征

报告具有以下特征：

（1）行文的单向性。报告是发文机关对上级机关的行文，其目的在于帮助受文机关了解情况。汇报工作、反映情况、提供信息，行文机关是主动的单向行文；答复询问属被动行文，也是公文送达即罢，受文机关无须再复。

（2）时限的不定性。报告反映的内容、涉及的工作是正在进行（总体进程中的某阶段已告结）或已经完成的事项，行文自然从实际出发，可随时进行，时间难以事先具体确定。公文的发出对于事项进展而言具有相对滞后性。

（3）内容的求重性。报告的内容一般不受限制，可一文一事，也可一文数事，反映多方面情况；报告的内容务必具有重要性，一般性的工作、事项不必列入报告，对上级、本级机关最具价值者，才可作为报告的内容。

（4）上级的无复性。在公文处理程序中，有些文件有呼应关系，即你有文来，我有文往。对于报告这一文种，发文机关只要呈送上级机关即可，不要求批复；受文机关阅过即可，主要在于了解情况，至于是否采取回复批转等措施，则视情况而定。

3. 报告的分类

报告可分为以下几类：

（1）工作报告，用于向上级机关汇报工作情况。其内容主要包括前一阶段工作进展情况、业已取得的成绩、存在的问题、从以往工作中总结出的经验或者教训及今后的打算。就内容范围而言，工作报告可分两种：一为综合报告，即汇报全面工作或几方面工作的报告，其容量大，综合性强；二为专题报告，即汇报某项工作、某件事情的报告，其内容比较单一。

（2）情况报告，用于反映工作中的新情况、新问题或突发事件、灾害性事故等。其作用在于让上级机关及时了解下情，为其制定或调整有关政策提供客观依据。

（3）答复报告，用于回复上级机关的询问。此即被动行文，先有上级机关来文或电话询问，后有下级机关复文回答。其内容较单一，要求就上级机关的提问作答，勿节外生枝。写作必须实事求是，既不要避而不答，也不要答非所问。

（4）呈送报告，用于向上级机关报送文书、物件。

4. 报告的写法

报告的结构形态主要包括以下几部分：

（1）标题。报告的标题仍坚持三要素，即发文机关署名、事由和文种。

（2）主送机关。上行文主送机关通常只有一家，即直接的上级领导机关，用全称或规范化简称。

（3）正文。正文通常由三部分构成：①引据。简明扼要地讲清本报告的背景、缘由、依据、目的，并作总概括，便于读者形成总印象。最后用习惯性过渡句承上启下。②主体。主体即报告的事项部分，用于叙述具体内容。如内容较多，可用分题或分条式方法，以使眉目清晰。不同类型的报告，写法不尽相同：工作报告要写明工作情况、成绩、问题、经验、教训及下一步工作意见；情况报告要写明问题状况、来龙去脉、原因、后果及解决办法；答复报告则要求有的放矢，突出重点，避虚就实。③结语。常用的结语有“特此报告”“专此报告”等。工作报告的结语可用“以上报告，请审阅”等字样。结语要自成一段，独立占行。

（4）发文机关署名、成文日期和印章。

5. 示例

国务院关于脱贫攻坚工作情况的报告

——2017年8月29日在第十二届全国人民代表大会常务委员会第二十九次会议上

国务院扶贫开发领导小组办公室主任　刘永富

全国人民代表大会常务委员会：

受国务院委托，我向全国人大常委会报告脱贫攻坚工作情况，请审议。

一、脱贫攻坚的决策部署

党的十八大以来，以习近平同志为核心的党中央把脱贫攻坚作为全面建成小康社会的底线任务和标志性指标，摆到治国理政的重要位置，以前所未有的力度推进。习近平总书记在十八届中央政治局常委同中外记者见面时鲜明宣示：“人民对美好生活的向往，就是我们的奋斗目标。”总书记亲自挂帅、亲自出征、亲自督战，30多次国内考察都涉及扶贫，连续5年新年国内首次考察都看扶贫，连续3年新年贺词都讲扶贫，连续3年主持召开4次跨省区的脱贫攻坚座谈会，走遍了11个山区集中连片特困地区，在多个重要场合、重要会议、重要时点反复强调脱贫攻坚，提出了一系列新思想新观点，作出了一系列新决策新部署，形成了总书记扶贫开发重要战略思想，为脱贫攻坚指明了方向，提供了遵循。

以习近平总书记2013年首次提出精准扶贫为起点，以党的十八届五中全会和中央扶贫开发工作会议决策部署为标志，我国扶贫开发进入脱贫攻坚新阶段。《中共中央 国务院关于打赢脱贫攻坚战的决定》（以下简称《决定》）对“十三五”脱贫攻坚作出全面部署，主要包括四个方面：一是总体目标。到2020年我国现行标准下农村贫困人口全部脱贫，贫困县全部摘帽，解决区域性整体贫困。二是基本方略。实施精准扶贫、精准脱贫，核心是做到“六个精准”（扶持对象精准、项目安排精准、资金使用精准、措施到户精准、因村派人精准、脱贫成效精准），实施“五个一批”（发展产业脱贫一批、易地搬迁脱贫一批、生态补偿脱贫一批、发展教育脱贫一批、社会保障兜底一批，还要实施劳务输出、健康、资产收益扶贫等），解决“四个问题”（扶持谁、谁来扶、怎么扶、如何退）。三是政策举措。国家出台财政、金融、土地、交通、水利、健康、教育等一系列超常规政策举措，打出组合拳。四是组织保障。充分发挥政治优势和制度优势，强化组织领导、责任体系、监督检查、考核评估等一系列保障措施。

…………

国务院将脱贫攻坚作为政府重点工作，连续4年在政府工作报告中明确1 000万以上减贫任务，连续4年将脱贫攻坚作为政府工作大督查的重要内容，并制定“十三五”脱贫攻坚规划。李克强总理多次调研扶贫工作，研究支持地方因地制宜、创新机制，加快脱贫攻坚进度；多次主持召开国务院常务会议，听取脱贫攻坚专题汇报，研究部署易地扶贫搬迁、交通扶贫、教育扶贫、健康扶贫、革命老区扶贫、扶贫资金使用管理等重点工作，多次就脱贫攻坚作出重要指示批示。

…………

二、建立脱贫攻坚制度体系

按照党中央、国务院决策部署，我们建立了脱贫攻坚责任、政策、投入、动员、监督、考核六大体系，为打赢脱贫攻坚战提供制度保障。

（一）建立脱贫攻坚责任体系。（以下略）

（二）建立脱贫攻坚政策体系。（以下略）

（三）建立脱贫攻坚投入体系。（以下略）

（四）建立脱贫攻坚动员体系。（以下略）

（五）建立脱贫攻坚监督体系。（以下略）

（六）建立脱贫攻坚考核体系。（以下略）

三、全面推进精准扶贫精准脱贫

紧紧抓住识别、帮扶、退出精准和资金使用等重点环节，着力解决扶持谁、谁来扶、怎么扶、如何退的问题。

(一) 开展建档立卡，摸准贫困底数。(以下略)

(二) 强化驻村帮扶，增强基层力量。(以下略)

(三) 落实“五个一批”，推进分类施策。(以下略)

(四) 聚焦重点区域，改善发展环境。(以下略)

(五) 强化资金监管，提高使用效益。(以下略)

(六) 规范贫困退出，确保脱贫质量。(以下略)

四、脱贫攻坚取得显著成效

党的十八大以来，各地认真贯彻党中央、国务院决策部署，脱贫攻坚成为各级党委、政府的思想共识和行动自觉，精准扶贫精准脱贫深入人心，四梁八柱顶层设计基本完成，五级书记抓扶贫、全党动员促攻坚的良好态势已经形成。

2013 年至 2016 年，我国现行标准下的农村贫困人口由 9 899 万人减少至 4 335 万人，年均减少 1 391 万人；农村贫困发生率由 10.2%下降至 4.5%，年均下降 1.4 个百分点。与前几轮扶贫相比，不仅减贫规模加大，而且改变了以往新标准实施后减贫规模逐年大幅递减的趋势，每年减贫幅度都在 1 000 万人以上。贫困地区群众收入增长较快，生产生活条件明显改善。贫困地区农村居民人均可支配收入连续保持两位数增长，年均实际增长 10.7%。截至 2016 年，贫困地区居住在钢筋混凝土房或砖混材料房的农户占到 57.1%，使用管道供水的农户达 67.4%；自然村通电接近全覆盖，通电话比重达到 98.2%，道路硬化达到 77.9%。在自然村上幼儿园和上小学便利的农户分别达到 79.7%、84.9%。拥有合法行医证医生或卫生员的行政村达到 90.4%，91.4%的户所在自然村有卫生站。井冈山、兰考率先脱贫摘帽，产生了良好的示范带动作用。

十八大以来的脱贫成效不仅创造了我国扶贫史上的最好成绩，而且使中国的减贫事业继续在全球保持领先地位，彰显了我们的政治优势和制度优势，增强了我们的“四个自信”。成千上万基层干部通过投身脱贫攻坚伟大事业，联系了群众，锻炼了本领，培养了能力，成为党和国家的宝贵财富。到 2020 年，完成脱贫攻坚目标任务，将意味着贫困人口和贫困地区同全国一道全面进入小康社会，具有标志性意义；意味着我国绝对贫困问题得到历史性解决，具有里程碑意义；意味着我国提前 10 年实现联合国 2030 年可持续发展议程确定的减贫目标，具有国际意义。同时，在脱贫攻坚实践中，我们探索形成了不少有益经验，概括起来主要有：加强领导是根本，把握精准是要义，增加投入是保障，各方参与是合力，群众参与是基础。这些经验弥足珍贵，我们将长期坚持，并在实践中不断丰富完善。

五、主要困难和问题

随着脱贫攻坚的不断深入，深度贫困地区和深度贫困问题越发突出，一些深层次矛盾和倾向性问题不断显现，主要有以下几个方面。

（一）脱贫攻坚任务依然艰巨。(以下略)

（二）一些地方扶贫脱贫不够精准。(以下略)

（三）形式主义问题凸显。(以下略)

（四）部分贫困群众内生动力不足。(以下略)

（五）扶贫资金使用管理有待加强。(以下略)

（六）扶贫政策实施的针对性不强。(以下略)

六、下一步工作打算

2017 年是脱贫攻坚承上启下、全面深化的关键一年。我们将坚持以习近平总书记扶贫开发重要战略思想为指导，认真贯彻党中央、国务院决策部署，深入落实精准扶贫精准脱贫基本方略，全力以赴抓好各项工作落实。

（一）坚持目标标准，确保完成任务。围绕到 2020 年，现行标准下贫困人口实现脱贫，贫困县全部摘帽，解决区域性整体贫困的总目标，始终坚持“两不愁三保障”脱贫标准，既不吊高胃口也不降低标准，坚持实事求是，不好高骛远，确保贫困人口科学合理有序退出。

（二）坚持基本方略，夯实精准基础。(以下略)

（三）坚持突出重点，解决深度贫困。(以下略)

（四）坚持求真务实，力戒形式主义。(以下略)

（五）坚持从严考核，倒逼真抓实干。(以下略)

（六）坚持宣传典型，总结推广经验。(以下略)

脱贫攻坚正处在爬坡过坎、不断深化、不断精准的过程中，打赢脱贫攻坚战，责任重大、使命光荣。我们将认真学习贯彻习近平总书记系列重要讲话精神，坚决同以习近平同志为核心的党中央保持高度一致，凝心聚力，攻坚克难，开拓创新，狠抓脱贫攻坚各项工作落实，以优异成绩迎接党的十九大胜利召开！

（载《全国人民代表大会常务委员会公报》2017 年 5 月）

（三）请示的撰拟

1. 请示的概念

请示是用于向上级机关请求指示、批准的公文。

请示属于呈请性的上行文，是行文机关向上级机关反映并请求上级机关帮助解决具体问题的重要文种。凡请示，均主动行文，通过公文往复，使行文机关接受并执行上级机关的指示，解决其公务活动中待处理的问题。

2. 请示的特征

请示具有以下特征：

(1) 定向性。请示专门用于向直接上级机关陈述问题、反映困难、提出请求，目的在于获得领导机关的支持、帮助和明确指示。因此，其发文方向是明确的、固定的。

(2) 单一性。一是请示内容的事项单一，要求“一文一事”，即一份文件只准请示一件事情或一个问题，不准一文数事。二是行文主送机关单一，只能主送一个上级机关；接受双重领导的行文机关，只能以主管该文事项的上级机关为主送机关，而将另一上级机关列为抄送机关。

(3) 前置性。请示所反映的内容、涉及的事项，都是将要遇到、即将发生的事情，行文都在操作之前，即通常所说的“事前请示”。行文机关只有在接到批复之后，才能按复文的指示意见处理问题、开展工作，绝不可“先斩后奏”，或边干边请示。

(4) 必复性。上级机关收到行文机关的请示之后，必须予以答复，采用对应文种“批复”。这与收到报告一阅了之不同。至于是否同意请示事项，需要审时度势，着眼全局，对请示内容，或肯定，或否定，或另作指示，概由上级机关定夺。有请必复，是收文机关的责任。

3. 请示的分类

请示可分为以下两类：

(1) 求示性请示。本单位在工作中出现新情况、遇到新问题，无章可循，且关系重大，自行解决难度较大，需领导机关给予指示；或因情况特殊，难以贯彻现行规定，自己提出政策性措施，要经上级机关批示后再付诸实施。

(2) 求准性请示。为完成上级机关交办的事项或实施本单位重要项目而缺少一定的人力、财力、物力，不满足这些条件便难以达到目的。于是，行文报请上级机关批准调拨，满足发文机关所需条件。

4. 请示的写法

请示的结构形态包括以下几部分：

(1) 标题。在一般情况下，请示的标题可省略发文机关名称这第一要素，只用事由、文种两要素。

(2) 主送机关。主送机关只能标注一家直接的上级机关。受双重领导的行文机关，标注主管该文请示事项的上级机关，而将另一上级机关列为抄送机关。

(3) 正文。正文包括三个层次：①引据。要写明请示的起因、背景和求示、求准的依据以及目的，回答为什么要行文请示的问题。语言要准确、简洁。②主体。要写明请示事项，即要求上级机关指示、批准的具体问题，包括概要情况、所遇困难和存在问题，要直陈其事，简单明了，为上级机关批复提供客观依据。③结语。用于表明行文的基本要求，需精心设计，谨慎用字，单独设段。常用的结语有“妥否，请批示”“以上当否，请批复”等。

(4) 发文机关署名、成文日期和印章。

5. 示例

关于禁止在阿克陶县慕士塔格峰区域探矿采矿的请示

陶政发〔2008〕17号

自治州人民政府：

我县慕士塔格峰西侧到G314线区域内已有8家企业在探矿，我们认为应当禁止这些探矿行为，其理由如下：

一、慕士塔格峰是世界名山，是自治州的自然文化遗产，也是国家级“AAA景区”。本着科学发展的原则，我们有责任为国家、为后人保护好这一珍贵的资源。如在此范围内进行矿产的勘探、开采，势必对慕士塔格峰周边区域的环境造成破坏。

二、8个探矿区域覆盖了慕士塔格峰周边的天然和人工草场，而这些草场是当地农牧民世代赖以生存的条件。如果在此范围内进行矿产的勘探、开采，将会破坏草场，使这些农牧民失去生产和生活依靠，引发社会矛盾。

三、国家已在此区域安排了1∶5万的地质调查项目，按照有关规定，在国家地质调查区域内不得探矿、采矿。

四、慕士塔格冰川水具有独特的保健功能和医用价值，且开发冰川水属绿色环保工程，对景区没有负面影响。为使这一宝贵资源能尽快转化为经济优势，我县于2007年11月21日与合作企业签订了“慕士塔格冰川水”开发合同。但由于此范围内已有8家在探矿，导致无法办理冰川水开发证，项目迄今没有实施。

综合所述，我们建议有关部门禁止在阿克陶县慕士塔格峰区域探矿采矿。

妥否，请指示。

附件：1. 探矿权企业名单及探矿区域
　　　2. 拟保护区域示意图

阿克陶县人民政府

2008年9月17日

（引自刘春生主编：《公务文书写作教程》）

（四）决定的撰拟

1. 决定的概念

决定是用于对重要事项做出决策和部署、奖惩有关单位和人员、变更或者撤销下级机关不适当的决定事项的公文。

决定属于法规性、政策规定性的指挥类下行文，是发文机关对其职权范围内的重大事务作出部署、安排，要求下级机关执行的常用文种。这一文种应用范围较广，在行政上具有约束力。

2. 决定的特征

决定具有以下特征：

（1）行文的强制性。决定是决断性公文，涉及的事项、做出的行动安排都是重要的、重大的，一般经重要会议讨论或领导班子研究通过。这种指挥性的决策，在行政上具有强制性的约束力。决定一经下发，就要求下级机关遵照执行，令行禁止，不准折扣操作、阳奉阴违或拒不执行。这一文种的权威性，是不容轻视的。

（2）内容的严肃性。由于决定是对重要事项、重大行动做出安排，必须在酝酿讨论过程中防止片面与武断，在思想方法上讲究慎重稳妥，坚持辩证唯物论，反对形而上学。在内容表述方面，常用结论性语言，并用“会议认为”“大会决定”等规范用语，以体现其严肃性。

（3）事实的准确性。决定的内容必须符合客观实际，论据要实事求是，定论要恰如其分，经得起历史的检验。为此，决定通过之前，务必深入进行调查研究，细致地核对事实，全面听取意见，以使决定的基础客观、公正、牢固。

3. 决定的分类

决定可分为以下几类：

（1）决策性决定。此类决定的内容在性质方面为重大、重要事项，诸如对经济、政治、文化、社会、生态等的战略性决策，对某领域、某方面的政策规定。

（2）奖惩性决定。此类决定可分为奖励决定与惩戒决定两种。前者指对在全国、地区或单位有突出贡献、重大影响的先进集体、优秀个人予以表彰；后者指对出现严重错误、过失，影响较大的单位、个人予以处分，以惩戒一点，教育一片。

（3）变更性决定。对下级机关业已做出的不适当的决定，例如违背国家法律法规的决定，违背党的路线、方针、政策的决定，影响经济发展、损害群众利益的决定，上级机关可行文变更或撤销。

4. 决定的写法

决定的结构形态包括以下几部分：

（1）标题。根据该文种的性质、功能，其标题由发文机关名称、事由、文种三要素组成，以显其庄重性。

（2）主送机关。其标志方式有两种：一为明式，即同一般公文的主送机关一致，如本文种所示例文；二为隐式，通常在标题之下标注成文日期，尽管隐去主送机关，实际所发对象与明式相同，如《全国人民代表大会常务委员会关于完善人民陪审员制度的决定》（2004 年 8 月 28 日第十届全国人民代表大会常务委员会第十一次会议通过）。

（3）正文。正文通常包括三部分：①引据。扼要写明做出本决定的原因、政策依据和目的、意义，使受文者认识其重要性、必要性，为执行奠定思想基础。

②主体。主体即决定的事项，为核心部分。其写法因内容繁简而有别：简单者，可篇段合一，往往三言两语结束；复杂者，主要在于层次显示，务必条分缕析，便于理解执行。这可从以下方法中任选：分段显示，分条列项，用小标题，序号结合主旨句。③结语。结语有两种形式：一为省略，事毕文止，干净利落；二为设置，通常单独设段，或对贯彻执行提出措施、要求，或提出希望，激励受文者执行本决定。

（4）发文机关署名和印章。前有主送机关者应用印；如无，将发文机关名称连同成文日期，一并标志于标题之下的括号内。

（5）成文日期。与发文机关印章对应使用。前有主送机关者，如一般公文的标志方法；前无主送机关者，标志于标题之下。

5. 示例

中共中央关于认真学习宣传贯彻党的二十大精神的决定

（2022年10月29日）

为深入学习宣传贯彻党的二十大精神，把全党全国各族人民的思想统一到党的二十大精神上来，把力量凝聚到党的二十大确定的各项任务上来，作出如下决定。

一、充分认识学习宣传贯彻党的二十大精神的重大意义

中国共产党第二十次全国代表大会于10月16日至22日在北京举行。这是在全党全国各族人民迈上全面建设社会主义现代化国家新征程、向第二个百年奋斗目标进军的关键时刻召开的一次十分重要的大会，是一次高举旗帜、凝聚力量、团结奋进的大会。大会高举中国特色社会主义伟大旗帜、坚持马克思列宁主义、毛泽东思想、邓小平理论、“三个代表”重要思想、科学发展观，全面贯彻习近平新时代中国特色社会主义思想，分析了国际国内形势，提出了党的二十大主题，回顾总结了过去5年的工作和新时代10年的伟大变革，阐述了开辟马克思主义中国化时代化新境界、中国式现代化的中国特色和本质要求等重大问题，对全面建设社会主义现代化国家、全面推进中华民族伟大复兴进行了战略谋划，对统筹推进“五位一体”总体布局、协调推进“四个全面”战略布局作出了全面部署。大会批准了习近平同志代表十九届中央委员会所作的《高举中国特色社会主义伟大旗帜，为全面建设社会主义现代化国家而团结奋斗》的报告，批准了十九届中央纪律检查委员会的工作报告，审议通过了《中国共产党章程（修正案）》，选举产生了新一届中央委员会和中央纪律检查委员会。

…………

学习宣传贯彻党的二十大精神是当前和今后一个时期全党全国的首要政治任务，事关党和国家事业继往开来，事关中国特色社会主义前途命运，事关中华民族伟大复兴，对于动员全党全国各族人民更加紧密地团结在以习近平同志为核心

的党中央周围，高举中国特色社会主义伟大旗帜，坚定道路自信、理论自信、制度自信、文化自信，为全面建设社会主义现代化国家、全面推进中华民族伟大复兴而团结奋斗，具有重大现实意义和深远历史意义。

二、全面准确学习领会党的二十大精神

学习领会党的二十大精神，必须坚持全面准确，深入理解内涵，精准把握外延。要原原本本、逐字逐句学习党的二十大报告和党章，学习习近平总书记在党的二十届一中全会上的重要讲话精神，着重把握以下几个方面。

1. 深刻领会党的二十大的主题。(以下略)

2. 深刻领会过去5年的工作和新时代10年的伟大变革。(以下略)

3. 深刻领会开辟马克思主义中国化时代化新境界。(以下略)

4. 深刻领会新时代新征程中国共产党的使命任务。(以下略)

5. 深刻领会中国式现代化的中国特色和本质要求。(以下略)

6. 深刻领会社会主义经济建设、政治建设、文化建设、社会建设、生态文明建设等方面的重大部署。(以下略)

7. 深刻领会教育科技人才、法治建设、国家安全等方面的重大部署。(以下略)

8. 深刻领会国防和军队建设、港澳台工作、外交工作等方面的重大部署。(以下略)

9. 深刻领会坚持党的全面领导和全面从严治党的重大部署。(以下略)

三、认真做好党的二十大精神的学习宣传

学习宣传党的二十大精神，既要整体把握、全面系统，又要突出重点、抓住关键。要把着力点聚焦到习近平总书记是党中央的核心、全党的核心，习近平新时代中国特色社会主义思想是党必须长期坚持的指导思想上；聚焦到党的十九大以来的重大成就和新时代10年的伟大变革上；聚焦到把握好马克思主义中国化时代化最新成果的世界观和方法论，坚持好、运用好贯穿其中的立场观点方法上；聚焦到中国式现代化在理论和实践的创新突破上；聚焦到贯彻落实党的二十大作出的重大决策部署上；聚焦到以习近平同志为核心的新一届中央领导集体是深受全党全国各族人民拥护和信赖的领导集体上；聚焦到习近平总书记是全党拥护、人民爱戴、当之无愧的党的领袖上。

1. 切实抓好学习培训。(以下略)

2. 集中开展宣讲活动。(以下略)

3. 精心组织新闻宣传。(以下略)

4. 深入开展研究阐释。(以下略)

四、坚持知行合一，贯彻落实好党的二十大作出的重大决策部署

学习宣传贯彻党的二十大精神，要立足我国改革发展、党的建设实际，坚持学思用贯通、知信行统一，把党的二十大精神落实到经济社会发展各方面，体现

到做好今年各项工作和安排好今后工作之中。

1. 坚决做到“两个维护”。(以下略)

2. 切实推动改革发展稳定。(以下略)

3. 防范化解风险挑战。(以下略)

4. 坚定不移全面从严治党。(以下略)

五、切实加强组织领导

学习宣传贯彻党的二十大精神，是当前和今后一个时期全党全国的首要政治任务。各级党委（党组）要把学习宣传贯彻党的二十大精神摆上重要议事日程，切实加强组织领导。

1. 切实负起领导责任。(以下略)

2. 牢牢把握正确导向。(以下略)

3. 着力提升实际效果。(以下略)

各地区各部门要及时将学习宣传贯彻党的二十大精神的情况报告党中央。

（原载新华社北京2022年10月30日电）

（五）函的撰拟

1. 函的概念

函是用于不相隶属机关之间商洽工作、询问和答复问题、请求批准和答复审批事项的公文。

函属于不相隶属机关之间相互商洽、询问、答复的平行文。公务活动中，函在发文机关与收文机关的联系方面起着纽带、桥梁的重要作用。在实践中，有人对函的地位、功能缺少认识，未将其视为党政机关的正式公文文种，特别是在有求于收文机关的条件下，自以为用“函”不尊重，便代之以“请示”，两者虽不相隶属，收文机关却受之泰然。如此贬低函的法定地位与公文效用的做法显然是错误的。

2. 函的特征

函具有以下特征：

（1）行文关系的无隶性。函的发文机关与收文机关之间，一定排除隶属关系，只在不相隶属机关之间行文。

（2）应用范围的广泛性。不相隶属机关之间沟通情况、传递信息，都要用到“函”。诸如商洽工作、询问事项、请求帮助、答复问题、催办事项。凡不能使用其他文种的，都可以函行文。

（3）涉及事项的单一性。制发函件的目的在于沟通信息、协调工作、解决问题，函的主要功能也在于务实办事；在内容方面，多为一函一事，来往均单一，一看就明，利于处理。

（4）公文格式的灵活性。在公文格式上，函简便灵活，不像其他文种那样限制严格。除重要函件使用正式文头外，通常可用有机关名称的便笺，单独编号，自成系列。函的文字质朴平易，语气诚挚平和，结构不拘一格。

3. 函的分类

函可分为以下几种：

（1）按照函的运行方向分类，有去函、复函两种：①去函，亦称往函，为发文机关主动制发；②复函，亦称回函，为发文机关被动制发。

（2）按照函的内容、用途分类，函有以下几种：①商洽函，用于收发文机关之间商洽工作，联系事宜。②问答函，又可细分为询问函与答复函。前者用于询问事宜、征求意见；后者用于回答来函的询问，属被动行文。③请求函，用于请求收文机关批准事项。④告知函，用于将有关事项、活动等告知对方，收文机关见函后，回复与否自行决定。

4. 函的写法

函的结构形态有以下几部分：

（1）标题。标题一般有常规式、省略式两种。前者多用于重要事项，采用发文机关名称、事由、文种三要素俱全的标题；后者多用于一般事项，标题可省略发文机关名称，只用事由加文种，复函须写明“复函”。

（2）主送机关。从所致对象的实际出发，确定采用特称或统称。用特称者，通常发一个或几个机关，可将名称全部列出；用统称者，如主送机关多，可按类别列出，而无须一一标列。

（3）正文。正文包括三个部分：①引据。说明致函起因、背景和依据，表示师出有名，为后文立基。复函则先引来函标题、发文字号。②主体。主体即所商、所问、所请的事项，要一语致题，直陈其意，使对方一目了然。复函则要针对来函内容，逐一明确、具体作答。③结语。结语通常用表达行文要求的惯用语句。去函多用“特此函达”“敬请函复”之类字样；复函多用“特此函复”等。

（4）发文机关署名、成文日期和印章。

5. 示例

[例一]

国务院办公厅关于同意陕西省承办
2021年第十四届全国运动会的函

国办函〔2015〕155号

体育总局、财政部：

你们《关于批准陕西省作为第十四届全国运动会承办单位的请示》（体竞字〔2015〕186号）收悉。经国务院领导同志批准，现函复如下：

一、同意陕西省承办2021年第十四届全国运动会。

二、筹备和举办第十四届全国运动会的经费主要由陕西省人民政府自筹，中央财政给予一次性定额补助；场馆设施建设所需资金由陕西省人民政府自行负担。

三、体育总局和陕西省人民政府要严格按照党中央、国务院有关规定，充分结合当地经济社会发展实际，坚持量力而行、量入为出、节俭高效原则，共同组织好第十四届全国运动会。

国务院办公厅

2015年12月29日

（载《国务院公报》2016年2月）

[例二]

国务院办公厅关于同意浙江省开展
国家标准化综合改革试点工作的复函

国办函〔2016〕100号

浙江省人民政府、质检总局：

你们关于浙江省开展国家标准化综合改革试点工作的请示收悉。经国务院批准，现函复如下：

一、同意浙江省开展国家标准化综合改革试点工作。浙江省国家标准化综合改革试点工作方案由浙江省人民政府制定发布。

二、试点工作要全面贯彻党的十八大和十八届三中、四中、五中、六中全会精神，深入贯彻习近平总书记系列重要讲话精神，认真落实国务院决策部署，积极实施标准化战略，加快提升浙江省标准化总体水平，为全面深化标准化工作改革提供可复制、可推广的经验。

三、浙江省人民政府要加强对试点工作的组织领导，完善配套措施，健全协作机制，落实工作责任，积极稳妥推进试点工作，确保试点各项目标任务和政策措施落到实处。

四、质检总局要会同国务院有关部门加强对试点工作的指导和协调，适时开展试点评估，总结推广经验，重大问题及时向国务院报告。

国务院办公厅

2016年12月13日

（载《国务院公报》2017年1月）

三、事务文书撰拟

事务文书有多类多种，前已简要介绍。这里只概述几种主要文体的写作。

（一）计划的撰拟

1. 计划的概念

计划是行为主体（单位或个人）为完成未来特定时段的工作等任务而制订的构想、安排的事务文书。

计划又称计划书，为计划性文体的统称。在应用中，当根据计划内容选用名称。例如，“安排打算”属短期的具体的计划；“方案”是从事具体工作的详尽精细的计划；“设想”是对预定工作的总体考虑，属初步的大体计划；“要点”具有纲要性，属特定工作主要方面的粗线条的计划；“规划”是确定整体目标和发展远景的宏观性长远计划。

2. 计划的特征

计划具有以下特征：

（1）科学性。目标确定要科学，要鼓舞士气、振奋人心，同时又脚踏实地、冷静分析，使人们经过努力可以达到，既非好高骛远，又非一蹴而就；措施制定要科学，步骤的设计、人力的组织、办法的采用都要调度有序，衔接紧密，共同服务于目标的实现。

（2）预见性。计划是对未来行动的设计：一方面是主观范畴，行为主体准备如何操作；另一方面是客观范畴，形势发展到彼时的变动因素。对这些都要审时度势，进行周密考虑，做出总体预测，并采取相关的预应对策。如此则可防患于未然，确保计划的顺利实施。

（3）严肃性。对行为主体而言，计划一经通过，就要努力实施，遇到困难则应想方设法克服，确保落实，而不可随意改动，视若儿戏。当出现不可抗力因素致使计划难以实现之时，则要从实际出发，对计划予以调整修正，以维护计划的严肃性。

3. 计划的种类

计划的种类较多，从不同角度有不同分类。

（1）按内容分，有工作计划、生产计划、科研计划、学习计划、销售计划等。

（2）按主体分，有国家计划、地区计划、单位计划、个人计划等。

（3）按时段分，有长期计划、年度计划、季度计划、月份计划等。

（4）按形式分，有条文式计划、表格式计划、条文表格结合式计划等。

（5）按性质分，有综合计划、专项计划两种。前者又称全面计划，是在特定时段内安排本单位全面工作的计划；后者又称专题计划，是指某一方面工作的计划。

4. 计划的写法

计划的结构形态包括以下几个部分：

（1）标题。计划的标题由四要素组成，即编制单位名称、计划时段、计划内容、文体名称。一般计划都用这种常规式标题。有时也可用省略式标题，即省略编制单位名称，而将其移至文末落款处，两处不宜重复使用；如开展无时限活动，可省略计划时段，但计划内容和文体名称不可省略，如《关于开展为希望工程献爱心活动的安排意见》。对于听取意见的计划，如未定稿，可根据需要，在标题之下圆括号内注明下列字样："初稿""草案""讨论稿""征求意见稿"等。

（2）正文。正文一般由三部分组成：①前言，即计划的总纲，统率全文。要写明制订本计划的因由、依据、目的及总任务，回答"为什么做"的问题。用语要简明扼要，高度概括。②主体，即计划的重心，回答"做什么""怎么做""谁来做"等问题。可按以下层次展开：任务指标，责任落实，执行步骤，保证措施。为表述清晰，可使用序号、小标题。③结语。结语无固定模式，可从具体计划的实际出发，灵活掌握。可以不写结语，正文完结即自然结束。也可以设置结语，在结语中可发出号令，激励人们完成任务；可补充说明，交代相关事宜；也可写明注意事项、检查方法等。

（3）落款。编制计划的单位名称，如标题中省略，即在正文之后署名；如标题中有此要素，则此处从略。落款处还要注明通过计划的年、月、日。

下面所载例文"计划"，为事务文书中的"红头运行"，其发布者与制定者同为教育部。这样，"计划"原文的单位名称、成文日期，便省略了。现将教育部的印发通知附后，便于了解此类写法。

国务院办公厅关于转发文化部等部门
中国传统工艺振兴计划的通知

国办发〔2017〕25号

各省、自治区、直辖市人民政府，国务院各部委、各直属机构：

文化部、工业和信息化部、财政部《中国传统工艺振兴计划》已经国务院同意，现转发给你们，请结合实际，认真贯彻执行。

国务院办公厅

2017年3月12日

5. 示例

中国传统工艺振兴计划

文化部　工业和信息化部　财政部

为落实党的十八届五中全会关于"构建中华优秀传统文化传承体系，加强文化遗产保护，振兴传统工艺"和《中华人民共和国国民经济和社会发展第十三个五年规划纲要》关于"制定实施中国传统工艺振兴计划"的要求，促进中国传统工艺的传承与振兴，特制定本计划。

本计划所称传统工艺，是指具有历史传承和民族或地域特色、与日常生活联系紧密、主要使用手工劳动的制作工艺及相关产品，是创造性的手工劳动和因材施艺的个性化制作，具有工业化生产不能替代的特性。

一、重要意义

中国各族人民在长期社会生活实践中共同创造的传统工艺，蕴含着中华民族的文化价值观念、思想智慧和实践经验，是非物质文化遗产的重要组成部分。我国传统工艺门类众多，涵盖衣食住行，遍布各族各地。振兴传统工艺，有助于传承与发展中华优秀传统文化，涵养文化生态，丰富文化资源，增强文化自信；有助于更好地发挥手工劳动的创造力，发现手工劳动的创造性价值，在全社会培育和弘扬精益求精的工匠精神；有助于促进就业，实现精准扶贫，提高城乡居民收入，增强传统街区和村落活力。

二、总体要求

（一）总体目标。立足中华民族优秀传统文化，学习借鉴人类文明优秀成果，发掘和运用传统工艺所包含的文化元素和工艺理念，丰富传统工艺的题材和产品品种，提升设计与制作水平，提高产品品质，培育中国工匠和知名品牌，使传统工艺在现代生活中得到新的广泛应用，更好满足人民群众消费升级的需要。到2020年，传统工艺的传承和再创造能力、行业管理水平和市场竞争力、从业者收入以及对城乡就业的促进作用得到明显提升。

（二）基本原则

尊重优秀传统文化。尊重地域文化特点、尊重民族传统，保护文化多样性，维护和弘扬传统工艺所蕴含的文化精髓和价值。

坚守工匠精神。厚植工匠文化，倡导专注坚守、追求卓越，树立质量第一意识，推动品质革命，加强品牌建设，多出精品、多出人才。

激发创造活力。保护广大手工艺者个性，挖掘创造性手工的价值，激发因材施艺灵感和精心手作潜能，恢复和发展濒危或退化的优秀工艺和元素。

促进就业增收。发挥传统工艺覆盖面广、兼顾农工、适合家庭生产的优势，扩大就业创业，促进精准扶贫，增加城乡居民收入。

坚持绿色发展。增强生态保护意识，合理利用天然材料，反对滥用不可再生的天然原材料资源，禁止使用非法获取的珍稀动植物资源。

三、主要任务

（略）

四、保障措施

（略）

（载《国务院公报》2017年11月）

（二）总结的撰拟

1. 总结的概念

总结是行为主体（单位或个人）对特定时段内的某项活动进行系统、全面的回顾、分析、评价，找出规律，提炼经验，用以指导今后工作的事务文书。

总结是立足现实、回顾过去的事务文书。今天，从单位到个人，每到一个大的阶段，比如年终岁尾，都要总结工作，这已成惯例。人们通过这种活动明晰得失，从平时的不够自觉进入比较自觉的状态，进而认识规律，不仅知其然，又知其所以然，总结经验，吸取教训。由此可知，总结这种文书的作用很大，价值很高。

2. 总结的特征

总结具有以下特征：

（1）客观性。总结是对各种活动、已做工作的总体回顾，这就必须客观、真实、准确。业已发生的事实，无论是有利的还是不利的，都要集中起来，不可有选有弃，文过饰非。这一步只有求实，做到基础稳固，下一步的求是才会具有科学性。

（2）主动性。对于已经完结的活动进行总结进而形成文书，是行为主体的工作惯例。绝大多数单位、个人进行总结已无须上级指令，不是“要我做”，而是“我要做”，行为主体从这种操作中获益，由此也进一步强化了行为主体进行总结的主动性。

（3）飞跃性。总结中，对过去的活动固然要摆清情况，组织材料，明确业已存在的事实，无此便谈不上总结。然而，就此止步又不是完整意义上的总结。经过由表及里、由此及彼的加工制作，必须产生飞跃，将感性认识上升为理性认识，总结经验，抓住规律。这种认识上的升华是总结中的关键和主要价值所在。

（4）对照性。人们进行总结，当与该时段最初的计划进行对照。计划是实践的依据，总结是对实践的检验。对照计划，看哪些完成甚至超额，哪些未完成甚至漏掉了，再进一步查找原因，提炼正反两方面的经验。通过这种工作，可使今后编制计划更加科学，执行计划更加自觉。

3. 总结的种类

总结的种类较多，角度不同分类方法也不同。

（1）按内容分，有工作总结、生产总结、科研总结、学习总结等。

（2）按主体分，有国家总结、地方总结、单位总结、个人总结等。

（3）按时段分，有年度总结、季度总结、月份总结、阶段总结等。

（4）按性质分，有综合性总结、专题性总结。前者又称全面总结，是行为主体对特定时段全面工作、活动的整体总结，它涉及面广，内容较详，在展示全貌过程中不可面面俱到，而要突出重点，点面结合，有详有略，剪裁得当。后者又称单项总结，多侧重于工作成绩、经验的总结，亦称经验总结，它是对某项工作、某个问题的专门总结，内容具体单一，要抓住中心，突出特色，力求有深度。

4. 总结的写法

总结的结构形态包括以下几部分：

（1）标题。从大的方面讲，总结的标题有两种：其一，常规式标题，即由总结标题要素构成。其中又包含两种：① 完全式标题，由行为主体名称、总结时段、总结内容及文体名称四个要素组成；②省略式标题，用于单位内部，可省略四要素中的行为主体名称。个人总结用省略式标题。其二，文章式标题，其中也含两种：①单标题，直接揭示主旨或主旨范围，概括内容，多用论点句，如《加强科学管理是企业发展的关键》。②双标题，由正副标题组成，正题提示中心，概括内容；副题则辅助说明，交代相关要素，如《从改革中寻出路　不拘一格选人才——西安人民广播电台公开招聘采编人员的总结》。

（2）正文。正文包括两个部分。①前言。简介总结涉及的时段、背景及对工作的总体概括，给人以总印象，即"立片言以居要"。②主体。此为总结的重心，就内容而言，包括已做工作、成绩缺点和经验教训。写法多样，因内容而调整变化。常用的有三种：第一，纵式（直线式）写法。或用内容纵式，即按逻辑关系，逐层深入；或用时间纵式，亦称阶段式，按时间顺序展示内容。第二，横式（并列式）写法。按实际活动的不同方面归类写出，方面之间不体现时间、方位等顺序关系，只保持内在联系。第三，综合式写法。将上述二式结合起来，或以纵式为主，纵式中有横式，或相反用之。

（3）结语。如果设置结语，可概要写出今后的任务、努力的方向，要体现大意大势，要简短有力。如果不设结语，内容述毕，便可戛然而止。许多单位习惯将上年总结与下年安排作为一份文书的两部分，如此总结亦可略去结语。

5. 示例

市政府办公室2014年上半年工作总结

半年末，我办在市委、市政府的正确领导下，以市委十二届四次全会精神为指导，紧紧围绕市委、市政府中心工作，进一步解放思想，开拓创新，全面提升"三服务"水平，以开展党的群众路线教育实践活动为契机，坚持"枢纽畅通、服务有效、责任到位、保障有力"的工作方针，努力推进各项工作任务的完成。现总结如下：

一、2014年上半年工作开展情况

（一）扎实开展教育实践活动，优化服务环境践行优良作风。……

（二）努力提高综合信息水平，以文辅政作用进一步突出。……

（三）不断拓宽政令畅通渠道，决策执行力度进一步加大。……

(四) 充分发挥部门职能优势，服务发展能力进一步增强。……

(五) 积极加强机关自身建设，机关工作活力进一步彰显。……

二、几点体会

市政府办公室在“三服务”工作中，坚持围绕大局抓重点，围绕落实找经验，围绕目标提质量，使各项工作高效运转，形成良性循环。

一是坚持服务群众畅通便民渠道，是树牢宗旨执行党的群众路线的民心工程。……

二是坚持打造精品突出工作创新，是促进各项工作质量不断提高的内在动力。……

三是坚持围绕中心服务全市大局，是强化政府综合服务部门职能的根本保证。……

四是坚持求真务实保持优良作风，是树立政府工作人员良好形象的有力举措。……

五是坚持健全制度加强规范管理，是确保各项工作规程有序运行的重要手段。……

六是坚持加强党建促进政务工作，是推动各项工作水平全面提高的关键所在。……

三、存在的不足

市政府办公室虽然取得了一定成绩，但与市委、市政府领导的要求相比还存在一定差距，还有需要改进和加强的地方。一是干部队伍的整体素质与新形势、新任务对办公室工作提出的新要求、新期待还存在一定差距，开拓创新、务实高效的精神需要进一步培养，在办公部门政务力量提升方面还需进一步增强；二是调动全市政府办公系统提高服务水平和建立健全长效机制方面还需要努力；三是在推动工作深入开展方面还需探索新途径、拓展新领域、提升新高度；四是办属单位在机构改革、经营发展等方面还面临诸多困难。

四、下半年工作打算

下半年，面临的工作任务仍然比较繁重。我们要按照年初确定的工作目标，继续抓好各项工作的落实和推进。

(一) 深入推进教育实践活动开展，抓好查摆问题、开展批评和整改落实、建章立制环节等各项工作。

(二) 保证政府机关高效有序运转。

(三) 突出重点抓好政务工作。

(四) 精细求实抓好综合保障工作。

(五) 机关党的建设、干部队伍建设、纪检监察等工作要发挥好组织统领作用，努力营造秩序井然、积极向上、展现活力的机关工作环境。

佳木斯市人民政府办公室

2014 年 8 月 11 日

（载佳木斯市政府办公室网站 2014 年 8 月 27 日，原文 8 930 字）

（三）述职报告的撰拟

1. 述职报告的概念

述职报告，是党政机关、社会团体、企事业单位的领导者、工作人员，向主管领导、职工群众及上级组织人事部门报告特定时段内履行职责的情况，陈述成绩，检讨缺点，评价自我的事务文书。

述职，即陈述职责。《孟子·梁惠王下》："诸侯朝于天子曰述职。述职者，述所职也。"初指诸侯向天子陈述职守，后来，外官（派到外国或外地担任重要职务者）向中央政府报告施政情况，亦称述职。1988 年 6 月 6 日，中共中央组织部《关于试行地方党政领导干部年度工作考核制度的通知》指出："被考核者向各自的选举任命机构和上级领导作个人述职。"此后，开始实施各级领导干部年度和届满述职。述职，主要是述工作，通常涉及德、能、勤、绩四个方面。述职进而撰写报告，有利于述职者自省，强化职责观念、公仆意识，接受国家和人民的监督，总结经验教训，全面提高能力；有利于优秀人才的培养、选拔，增加领导工作的透明度。随着形势的发展、社会的进步，述职者对自己述职的内容也在悄悄地扩展，除以工作为主，还将"述学""述廉"也纳入，这是文书写作中与时俱进的表现。

2. 述职报告的特征

述职报告具有以下特征：

（1）自鉴性。述职报告，是述职者对自己特定时段德、能、勤、绩诸方面所做的自我定性、自我评估和自我鉴定。鉴定，是对人的优点、缺点的鉴别和评定。作为自我鉴定，一要实事求是，大即大，小即小，使基础牢固；二要客观公正，是即是，非即非，评定做到准确科学。

（2）限定性。述职报告的限定性包括三个方面：一是对象限定。即述职人或曰述职报告的作者，述职即述己，只能以自己为中心，其中可能涉及他人他事，却是次要的，不可喧宾夺主。因此，这种文书必须用第一人称。二是内容限定。只能在述职人的职责范围内，就德、能、勤、绩几方面进行选材。三是标准限定。不同层次的述职者，因职级、责任、目标不同，客观的评价标准自然有别，要依据自己职务的标准要求撰写述职报告。

（3）写实性。述职报告必须坚持写实，德、能、勤、绩均以事实为据，写法以叙述为主。全文所用材料，必须是实实在在业已进行的工作、活动，原原本本地反映事情的本来面目，一切不实之词均应剔除。对个人实绩，需有定性分析，但更重定量证明。撰写者要问心无愧，落笔有据，使评定者和群众感到述职言之有物，真实可信。

3. 述职报告的种类

述职报告可分为以下几种：

（1）从时间角度分类，可分为年度述职报告、任期述职报告、临时述职报告。

（2）从性质角度分类，可分为全面工作述职报告（又称综合述职报告）、专题述职报告（又称单项述职报告）。

（3）从主体角度分类，可分为个人述职报告、集体（领导班子或工作集体）述职报告。

（4）从形式角度分类，可分为书面述职报告、口头述职报告、综合式（书面与口头相结合）述职报告。

4. 述职报告的写法

述职报告的结构形态包括以下几部分：

（1）标题。标题可不拘一格。常用的有三种：①直书式，以文体名称为主。一是单独文体名称，如《述职报告》，其下一行即标明述职人的单位、职务、姓名；二是任职时段+文体名称，如《2013 年度述职报告》。②文书式，即由述职时段、担任职务、述职内容、文体名称几要素构成。一是述职时段+担任职务+文体名称，如《2011 年至 2014 年就任局长的述职报告》；二是述职内容+文体名称，如《关于北京奥运工程游泳馆施工的述职报告》。③双题式，即由正副两标题组成。正题通常将述职报告的基本经验提炼成论点句，副题则补充说明相关要素，如《积极发挥思想政治工作优势，切实保证企业的稳定和发展——××县长×××的述职报告》。

（2）称谓。这是述职者对听众或读者因其身份、职业等关系而采用的称呼，意在引起注意。①书面的述职报告，应写明主送的机关或领导姓名，如“市委组织部”“省人事厅”“××局长”；②口头的述职报告，应根据在场的领导、听众的实际选用，如“各位代表（委员），同志们”“各位领导、各位同志”。

（3）正文。正文通常包括三大部分。①引言，即述职基点。要交代清楚任职者的自然情况，包括任职时间、所任职务、变动情况及背景，分管的工作，岗位职责及目标、任务，对个人工作的整体评估，确定述职的范围、基调。②主体，即述职实绩。这部分为述职报告的核心，要写清主要工作及成果、尚存的问题及对任职工作规律性的认识。业绩要充分展示，经验要上升为理论。该部分容量较大，特别要注重条理化。③结语，即今后设想。在上述基础上，对今后工作提出科学规划和战略设想，表明尽职尽责的态度。写法要简洁概括，点到为止。

（4）落款。署名要写明单位、职务、姓名，如在标题之下已署名，此处可省略。而后标注成文日期；口头的述职报告，可宣读述职日期。

5. 示例

述职述廉报告

县委常委、政府副县长××

（2015 年 12 月）

按照考核要求，现将2015 年各项工作开展情况和自身建设情况述职如下：

一、工作开展情况

按照组织分工，2015 年我协助政府县长负责发展改革、招商引资、工业经济、商务流通、环境保护、交通运输及安全生产工作。一年来，在各位领导和同志们的帮助支持下，本人紧紧围绕全县工作大局，创新工作思路，强化工作措施，落实工作责任，圆满完成了各项目标任务。

（一）发展改革方面……

（二）招商引资方面……

（三）工业经济方面……

（四）商务流通方面……

（五）环境保护方面……

（六）交通运输方面……

（七）安全生产方面……

二、自身建设情况

一是注重学习提高。系统学习了党的十八大及十八届三中、四中全会精神，认真领会了习近平总书记系列重要讲话精神及自治区"8337"发展思路，深入研究了区委、市委年内召开的全委（扩大）会议精神……结合工作实际，加强了发改、经济、招商及各项法律法规的学习，推动了各项分管工作的顺利开展，自身素质有了明显提升，驾驭处理日常事务的能力得到了进一步提高。

二是加强作风建设。以"三严三实"专题教育为契机，切实加强和改进了作风建设。……在日常生活和工作中，我坚持以"三严三实"为遵循，做到"吾日三省吾身"，内化于心、外化于行，树立正确的政绩观，在谋事创业的实践中，坚持求真务实，狠抓落实，勇于担当，做老实人、说老实话、办老实事。

三是坚持廉洁自律。认真贯彻落实中央"八项规定"和区市配套规定，在住房、用车、亲属经商等方面严格要求自己，始终保持清醒的头脑，廉洁勤政。牢牢把握坚固的思想道德和纪律防线，积极参加廉政建设学习教育活动，认真学习《中国共产党党内监督条例》和《中国共产党纪律处分条例》。在工作和生活中，严格执行各项从政规定，时刻自重、自省、自警、自励，做到廉洁自律，公道正派。

三、存在的不足和今后努力的方向

自己虽然在工作中积累了经验，得到了锻炼，提高了素质，增强了能力，各项工作取得了一定成绩，但与更高的工作要求相比，仍有一定差距，特别是通过“三严三实”专题教育，发现自己还存在理论学习抓得不紧、调查研究不深、脾气过于急躁、创新意识不强等问题。针对这些问题，我在工作和生活中做到即知即改、立行立改，并将长期坚持。在今后的工作中，我将持之以恒加强学习，深入调查研究，切实履行自己的岗位职责，不断改进和完善工作方法，努力推动各项工作再上新台阶。

（载××县人民政府网站 2015 年 12 月 29 日，原文 2 840 字）

第四节　公文处理

公文处理，是机关、单位等行为主体在公文拟制、公文办理、公文管理过程中进行的一系列相互关联、衔接有序的工作。人们知道，公文是开展公务活动的重要工具，而公文处理便是重要的公务活动，静态的公文负载的使命，只有通过动态的公文处理，才能转化为现实。公文处理的对象是公文。对事务文书，处理起来自然不如公文那样严格、紧凑，尚无具体规范。本节所述公文处理，以公文为主，凡可涉及事务文书之处，一并扼要说明。

作为大系统的公文处理由三大子系统构成，各子系统又包含其子系统。

一、公文拟制

公文拟制是以本机关、单位名义起草、形成公文的过程。制作公文的预期目的尽含其中。在这方面，《条例》的规定及本书的阐释已在第三节公文撰制程序中介绍，此不赘述。

二、公文办理

公文办理是机关、单位等行为主体对收进公文、拟发公文诸事务进行具体处理的工作过程。公文在生成之后，从运转、送达，到承办、落实，将发文意图转化为现实，主要在这一系统内完成。拟制公文的设定目标能否达到、程度如何，这一程序至关重要。它又包含三大子系统：

（一）收文办理

收文办理是行为主体对收到公文的办理过程。外来公文从踏入收文机关大门，在“收文登记簿”上落户之时起便启动了落实性运转流程。其中批办、承办为关键程序，而实施发文意图、达到发文目的则为宗旨。收文办理系统子系统主要包括：

(1) 签收。这是行为主体接到外单位送达公文、为其签字以示收到公文的过程。收文办理，始于签收。这一程序可分为四个步骤：①签字，是收件人接收公文后，在对方的“送文登记簿”上签署姓名的过程。它是公文签收的首要环节。②拆封，也称启封，是秘书人员拆开装有公文的封套，取出公文的过程。③清点，即对拆封取出的公文进行核对检查的过程。④分类，是将清点后的公文按照一定标准分别归类的过程。

（2）登记。所谓收文登记，是将本机关收进又需要登记的公文编号入账，记录其来源、运转、处理情况的工作过程。说得形象一点，这种登记就是给收入公文“立户”：对收文机关而言，则是建立“账目”。凡需登记的每一文件都在登记簿上占有自己的位置。从此以后，文件的每一接转、处理，每前进一步，都要在登记簿上反映出来，一条有起有止的清晰轨迹也就绘制出来了。登记的方式主要有两种：①簿记式，即在业已装订成册且每页都登记若干份文件的专用本上登录收文的方式。②活页式，即在未装订的单页登记表上登录收文的方式。活页式登记有三种形式，分别为卡片式、联单式、图表式。收文登记的秘书人员在操作中要做到字迹清晰、逐项填写、标题完整、编号准确。

（3）拟办。这是机关文秘部门对需要办理的来文，在领导者批办之前提出参考性初步处理意见的过程。拟办的前提是：第一，认真审核。《条例》规定：“对收到的公文应当进行初审。初审的重点是：是否应当由本机关办理，是否符合行文规则，文种、格式是否符合要求，涉及其他地区或者部门职权范围内的事项是否已经协商、会签，是否符合公文起草的其他要求。经初审不符合规定的公文，应当及时退回来文单位并说明理由。”经初审，凡合规定的公文，文秘部门应当及时提出拟办意见送请负责人批示或者交有关部门办理，需要两个以上部门办理的，当明确主办部门。紧急公文，应当明确办理时限。第二，研读文件。阅文应当搞清来龙去脉、文种方向、办理方式及密级时限。第三，明确范围。要判断来文属于存档类、阅知类、办理类的哪一种。拟办的要求是：熟悉上下，对本机关要了解全面，做到统揽全局；认真负责，这是参与政务、当好参谋的直接体现；深思熟虑，再三斟酌，有的放矢，体现特色；提供依据，包括相关文件、调查材料等；简要及时，用语表义准确，言简意赅，力求随到随办，不积压。书写拟办意见，要做到意见、姓名、日期三要素完备。

（4）批办。这是机关、单位领导对业经文秘部门提出拟办意见的收来公文，批签处理意见的过程。批办是收文处理的关键环节，是领导权力的直接体现，是工作效率的反映。对批办公文的要求是：①形成明确意见。批办者要认真阅读来文，研究并适当汲取拟办意见，对具体操作指示要明确。②选准承办部门。要将承办任务与部门职责准确对应，办理事项涉及两个和两个以上部门的，要确立主办部门，有主有从，分工明确。③要求确切及时，回答“如何办”的问题。一是规定办法，讲程度；二是规定期限，讲进度。

（5）分发。这是秘书人员对登记后的收来公文，根据领导的批办意见和既定的送达方案，分别发与承办部门、相关人员的过程。公文的分发是收文办理的“流通”渠道，是领导指示的落实步骤，也是办事效率的明显标志。司职公文分发的秘书要做到：①认真登记。为使公文安全、准确、迅速地运行，无论对外、对内，都要履行登记手续，不搞“君子协议”。②附单加印。涉及几个职能部门办理，而“文件处理单”的“办理意见”栏又容不下几个部门书写文字的，可将领导签批的“文件处理单”复印相应份数，以便各承办部门都书写意见。③退回注明。凡有退回归档要求的公文，可在其首页上加盖“阅后请退回归档”戳记，利于及时回收。

(6) 传阅。这是秘书组织多位领导轮流阅读同一份文件的过程。传阅文件是机关内部公文处理的手段，是领导办理公务的方法，也是领导之间沟通信息的平台。操作者要迅速、有序、灵活地组织公文传阅工作。传阅组织者要做到：认真登记，熟悉情况，科学运筹，控制运行，及时处理，周到服务，保护文件。

(7) 承办。这是机关、单位的有关部门或人员，根据领导的批办意见或已有规定，对应办复的收进文件进行办理的过程，是机关为人民服务的鲜明反映。公文承办是收文办理程序中落实的关键环节，是维护收文机关政令畅通的具体保证。承办的方法是：①弄清要求。一是弄清业务范围。来文事项在承办部门业务范围之内，即启动承办程序；否则，立即退回文秘部门，并述理由。二是弄清时间要求。承办部门收文后要及时办理，不得延误、推诿；紧急公文按时限要求办理，确有困难，要及时说明。确保在领导要求的时限之内办毕。三是弄清具体内容。主要是弄清批办意见和来文内容。②遵令办理。无论承办上级机关、下级机关、不相隶属机关普通来文，还是承办紧急公文，都要遵照领导的批办意见和既定原则办理。③牵头担纲。需要几个部门合作承办来文，批办意见中须明确指定牵头部门，该部门便应承担重任，先行准备好处理意见，再与协办部门协商。④结案注办。承办工作结束，承办者要将处理结果填写于“文件承办单”上，或另写简要材料，连同办件转回文秘部门注办，即对承办者的承办历程和处理结果作简要注明，也就是承办工作的收结。

(8) 催办。这是秘书人员根据机关领导的指示精神，对承办部门或者承办人员办理的收进文件进行查询督促，使其得到及时处理的工作过程。公文的催办可以引起承办者重视，防止收文积压，有益于加快文件运转，提高办文效率。催办的方式有：电话催办、凭卡催办、发函催办、简报催办、登门催办、会议催办、汇报催办、列表催办和电脑催办等。公文催办要做到：建立制度，加强领导，专人负责，坚持登记，认真检查，讲究方法。

(9) 答复。这是收文机关对收进的公文在办理完结之后做出回复的过程。《条例》规定：“公文的办理结果应当及时答复来文单位，并根据需要告知相关单位。”公文的答复体现了有问必答的工作原则，是考查责任的重要方式，也是来文处理的最终结果。在收文办理系列中，答复为最后一个程序。答复的方式有多种，常用的有：行文答复、口头答复、复印批示、形成纪要、统筹安排、实际操作。对答复的要求是：注重程序，严谨勤勉，当复必复，难题预告。

（二）发文办理

发文办理是行为主体对业经领导签发的公文文稿进入具体制作、运转等相关工作的过程。

此前，在公文处理第一系列“公文拟制”中，已介绍了从交拟到签发共七个程序。这些满足了公文撰拟的需要。而发文办理系统紧承公文拟制，为其后续系统。发文办理系统之子系统主要包括：

（1）登记。这是对将送领导签发的公文稿件批注必备项目，使其有序运作、顺利发出的过程。《条例》规定：“对复核后的公文，应当确定发文字号、分送范围和印制份数并详细记载。”发文办理主要程序中的登记是公文承上启下的环节，是公文实施意图的步骤，是关乎公文运作的程序。登记工作由领导指定的具有丰富工作经验的秘书担任。登记的内容主要有：发送范围、阅读级限、紧急程度、秘密等级、发送方式和印制份数。批注人员要根据登记的要求，认真阅读文稿，从实际出发，区别对待，处理好工作需要与保密需要的关系，还要登后核对，确保无误。

（2）编号。这是按一定顺序对领导业已签发的文件编定一个发文字号的过程。简言之，是给待发文件编上序位号码。通过编号，可使文件具有代称，占据固定位置，并显示信息。编号方法主要有两种：一是统一流水编号法，即以机关名义发文，在自然年度内，一律依次编号，构成大流水式；二是分类流水编号法，即以机关名义在自然年度内发文，依据业务范畴划分若干类别，在各自类别内再排流水号。发文字号由三要素构成：发文机关代字、年份和发文顺序号。例如：中发〔2014〕1号。编排发文字号，事小义大，秘书人员必须坚持三要素按序编排，领导签发在前，编号在后，序号严防紊乱，使用发文字号要执行规范，不准各行其是。

（3）缮校。这是公文缮印、文稿校对两项工作。缮印，是以领导签发的定稿为准，经过打印、铅印或缮写誊清等工序，制成正式文件的过程。校对，是以公文定稿为据核对校样，消灭其文字、标点等各种差错，确保公文质量的过程。上述两者同为发文办理程序中的重要环节，各有特定领域与具体要求。

公文缮印要做到：①印前复核。对此，《条例》规定：“已经发文机关负责人签批的公文，印发前应当对公文的审批手续、内容、文种、格式等进行复核；需作实质性修改的，应当报原签批人复审。”②印刷有据。无论采用哪种方式印制公文，都要严格执行领导签发意见。③排版讲究，文字清晰，装订妥善，原稿完好。④注重保密。严格执行《中华人民共和国保守国家秘密法》，《条例》在“印制”程序中规定：“公文印制必须确保质量和时效。涉密公文应当在符合保密要求的场所印制。”⑤验收把关。《条例》对于“核发”程序规定：“公文印制完毕，应当对公文的文字、格式和印刷质量进行检验后分发。”显然，这种印后验收同印前复核恰好构成确保公文质量的呼应关系。

对于文稿的校对，则要做到：①认真、负责、细致，力避出错；②以定稿为标准，忠于定稿；③用好校对符号，讲究校对技术；④撰稿人力求参与校对，校对的对象是文稿的全部内容，一处、一字都不可遗漏。

（4）用印。这是在缮印完毕的公文落款处加盖发文机关印章的过程。用印是发文流程的重要环节，是发文机关的负责标志，更是公文效力的权威证明。对印章的使用方法，在本章第三节中已做了说明，此处从略。秘书人员用印要做到：遵命操作，依令而行；事前核对，印文一致；份数核准，不多不少；执行规范，位置准确；谨慎稳当，印迹清晰。

（5）封发。这是将印制完毕的公文按户装入封袋，发与受文机关的过程。封发可保证公文定向、定量、定时、安全送达。办公室秘书人员履行发文登记程序后，封发的主管者便可操作。其主要工作程序是：①点份，即对于待发公文清点份数。一是点清印制完毕的公文数；二是检查公文份号，看有无跳号、重号、漏号、错号等问题。②拣配，即对行将发出的公文按照发往的户头拣选分配。一是发文登记，填好“公文分发总登记表”；二是逐一拣配，按户头拣配公文，据当次“发文登记簿”运作。③备封，即按公文发放范围、要求，准备、书写、拣配封筒。④装件，即将拣配完毕的公文连同“发文通知单”装入受文机关封筒。⑤封口，即将装入公文的封筒等包装物封闭起来。根据实际，选择粘封、缝封、轧封、捆封等适当的方法。对封发的操作要认真负责，准确合度，工序合理，手续完备。

（6）投送。这是将封发完毕的公文，通过一定的方式、手段，从发文机关送达收文机关的运行过程。投送是公文制发的最后环节，是公文运行的重要措施，也是公文显效的关键举措。投送的方式主要有直达式、中转式、交换式三种。投送的工作人员要做到：限时运作，确保安全，严格手续，线路科学。

事务文书种类多，数量大，其办理程序不像公文那样严格，但仍有大致的规则可循。其制发程序在本章第三节第一题文书撰制程序中已做了简要介绍，后续环节可参照本节发文办理的余下程序。事务文书的收办程序可参照本节收文办理介绍的诸程序。同公文处理程序相比照，事务文书处理程序的长度要短些，环节要少些，而基本环节则不可或缺。从发送运行来说，除公文色彩稍强的简报之外，其余的事务文书不宜单独运行，它主要用于机关、单位内部。在机关、单位内部送达接收同样要履行相关手续，包括各自登记等程序。事务文书一旦步出机关、单位大门，比如上报或下发，便须“红头运行”，即可作为公文的主送件享受公文待遇。上报的事务文书需附呈送类报告到上级机关；下发的事务文书当附批转性或印发性通知至相应的下属机关、单位。

（三）整理归档

整理归档是行为主体于外来公文、自发公文办毕之后，将相关材料归纳整理，逐步组合而成系统案卷的过程。它是收文办理与发文办理的后续流程，是两条线上公文办理的收官阶段，是公文向档案的过渡。整理归档系统主要包括：

（1）编制类目。整理类目是公文整理的首要环节。编制类目，是文秘部门在每年之初，从本机关实际出发，参照往年形成案卷的情况，按照公文整理的要求与方法，预先拟制的整理方案。整理类目主要包括整理类别、整理条目。前者好比“居住地”，后者类同“门牌号”。整理公文，先归“类”，再入“目”，便有归宿。

（2）平时归卷。这是秘书人员根据公文整理的要求，在正常工作期间对随时产生的、处理完毕的公文，归入事先拟制的相应类别、条目之中的过程。平时归卷，可保持办毕公文的齐全完整，及时找到归宿；亦使公文的日常管理井然有序，查找方便；还可减轻年终整理压力，提高整理工作效率。平时归卷主要有三步：①搜集。时间上，既可随时搜集，也可定时搜集；方式上，有主动搜集、等待搜集、重点搜集；指向上，有外发文、收进文、内部文、会议文。②鉴别。归卷之前，要对公文鉴别检查，主要包括查程序、查完整、查特征。③归卷。这一步的任务主要有随时整理、定期归卷、调整类目。

（3）组合案卷。这是秘书人员根据公文整理的原则、要求，将互有联系的一组公文组织成一个案卷的过程。第一步是案卷调整。对积累的公文全面审视、分析，详细检查、调整，为组卷做好充分准备。第二步是案卷组合。一是卷内公文排列，使其系统化、固定化；二是拟写案卷标题，使这一案卷题名准确揭示、高度概括卷内公文的全部内容。

（4）编目定卷。这是对组合好的案卷实施加工编目和装订工作，使其最终固定的过程。主要工作是：编写页码、编制目录、填备考表、案卷装订和填写封面。这是公文整理的最后步骤。

（5）编制移交目录。移交目录又称案卷目录，是文秘部门将装订好的案卷，按照一定的排列顺序，逐一编号登记而形成的案卷名册，是以每份案卷为单位排列起来的目录。主要项目包括：顺序号、案卷号、案卷标题、起止日期、公文页数和保管期限。

（6）办理移交手续。案卷移交，是文秘部门将编立完毕的全部案卷向档案部门移交，并根据“归档案卷移交目录”办理交接手续的过程。在移交过程中，要注意以下几点：①严格检查。档案部门接收移交案卷，首先要认真检查，既查数量，又查质量。②提前介入。档案人员的检查提前到文秘部门的编目定卷阶段，这种工作的向前延伸，就将检查与指导、帮助紧密结合起来了。③双方交接。档案人员经检查案卷，认为达到标准，即可办理交接手续，填写“归档案卷移交目录”，其后附“案卷移交备考表”。档案部门与文秘部门清点核准，履行签字手续，交接工作即告完成。

文秘部门将编制完毕的公文案卷交与档案部门，公文的历史使命即告完成，案卷便进入档案世界。

三、公文管理

公文管理是机关、单位等行为主体依照有关规范、原则，对办理之中、办理之后的公文进行保管、料理的过程。公文管理既同公文拟制、公文办理系统并列，构成公文处理的三大系统，又以自己的特有内涵，筑就对公文拟制、公文办理的保障、支持系统。公文管理系统主要包含下列子系统：

（一）存放料理

存放料理是行为主体对公文从形式到内容实施的保障性工作过程。该系统包含下列子系统：

1. 公文放置保管

公文放置保管是秘书人员根据相关规章制度对待用状态下的公文实施安放、保藏、管理的工作过程。这一系统的工作程序主要包括：①创设条件。条件主要包括两方面，一是具备安全保密要求的房间。《条例》规定：“设立党委（党组）的县级以上单位应当建立机要保密室和机要阅文室，并按照有关保密规定配备工作人员和必要的安全保密设施设备。”二是适合要求的设备，主要有铁柜和装具。②编写目录。每个文件盒、文件夹内盛装的公文，均须编写公文目录。③按序陈放。公文保管室内全部呈现有序状态，盒（夹）内公文按序排列，柜内文件盒（夹）按序摆放，室内卷柜同样按序安置。④经常整理。工作人员不只公文收进多少，登记多少，保管多少，还要账物核对，确保完整，使其井井有条，以利于公文查找和利用。

2. 公文保密管理

公文保密管理是秘书包括全体工作人员根据法律法规和相关制度，对公文的软件与硬件有所隐蔽，防其泄露的工作行为。公文保密的要求是：其一，树立观念，遵守纪律。其二，宽严适度，严格审批。秘书人员为公文划密，既要明确含义，坚持标准，又要严格程序，执行领导审批制度。其三，坚持制度，强化管理。这一系统主要指向的环节：①公文收发的保密。要严格执行登记制度，把好各道关口，做到环环手续清，件件落点明。②公文管理的保密。一是保管从严，不可稍有疏忽；二是清退抓紧，讲及时，求主动，核准清退公文的份数、页数；三是销毁认真，清点仔细，登记详尽，销毁彻底；四是携带保安，秘书外出须带公文者，应切实采取安全措施，必要时可携带保安人员一同外出。③公文利用的保密。从阅读场合到阅读范围、传递过程，直到交接手续，都要确保安全。④会议公文的保密。要做到密文控制，涉密公文一律标明密级，统一编号，登记分发，专人管理，会后收回，会议记录本集中妥善保管。

3. 公文形神改变

公文形神改变是行为主体对外来的和自制的公文，根据规章制度与实际需要，从形式到内容采取相关措施的工作过程。《条例》规定："涉密公文应当按照发文机关的要求和有关规定进行清退或者销毁。"这一系统主要包括下列子系统：

（1）清退。这是文秘部门依照有关规定，定期或不定期地对运转处理完毕的公文进行清点、核对、收缴的过程。操作这一系统，要把握的工作基本点有：①规定时间。一是随时清退，二是定期清退。②明确范围。各发文机关要根据实际，规定公文清退范围，以便口径一致，操作统一。③加盖戳记。对需要清退的公文，秘书人员须在公文版头部分加盖清退戳记，以提醒、催促相关人员。④制发退单。发文机关当据实情，每隔一段时间发出"公文清退通知单"，列出应收公文目录，以促受文机关在时限之内退回应退公文。

（2）销毁。这是文秘部门对于运转处理完毕且又不具归档和保存价值的公文，按照有关规定，统一进行焚化毁灭的过程。这一过程的工作程序是：清点，登记，审批，施毁，备案。公文销毁的要求是：①严格界定。一是公文界定，要对销毁与不销毁的公文进行严格区分；二是机关界定，清退回来需销毁的公文由负责清退的机关统一销毁，县级以下机关、单位不得销毁上级机关制发的公文。②二人监销。③销前单放。待销毁公文要单独存放，切勿同其他公文混淆。④不准出售。⑤他人勿涉。无关人员严禁介入，只准销毁人、监销人参与销毁。

（3）更易。这是指公文的制发机关或其上级机关、或权力机关等行为主体，根据职权范围和有关法律法规对已发公文实施改变、改正等行为。这一系统主要包括：①公文的撤销。这是行为主体根据职权范围和有关法律法规决定取消该公文的公务行为。《条例》规定"决定"文种的适用范围之一即："变更或者撤销下级机关不适当的决定事项"。《条例》规定："公文被撤销的，视为自始无效。"②公文的废止。这是行为主体根据职权范围和有关法律法规决定终止使用该公文的公务行为。《条例》规定："公文被废止的，视为自废止之日起失效。"③公文的修改。这是行为主体根据职权范围和有关法律法规，对已发公文的缺点、错误予以改正，使之适应需要的公务行为。此处所指的公文修改不同于公文拟制中既修且改的加工制作，而是对公文发出后的问题予以改正的工作。④公文的随动。这是公文伴随其行为主体——发文机关的变化而相应变化的过程。发文机关变化的情形主要有三种：机关合并、机关撤销、机关设立。发文机关产生变动，公文便如影随形，与之同步。

（二）内外利用

公文的利用亦称公文的使用，是指对公文（既指外来公文，亦含自制公文）

实施阅读、传达、贯彻、引证、汇编等活动，以发挥公文效能的过程。《条例》规定："各级党政机关应当建立健全本机关公文管理制度，确保管理严格规范，充分发挥公文效能。"公文利用的原则，从大方面来说主要有两条：一是有利于工作，二是有利于保密。

1. 公文内部利用

公文内部利用是指对收文机关内部人员的公文使用方式。主要有以下几种：

(1) 公文的阅读。这是公文利用的基本做法，也可谓首要做法。党内公文通常标注发送范围、阅读级限，组织阅读的文秘部门照办即可。行政公文如对发送、级限不予标注的，收文机关的阅读范围在本机关内即可不受限制；有标注的，同样要按规定操作。大多数县级以上机关、单位的公文阅读需有专人负责，单设房间，凭证阅文。

(2) 公文的查阅。这是需求者提出公文课题，请求秘书人员帮助查找公文原件的过程。查阅方法通常有两种：①点名查阅。利用者可提出发文机关标志、标题甚至发文字号等要素，秘书人员翻开台账便可按图索骥，或者打开计算机搜索，提供服务。②内容查阅。利用者只能提供文件中的二三句话或一两个观点，秘书人员要以此为线索，开动机器，收缩范围，进行查找。

(3) 公文的借阅。这是利用者到文秘部门经办理手续，暂时取来阅读所需公文的过程。公文的借阅要严格履行手续，主要有审批、登记、催退等环节。

(4) 公文的传达。这是收文机关人员根据公文的要求，通过口头宣读的方式，使应知者知悉公文内容的过程。传达属于广泛的公文利用方式，具有普遍性。公文传达的基本要求是：按时运作，照本宣科。

(5) 公文的翻印。这是受文机关依照收进公文重新印制该文的过程，通常数量大，发行广，是公文利用的重要方式之一。翻印公文的基本要求是：①须经批准。《条例》规定，"复制、汇编机密级、秘密级公文，应当符合有关规定并经本机关负责人批准。绝密级公文一般不得复制、汇编，确有工作需要的，应当经发文机关或者其上级机关批准。复制、汇编的公文视同原件管理"。②文尾加注。《条例》规定，"翻印件应当注明翻印的机关名称、日期"。该件下发时履行登记手续，按正式文件管理。

2. 公文外部利用

公文外部利用是指对收文机关以外人员的公文使用方式。主要有以下几种：

(1) 公文的汇编。这是根据一定的指导思想和基本目的，将相关公文汇总编排而成书的过程，此属公文的延伸利用，也是公文利用的重要方式。根据发行范围、保密程度，公文汇编可分两种：一为内部式，即发到一定范围，具有保密要求的汇编。二为公开式，即发行范围不受限制，不提保密要求的汇编。将上级党、政机关公文汇编成册，无论公开式还是内部式，均须经发文机关批准。

(2) 公文的公布。这是根据形势和工作的需要，将党政机关公文公开发布，使公众了解内容、把握精神、遵照执行的过程。此属公文的最广泛使用方式。公文公布的形式主要有三种：一是综合公布，即将若干方面的公文有关同一课题的内容，按性质、类别编排在一起，在媒体上公布；二是摘要公布，即将公文中的某些内容作为消息通过新闻媒体予以发布；三是全文公布，即将公文的原文和盘托出，通过新闻发布、政报登载、广泛张贴等渠道全部发表。公文公布的要求主要有：发文机关批准，确保全部准确，少量印制存档。

（3）公文的引用。这是援引公文中的语言文字作为讲话、撰文等根据的过程。公文的引用，有的用于内部，有的用于公开场合，属公文利用的又一种方式。引用公文的规范做法是先引标题，其后于圆括号内再引发文字号。如果标题中未列发文机关名称，则需在标题之前引出发文机关，以给人完整明晰的印象。引用公文同样要坚持保密原则。一般说来，不要在公开出版物上引用内部公文原文。如果实在需要引用少量非关键处，则可作变通处理，即将其精神转化为引者的语言。

思考与练习

1. 有人说，“文书文书，文而书之”，将文书简单理解为撰拟材料，动动笔杆；还有人说，“一纸文书，不过白水”，说明对文书的特征与功能尚少认识。请结合关于文书的基本知识，简要评析上述两种说法。

2. 公务文书是由机关公文、事务文书和专用文书三大部分构成的。请指出机关公文与事务文书的联系和区别。

3. 文书撰拟必须讲究质量。请结合个人的文书写作实践与了解到的有关情况，谈谈如何提高文书撰拟质量。

4. 请联系本单位制发一份公文的具体实践，谈谈发文办理程序。

5. 请简述公文管理与公文处理的关系。在认真阅读教材的基础上，切实了解并熟悉公文的存放料理和内外利用的基本环节。

6. 根据案例内容，结合题后要求撰拟公务文书。

20 世纪 30 年代，美国作家希尔顿在《在消失的地平线》一书中描绘了一块永恒宁静的土地——香格里拉。那里是雪山、冰川、峡谷、森林、湖泊、金矿及纯净空气的荟萃地；是美丽、明朗、安然、闲逸、知足、宁静、和谐等一切人类最美好理想的归宿。那里就是人间乐园，就是世外桃源。

世界上真的有这样一个地方吗？《不列颠文学词典》说希尔顿或许根据中国西部的一个地名译出了这一奇异名词。这样，香格里拉开始成为一个谜。半个多世纪以来，许许多多的香格里拉“信仰者”，漂洋过海万里迢迢来到中国大西南，开始探寻这充满诗意和梦幻、飘荡着田园牧歌的理想国度。香格里拉成为“地球村”里几代人的心中之谜。

香格里拉究竟是什么？它在哪里？

因为享誉全球，香格里拉成了一座金矿；因为神秘，香格里拉的归属变得复杂。特别是对中国大西南可能是“香格里拉”的地方来说，香格里拉4个字无疑是一笔巨大的财富。因此，各地都有宣称“香格里拉”就在当地，一场激烈的香格里拉争夺战就此拉开。四川稻城县，云南中甸县、贡山县、丽江地区，西藏的昌都等地方都参与其中。从1995年开始，各地都打出了“香格里拉”旗号。云南省还组织专家对香格里拉的“归属”问题进行了一系列的考证，最后认为：“香格里拉”是迪庆藏语方言；迪庆藏族自治州的自然地理环境与香格里拉完全吻合；《消失的地平线》中“香格里拉”喇嘛寺的原形在迪庆；东方学者对迪庆的描写也与希尔顿对香格里拉的描写如出一辙。因此，云南省十分自信地宣称：“唯有迪庆具备香格里拉那样的社会环境”。

1997年，在迪庆藏族自治州建州40周年暨第二届滇藏川青毗邻地区文化艺术节庆典上，云南省政府向全世界郑重宣布，人们寻觅已久的香格里拉就在云南省迪庆藏族自治州。他们已准备向国务院申请把迪庆藏族自治州中甸县更名为香格里拉县。消息一出立即震惊世界。此后，四川、西藏对香格里拉的争夺并没有停止。直到2002年5月5日，经国务院批准，云南省迪庆藏族自治州中甸县正式更名为香格里拉县，这场旷日持久的香格里拉世纪之争才终于宣告结束。香格里拉品牌从此归属云南，并由云南省工商部门对这个品牌实行特权保护。

香格里拉“争名战”尘埃落定之后，川、滇、藏3省区便又在这一问题上打起了各自的“算盘”。

这一次，西藏走在了前面。2001年国际旅交会期间，西藏与云南在茶马古道的开发上进行了首度尝试，计划出台一个投资额达15亿元的“大香格里拉”计划。

2001年10月，在西南6省区市7方经济协调会第17次会议上，西藏自治区又提出了《川西、滇西北、藏东南三江流域生态建设与旅游资源综合开发的建议》。随后，在3省区党委、政府的共同倡导下，3方又共同提出了开发建设“中国香格里拉生态旅游区”国际精品旅游产品的区域性合作项目。

2002年5月27日至6月2日，首届川、滇、藏“中国香格里拉生态旅游区”座谈会在拉萨召开。国家有关部委领导和专家，四川省副省长王怀臣、云南省副省长邵琪伟、西藏自治区副主席次仁卓嘎和各地旅游局、招商局等部门有关负责人共聚一堂，最终达成一致意见——在未来的10年内，3省区共同投资500亿至800亿元，在川西南、滇西北、藏东南独特的自然资源、民族文化和区位优势的基础上，实施大规模的区域性生态建设与旅游资源综合开发，将3省区交界处的9个地州打造成“中国香格里拉生态旅游区”，建成国际一流的旅游“天堂”。

根据初步规划，这9个地州共涉及50个县域范围，包括四川的甘孜藏族自治州、凉山彝族自治州、攀枝花，云南的迪庆藏族自治州、大理白族自治州、怒江傈僳族州、丽江地区，西藏的昌都地区和林芝地区。这里具有独特的高原雪山、湖泊、草原、森林、野生动植物等自然景观，正是举世闻名的“香格里拉”的写照。

这期间，3省区还成立了“中国香格里拉生态旅游区”协调领导小组，并通过了《川、滇、藏“中国香格里拉生态区”的意见》，将联合上报国务院审查批准；同时决定在上海召开的中国国际旅游交易会上把“中国香格里拉生态旅游区”作为世界级旅游品牌向海外隆重推介。此外，3省区计划分别以康定、迪庆、昌都为核心，每年开展一个“香格里拉”节庆，联合制作宣传资料，联合对外促销。

据了解，“中国香格里拉生态旅游区”协调领导小组的组长、副组长将由川、滇、藏三省区政府领导轮流担任，每年召开一次会议。首届协调领导小组组长由西藏自治区党委副书记、自治区政府常务副主席徐明阳担任，副组长分别由四川省政府副省长王怀臣、云南省副省长邵琪伟、西藏自治区政府副主席次仁卓嘎担任，协调领导小组成员由三省区发展改革委、经办、招商引资、经贸、建设、环保、林业、旅游、交通、民航、国土、科技等部门组成。

这样一个涉及众多政府部门的机构，显示了三省区实施该计划的雄心，也预示该计划由政府操刀。

作为“东道主”的云南省，甚至已经决定以非常具体而细致的“三八计划”将香格里拉建成自然界的“迪斯尼乐园”。按规划，云南省将重点推出“世外桃源”、南国冰雪、湖泊草甸、名川名峡、立体生态、民族风情、宗教文化、民间工艺等8大旅游产品；药材及藏药商品、野生食用菌系列商品、高原花卉系列商品、野生动物及皮革制品、宗教文化用品复仿制品、藏式菜肴及民族风味食品、蒙古族民间手工艺品、香格里拉旅游纪念品等8大旅游商品以及8条黄金旅游路线。

请撰拟下列公务文书：

(1) 以云南省政府办公厅的名义，向省内有关部门、国内有关专家，发一份关于香格里拉“归属”问题考证的会议通知。

(2) 以云南省政府的名义，给国务院写一份关于云南省迪庆藏族自治州中甸县更名为香格里拉县的请示。

(3) 以川、滇、藏三省区政府的名义联合向国务院写一份关于共同建设“中国香格里拉生态旅游区”的报告。

(4) 以西藏自治区政府的名义，分别给云南省政府、四川省政府发关于共同开发建设“中国香格里拉生态旅游区”的函。

(5) 以“中国香格里拉生态旅游区”协调领导小组的名义，编制一份“中国香格里拉生态旅游区”的初步开发计划。

第九章　秘书与信访工作

引言

信访工作是秘书的职责之一，是秘书为领导服务而又直接为群众服务的一项重要任务。秘书人员应当掌握信访工作知识，努力做好信访工作。本章着重论述信访与信访工作的含义，信访工作的特点和作用，信访工作的原则和法规，秘书人员处理来信、接待来访、查办信访案件的程序、内容和方法。新时代，秘书人员应当牢固树立“群众利益无小事”的思想，真心实意为群众排忧解难，这是做好信访工作的根本；要有较强的业务素质和应变能力，这是做好信访工作的关键；要加强信访信息工作，提高信息化水平，这是做好信访工作的保证。

第一节　信访工作概述

一、信访与信访工作

信访，是指公民、法人或者其他组织采用信息网络、书信、电话、传真、走访等形式，向各级人民政府、县级以上人民政府工作部门反映情况，提出建议、意见或者投诉、请求，依法由有关行政机关处理的活动。它不泛指一般社会成员之间的相互通信和访问活动，而是指社会成员向社会组织及其管理者发起的一种特殊的社会行为，具有较强的政治性。在我国社会主义制度下，信访是指人民群众依照我国宪法赋予的权利和义务，采用书信、信息网络、电话、传真、走访等形式，向各级组织及其领导反映个人或集体的愿望和要求，提出批评和建议的政治交往活动。它是人民群众向社会组织求助的一种形式，也是行使民主权利、参与国家管理的一种形式。信访是信访工作的前提和基础，它决定了信访工作的存在。

“信访工作”一词是在新中国成立后才产生并逐渐演变而成的一个专用名词。它的含义是指各级领导机关依照政策法规受理信访事项，调整信访关系的全部活动。以后，随着信访活动的不断发展，信访工作的内涵也不断丰富。2022 年 5 月 1 日施行的《信访工作条例》规定：信访工作是党的群众工作的重要组成部分，是党和政府了解民情、集中民智、维护民利、凝聚民心的一项重要工作，是各级机关、单位及其领导干部、工作人员接受监督、改进工作作风的重要途径。

信访工作由以下要素构成。

（一）信访人

采用信息网络、书信、电话、传真、走访等形式，反映情况，提出建议、意见或者投诉请求的公民、法人或者其他组织，称为信访人。信访人是信访活动的发起者，是信访工作的对象和基础。

（二）信访受理者

信访受理者，是指在其职权范围内受理信访人提出的信访事项的行政机关和社会组织。信访受理者是信访工作的主体，也是决定信访工作成效的关键因素。信访受理者可以是党政军领导机关，也可以是企事业单位和社会团体，还可以是报社、电台、电视台等新闻舆论机构。

（三）信访事项

社会成员通过信访渠道反映的所有问题统称为信访事项。信访事项一般有三类：申诉求决类、检举控告类和意见建议类。信访事项是信访工作的焦点，信访工作都是围绕着受理和办理信访事项而进行的。

（四）信访工作方式

信访工作方式即信访受理者在处理信访问题时，依照一定的原则程序所采取的各种形式和方法。对不同的信访问题，必须采取不同的处理方式，才能做到对症下药，药到病除。人们经过长期实践认识到，信访工作最基本的方式是分别处理、综合反映。

（五）信访工作效果

信访工作效果即信访受理者受理和办理信访事项的效率和结果。新修订的《信访工作条例》规定："信访事项应当自受理之日起60日内办结；情况复杂的，经本行政机关负责人批准，可以适当延长办理期限，但延长期限不得超过30日，并告知信访人延期理由。"这些规定都是为了保证信访工作效果良好。

二、信访工作的特点

信访工作既是一项经常性的群众工作，也是一项十分重要的政治工作，它属于上层建筑领域，是为社会主义政治服务的。信访工作主要具有以下特点。

（一）群众性

信访工作本质上是群众工作，是党和政府密切联系群众的桥梁和纽带，也是推动解决群体反映的实际问题的重要渠道。信访工作的群众性具体表现在四方面：一是广泛性。一切公民、法人和其他组织，都可以成为信访人。信访人中既有工人、农民，也有干部、教师、学生；既有退伍军人，也有现役军人；既有离退休人员，也有在职人员；既可以是个人，也可以是组织；等等。总之，信访人涉及社会各阶层、各领域，对象十分广泛。二是相关性。信访人不是无缘无故向某个组织实施信访行为的，而是因为与该组织有着某种关联。三是自发性。群众的信访行为一般是自发产生的，而非有组织有领导的行为。四是可变性。信访群众的形成源于他们与组织之间的某种利益关系。一旦这种利益要求得到满足，或愿望得以实现，他们就会停止信访，原有的信访群众就会消失。但是，由于社会环境的变化，新的社会矛盾又会产生，反映新的矛盾的信访人又会出现。因而，信访群众总是处于不断变化之中。这一特点要求信访工作者必须坚持以人民为中心原则，牢固树立群众观念，把做好信访工作作为贯彻党的群众路线，加强党和政府同群众联系的重要方法；要加强对信访群众的教育和疏导，防止信访活动由自发状态变为无政府状态；努力做好信访老户的工作，尽量减少重信重访，提高结案率。

（二）经常性

信访工作不是时有时无、时断时续的工作，而是一项经常性的工作。这是因为，信访活动是社会矛盾通过信访形式的客观反映，社会矛盾存在的长期性，决定了信访活动和信访工作的经常性。新中国成立 70 多年来，虽然信访数量时多时少，信访内容不断变化，但是，信访活动从未间断。特别是在全面建设社会主义现代化国家的新时代，由于各方面改革力度的加大以及各种利益关系的调整，社会矛盾更加尖锐复杂，信访活动更加活跃，信访工作的任务更加繁重，信访工作的地位也更加重要。这一特点要求信访工作者必须克服临时观念，树立长期思想，把信访工作作为经常性的政治任务摆在重要的位置，做到常抓不懈；要坚决克服主观随意化的倾向，认真贯彻新颁《信访工作条例》，结合本单位实际，建章立规，完善制度，把信访工作纳入法制化轨道；要加强研究，探索规律，搞好预测，采取对策，把工作做在问题发生之前，掌握信访工作的主动权。

（三）政策性

信访工作的另一个突出特点就是具有很强的政策性。这主要体现在信访工作者必须以党和国家的各项政策法规为准绳来处理各种信访问题。大量来信来访统计表明，涉及各种政策的信访问题占有相当大的比例，或对某项政策有意见，或反映政策执行中的问题，或要求落实有关政策。因此，信访工作处处离不开贯彻落实党和国家的各项政策。改革开放 40 多年来，各级信访部门与有关部门密切配合，解决了大量历史遗留问题，平反了大批冤假错案，落实了党的干部政策和知识分子政策，从而调动了广大人民群众的积极性。另一方面，信访工作可以为各级领导机关制定政策提供依据，并且检验各项政策的执行情况，以便发现问题及时纠正。近年来，通过信访渠道反映出的军人优抚安置、农村土地征用、城市房屋拆迁等方面的政策缺陷，都得到了及时妥善的解决。信访工作的政策性还体现在信访工作无时不在宣传党和国家的方针政策和法律法规。每一个信访干部都是政策宣传员，通过他们的宣传解释工作，可以使党和国家的各项方针政策深入人心，从而增强群众贯彻执行政策法规的自觉性。这一特点要求信访工作者必须认真学习党和国家的各项方针政策和法律法规，成为精通政策法规的专家。在处理信访问题时，一定要严格按照政策法规办事，不能随心所欲，感情用事，对政策规定不明确但确实符合情理的信访问题，应在不违背政策精神的前提下变通解决。随着我国法治建设的不断完善以及社会主义市场经济的深入发展，信访中的涉法问题越来越多，呈上升趋势。信访工作者必须适应这一新形势的需要，增强法律意识，熟悉国家的各项法律，依法处理信访问题，以保护信访人的合法权益。

（四）思想性

信访工作是一项极其重要的思想政治工作，这是信访工作的又一个显著特点。因为它不单解决信访人的某个实际问题，还必须针对不同情况，在解决实际问题的同时解决信访人的思想问题。来访群众思想状况十分复杂：有的抱着解决问题的强烈愿望，渴望通过信访马上解决问题；有的想通过信访探明解决问题的途径和方法；有的对现行政策不了解或有疑虑，要求信访部门解释和说明；还有的对不正之风和违法乱纪现象不满，检举揭发坏人坏事，要求立即查处；也有的提出一些不切实际和不正当的要求；等等。对于这些思想工作对象，信访工作者有责任向他们宣传党和国家的方针政策，把思想工作渗透到信访工作的各个方面，贯穿于处理信访问题的全过程，做到既办事又交心。从某种意义上说，只有解决了思想问题，才能从根本上使信访人终止信访，否则，就会增加重信重访的数量。由此可见，信访工作渗透着极强的思想性，这一特点要求信访工作者同时必须是一位优秀的思想政治工作者。信访工作者要善于了解和掌握信访人的心理活动规律，以便有针对性地做好他们的思想工作；要满腔热情、细心耐心、苦口婆心地对信访人进行说服教育；要有良好的表达能力和情绪控制能力，做到不急不躁，以柔克刚，把思想工作做到信访人的心坎上。

三、信访工作的作用

（一）联系群众的作用

信访工作是各级领导和机关联系群众的重要渠道。当然，领导联系群众的方式是多种多样的，信访工作则是领导联系群众的重要方式之一。首先，这种联系比较直接。凡是需要并愿意通过信访形式向领导反映情况和问题、提出意见和建议的人，都可以直接通过书面或口头形式，同任何一级领导对话。这也是领导机关直接了解群众情绪、倾听群众呼声、掌握群众思想脉搏的最简便的形式。其次，这种联系比较广泛。一切公民、法人和其他组织，都可以通过信访渠道同领导机关和领导发生联系；一切社会问题，大到党和国家的方针政策，小到群众的生活琐事，都可以作为信访事项反映给领导机关及其负责人。再次，这种联系比较经常。它不受时间和空间的限制，无论在任何时候、任何情况下，人民群众都可以向领导机关及其负责人通过信访反映问题。当然，信访人在履行信访权利的同时还必须承担一定的义务，在信访法规允许的范围内活动。

（二）民主监督的作用

在社会主义制度下，人民群众享有广泛的民主权利。他们有权参与国家管理，有权监督党和国家各级领导的施政行为。信访工作就是保证人民群众行使民主监督权利的重要形式之一。首先，这种监督具有群众性。群众的眼睛是雪亮的，领导工作中的不正之风和消极腐败现象，无论多么隐蔽，都逃不过人民群众的眼睛，他们可以通过信访渠道举报和揭露出来。其次，这种监督具有灵便性。监督人只要发现任何一个地方有不正之风和其他消极腐败现象，可以随时随地向领导机关和信访部门反映，不受时间、地点的限制；可以采用书信、电话、录音、录像、走访等多种形式向有关部门反映情况，方式灵活，方便快捷。再次，这种监督十分有效。由于信访监督是一种群众监督，是一种无时不有、无处不在的监督，通过信访渠道反映的情况绝大多数是真实的，因而监督的效果比较理想。近几年查处的大批领导干部腐败案件，绝大多数是通过信访渠道检举揭发出来的。这说明，信访渠道在实施民主监督、加强党风廉政建设方面具有其他渠道不可替代的作用。做好信访工作，有利于保证信访人的民主监督权利，消除社会腐败现象，加强党风廉政建设。

（三）促进社会和谐的作用

社会稳定与和谐是国家发展的首要条件，是压倒一切的政治任务。没有稳定和谐的社会环境，什么事情也做不成。信访工作与社会和谐有着天然的联系，信访工作是构建社会主义和谐社会的基础性工作。一方面，信访活动的形式、内容、数量及趋向是由社会政治、经济形势以及社会和谐状况决定的。另一方面，信访工作对促进社会和谐具有重要作用。这种作用主要表现在三个方面：首先，信访工作通过为信访人排忧解难，维护群众的合法权益，调解社会矛盾，化消极因素为积极因素，促进社会稳定与和谐。其次，信访工作通过揭露不正之风，打击违法犯罪活动，促进党风廉政建设，理顺群众情绪，促进社会稳定与和谐。最后，信访工作还可以通过落实党和国家的各项政策，密切党群和干群关系，促进社会稳定与和谐。特别是在实现中国式现代化的新时代，大力做好信访工作，对于维护社会稳定、构建和谐社会具有更加重要的意义。

（四）反馈信息的作用

信访工作是各级领导机关获取信息和反馈信息的一条重要渠道。任何领导和机关进行决策都离不开信息。决策者获取信息的途径是多种多样的，信访工作则是为领导提供信息的一个重要渠道。每一个信访者都是一名义务信息员，他们来信来访所反映的问题首先是一种信息，信访部门就是一个综合性的信息窗口。大量的群众来信来访把社会各个领域的信息源源不断地反映到各级领导机关，成为领导机关制定政策、部署工作的重要依据。信访工作中的信息反馈也是十分敏感的。从一定意义上讲，信访是观察社会的“晴雨表”，是检验领导工作的“测量表”，是了解群众情绪的“温度计”。人民群众的来信来访，把执行党和政府的方针政策、法律法规和各项工作任务完成的情况及问题反映上来，可以帮助领导机关检验各项政策、法规和部署的正确与否，并作为改进工作的依据。因此说，信访工作建立了一条为领导决策提供信息的重要渠道，也是落实党和国家重大决策的一条重要渠道。

四、新时代信访工作的指导思想和目标任务

党的十八大以来，习近平总书记对信访工作作出了一系列重要指示，深刻回答了一系列带有方向性、根本性的重大问题，为做好信访工作指明了方向。

习近平指出，各级党委、政府和领导干部要坚持把信访工作作为了解民情、集中民智、维护民利、凝聚民心的一项重要工作，千方百计为群体排忧解难。要切实依法及时就地解决群众合理诉求，注重源头预防，夯实基层基础，加强法治建设，健全化解机制，不断增强工作的前瞻性、系统性、针对性，真正把解决信访问题的过程作为践行党的群众路线、做好群众工作的过程。

新时代信访工作的指导思想和目标任务是，坚持以马克思列宁主义、毛泽东思想、邓小平理论、“三个代表”重要思想、科学发展观、习近平新时代中国特色社会主义思想为指导，贯彻落实习近平总书记关于加强和改进人民信访工作的重要思想，牢记为民解难、为党分忧的政治责任，坚守人民情怀，坚持底线思维、法治思维，服务党和国家工作大局，维护群众合法权益，化解信访突出问题，促进社会和谐稳定。

五、信访工作的原则

《信访工作条例》规定：信访工作应当遵循下列原则。

（一）坚持党的全面领导

要把党的领导贯彻到信访工作各方面和全过程，确保正确政治方向。

（二）坚持以人民为中心

践行党的群众路线，倾听群众呼声，关心群众疾苦，千方百计为群众排忧解难。

（三）坚持落实信访工作责任

党政同责、一岗双责、属地管理、分级负责、谁主管、谁负责。

（四）坚持依法按政策解决问题

对信访人所反映的问题，必须以党和国家的政策、法规和法律为准绳，这是信访工作必须遵循的又一重要原则。这是因为，党和国家的政策、法律集中体现了广大人民群众的意志，代表了他们的根本利益。所以，我们对信访人所反映的各种问题和要求，必须按照有关政策和法律、法规去认识和处理，绝不允许超越政策、法律和法规的范围去随意处理。特别是在新的历史条件下，涉法信访问题显著增多，依法处理信访问题显得更加重要。可以说，是否执行政策、依法办事，是衡量信访工作做得好坏的一个重要标志。

（五）坚持源头治理化解矛盾

群众来信来访的问题大量发生在基层，也只有在基层才能解决。这是因为：既然问题大量发生在基层，基层组织和群众最了解问题的关键所在；由于反映现实问题的信访量很大，中央、省、地不可能都直接处理，大量工作要靠基层去做。就地解决问题好处很多：方便群众，减少其奔波，减少劳民伤财；可以减少越级上访，减轻领导机关的负担；有利于改进领导作风，密切党群、干群关系；有利于及时消除不安定因素，把问题解决在萌芽状态。

案例分析

如何使大吵、大闹的上访者安静下来

一天上午，复兴公司来了一位60多岁的老先生，要求公司提高他的退休金。老先生情绪很激动，根本不听接待人员劝阻，在公司接待大厅里大声吵闹，引来办公大楼众多人员围观，影响了公司的正常工作秩序。

总经理得知这一情况后，要求办公室主任亲自出面解决，迅速平息事态，争取在最短时间内让老先生安静下来，避免造成不良影响。

【思考】

如果你是办公室主任，你会怎样劝解这位老先生？

第二节　来信处理

一、来信处理的程序和要求

（一）来信处理的程序

（1）启信。秘书对当日来信应当日启封，加盖收信章。拆封前，应先检查一下来信，看是否属于自己受理的，以免拆错。拆封后，把来信浏览一遍，以便对要信、急信及时处理。

（2）阅信。秘书对来信要仔细阅读，了解来信内容，并对信访问题的真伪、信访要求是否合理作出判断。阅信时应注意：首先，要稳定自己的情绪，集中注意力；其次，要边看信边想象问题发生的历史条件、环境、人际关系以及类似问题发生的一般规律，以判断来信所反映的情况是否属实；最后，对来信人提出的要求是否合理做可行性研究，并选择处理方法。阅信后，应对来信进行登记（登记卡的式样参见表9-1）。

表9-1　人民来信、来访登记卡

编号：　　　　　　　　　　　　　　　　　　　　　　　　分类：

信访人姓名		信访人单位及职务		受信（访）者姓名
信访人住址、邮编			信访日期	年　月　日
信访内容摘要：				
领导批示				
处理结果				

（3）转信。转信就是受理机关按照分级负责、归口办理的原则，将来信转交有关单位和部门处理。通常可采用以下五种方式：一是统转，就是将应由其他部门处理的信件统一转交有关部门处理。二是单转，就是对一些问题比较突出、需引起注意的信件，单转并在信上附一张转信单，转交有关部门处理。三是函转，就是对一些经过领导阅批并要求报告处理结果的重要信件，秘书部门要正式发函，转有关单位处理。四是分转，就是当一件来信反映的问题需要由几个部门分别处

理的，应将其复印或摘抄后分别转有关部门处理。五是抄转，主要是对个别揭发和控告信件，揭发人要求不向下转，或为保护揭发人的利益，秘书部门可将信摘抄后转有关部门处理。

（4）报信。报信就是秘书人员将重要的、紧急的信件，直接报送主管领导者阅批。它要求秘书人员有很强的信息判断能力，同时应提出拟办意见供领导者参考。秘书向领导报信，一方面可以使领导者掌握信访渠道的重要情况，另一方面可以使一些重要的信访问题得到及时处理。信访呈批摘报单见表 9–2 所示。

表 9–2　××单位信访呈批摘报单

信访者姓名		信访者单位 及职务		
信访者住址			信访日期	年　月　日
信访事由				
信访内容摘要：				
附　件				
批办意见： 承办人：				
领导批示：				
××单位信访办公室（章）　　年　月　日				

（5）查信。查信在这里有两层意思：一是指秘书部门根据领导指示直接调查某些信件所反映的问题，并直接向领导者汇报；二是指秘书部门检查督促有关单位和部门对交办信件的处理情况。

（6）复信。复信就是给写信人回复，告知其来信的处理（承办或转递）情况。复信要区别不同情况，主要有这样几种形式：交代性的复信、咨询性的复信、劝阻性的复信、了解性的复信和鼓励性的复信。复信时应注意：要严格掌握政策界限；要注意内外有别；要讲究礼貌和方法；复信格式要规范化。

（二）处理来信的要求

处理来信的基本要求是：及时拆封，详细阅读，认真登记，准确交办，妥善处理，及时复信。所谓及时拆封，就是对群众来信要及时拆开，及时处理，不要采取漫不经心的态度；所谓详细阅读，就是对每一封来信都要认真仔细地阅读，熟知来信的内容，不要粗枝大叶；所谓认真登记，就是对每一封来信的时间、单位、人员、事由、要求等情况，都要在《来信登记簿》上进行认真登记，以便查有依据；所谓准确交办，就是根据来信所反映的问题，按照“属地管理、分级负责”的原则，转交有关单位或部门办理，注意不要转错；所谓妥善处理，就是对来信所反映的问题，都要做出实事求是、合情合理的处理；所谓及时复信，就是对已经做出处理的来信，要及时给来信人复信，做到件件有着落，事事有回音。

二、对异常来信的处理

（一）对联名信的处理

联名信，是指5人或5人以上为反映同一问题而共同签署姓名的来信。联名信是群众集体反映问题的一种方式。处理好联名信，不仅是新形势下对信访工作的新要求，也是构建和谐社会的一个重要环节。秘书部门要高度重视对联名信的处理，针对联名信所反映的问题，及时核实情况，提出拟办意见，呈送领导阅批，或转请有关部门处理。处理联名信应注意以下几点：

（1）处理要及时。联名信反映的大多数是现实问题和利益关系复杂的问题，如果处理及时，问题就容易得到解决；反之，则有可能引发集体上访，增加工作难度。因此，对能够解决的问题要尽快抓紧处理，不能搁置拖延；对一时无法解决而群众反映又比较强烈的问题，要加大思想工作的力度，做好解释和说服工作，主动争取群众的理解和配合。

（2）工作要细致。在处理联名信时，一定要准确把握问题的性质、产生的原因、涉及的范围、解决问题所依据的政策等，防止因想当然、简单化而造成矛盾激化，诱发新的问题。

（3）预测要超前。联名信的产生是有原因的，也是有规律可循的。秘书人员不仅要处理好已经出现的联名信问题，而且要根据形势的发展和政策的变化，预测可能出现的情况，及时把握信访动向，把工作做在前面，把问题解决在萌芽状态。

（二）对匿名信的处理

匿名信是指不署名或不署真实姓名的群众来信。匿名信的内容一般以揭发、控告领导和机关不正之风问题的居多。匿名信产生的原因比较复杂，有社会原因、历史原因，也有政治、经济、文化等方面的原因。从现实情况看，主要有三方面的原因：一是怕打击报复；二是怕导致错误舆论；三是怕情况不准。当然，也不能否认确有个别人心术不正，利用匿名信诬告、陷害他人。但这种情况在匿名信中所占比例不大。秘书部门处理匿名信应注意以下几点：

（1）要积极受理，对匿名信不另眼相看。秘书人员收到匿名信后，要像对待署名信一样对待，做到认真登记不入另册，精心摘要不马虎，及时呈报不拖延。

要使匿名信来有登记，去有着落，办有结果，查有实据。

（2）要认真研究，对匿名信反映的线索不放过。实践证明，在党风廉政建设中，匿名信为揭露大案要案提供线索、揭发违法违纪行为以及纠正不正之风起到了积极的作用。因此，秘书人员要认真研究匿名信，凡是匿名信反映的重大情况、重要线索，只要时间、地点、人员和情节很翔实，都应列为案件线索，或呈报有关领导，或提供给有关部门。

（3）要精心筛选，对匿名信中的信息不漏报。匿名信反映的内容十分广泛，秘书人员要对其进行科学分类，妥善处理。一部分可列为案件线索；一部分可作为信息反映给领导，为领导了解情况、科学决策提供依据；一部分可向有关单位和部门反馈，提醒注意，有则改之，无则加勉。对于那些经调查核实确属诬告的匿名信，应依法追究写信人的责任。

（三）对涉外信的处理

涉外信是指外国人、华侨及港澳台同胞的来信。随着我国对外开放的进一步扩大，涉外信呈逐年增多之势。处理好涉外信，事关我国的国际形象和改革开放的大局。因此，秘书人员在处理涉外信时一定要特别慎重、稳妥。一般应注意以下几个问题：一要高度重视。涉外信的处理事关国家的外交政策和外交关系。所以，我们在处理涉外信时不能有悖于国家的外交政策。为此，秘书人员要懂得涉外政策和知识。收到涉外信，如果是外国文字，应先翻译出来，再及时呈送领导阅批，或及时转交有关部门和单位。二要平等相待。秘书根据领导指示处理涉外信时，不能以来信人所在国家的大小论高低，要尊重来信人的民族风俗习惯，不做伤害来信人民族感情的事。三要内外有别。秘书人员在写信答复涉外来信人时要做到内外有别。凡涉及党和国家的机密事宜，不经批准，一律不准在复信中泄露。

（四）对其他异常来信的处理

（1）对恐吓信的处理。扬言自杀、闹事、制造事端以要挟组织和领导的信件称为恐吓信。接到恐吓信后，秘书部门要及时通报有关单位采取应急措施，查明情况。对重大情况应及时与公安部门取得联系。在问题得到妥善处理后，对来信人要进行批评和严肃处理，触犯法律的，要追究法律责任。

（2）对反动信和不满信的处理。反动信是指攻击、诋毁社会主义制度以及诬蔑党和国家领导人的信件。不满信是指因对党的方针、政策和领导机关的某些决策有较严重的不满情绪而发牢骚，表示抵制、指责、抗议的信件。反动信和不满信在矛盾的性质上有着根本的区别。秘书人员要严格区分二者的界限。对反动信，要送主管领导审定后转交公安部门查处；对不满信，可函转有关单位和部门处理。

（3）对精神病患者来信的处理。精神病人因精神失常而不能履行其公民的义务，同时也因此丧失了某些权利。所以，秘书接到此类信件，首先要认真阅读，做出初步判断。然后通过各种渠道对来信人做必要的了解。如属精神病患者，并反复来信的，一般不作处理。

第三节　来访接待

一、来访接待的程序和要求

（一）接待来访的程序

（1）接待。秘书人员对来访群众，不论是初访还是重访，都要态度热情，以礼相待。

（2）登记。接谈前，应先让来访人填写《来访登记表》，内容包括姓名、性别、年龄、政治面貌、单位、职务、来访次数、主要问题等。如果来访人文化水平低，秘书可帮助其填写。

（3）接谈。接谈是接待来访的关键。秘书在接谈过程中，应保持注意力集中，头脑清醒，反应灵敏，态度谦和，按照一听、二记、三问、四看、五分析的程序进行。

（4）处理。处理就是针对来访人反映的问题，按照有关政策法规和工作原则分别进行处置。一般可采取以下处理方式：一是当面答复；二是电话联系；三是出具便函；四是立案交办；五是直接查办；六是引见领导。

（5）回访。回访就是受理信访事项的部门拜访上访人。回访的过程就是调查研究、解决问题、案件列结的过程。回访的重点应放在问题已得到恰当处理而本人思想不通的信访人身上，以便有针对性地做好疏通引导工作。

（二）接待来访的基本要求

接待来访的基本要求是：热情接待，认真接谈，恰当处理，耐心教育，维护信访秩序。所谓热情接待，就是要求秘书人员对来访群众态度要热情，做到“有一张笑脸相迎，有一把椅子让座，有一杯热茶暖心，有一个满意的答复”；所谓认真接谈，就是通过与来访者直接交谈，了解和判断其来访意图，并做好来访者的思想工作，做到会听、会问、会说；所谓恰当处理，就是对来访者反映的问题，或转办，或呈报，或自办，做出正确的处理和答复；所谓耐心教育，就是对提出不符合政策要求的来访者要进行耐心细致的思想教育工作，使他们放弃不合理的要求；所谓维护信访秩序，就是坚决执行《信访工作条例》，对扰乱信访秩序的个别来访者要按照有关规定严肃处理。

案例分析

“牛”秘书

某县政府办公室牛秘书年龄最大，生性耿直，说话常带火药味，素有“炮筒子”之称。一天，他负责接待一批年轻的上访者，来访群众反映两个企业间的房屋产权纠纷问题。恰好牛秘书是此事的知情者，对事情的来龙去脉比较清楚。按说，牛秘书本应将自己知道的情况向来访者耐心说明，可性情急躁的牛秘书却产生了逆反心理，“牛劲”一来，没等来访者申述完毕，他便拍案而起，高声训斥道：“谁说那栋房屋是你们的？（20世纪）80年代初我就住在那栋楼上，当时你们还没出生呢，你们这些毛头小子知道什么？……”带着满腔怒火的上访者立即反唇相讥：“你不像是政府的干部，你没资格和我们谈话！快请你们领导来！”双方立即成对峙状。办公室主任只好出来打圆场，费了好大劲才把来访群众的情绪稳定下来。过后，上访群众又向县委书记和县长“告状”，说那个牛秘书太“牛气”了。牛秘书反而成了新一轮的上访“被告”。

【分析】

秘书在接待群众来访时，一定要态度热情，耐心听取群众的申述，然后慎重给予答复或解释，做好耐心细致的思想工作，千万不能着急上火，为群众的情绪所左右。那种“群众伤感我流泪，群众发火我拍桌”的行为，不是秘书应有的品格。

二、对群体上访事件的处理

所谓群体上访事件，是指5人或5人以上为反映同一问题而串联在一起，到上级机关提出共同要求的信访活动。群体上访是信访活动中的一种特殊现象，是信访矛盾激化的一种表现形态。群体上访具有人员集中、情况紧急、问题难办、影响面大等特点，如果处理不及时，就会演变为群体事件，直接影响社会稳定与和谐。群体上访的成因较为复杂，有社会原因，有内部原因，也有外部诱因。处理群体上访，首先，应坚持预测预防与解决问题相结合；其次，应坚持归口办理与就地消化相结合；再次，应坚持原则性与灵活性相结合。群体上访事件一旦发生，秘书人员应针对具体情况，采取以下方法。

（一）稳定情绪，控制局面

首先，对群体上访要高度重视，热情接待。其次，要向上访人宣传信访法规：多人反映共同意见、建议和要求的，一般应当采用书信、电话等形式提出；需要采用走访形式的，应当推选代表提出，代表人数不得超过5人。最后，要及时向领导和有关部门通报情况，按领导指示处理。如属闹事型的，可与公安部门联系，必要时采取果断行动予以处置。一定要慎用警力，防止矛盾激化。

（二）摸清情况，研究措施

秘书人员要弄清来访人数，来自哪些单位，牵头人是谁，核心人员是谁，是什么原因引起群体上访，反映什么问题，要达到什么目的，还将采取什么方式达到其要求。秘书人员对他们的申诉要耐心倾听，认真记录。若情况清楚，又有明确的相应的政策，可研究答复意见，向领导报告，然后向上访代表说明情况。若情况不明，适用的政策又不明确，应及时向领导汇报，请有关部门及时研究处理。

（三）领导出面，协调处理

对矛盾十分尖锐的群体上访，秘书人员应建议领导出面处理。一方面，领导出面可以满足群体上访者的“权威心理”，缓解他们气愤、焦急的情绪；另一方面，领导出面有利于协调各方面的关系，共同研究处理意见，采取应急措施。对于涉及部门多、情况复杂的群体上访，领导出面、协调处理更加重要。

（四）区别情况，恰当处理

对群体上访者提出的问题，要区别情况，恰当处理。如当时能答复的，应当即向代表答复，必要时可给一个书面材料。也可将群体上访发生单位的领导召集到一起，共同研究解决问题的方案。方案一经确定，就可落实，使问题得到及时解决。群体上访事件处理完毕，一定要进行回访，做好善后工作。

三、对上访老户的处理

所谓上访老户，是指上访人所反映的问题经过调查处理，但本人不服，反复到上级机关进行上访的人员。其特点是：上访的时间长，提出的要求高，越级上访次数多，应对经验丰富。上访老户人数虽然不多，但消极影响很大，需引起高度重视，采取切实措施加以解决。

（一）坚持以人为本，切实关注民生

秘书人员在信访工作中，要坚持以人为本，从关注民生、维护群众利益、促进社会和谐的高度，切实做好上访老户的工作。首先，逐个进行清理排队，摸准上访老户的情况，建立上访老户档案；其次，向领导提出建议，落实领导包案责任制，实行“三定三包”，即定领导责任、定办案人员、定结案时限，包调查处理、包做思想工作，包负责到底。对重点问题，领导机关要实行挂牌督办。对由于领导不负责任而造成矛盾激化或升级的，要追究有关人员的责任。

（二）建立协调机制，重在解决问题

上访老户的问题，一般情况都比较复杂，矛盾都比较突出，必须加大工作力度，采取超常规措施。有的上访老户提出的要求按照现行政策无法解决，但他们又确有实际困难，对此，应该从实际情况出发，在不违背总的政策原则的前提下，采取灵活变通的方法，解决他们的实际困难，做好息诉罢访的工作。在解决问题的过程中，可采取联合办案、信访听证、专家会诊、阳光办案等多种措施，把处理信访问题的过程变成党和政府密切联系群众的过程，变成疏导群众情绪的过程，变成解决群众实际困难的过程，变成克服官僚主义、改进领导机关工作作风的过程。

第四节　案件查办

一、信访案件查办的基本要求

信访案件是指信访人所反映的、领导机关认为需要查处的信访事项。办理信访案件是一项十分严肃而又艰巨的任务，是对秘书人员最全面、最实际的锻炼。信访案件查办应符合以下基本要求。

（一）手续完备

手续即办案的程序。每一起信访案件都要经过从受理到结案的过程。在这一过程中，不可避免地要发生一系列手续问题，如收、发、转、办、报、批等。这些手续都是根据传统做法，用文字反映出来的。因此，看一起信访案件手续是否完备，主要看该案办理过程中的有关材料是否齐全、完整。

（二）案情清楚

案情清楚，主要是指案件发生的时间、地点，涉及的人物，问题的前因后果，事情发展的情节、经过，以及处理的结果清楚。看一个案件是否清楚，主要看证据材料是否充分。

（三）定性准确

定性准确，就是通过具体问题具体分析，划清敌我界限、是非界限、性质界限和时间界限。还应对案件的情节轻重及造成的后果加以分析，实事求是地作出判断，弄清是一贯的问题还是偶然的问题，是工作方法和思想认识问题还是品质问题，是一般性的问题还是严重的问题，是什么问题就定什么问题，属于什么性质就定什么性质。

（四）处理恰当

政策法规是处理信访案件的准绳。对信访案件的处理，必须以政策法规为依据。这里要注意防止两种倾向：一是违背政策，迁就照顾，一闹就给；二是政策有规定，也有解决的条件，但是拖着不办。这两种倾向都是不正确的。

（五）善后工作落实

结案报告要和申诉人见面，征求申诉人的意见。申诉人提出的合理意见和要求应采纳，不合理的要说明。上报的结论和处理意见，必须由申诉者签署意见。结案后要进行回信或回访，既抓好落实，又疏通思想。

二、信访案件办理的程序

（一）初步核实

所谓初步核实，是指对信访人所反映的问题，经有关领导批准之后，对问题的真实程度、严重程度及其性质进行初步核查的工作，其目的是为立案提供依据。初步核实的内容有：一是核实问题的真实程度；二是核实问题的严重程度；三是核实问题过去处理的情况，然后再确定是否立案。初步核实的方法有两种：一是由受理机关派人进行核实；二是委托下级机关进行核实。无论采用哪种方法，都应当尽可能找到信访人，请其作进一步的口头说明，或者提供有关材料。初步核实应注意以下几点：初步核实要和取证相结合；初步核实要抓住主要问题；初步核实时要注意保密，保护检举人和被检举人。

（二）立案

信访立案，是指经初步核实，秘书部门认为需要查处的信访事项按一定程序审核批准后，交给下级机关或有关部门查处。立案必须是重大的、典型的、久拖不决的和领导批示的信访问题。信访立案一般经过提议立案、审核批准等步骤。

（三）转交

转交，是指秘书部门按照属地管理、分级负责、谁主管谁负责的原则，将已确定立案的信访事项转交给下级机关或有关部门查处，并限期汇报处理结果。信访案件转交一般采用专函的方式，特殊情况下也可采用当面转交的方式。对涉及两个以上单位的信访案件，转交时应确定一个主办单位，或由主办单位牵头承办。秘书转交信访案件时，要交代清楚信访人的姓名、年龄、性别、单位、住址、职业等情况，并扼要写明案情和要求。由秘书部门独立查处或牵头办理的信访案件，可用电话或书面通知有关单位派人参加，统一部署，集中办案。

（四）催办

催办，是指秘书部门对信访案件承办单位进行督促检查，使其在规定的时限内结案。做好催办工作，秘书可以掌握案件进展情况，随时向领导汇报；可以增大承办单位的压力，避免拖延、积压，提高办案效率。催办可采取派人、电话、发函、会议等多种方式，同时应建立必要的催办制度。

（五）回报

回报，是指承办单位对上级机关立案交办的信访案件，在规定时限内和办理过程中，用书面形式上报查处情况。回报也是一项信访工作制度。坚持回报制度，体现了对上级组织和信访人负责的一致性，是衡量案件承办机关组织观念和群众观念强弱的重要标志。

（六）结案

结案，是指把信访案件的查处结果告知信访人和有关单位。结案是办理信访案件的终端。信访案件是否可以结案，主要看信访案件的调查处理是否符合事实清楚、证据确凿、定性准确、处理恰当、手续完备的要求。如果符合，就应拟制“结案报告”，经有关领导审核批准后，打印上报，并将处理结果告知信访人。

三、信访案件的调查处理

（一）信访案件的调查

信访案件调查是办理信访案件的中心环节。这个中心环节抓不好，将直接影响整个信访案件的办理。信访案件调查包括成立调查组、熟悉案情、制订调查方案、明确调查分工、选择调查方法等环节。这里我们主要介绍信访案件的调查方法。

信访案件的调查主要有两种方法。一是谈话，包括与知情人（信访人）谈话和与被调查人谈话。办案人员谈话时应注意以下事项：谈话应个别进行，一般不要采取座谈会的形式；参与谈话的办案人员不得少于两人；谈话一般在知情人、受侵害人或被调查人所在单位、住所进行；谈话中应注意提问方式，严禁逼供、诱供、指供。二是查阅文件资料。在案件调查过程中，办案人员因工作需要，可以查阅、复制与案件有关的文件、资料、账册、会议记录、单据、工作笔记等书面材料。有关单位应予配合，不得阻拦。对一些涉及党和国家秘密和个人隐私的文件、资料，办案人员要注意保密，不得扩散外传。

（二）信访案件的处理

信访案件的处理，应把握两个主要环节。第一个环节是要准确定性。只有定性准确，才能正确处理。在信访案件查办中，有两种情况往往影响定性的准确性：一是存在主观主义、形而上学或官僚主义，以致不能如实反映事实真相；二是由于种种客观原因，一些表面现象或假象掩盖了事实真相。因此，在案件分析时一定要注意排除这两种情况对定性的干扰，努力做到具体问题具体分析，力求把握事件的本质，实事求是、恰如其分地认定案件的性质。第二个环节是要依法办事。政策、法律、法规是处理信访案件的准绳。坚持依法办事，首先要重证据；其次，案件的主要事实要准确无误；最后，办案人员必须准确理解法律、法规和政策，才能正确运用，恰当处理。

第五节　信访信息

一、信访信息的特点

信访信息，是指秘书人员依据领导工作需要，从群众来信来访中捕捉到的有价值的消息和情况。信访信息除了具有一般信息所共有的客观性、时效性、可传递性和共享性等特点外，还具有以下特点。

（一）广泛性

信访信息的广泛性主要表现在两个方面：一是信息的来源广泛；二是信息的内容丰富。这就为领导工作提供了大量翔实的信息资料，为领导工作提供了可靠的群众基础。

（二）灵敏性

信访信息的灵敏性主要指它对党和国家方针政策和社会问题的敏锐反应。信访信息的灵敏性主要表现在：一是对关系党和国家前途和命运的历史性转变、战略性决策反应迅速；二是对国家在政治、经济、军事、教育等方面的改革及某项政策、法令的颁布与实施反应敏感；三是对一些突发性情况反应很快。这对领导机关及时了解群众的思想、情绪和要求以及政策执行情况具有重要意义。

（三）直接性

信访信息是通过信访渠道直接反映上来的信息，是一种未经任何中间环节加工雕琢的原始信息，因而它可以使领导机关和领导者直接了解到群众的思想动态和生活情况以及社情民意，具有真实性。正如刘少奇同志说的那样，“看群众来信比看各部门的报告来得实在”。这种真实性，对领导者来说，具有在文件、报告中看不到、会议上听不到的独特的参考价值。

（四）负反馈性

信访信息的负反馈性主要表现为各级领导机关在制定和执行政策、法规和工作措施的过程中产生偏差，引起群众的不满和忧虑，这些偏差和问题通过信访渠道反馈给领导机关，从而可以对出现的偏差及时纠正。从实际情况来看，信访渠道反映问题的多，反映成绩的少，大部分是要求纠正各级贯彻执行政策法规中的偏差和失误方面的信息。这种负反馈信息，对各级领导机关及时发现问题、调整完善政策、不断改进工作起着重要作用。

二、信访信息的作用

（一）领导决策的依据

领导决策离不开信息，信访信息在领导决策中的地位和作用越来越重要。因为信访信息直接来自基层，来自群众，可以作为领导决策的重要依据；可以为领导拾遗补阙，作为领导决策过程中全面论证的一个补充；可以检验领导决策的正确性，使决策更加完善。

（二）了解下情的渠道

信访信息是领导机关了解下情、密切联系群众的重要渠道。群众来信来访反映的问题虽然各不相同，但都是他们思想情绪的真实表达，把信访者的表达意向综合起来，就可以了解群众在想什么、需要什么、拥护什么、反对什么，从而为领导机关了解下情提供重要依据。

（三）民主监督的线索

信访信息还是实行民主监督、揭露不正之风的重要线索。从近几年揭露出来的重大腐败案件来看，绝大多数是由信访渠道提供线索的。这说明，信访信息在民主监督中具有不可替代的作用。在改革开放、发展社会主义市场经济的新形势下，我们应当充分发挥信访信息在党风廉政建设中的民主监督作用。

三、信访信息的反映形式

信访信息的综合反映，就是把来信来访中反映的各种信息，通过分析研究，找出普遍性、倾向性的问题，加以综合整理，为领导决策和处理问题提供依据。信访信息的反映形式是多种多样的，但总的来说，信访信息有口头反映和书面反映两种。随着办公自动化的普及，电讯反映逐渐成为信访信息的主要反映形式。这里主要介绍书面反映的几种形式。

（一）单件反映

一封来信或一起来访，因其提供的信息比较重要，可以单件反映。单件反映必须是具有典型意义或代表性、突发性的重大事件和问题。秘书进行单件反映时应注意：要如实反映信访人提供的情况、观点、意见和要求，不得掺杂个人意见；要抓住主要问题，突出重点；如果是来信，一般应将原信附上。

（二）专题反映

专题反映，是指针对某一方面的问题在一定时期中比较突出、普遍的情况，将其集中起来进行系统反映的形式。专题反映的内容主要是政策性、苗头性、倾向性的问题。所谓政策性，就是涉及党和国家的某些政策，并带有一定影响的问题。所谓苗头性，就是客观事物略微显露出的发展趋势和征兆。反映此类问题，有利于及时采取措施，将其解决在萌芽状态。所谓倾向性，就是客观事物显露的趋势已在一定范围内有了影响，发展成了一种倾向，或者造成了一定损失，是事物由量变到质变的过程。反映此类问题，有利于及时纠正某种偏向，使工作健康发展。

（三）综合反映

综合反映，是为对各种各样的信访信息或几个方面的信访情况加以汇总整理而采取的一种反映形式。综合反映与单件反映、专题反映相比，具有以下特点：一是反映问题全面；二是信息量大；三是信息以具体情况为主。综合反映不同于一般的综合报告、综合简报，它是根据来信来访反映的情况，按照党的方针政策和当前中心工作的要求，经过分析，选取有价值的信息而写成的文字材料，对领导工作具有重要的参考价值。

（四）运用现代科技提高信访工作信息化水平

现代科技快速发展为信访工作创新带来了前所未有的机遇，秘书要把党的群众工作优势同现代科技应用融合起来，不断提高信访工作信息化水平，让信访制度在新时代焕发新的生机活力。要探索运用现代科技开展信访业务流程标准化管理，依托国家信访信息系统，研究开发智能分析、校对模块，提高信访基础业务的规范化水平。要依托互联网技术，打造网上信访中心，提供集网络、电话、短信、APP、微博、微信于一体的多平台、多渠道信息服务矩阵，使群众不出家门就可提出意见、反映诉求。要运用现代科技再造信访工作流程，建立信访网上投、事项网上办、结果网上评、问题网上督、形势网上判断的“一网式”信访综合管理服务机制，提升信访工作科学化、精细化水平。要善于挖掘、运用信访大数据，及时发现海量信访信息所反映出来的前端治理中带有普遍性、趋势性的问题，及时提出改进工作、完善政策的建议，进一步提高服务党委和政府科学决策的能力和水平。

思考与练习

1. 什么是信访与信访工作？
2. 信访工作的特点、作用和原则是什么？
3. 信访工作有哪些主要制度？
4. 如何正确认识和处理匿名信？
5. 如何处理联名信、涉外信？
6. 如何正确处理集体上访？
7. 如何做好上访老户的工作？
8. 信访案件查办的基本要求和程序是什么？
9. 如何搞好综合反映？
10. 技能训练题。

陈秘书的选择

一位姓张的承包户正在县供销社办公室向负责信访接待的陈秘书讲述他承包的乡供销门市点权益受到侵害的经过，说到伤心处，张某泪流满面。

原来，张某承包的供销门市点，地处穷乡僻壤，群众购买力很低，门市点只卖些油盐酱醋、针头线脑之类，几乎是保本经营。改革开放以后，乡村许多农户也经营起农村日用品来，他承包的门市点生意更难做了。但张某是一个很有经营头脑的人，他通过调查，改变经营范围，先向农民供应各种优良种子，接着又去外地采购优良苹果、梨树种苗，供应农户。他还购买了有关书籍，学会了栽培技术，帮助农民发展生产。两年后，本乡农民逐渐富裕起来了，乡里也通公路了。张某的供销门市点正好在公路和两条乡村大道的交会点上，他的生意日益兴隆起来，营业额直线上升。正当他准备进一步扩大经营时，有人找麻烦来了。

同乡周某与县供销社副经理关系密切，对门市点的经营看红了眼，便动了心思。在张某的承包期尚有两年的时间内，要提前结束他的承包合同。张某提出在门市点附近另建自己的门市，乡村领导也不同意。他找有关部门告状，也无结果。于是，他要求县供销社领导“为民做主”。

陈秘书记录了张某的案情后，对他安慰了一番，送走张某之后，觉得此事比较棘手，因为涉及自己的顶头上司。稍作思考，他设计了以下方案：

（1）知难而退，将此事压下来，不向领导汇报，如果将来有人问起此事，就推说忘记了。

（2）将此事只告知与周某关系密切的副经理，让其“定夺”。

（3）在告知办公室主任和供销社经理前，给副经理“透风”，让其先有所准备。

（4）直接向办公室主任和供销社经理汇报并提出处理意见，维护承包合同的法律权威性和承包人的合法权益。

请你为陈秘书选择正确的方案，并说明理由。

第十章　秘书与档案工作

引言

档案工作是广义秘书工作的一部分，作为一项专业性较强的工作，它在许多机关、团体、企事业单位中已经独立出来，并由专门人员负责。但也有相当多的基层单位并没有专门的档案室和档案人员，档案工作仍由秘书人员兼任。因此，作为秘书人员，应该了解档案工作的基本内容和要求，以便胜任这项工作。

第一节　档案搜集与鉴定

档案是历史留下的脚印，档案工作被称为“维护党和国家历史真实面貌的重大事业”。档案在机关工作、生产活动、政治斗争、科学研究等方面可以起到凭证和参考的作用，是对群众进行宣传教育的生动素材，同时也是维护国家、集体和个人权益的法律信证。

一、档案

（一）档案的定义

中华人民共和国档案行业标准《档案工作基本术语》中对档案的定义是：国家机构、社会组织或个人在社会活动中直接形成的有价值的各种形式的历史记录。

尽管目前人们对档案的定义还有争议，但对档案本质特性的认识是基本一致的，即档案本质上是社会生活的原始记录。换句话说，原始记录性是档案的本质特性。档案来源于国家机关、企事业单位、社会组织和个人的社会活动，是在实践中形成的，是对社会实践直接而具体的反映。

（二）档案的种类

档案可由不同的载体承载，它具有记录信息、表达信息的不同方式，所以，档案的种类也是丰富多样的。我国习惯上把档案按以下标准分类：

第一，从年代上划分，可将档案分为古代档案（1840 年以前形成的档案）、近代档案（1840—1949 年形成的档案）、现代档案（1949 年以后形成的档案）。也可以分为中华人民共和国成立以前的档案和中华人民共和国成立以后的档案。

第二，从内容上划分，可将档案分为文书档案、科技档案、专业档案（如病历档案、教学档案、财会档案、艺术档案、人事档案、诉讼档案、工商档案、审计档案、气象档案、房产档案、国土档案等）。

第三，从载体上划分，可将档案分为甲骨档案、金石档案、简牍档案、缣帛档案、纸质档案、胶片磁带档案、电子档案等。

（三）文件与档案的关系

国家机关、社会组织或个人，在其实践活动中，为了交流各种信息，为了记录和处理事务，就产生了各种文件材料。当这些文件材料处理完毕之后，人们认为有些文件材料日后还有查考利用的价值，就有意识地将其保存下来，并转化成了档案。所以，档案是由文件材料转化而来的。但并不是一切文件都无条件地转化为档案，文件转化为档案一般要具备三个条件。

第一，办理完毕的文件才能作为档案保存。文件具有现行效用，档案一般说来是完成了传达和记述等现行使命而备留查考的文件。所以，正在承办中的文件不是档案。

但是，所谓办理完毕只是相对而言的，它主要是指完成了文书处理程序，不能理解为一切文件都要把文中所说的事情全部办完才算“办理完毕”，而是指文件的承办告一段落。日常工作中有三种情况。第一种是文件中所说的事情需要近期办理的，很快就办理完毕。第二种是文件中所指的事情需要较长时间才能办完或者需要长期执行的，只要将文件经过签收、传阅、研究讨论和贯彻，就算办理完毕。第三种是不需要具体承办的文件，只要经过收发、圈阅等文书处理手续，就算办理完毕。另外，文件办理完毕或者转化为档案后，也并非完全失效。例如，有些法律文件早已归档转化为档案了，但仍有法律效用；有的契约、合同，有效期是几十年，虽然归档了，但还有效用。所以，从这个角度说，文件是档案的前身，档案是文件的归宿。

第二，对日后工作和活动有一定查考利用价值的文件，才有必要作为档案保存。工作中形成的文件不能都作为档案保存，只有那些日后有查考利用价值的，经过人们的鉴别挑选，才保存下来转化为档案。因此，秘书人员在档案收集工作中对所有文件概不归档是不对的，但“有文必档”也是不必要的。从这个角度说，文件是档案的基础，档案是文件的精华。

第三，按照一定的规律集中保存起来，才能最后成为档案。案卷是传统纸质档案的基本保管单位，档案是经过立卷归档集中保存起来的文件。所以，从这个角度说，文件是档案的元素，档案是文件的组合。

秘书人员应该明确认识文件转化为档案的条件，这样既可以弄清档案与文件的区别和联系，又有助于理解档案形成的客观规律，学会怎样完整收集档案、科学地鉴定档案，并做好文档一体化管理。

二、档案的搜集

档案的搜集（或收集）工作就是接收、征集档案和有关文献的活动。机关、单位档案的收集工作，主要通过立卷归档和平时收集的方法，将分散在各内部机构、领导、个人手中和散失在社会其他地方的档案，有组织、有计划地集中到本单位的档案室或秘书部门，实现档案的统一管理。

（一）立卷归档

在机关、团体、企事业单位中，档案收集的主要途径是立卷归档工作。

所谓立卷，是指秘书人员对办理完毕的、有查考保存价值的文件，按照它们在形成过程中的联系和一定规律组成案卷的过程。

2000年12月6日，中华人民共和国档案行业标准《归档文件整理规则》正式颁布实施，提出了完全不同于传统立卷方法的“文件级”整理方法，推行以“简化整理、深化检索”为宗旨的改革。这主要是为了适应计算机管理的需要，便于文档管理的一体化。

所谓归档，是指办理完毕的文件经过立卷移交给本机关档案室保存的过程。有些单位没有档案室，文件立卷后由秘书人员统一管理。

为了保证文件能够及时准确归档，党和国家制定了“归档制度”。“归档制度”的内容包括归档范围、归档时间和归档要求。

1. 归档范围

（1）应该归档的文件材料。应该归档的文件材料包括具有保存价值的机关正式收文、发文和收电、发电。除公文正件外，还包括其附件。另外，各种内部文件，未经收发文登记以及非正常途径形成的文件材料、会议文件、合同等，均应归档。

（2）不应该归档的文件材料。不应该归档的文件材料是指那些重份文件、事务性文件、临时性文件、参考性文件和无用的抄件等。

2. 归档时间

本年度形成的文件，在年底立卷后，应于第二年上半年（6月份之前）归档完毕。

3. 归档要求

（1）归档文件按规定立卷分类，立成的案卷能正确反映机关活动的基本历史面貌，便于保管和利用。

（2）卷内文件按次序排列、编号，填写卷内目录，填好封面，注明保管期限。

（3）案卷之间排列有序、编号并编制案卷目录。

（二）平时收集

为了保证归档文件的齐全完整，便于日后利用，秘书人员不仅要通过归档工作把已经形成的文件收集齐全，而且要关心文件的形成与办理情况。一个单位往往从事了某些重要工作和活动，但没有记录下来形成文件或记录不全，这些都影响形成完整的档案。秘书人员有责任向领导和业务部门反映与提出意见，解决文书处理工作制度、文件书写格式和书写材料等方面存在的问题，必要时，也可请业务部门采取“亡羊补牢”的措施，做补充记录、拍摄工作，以保证档案文件的完整。

另外，一个单位即使建立健全了归档制度，也会出现有些文件不能按规定及时归档的情况，特别是未经收发室登记的文件和内部文件往往分散在个人手中，再加上机构调整、人员变动等原因，就可能使归档文件不齐全、不完整。因此，在正常的归档工作以外，秘书人员还需要采取某些补救措施，做好平时收集工作。例如：准确了解领导、工作人员的业务动态，及时将其形成的文件收集起来；结合保密检查、重大节日等时机清理文件，或在人员变动、机构调整时，把应该归档的文件集中起来，以补充归档制度之不足。

在许多基层单位，档案数量不多，但档案种类齐全，成分复杂，很有参考价值。而基层单位的档案工作往往由秘书、文书人员兼任，由于平时其他工作较多，秘书、文书人员就更需要见缝插针，充分利用各种方便时机，及时将文件立卷归档。此外，还要注意对档案收集工作的宣传，让大家理解档案不是私人的财产，是党和国家的宝贵财富，应当集中管理。档案集中起来由专人管理，有较好的保管条件，有科学的管理方法，使用起来更方便，能够更充分地发挥档案的作用。

另外，需要长久保存的机关档案，要按照国家规定移交给相应的档案馆。

案例分析

不要随意处置文件

某单位秘书王女士对于自己办理完毕的文件总是随意处置，有的被乱七八糟地堆放在文件柜里，还有的被扔进了废纸篓。有一次，领导想参考一下去年某次会议的会议记录和会议纪要，让王女士马上找出来，王女士翻了半天，会议记录根本没找到，会议纪要虽然找到了，上面却用红笔写了一长串数字，原来被她当成了草稿纸。领导气冲冲地对王女士说：“你这个秘书是怎么当的？”王女士哑口无言。

【分析】

该单位秘书王女士没有按照归档制度的要求去做。没有及时将本单位办理完毕的文件进行挑选、归类、立卷、存档，致使本单位办理完毕的文件杂乱无章，使宝贵的档案散乱、遗失、损坏。这样做既不能满足单位工作查考的需要，也给国家的档案工作造成损失。

三、档案的鉴定

（一）档案价值鉴定工作的含义

档案鉴定工作包括鉴定档案的价值和真伪。目前，在档案业务中进行的鉴定工作主要是指档案价值的鉴定工作。所谓档案价值鉴定工作，就是按照一定的原则、标准和方法，甄别和判定档案的价值，确定档案的保管期限，剔除失去保存价值的档案并加以销毁，使保存的档案达到精炼的实践活动。

在文件立卷时，就要区分案卷的保存价值。在档案管理中，也要进行档案价值的鉴定。如果大量有价值的档案和没有价值的或失去保存价值的档案混杂在一起，会给管理、查找、利用档案带来困难，不利于发挥有价值的档案的作用。因此，不可能也没必要把档案全部保存管理，必须将那些没有保存价值或保存期满的档案剔除销毁。这样，不仅减少了人力、物力的浪费，而且可以集中财力更好地改善现存档案的保管条件，尽可能地延长其寿命，维护其安全。特别是一旦发生突然事件（指水灾、火灾、地震、战争等天灾人祸），可以区分主、次，有重点地保护和抢救最具价值的档案，避免“玉石俱毁”。

（二）档案价值鉴定工作的内容

第一，制定档案价值的有关标准，包括单行规定和档案保管期限表。

第二，具体判定档案材料的价值，确定其保管期限。

第三，剔除本无保存价值和保管期满的档案，按规定进行销毁或做出相应的处理。

（三）档案价值鉴定的标准

1. 档案保管期限划分

保管期限的划分是衡量档案价值鉴定工作做得好坏、质量高低的重要标准。根据国家的有关规定，档案保管期限分为永久保存和定期保存两种。

（1）永久保存：凡是反映机关主要职能活动和基本历史面貌的，对本机关、国家建设和历史研究有长远利用价值的档案，列为永久保存。

（2）定期保存：凡是反映本机关一般工作活动，在一定时间内对本机关工作有查考利用价值的文件材料，列为定期保管。定期保管的期限分为 30 年和 10 年两种。

（3）短期保存：凡是在较短时间内对本机关有参考利用价值的文件材料，列为短期保存。短期保存的期限为 15 年以下（含 15 年）。

2. 档案保管期限表

（1）档案保管期限表的含义。档案保管期限表是用表册的形式，列举档案的来源、内容和形式，并指明其保管期限的一种指导性文件。它是鉴定档案的保存价值和确定档案保管期限的依据和标准。

（2）档案保管期限表的作用：

第一，统一认识，统一标准，保证鉴定质量，提高工作效率。档案保管期限表是经过反复讨论研究而形成的，有了保管期限表，就有了一个明确的标准，档案鉴定工作人员可以根据档案保管期限表来统一进行档案鉴定工作，可以避免个人认识上的局限性和片面性，以致造成判定档案价值过宽或过严的倾向，确保准确地判定档案价值，提高鉴定工作的质量。同时，由于标准明确，认识一致，有利于推动鉴定工作的顺利开展，加快鉴定工作的速度，提高鉴定工作的效率。

第二，防止任意销毁档案。档案保管期限表规定了什么样的文件要保存，什么样的文件不保存，标准明确，界限清楚，再加上严格的保管制度，就能够有效地防止有意或无意而错误地销毁文件的行为。

第三，便于将文件更准确地立卷。秘书人员或业务人员在文件立卷时需要考虑文件的价值，把价值不同的文件分开组卷，并根据保管期限表注明每个案卷的保管期限，为以后档案的鉴定工作打下基础。

（3）档案保管期限表的类型：

第一，通用（标准）档案保管期限表。它是由国家档案事业管理机关编制的供全国各机关、团体、企事业单位鉴定档案时通用的档案保管期限表。例如，1987年12月国家档案局颁发的《文书档案保管期限表》，就是通用档案保管期限表。它的特点是：①概括了全国各机关团体、企事业单位普遍产生的文件及其保管期限，具有通用性，是确定全国各机关、团体、企事业单位档案材料保管期限的标准和依据；②是制定其他各种保管期限表的依据。

第二，专门档案保管期限表。它是由档案事业管理机关会同专业主管部门编制，供各机关、团体、企事业单位鉴定专门档案时使用的一种保管期限表。例如，1998年财政部、国家档案局颁布的《财政总预算、行政单位、事业单位和税收会计档案保管期限表》，就是供全国各级财政机关、行政单位、事业单位、税收机关鉴定会计档案的统一标准。

第三，同系统机关档案保管期限表。它是由主管领导机关编制的，供同一系统各机关鉴定档案价值时的保管期限表。例如，《中国人民解放军文书档案保管期限参考表》概括了军队系统各单位可能产生的文书档案及其保管期限，是军队系统各单位鉴定文书档案价值的统一标准。

第四，同类型机关档案保管期限表。它是由档案事业管理机关或主管机关编制的，供同一类型（如医院、工厂、学校和区、乡政府）各单位鉴定档案时的依据和标准。例如，××地区《医院文书档案保管期限表》，××县《乡人民政府档案保管期限表》，就属于此类。

第五，机关档案保管期限表。它是根据本机关的具体情况，由本机关编制供本机关鉴定档案时使用的。例如，《××市人民政府档案材料保管期限表》就属于这种类型。

（四）鉴定档案价值的原则

（1）全面的观点。档案价值鉴定工作可以说是决定档案命运的工作。由于档案是不同的组织和人物在特定的历史活动中形成的原始记录，所以档案大多数是不重复的，如果对档案价值鉴定不准确，特别是错误地销毁了有价值的档案，将造成难以弥补的损失。所以，不能只从本单位的角度考虑问题，必须从国家和人民的整体利益出发，十分慎重、认真地衡量档案的价值，做到对子孙后代负责。

档案的作用又是多方面的，对某项工作无价值的档案，可能对另一项工作就有用。因此，应全面考察档案的作用。此外，档案的产生和形成不是孤立的，文件之间是互有联系的，这就要求在考虑档案的价值时不能孤立去看某份文件，而应将有密切联系的一组文件作为一个整体来看待。

（2）历史的观点。档案是历史的记录和产物，是在一定的历史条件下形成的。在鉴定档案价值时，必须运用历史唯物主义的观点和方法，根据档案产生的历史条件、在历史上的作用，并结合现实来考虑档案的价值。对待档案材料特别是历史档案，不运用历史的观点和方法是很难准确判定其价值的。

（3）发展的观点。社会是不断发展的，档案的作用也会发生变化。现在有用处的档案，随着时间的推移，将来可能没有用处；现在暂时不用的档案，将来可能很有价值。因此，认识档案的价值和作用，要用发展的观点，既应看到现实，又应看到将来，要有远见卓识。但对未来的情况只能作大体的预测，这种事前的估计很难完全准确，但又必须力求准确。所以从事档案价值鉴定工作，要求秘书人员具备较高的专业知识和业务水准，在掌握档案利用反馈信息的基础上，对各种档案今后可能发挥的作用做出尽可能准确的估计，从而确定其存毁和保管的年限。

（4）效益的观点。保存档案需要投入大量的人力物力，必须考虑到本身的保存能力和保存效益问题。效益的观点是指分析档案价值时要考虑收入与付出之比，只有当档案发挥的作用超过因保存档案所付出的代价时才判定其具有保存价值。保存档案所产生的效益包括经济效益和社会效益两方面。在判定档案价值时，应当经济效益与社会效益并重。

（五）鉴定档案价值的方法

所谓档案的价值，就是档案对人们所具有的实用性或有益性。档案价值是多方面的。从档案发挥作用的领域上分，有经济价值、科学文化价值、政治价值等；

从档案价值的性质上分，又可分为凭证价值和参考价值。

档案价值鉴定往往受鉴定者的影响。虽然档案价值是一定的，具有不以人的意志为转移的客观性，但这种客观存在的价值在现实中并不能自动显现出来，更不能去自动实现。它必须通过人们对它的认识、分析、鉴别、判定才能得以显现，并通过人们对档案实体的保存和对其内容的利用才能得以实现。而鉴定者的思想水平及鉴定时的思路、角度、心理状态、情绪好坏又千差万别，这就势必导致对档案价值认识、判定上的差异。

档案价值鉴定的方法是“直接鉴定法”，换句话说，就是在鉴定档案价值时，要直接具体审查档案本身，才能判断其价值。

如何具体分析档案的价值呢？

（1）分析档案的内容。档案内容就是文件正文中记述和说明的事情、事件、问题、人物和思想观点等。文件的内容记录和反映的信息是分析判定档案价值的关键因素。

分析文件的内容，主要应着重于两方面：一是文件内容的重要性。一般来说，反映党和国家的方针政策、重大事件、本单位的主要业务活动及基本情况，以及反映中心工作、全局性工作、典型性工作的内容较为重要。二是文件内容的独特性。凡是具有本机关、本系统、本地区特色的档案，以及特殊事件、特殊产品、特殊人物、特殊成果和具有开创意义的新人、新事、新政策的档案，在鉴定时要予以充分认识。

（2）分析档案的形成者。形成者是指文件的责任者（作者）或立档单位。首先，分析文件的价值，应站在本机关的角度，本机关制发的文件是保存的重点，大部分需要长久保存。一个机关的档案是否齐全完整，能不能反映本机关的历史面貌，很大程度上看本机关制发的重要文件是否保存下来。但也不应只保存本机关制发的文件，还应包括直属上级、下级制发的文件。其次，分析文件的价值，要看立档单位在社会上的地位和作用。由于立档单位在社会上、历史上所处的地位、所起的作用不同，其形成文件的价值也不同。一般来说，其职能和地位较重要的立档单位所形成的档案具有较高的价值。如果是人物全宗或著名人士形成的档案，其价值就较普通人要高。

（3）分析档案形成时间和有效性。一般来说，文件产生的时间越早，保存下来的就越少，也就显得越珍贵，价值就越高。如古代的甲骨档案、简牍档案、缣帛档案，都已成为国宝，不容许有任何毁损。早在20世纪初，普鲁士的迈斯奈尔就提出“高龄档案应受到尊重”的思想，它揭示出文件作为一种证据性材料所固有的历史价值，使人们认识到文字可以作为考察机构职能活动与历史情况的证据，从而避免了大量古老的珍贵档案受到人为的毁坏。

档案价值的有效性包括现实的使用价值和历史的参考价值。所谓现实使用价值，就是看档案在现实的工作、生产活动中的行政效力与法律效力。如条约、契约、协定、协议书、合同、法律、指示、方针政策、规章制度、规划、预算等文件材料，在一定时间和条件下，具有行政上和法律上的效力，这就具有相当大的价值，应予以保存。当其有效性丧失后，会降低或失去原有的价值。在实际工作中，这类档案有效期满后，通常再保存相当于有效期限的时间，以备查考。所谓历史的参考价值，是指档案是历史的产物，是特定的历史条件下形成的，是前人实践活动的信息积淀。就一事件而言，该事件档案即为此事件之历史；就一组织而言，该组织之档案即为该组织之历史。因此，在鉴定档案价值时，要充分认识档案的历史价值，即史料价值。

（4）分析档案的文种。文种即文件的名称，表示着文件的不同作用，也从一定程度上反映出文件的不同价值。比如：一般档案中的决定、命令、条例、会议记录、总结等文件的保存价值，往往大于一般性的通知、简报、来往信函；会计档案中的预算、决算、报表、账簿，就比凭证的价值大；学校档案中的教学计划、教学大纲，就比教学日历、课程表有价值。

但是文件的名称只具有参考的性质，由于文件名称用法上的不统一，以及实际情况的复杂性，对有的文件不能单独只看名称，还要看文件的内容。比如，有些通知就含有重要指示、决定的意义，不能当作一般通知看待。又如，一些党政领导、知名人士之间关于一些重要活动的来往函件，就不能当作一般性的函件来处理。

（5）分析档案的稿本及其可靠程度。文件在形成过程中经历的阶段不同，致使同一文件有草稿、定稿、正本、副本之区别。这种区别决定了它们在法律上、行政上有不同的效能，具有不同的价值。一般情况下，同一文件中定稿、正本的可靠性较高，其价值往往大于草稿、副本。但由于科学的进步，副本与正本在内容、形式上可以毫无差异，副本也可起凭证作用，特别是在没有正本的情况下。某些重要文件的“草稿”“草案”也具有一定的价值，从中可以看出重要文件的形成过程，也需要保存一段时间。

（6）分析档案的外形特点。有些文件从内容上看并不重要，但它的外形特点会影响其价值。如文件的制成材料、书法、图案等有科学或艺术价值，或者文件上有著名人物的批示、题词、签字等，这都会提升文件的保存价值。

（7）分析档案的完整程度。鉴定档案价值时，如果认为全宗或全宗群保存比较完整，档案数量较多，尺度就可以严格一些，将确有价值的挑选出来保存。假如某一全宗、全宗群保存下来的档案材料不完整，鉴定档案价值时，就应该尺度放宽。

（六）档案的销毁

当档案失去保存价值或保存期满后，依据有关制度可将档案销毁。

1. 销毁制度

（1）编造档案销毁清册。档案销毁前必须编造档案销毁清册，以备机关领导审查批准。它也是日后查考档案销毁的凭证。

（2）审查批准制度。档案销毁必须经领导批准，为了方便机关领导或主管机关领导了解必要的情况，在报送档案销毁清册的同时，还须附上一份立档单位和全宗的简要说明。其内容包括：立档单位和全宗的历史概况，档案的形成、保管、完整程度以及现存档案的主要成分，销毁档案数量、内容，鉴定工作情况，销毁理由，等等。

（3）监销制度。档案销毁时，应有两人以上监销，确定档案销毁后，在销毁清册上注明“已销毁”字样和销毁日期，并由销毁人签字。

2. 销毁方法

准备销毁的档案，在未批准前应单独保管。档案销毁清册正式批准后，可将要销毁的档案送指定造纸厂作为原料或自行焚毁。但严禁将档案出卖或作其他用途，销毁时也应注意档案的保密。

第二节　档案管理工作

档案管理工作主要指档案的整理和保管工作。

一、档案整理工作

（一）档案整理工作的含义

档案的整理工作，就是将零散的和需要进一步条理化的档案，进行基本的分类、组合、排列和编目，组成有序体系的过程。档案的整理是档案管理所有业务活动的关键环节，档案整理揭示了文件之间的有机联系，为发挥档案的作用创造了有利条件。

（二）档案整理工作的内容

档案整理工作包括：区分全宗，全宗内档案的分类，立卷、案卷排列、编制案卷目录。

1. 区分全宗

（1）全宗的含义。全宗是一个国家机构、社会组织、个人形成的具有有机联系的文件整体。它具有以下特点：

其一，全宗是有机联系的文件整体。这说明全宗具有不可分割性，一个机关、社会组织、个人形成的档案反映了它们的各种活动及相互关系，同一全宗的档案不能分散，不同全宗的档案不能混淆。档案是按照全宗进行整理的，这是档案管理区别于图书管理及其他文献管理的重要特点之一。

其二，全宗是在一定的历史活动中形成的。这说明全宗这种整体具有客观性，而不是纯粹人为的。

其三，全宗是以一定的社会单位为基础而构成的。这说明了特定的档案整体的来源和界限。

(2) 立档单位。立档单位是构成档案全宗的国家机关、社会组织、个人或生产建设、科研项目的组织者，通常称为“全宗构成者”。例如，北京市文物局产生的全部档案叫作“北京市文物局全宗”，而形成这个全宗的北京市文物局就是一个立档单位。

立档单位与一般机关、单位没有太大区别，但它有构成条件：①可以独立行使职权，并能以自己的名义对外行文。②是一个会计单位或独立的核算单位，自己可以编造预算或财务计划。③设有管理人事的机构和人员，并有一定的人事任免权。

上述构成立档单位的条件是互相联系的，在一般情况下，三者是一致的，但也有不一致的情况，主要看该机关、单位能否独立行使职权并单独对外行文。例如，有些市县的工会、团委、妇联等单位没有专门的人事机构，也不是一个会计单位，但是能独立行使职权，能主要以自己的名义对外行文，所以它们可以分别是一个立档单位。

在整理档案时，怎样确定一个单位是否具备立档单位的条件？一般从两个方面去考虑：一方面根据法规性文件去分析；另一方面应该从机关单位的实际情况去分析研究。在实际工作中，有比较健全的文书工作的单位，通常就是一个立档单位。另外，确定一个机关、单位是否为一个立档单位，不能以这个单位人员的多少、权限的大小和形成档案的数量的多少来确定。

各个机关、团体、企事业单位的党委、工会、共青团组织，它们不是独立的机关，它们形成的档案是立档单位档案的一部分，应作为一个全宗来看待。而且我国实行党政档案的统一管理，所以一个机关、单位内部党、政、工、团的档案构成一个全宗。

(3) 区分全宗。区分全宗是整理工作的第一步，只有把全宗区分清楚，其后的一系列工作才好进行。

一般的机关单位通常管理一个全宗的档案；专业档案馆则管理着许多机关单位的档案，即管理着许多全宗。全宗的界限一般是比较清晰的，秘书人员只需注意一些特殊情况。比如，构成全宗的立档单位不是固定不变的，这种变化会直接影响到全宗的划分。由于社会实践活动的发展变化和工作的需要，一些机关、单位可能撤销、合并、增设，这些变化常常给全宗的划分带来一些问题。那么，当立档单位发生变化时，是否会形成新的立档单位和新的全宗呢？这主要应研究这些变化是不是根本性的变化。研究某一单位是否有根本性的变化，主要应从立档单位的政治性质和基本职能等有关方面去考察。如果政治性质和基本职能发生了根本性变化，应该形成新的全宗。

属于下列情况者，不是根本性的变化，不能形成新的全宗。例如：立档单位名称的改变；立档单位领导关系的变更；立档单位内部组织机构的调整；立档单位工作地点的变更；立档单位短期停止活动后又恢复等。这些变化不会影响到全宗的划分。

立档单位的变化与全宗的划分是一个较为复杂的问题，应具体问题具体分析。

此外，在整理零散文件时，有时会遇到一些不明所属全宗的文件，这时候就要判定档案的所属全宗，使其得到相应的归属。

判定档案的所属全宗，关键是要确定档案的形成者——立档单位。

全宗构成中文件的基本类型不外乎内部文件、发文和收文三种。

立档单位的内部文件、发文，它们的作者就是档案的形成者。立档单位的收文，它的实际收受者就是档案的形成者。找到了文件的形成者，也就找到了其所属的全宗。

在实际工作中，常常会有一些文件经过几个立档单位办理，这样的文件应该归入最后承办完毕的立档单位的全宗内。

（4）全宗的特殊形式。全宗具有以下特殊形式：

①人物全宗。人物全宗是社会知名人士在其一生活动中形成的档案整体，历史上一些著名的家庭、家族所形成的档案在我国也属于人物全宗。形成人物全宗的个人、家庭、家族也是立档单位。

人物全宗包括个人的著作、手稿、日记、信件、遗嘱以及记载个人和家庭、家族活动的全部有价值的材料，也包括别人撰写和收集的与全宗构成者有关的材料，以及立档单位直系亲属的能够说明立档单位情况的材料。

人物全宗中一般不收入全宗构成者在其机关、组织公务活动中处理的官方文件原件。实践证明，如不掌握人物全宗的这种界限，必然导致许多全宗管理的混乱以及其他不良后果。

个人和家庭、家族的文件材料，无论形成于何时何地以及立档单位的政治思想和社会地位有何重大变化，都只能构成一个全宗。

②全宗的补充形式。在档案整理的过程中，有时会遇到一些单位的文件难以按全宗区分或者不便于按全宗保管等特殊情况，可以根据全宗原则采取某些变通的办法，如划分“联合全宗”、“全宗汇集”和“档案汇集”，作为全宗的补充形式。

第一，联合全宗。这是指两个或两个以上立档单位形成的、互有联系而不易区分全宗的档案构成的全宗。它是全宗的一种特殊形式。

联合全宗通常表现为两种情形：一种是前后有密切继承关系的机关，它们的文件彼此混杂，不易分清其经办和所属机关；另一种是在职能任务方面互有密切联系的若干机关，甚至在一起合署办公，即所谓“一套机构两（几）块牌子”，其文件也彼此相混难以区分。在上述事实的情况下，有关机关形成的档案可以采用“联合全宗”的形式，作为一个全宗单位进行管理。

第二，全宗汇集。若干个立档单位形成的、可以区分全宗但数量很少的具有某些共同特征和联系的档案构成的全宗称为全宗汇集，也叫“汇集全宗”。

在档案馆，有时会遇到一些档案数量极少的全宗。它们通常表现为两种形式：一种是从相同类型的基层单位选择接收的、具有代表性的小全宗；另一种是立档单位的档案严重散失以致残缺不全的一些小全宗。如对它们逐一编制全宗号、案卷目录并单独排列，在管理上往往会出现许多不便。对于这些本来能够区分和自立的小全宗，可以按其立档单位的性质、存在的时期和地区的特点或其他历史联系，合编为“全宗汇集”，冠以综合的名称，如“××××时期××地区工矿企业全宗汇集”。其中的档案仍按不同的形成单位分别整理、排列和编目。“全宗汇集”只编一个全宗号，作为一个全宗进行整理。

“全宗汇集”和“联合全宗”有所不同。

第三，档案汇集。用人为的方法将不知其所属、全宗残缺不全的文件，按照一定特点集中起来的混合体，称为档案汇集。对它也给予一个全宗号，作为一个全宗管理。

③全宗群。联系密切的若干全宗的群体称为“全宗群”，也就是全宗的分类。整理和管理档案，不仅要维护全宗的完整性，还应注意全宗之间的联系。

全宗群是在全宗理论的基础上进一步解决全宗之间的相互联系的一种科学原则。其主要作用是维护相同类型全宗的不可分散性，有效地保持文件之间更大范围内的历史联系，以便于管理和利用。因此，它要求：不能把相同类型的有密切联系的若干全宗分散在不同的档案馆；在档案馆内对为数众多的全宗都实行“分群管理”。

全宗群的主要特点是，它的组合方法及其时空范围具有相对的多样性和灵活性，可以从不同的角度去划分全宗群。应注意：全宗群是主要起指导和组织作用的一种思想原则，通常不是对档案进行具体整理、编目和统计的一个固定的实体单位。

2. 全宗内档案的分类

全宗内档案的分类，是根据立档单位内档案的来源、时间、内容或形式的异同，按照一定的体系，分门别类，有系统地区分档案和整理档案的方法。

全宗内档案的分类是实行档案科学管理的重要方法。一个全宗的档案是一个有机的整体，它们之间有着不可分割的密切联系，这就必须以全宗为单位来整理档案；同时，一个立档单位的活动有着许多方面，它们之间既有联系又有区别，为了进一步体现这种区别，便于保管和利用，就需要把一个全宗内的档案分成若干类别，为了体现它们之间的联系，又要有次序地按照类别进行排列。

（1）分类的要求。全宗内档案的分类有以下要求：

①客观性。档案是机关、团体、企事业单位在实践中系统地积累而形成的历史产物，应遵循档案形成规律，从全宗的实际情况出发进行分类。要竭力维护它们在立档单位活动中原有的某些主要方面的历史联系，科学地选择分类方法，合理地设置类目，准确地归类，使全宗内档案的分类能够较为系统地反映出立档单位活动的面貌。

②逻辑性。全宗内的档案是机关在处理各种事物中形成的，全宗的成分及其纵横联系往往比较复杂，全宗内档案的分类又常常采用几种方法，所以分类体系的构成应力求严密，每次分类必须按照同一标准进行，不应有交叉或互相包容的矛盾现象。

③实用性。档案的分类必须便于保管、检索和利用。比如，对于现行机关和撤销机关的全宗、大全宗与小全宗，对于全宗内形式与载体特殊的档案材料，往往采取不尽相同的分类方法。在档案分类过程中，要防止无视全宗的特点而生搬硬套的分类方法。

（2）分类的一般方法。在分类法中，最常见的有三种方法：

①年度分类法。年度分类法是以形成和处理文件日期所属的年度为依据进行分类，将每一年形成的档案分成一类的方法。一个立档单位一般每年都会形成一定数量的档案，所以这是一种较常用的分类方法。采用年度分类法，应准确判定文件的所属年度。以下是采用年度分类法时常常遇到的一些特殊情况：

第一，文件上面没有明确的日期。文件上如果没有日期或者日期不准确，就会给按年度分类带来困难，这时就应该运用多种方法，判定文件的准确日期或者接近准确的日期。分析文件的内容、研究文件的制成材料，或者从文件的字体、格式、编排和标记等来判定，都是行之有效的方法，还可以利用已有准确日期的文件与没有日期的文件比较对照的方法来判定。上述方法应当结合起来使用。

第二，文件上有两个以上日期而又属于不同年度。在这种情况下，应根据文件的不同特点，确定一个最能说明文件时间特点的日期作为分类的根据。法规性文件以批准日期为根据（公布之日生效的文件，应以公布日期为根据），领导性文件以签署日期（即落款日期）为根据，会议记录以开会日期为根据，计划、总结、预决算以内容针对时间为根据，来往文书中的收文以收到日期为根据。例如，2017年工作总结是2018年1月形成的，这份文件内容是针对2017年的，应该放到2017年。再如，2017年的经费预算是2016年形成的，同样道理应归到2017年。

当档案文件的形成时间和文件内容记述的时间不一致的时候，当文件的制成和发出、收文和办理跨了年度时，就需要具体问题具体分析了。

第三，跨年度文件。属于跨年度的文件有两种情况：

一是单份文件，内容跨了两个年度。比如一份文件既有前一年的工作总结，又有后一年的工作计划，内容针对两个年度。这份文件如果以工作总结为主要内容，应该归入前一个年度；如果以工作计划为主要内容，就应该归入后一个年度。如果分不清主次，而是平分秋色，一般应归入形成文件的最后年度。也有的计划和总结，其内容不是针对一个年度，而是涉及几个年度，如五年计划、三年总结、十年规划等。属于计划性的，应该归入计划开始的一年；属于总结性的，应该归入总结针对的最后一年。

二是一组有密切联系的文件，形成于两年或者两年以上。比如，一次会议是2015年12月25日召开的，2016年1月5日结束，跨了两年，这次会议所形成的文件在分类时应归入2016年。有些具体问题的处理和专门案件都可采取类似办法处理。

第四，专门年度的文件。在实际工作当中，除了一般通用的年度外，各专业部门还采用专门的年度来开展工作，如学校中的“教学年度”、粮食部门的“粮食年度”等。它是根据工作上的特殊需要而制定的一种计算方法。专门年度的起止日期，不是以1月1日至12月31日来计算的，而是另外规定一种起止日期来计算。比如：2015—2016学年，就是从2015年9月1日开始至2016年8月末止，分为第一和第二两个学期。

②组织机构分类法。将一个立档单位每一个内部组织机构形成的档案分成一类，也是常用的分类方法。

采用组织机构分类法进行分类，符合档案形成的特点。在一个立档单位里，档案是由其内部组织机构在履行职能过程中形成的，而各内部机构所承担的任务是不尽相同的。按组织机构分类能够客观地反映立档单位各个组织机构工作活动的面貌和状况，较好地保持档案在来源上的联系。

采取组织机构分类法分类，便于查找利用档案。立档单位内设的各个组织机构，除了综合性的工作部门（办公室、政策研究室）外，其余的都按照各自的业务分工，在其职权范围内形成文件。某一个内部组织机构所形成的档案一般就是某一方面问题的档案。但是，组织机构与问题两者不能等同。按组织机构分类可以保持档案在来源上的一致性，但不一定能保证档案内容的一致性。

按组织机构分类，有比较明显的客观标准，简便易行，归类准确。立档单位内部有多少组织机构，就可以设立多少类。这些机构都有各自的职权范围，它们在承办文件时往往会留下一定标记（收发文章、收发文字号、经办人签字等），这样就可以避免或减少因认识水平不同而产生分类不一致的问题。尤其是正在行使职权的机关单位，如果文件采用分散立卷（即由各组织机构立卷），每个组织机构所归档案的案卷就很自然地构成一类。

既然按组织机构分类有这些优点，是不是所有全宗档案的分类都要采取这种分类方法呢？不是，这还要有一定的条件，只有具备下述条件才能采用按组织机构分类。

首先，要考察档案的实际情况，各内部组织机构之间的档案有没有被混淆、是否残缺不全。如果内部机构之间的档案已经混乱、缺损不全，有的已按其他方法分类，在这种情况下，就很难再按组织机构分类，应该采取其他方法分类。

其次，还要了解立档单位的组织机构情况，内部组织机构是否健全、是否经常变动。如果内部组织机构少、工作简单，或者虽有内部机构但经常变化，内部很不稳定，在上述情况下也不一定按组织机构分类。

按组织机构分类应该分到哪一层机构才适当？这主要由立档单位的大小和形成档案数量的多少来决定。比如，中央机关内部机构层次较多，档案的数量也多，而且采取分散处理文件的方法，每层组织机构都有人专管或兼管文书工作，档案的分类就可以分到第二层甚至第三层组织机构。对于大多数立档单位来说，按组织机构分类分到第一层就可以了，有一个机构设置一个类，组织机构的名称就是类名。

对于机关内部设立的临时性组织机构所形成的档案，按组织机构分类时，一般应该和其他内部机构形成的档案一样对待，单独设类，并排在最末一类。

③问题分类法，又称内容分类法。它按照档案内容所说明的问题来分类，也是经常采用的一种分类方法。它和组织机构分类法有许多共同点，也能较好地保持文件之间的联系，能使相同性质的档案得到集中，可以减少同类问题档案分散的现象，便于档案的查找和利用。但是，问题分类法较之组织机构分类法，其人为因素较多，因为人们对同一问题的认识可以有不同角度。所以，只有不能采用组织机构分类法时，才会考虑使用问题分类法。

以上三种方法也可以结合起来使用，即形成所谓的复式分类法，主要有以下四种：

第一种，“年度—组织机构”分类法。这种方法先将档案按照年度分类，每一年的档案作为一大类；每一大类下，再按内部组织机构分成小类。这种方法适用于立档单位内部组织机构偶有变化但变化不复杂的现行机构。

第二种，“组织机构—年度”分类法。这种方法先将档案按照组织机构分类，每一组织机构的档案作为一大类；每一大类下，再按年度分成小类。这种方法适用于历史档案和撤销机关档案。

第三种，“年度—问题”分类法。这种方法先将档案按照年度分类，每一年的档案作为一大类；每一大类下，再按照文件所反映的问题分成小类。这种方法适用于立档单位内部组织机构变动频繁，档案已无法按组织机构进行分类的全宗。

第四种，“问题—年度”分类法。这种方法先将档案按照文件所反映的问题分类，每一问题的档案作为一大类；每一大类下，再按年度分成小类。这种方法同样仅适用于历史档案和撤销机关档案。

3. 立卷、案卷排列和编制案卷目录

所谓立卷，是指工作人员对办理完毕的、有查考保存价值的文件，按照它们在形成过程中的联系和一定规律组成案卷的过程。按照规定，这一过程应该在文书工作最后阶段完成。但在档案收集工作中，经常收集来一些从未经过整理的文件，对它们首先应该进行立卷。

案卷，是指有关某一问题或某项工作活动系统的有密切联系的文件组合体，它是纸制文书档案的基本保管单位。

立成的案卷应能正确反映机关活动的基本历史面貌，便于保管和利用。立卷时一般将反映同一问题，或同一作者、同一地区、同一段时间，甚至同一种文种的文件组合在一起，以最大程度地保持文件之间的历史联系。

每一个立好的案卷，卷内文件应按次序排列、编号；同时填写卷内文件目录和备考表；填好案卷封面，编写案卷标题并注明保管期限。

最后，将案卷有序排列、编号并编制案卷目录。

案卷目录是登录案卷题名和其他特征并固定案卷排列次序的表册。通过案卷目录的形式，固定全宗内档案的分类体系和案卷的排列顺序，它标志着档案整理工作的基本完成；案卷目录也可以介绍全宗内档案的内容，便于找出所需案卷，是查找利用档案最基本的也是必备的检索工具，更是编制其他检索工具的重要依据；案卷目录也是登记与统计档案的工具之一。

二、档案保管工作

（一）档案保管的含义

档案保管是指对已存入库房中的档案进行日常维护和保护的管理工作，它主要指根据档案的成分和概况，对其采取一定的存放和安全防护措施。档案保管工作包括维护档案实体的秩序，使档案存放和使用始终有序进行；还包括保护档案实体的理化性状，防止档案的损坏，延长档案的寿命，维护档案的安全。

（二）档案保管的物质条件

（1）档案库房。档案库房即存放档案的空间场所（建筑物）。档案库房应符合档案保管的专业要求。我国的专业档案馆一般按照《档案馆建筑设计规范》的要求建造档案库房；机关的档案室或保存档案的库房也应尽量向《档案馆建筑设计规范》的要求靠拢。

（2）档案装具。库房中的档案一般保存于档案架、档案箱或档案柜中。

（3）包装材料。档案还应有一层用于直接存放、保护每一案卷的纸质或其他质地的包装物，如卷皮、卷盒或包装纸等。

（4）设备。设备是指具有固定资产性质的机械、器具、仪器、仪表等技术设备，如去湿机、加湿器、空调、通风设备、温湿度测量及控制设备、防盗、防火报警器、灭火器、装订机、复印机、缩微拍照设备及缩微品阅读复制设备、通讯及闭路电视监控设备、消毒灭菌设备以及档案进出库的运送工具等。

（5）消耗品。消耗品是指用于保管工作的易耗低值物品，如防虫防霉药品、吸湿剂、各种办公用品、清洁用品等。

（三）档案保管的内容

（1）档案上架。在档案库房中，应首先按照全宗顺序号排列全宗，但机关档案往往只有一个全宗，主要是组织档案上架。上架的次序应该根据档案柜（或架、箱）以及“栏”“格”的编号次序进行。档案上架的存放方式可以采用竖放或平放的方式。

（2）档案保护。档案库房应保持适宜的温湿度，温湿度过高或过低都会影响档案的寿命，工作人员可采用不同方法，适当调节温湿度。

库房工作人员还应着重做好库房的“八防”措施，即防火、防水、防潮、防霉、防虫、防光、防尘、防盗，保证档案安全。

此外，档案在搬动和使用过程中也要注意保护，轻拿轻放，不使其散乱。还要做好日常的安全检查与保卫保密工作，严格管理，杜绝漏洞。

第三节 科学利用档案

人们收集、保存档案的最终目的就是开发档案信息资源，将档案提供给需要的人使用，充分发挥档案的作用。也就是说，人们管理档案不是为了管理而管理，而是为了实现档案自身价值而进行管理。

一方面，档案利用工作集中地体现了档案工作的方向和作用，它是档案工作联系社会的一个窗口，利用工作做得如何，是衡量档案业务开展的程度、工作好坏的主要标志；另一方面，档案利用工作在一定程度上体现了外界利用档案的需要，对整个档案工作具有一定的检验和推动作用。

我国对档案利用有明确的法律规定。《中华人民共和国档案法》第十九条规定：“国家档案馆保管的档案，一般应当自形成之日起满三十年向社会开放。经济、科学、技术、文化等类档案向社会开放的期限，可以少于三十年，涉及国家安全或者重大利益以及其他到期不宜开放的档案向社会开放的期限，可以多于三十年。”“中华人民共和国公民和组织持有合法证明，可以利用已经开放的档案。”

一、档案利用工作的含义

利用档案是指档案用户为了研究和解决一定的问题而实际地使用档案。

档案利用工作就是指通过一定的方式和方法向用户提供档案材料的工作。

档案利用工作的基本内容，就是文秘档案人员熟悉自己的家底——库存档案的内容和成分，了解客观需要，把握档案利用需求的发展规律，及时向利用者介绍和报道档案宝藏，通过各种方式迅速、准确地查找出有关档案，并提供给相关人员使用。

二、档案利用服务的方式

档案利用服务的方式是多种多样的。如果从档案文献的服务方式分，可以分为以下几种：

第一，以档案原件提供利用。如，阅览服务、档案外借。第二，以档案复制品提供利用。如，制作档案副本和缩微品、文件汇编、文件选编、公布档案等。第三，根据档案内容综合编写参考资料提供利用。如，编写大事记、组织沿革、基础数字汇集、会议简介、专题概要、企业年鉴、图册、图集、科技成果简介；制发档案证明；编纂档案史料书籍；等等。

以下介绍几种常用的档案利用服务方式。

（一）阅览服务

档案阅览服务，是指档案馆、档案室在特定的场所开辟阅览室，向有关档案用户提供档案信息的一种服务方式。它是目前我国档案收藏部门提供档案信息服务的一种主要形式。

档案阅览服务的具体活动内容和程序是：

第一，档案收藏部门要开辟阅览室，即设置专供查寻、使用档案与资料的场所。

第二，档案收藏部门要为用户提供必要的阅览条件。这些条件包括：①人员条件，指阅览室里应配有熟悉馆（室）藏，了解有关专业知识或历史知识，业务能力强，工作热情的服务人员。②物质条件，指在阅览室内装备必要的物质设施，并为档案用户准备诸如检索工具、工具书、参考资料等常用的参考或查寻材料。③制度条件，指建立与健全旨在维护档案完整与安全的有关阅览规则及制度。要对接待对象、阅览范围、阅览要求与手续，以及其他相关事项都做出较明确的规定。

第三，接待档案用户，解答用户提出的相关问题。接待工作是一项业务性、政策性和艺术性较强的服务工作。它要求负责接待的文秘档案人员认真、负责地做好这项工作。做好接待工作应深入了解用户需要，积极满足用户的合理利用需求，耐心讲明不能向用户提供有关档案文件的原因。

第四，通过有效方式满足档案用户需要。在清楚地了解了档案用户的需求后，档案阅览室的接待人员就可以选择恰当的方式来满足其利用需要。一般应首先考虑采用档案复制本或复制件、参考资料及档案编纂成果等形式，以便最大程度地保证档案原件的物质安全。若没有复本与资料可利用，再按规定提供档案原件，直接满足用户需要。

（二）档案外借服务

档案外借服务，是指为满足某些需要档案原件或副本作证据等特殊的利用需求，暂时将档案借出馆（室）外使用的一种服务方式。

在机关内部，将档案原件外借给本单位的领导和有关业务部门的情况比较多些。在专业档案馆，那些珍贵的或易损的文件、古老文件以及特殊载体的档案文件，一般不能借出馆外使用。

在外借服务过程中，工作人员应做到：①档案外借服务必须建立、健全制度；②档案部门应做好外借档案的登记与记录工作，监督档案用户填写清楚档案借阅单，并搞好外借档案登记簿的记录工作；③为了确保外借档案的按时归还，还应建立催还制度。

（三）制发档案复制本服务

制发档案复制本服务，是指根据档案用户的合理需要，以档案原件或已有的档案副本为依据，通过复制、摘录等手段，向档案用户提供档案复制品的一种服务方式。

工作人员可通过提供档案副本或复制品，满足有关档案用户的利用需要。例如，利用文件归档时的副本、文件汇编、文件选编、在报刊上公布的档案文件等，或通过档案缩微品、档案复制本等，满足档案用户对档案信息的利用需求。

（四）档案证明

档案证明是档案部门根据机关、团体或个人的询问和申请，为了证实某种事实在本部门保存档案内有无记载和如何记载而摘抄的书面证明材料。

制发档案证明是一种政治性、政策性很强的服务方式。档案部门应根据有关用户的合理申请或询问来编写档案证明；制发档案证明必须根据可靠的档案原件或副本、抄本来编写，如若没有文件的正本、副本或抄本，也可以考虑采用文件的草稿、草案、草图来编写；在档案证明上应注明有关材料的出处及编写方法；档案证明的内容范围必须确定，不应超出经过审核的证明范围；档案证明的文字必须准确、明了；档案部门对初步编写后的档案证明必须进行认真的校核，并在确认无误后加盖公章发出使用。

（五）档案宣传

为了充分发挥档案的作用，扩大档案工作的影响，提高服务质量，在开展提供利用工作中应当做好宣传工作。档案宣传，是指档案部门主动了解社会需求，积极开展对外活动，发布档案信息，提高社会意识，使档案服务于社会各界的一种服务方式。

当前社会上宣传力度较大的档案宣传活动有以下几种：

(1) 借助新闻媒体发布档案信息。为了宣传档案，扩大档案馆（室）的知名度，档案部门可经常借助新闻媒体发布开放的档案信息，使档案走出“深闺”，贴近百姓。

(2) 编制宣传画册。各档案部门可设专人负责编制档案宣传画册，通过广泛调研征集意见后，编写大纲脚本，再经过反复修改，设计印制宣传画册，成品后向社会发放或发行。

(3) 举办档案展览。档案收藏部门按照一定的主题，以展出档案原件或复制品的方式，系统介绍档案馆（室）藏的方式。

在举办档案展览与陈列期间，应当加强对展出原件的安全保护，编写的说明文字要具有思想性、政治性及科学性。

（六）参考咨询

参考咨询工作是以档案为根据，通过个别解答问题的方式，向利用者提供档案、档案专业知识、档案检索途径的一项服务性的工作。

广大档案利用者向档案部门提出咨询问题的方式有口头咨询、书面咨询和电话咨询，档案部门可视不同情况酌情回答。

（七）档案目录信息服务

档案用户只有借助一定的档案目录信息，才能顺利地实现其利用需要。

在机关、企业事业单位内部，秘书人员可将与本单位的工作、生产或科研等项活动相关的档案目录主动印发给有关的领导、业务部门，使他们能够及时地了解可利用的档案信息状况，并有效地减少不必要的重复劳动，节约人力和财力。

在档案馆工作中，档案工作者可在了解社会利用需求的特点、发展趋势的基础上，有计划地出版档案目录、索引、指南等档案信息材料，有效地帮助档案用户了解馆藏档案信息资料，引导档案用户顺利地查找档案。

在信息高速公路快速发展的今天，档案部门要随时改进提供目录的服务方式，增强电子化服务，以适应新时代的需要。

（八）编写档案参考资料

档案界所说的参考资料，是档案部门根据一定的题目，将自己所保存的档案材料的有关内容进行综合加工编写的一种材料。它可以为利用者提供较为系统的素材。

档案参考资料主要包括以下几种：

(1) 大事记。大事记是一个机关、一个地区、一个时期、一项运动中所发生的重大事件，按时间顺序的先后，用简明的文字记载下来的书面材料。它系统扼要地记录一定事件的历史发展事实，揭示重要事件和活动的发生、发展的过程以及它们彼此间的关系，从而便于人们研究某一时段历史发展的规律。

（2）组织沿革。组织沿革是记载一个机关、地区或专业系统的组织机构、人员编制、体制变革情况的一种参考资料。它便于机关领导人员、各部门及有关方面查考和研究本地区、本机关、本系统的组织机构、人员发展变化情况，同时也为研究国家机关史、地方史、革命史和专业史提供必需的参考资料。

（3）会议基本情况简介。会议基本情况简介是利用会议文件材料，将会议的全过程简短、扼要地加以叙述，反映出每一次会议基本情况的一种参考材料。

（4）基础数字汇集。基础数字汇集是以数字的形式反映一定地区或某一方面基本情况的参考材料。

（5）专题概要。专题概要是以文章叙述的形式，简要地说明某一方面的工作、生产或其他社会现象和自然现象的产生、发展变化的参考资料。

三、电子档案的管理

随着计算机技术的广泛应用，机关、团体、企事业单位在生产、管理和科学技术等活动中形成了越来越多的电子文件，将电子文件归档后即形成电子档案。

电子档案是指利用计算机技术形成的，以代码形式存储于特定介质上的档案。

电子档案与其他各种载体的档案一样，都是人类社会活动的记录，但它在记录方式上有许多不同于其他载体档案的特点，如信息的非人工识读性、信息存储的高密度性、信息与载体之间的可分离性、信息媒体的集成性、对系统的依赖性等。

由于电子文件与档案的关系比起纸介质更加密切，电子文件的大量出现并转化为电子档案使“文书档案管理一体化”成为可能。计算机软硬件的配置、网络和节点的规划、文件格式和数据库结构的确定以及索引的编制方法等都要从文件形成阶段开始统筹设计，很多档案管理工作要在文件形成阶段完成。

我国档案工作的基本原则对于电子档案的管理同样具有宏观作用，纸质档案管理的一些业务原则在电子档案管理中也具有生命力。但根据电子档案的特点，在其管理活动中还应遵循以下原则。

（一）完整性原则

在电子文件中，信息不是固定在特定的物理位置上的，“文件实体”的观念不复存在；此外，电子文件的制作可由各部门或个人独立完成，从而使电子文件的分布呈分散化趋势，这使得人们对电子文件完整性的把握不像纸质文件那样直观。因此，在电子档案管理过程中要采取相应措施保证其完整性，不仅存储在电子文件上的信息要完整，与其相关的程序、软件也应完整无缺地归档和接收。

目前，很多单位处于纸质文件和电子文件“同时服役”的状况。这是因为在现有技术保障和管理制度的条件下，秘书人员还不能完全用电子文件取代纸质文档，这就形成了电子文件和纸质文件“双套归档”的局面。

（二）可读性原则

由于电子文件在存储和识读方面对系统的依赖性较高，脱离了赖以支持的软、硬件系统后，有些文件就会变成无法识读的“死文件”。因此在电子档案管理中要特别注意确保其可读性，如在收集范围中，除了反映单位工作活动的记录外，还必须包括这些记录的支持软件；在收集要求中，除了对信息内容方面的要求外，还包括对信息格式方面的要求；鉴定工作中，除了对其内容进行价值分析外，还要对其可读性进行技术分析等。

（三）可靠性原则

由于电子档案的证据性、可靠性等问题一直为人们所重视，所以在电子档案管理过程中要建立严格的制度，要严把收集关，确保归档文件的真实有效，还要注意在整理、鉴定、复制、调阅等各个环节遵守操作规程，建立必要的备份，防止黑客袭击及各种网络病毒，以防止信息的丢失和失真，确保电子档案的真实和可靠。

案例分析

场景一：钱先生曾经是“上山下乡”的知识青年。但由于历史原因，他的这段经历并没有记录在个人档案中。因为怕影响到自己工龄的计算，钱先生很想查到自己这段经历的记录。

场景二：电影《谁说我不在乎》中，人到中年的男女主人公忽然发现自己的结婚证找不到了，由此双方发生矛盾，引发了一场离婚风波。

【分析】

机关保存的档案最终会移交给档案馆，只要档案馆中有相应的文件记载，档案馆就有权为个人开具相关档案证明。钱先生和那部电影中的主人公都可以前往相应的档案馆去查找有关文件存根，只要查到，档案馆就可以为其开具相关档案证明，他们的问题也就迎刃而解了。

思考与练习

1. 什么是档案？文件与档案是什么关系？
2. 试述归档制度的内容。
3. 如何具体分析档案的价值？

4. 档案整理工作的主要内容是什么？

5. 某一工会组织没有专门的人事机构，也不是会计核算单位，但是能独立行使职权，也能够以工会组织的名义单独对外行文。请问：这个工会组织符合立档单位的条件吗？

6. 某档案室从本单位离退休人员手中征收来一些零散的档案。请问：如何判定这些档案的所属全宗？

7. ××市的档案局和档案馆合署办公，而它们的文件是分别处理的。请问：它们的档案应该如何构成全宗？反之，如果它们的文件是混杂在一起的，它们的档案又应该如何构成全宗？

8. 请你谈谈档案提供利用工作的主要形式。

第十一章　办公自动化

引言

信息技术正在引起人类社会的巨大变革，办公室工作正综合利用系统工程学、行为科学、管理科学、人机工程学等基本理论，以计算机、通信、自动化等技术为支撑，迈向办公自动化。

办公自动化，即利用先进的科学技术，使人们的一部分办公业务活动物化于人以外的各种现代化的办公设备中，并由办公室人员和设备构成服务于办公目的的人—机信息处理系统。

第一节　办公信息化发展概况

在全球信息化的浪潮冲击下，秘书工作以先进的信息技术，通过网络方式，共享着当今时代的核心资源——信息，以网络化的办公方式辅助领导，促进管理实现信息化。

一、世界正在实现信息网络化

自18世纪70年代以来，人类经过了三个历史时代，即蒸汽时代、电气时代和信息时代。现今，人类已进入一个以大规模集成电路和超大规模集成电路为基础、以计算机和通信融合为特点的信息网络化社会。

全球性的信息化、网络化正在改变着人们的生活方式。在信息社会，信息技术对于政治、经济、社会文化和道德等的影响是全面的、全方位的，它改变了人们原有的工作、生活、学习和交往方式。电脑和互联网的普及加速了全球信息网络化，为人类消除了时间和空间的距离，“天涯若比邻”成为现实。

互联网技术及其应用导致的电子政务、电子商务等对人们的生活和工作产生了深刻的影响。各国企业开始以“E 企业”的姿态登上市场竞争的舞台，老百姓也开始以“E 公民”的角色生活在“E 社区”，学生到“E 学校”学习，大家都生活在“E 地球”上。电子邮件、电子银行、电子税务、电子商务、电子娱乐铺天盖地，几乎所有的东西都被数字化，被“E”化了。在此环境下，宏观管理人类的政务管理正在实现电子网络化，电子政务成为互联网发展势头最强劲的五大信息化项目之首。

二、世界电子政务概况

电子政务是指在现代计算机、网络通信等技术支撑下，政府机构日常办公、信息收集与发布、公共管理等事务在数字化、网络化的环境下进行的国家行政管理形式。它包含多方面的内容，如政府办公自动化、政府部门间的信息共建共享、政府实时信息发布、各级政府间的远程视频会议、公民网上查询政府信息、电子化民意调查和社会经济统计等。

在世界上，电子政务排在了各国政府倡导和推动信息高速公路五个应用领域的第一位。目前，世界上许多国家都在为构建电子政府、实施电子政务而争分夺秒。2001 年 3 月欧洲委员会在斯德哥尔摩召开的“e 欧洲 2002 年”会议提出，欧盟的会员国应以面向居民和企业的 20 个基本公共服务项目作为实现政府上网服务的优先考虑。美国埃森哲公司于 2002 年 4 月底公布了第三届全球电子化政府调查结果。该调查针对 23 个国家和城区，以九大服务层面衡量出电子化政府领先程度的国家和地区依次为：加拿大、新加坡、美国、澳大利亚、丹麦、英国、芬兰、中国香港、德国、爱尔兰等。目前，加拿大希望信息高速公路能使加拿大转变为世界上主要的、具有竞争力的知识社会，在数字时代居于领先地位；新加坡普通公民在家里通过政府的“电子公民中心”网站即可完成各种日常事务，成为全球电子政务建设的典范；美国政府用科教“重建美国”，对电子政务进行了整体规划，使国民能够通过互联网充分获取联邦政府掌握的信息和服务，让公众更快捷更方便地了解政府；澳大利亚为所有本国人提供个人发展、社会整合的新的发展机会；英国有 60% 的政府机构的互联网服务网站已经开通或正在建设，在 5 年内使每个家庭都能上网，政府高级官员都乐意自称为“信息时代的政府护卫者”；日本出台“高技术立国”政策，完全用电子化手段处理各种行政事务，全面进入办公电子化、无纸化时代；法国政府的目标是让所有的政府机关都联网，资助企业上网，让法国人便捷地从网上获取政府信息。

西方国家的电子政务建设实践具有四大特征：

第一，改善对企业和公众服务是共同的目标选择。电子政务的核心价值之一就是从根本上改善政府的公共服务。西方国家在确定电子政务的目标时，把电子化服务作为重要的衡量指标。它们认为，在电子化政府战略中，如果没有为公民服务以及运行效率衡量的目标，电子政务的发展将是失败的。为此，西方国家在推动电子政务的发展中把改善政府传统的公共服务放在了十分重要的地位。美国把发展整合性的电子化取用信息服务作为重点，并提出要按照民众的方便来组织政府信息的提供，以帮助公民“一站式”访问现有的政府信息和服务网站，要建立全国性的电子福利支付系统，发展整合性的电子化取用信息服务以及跨政府部门的申请与纳税处理系统和电子邮递系统等。

第二，电子政务的发展普遍与政府改革紧密地结合。近20年来，西方国家在社会压力、财政压力以及经济全球化压力下普遍进行了大规模的政府改革，主要包括：减少政府对市场的干预，放松政府对社会、市场的管制；削减名目繁多的规制，简化政府管理的行政流程；在政府管理中引入市场机制，推行公共服务市场化；将政府职能向社会转移，更多地发挥非政府组织或民间组织在公共管理中的作用；优化政府组织结构，裁减机构和人员，削减财政开支；将政府的决策和执行功能分离，加强对政府的绩效评估，提高政府管理的透明度等。为了巩固这些改革成果，西方发达国家普遍把推动政府信息化放在了十分重要的地位，并把巩固改革成果与推动政府信息化、发展电子政务有机结合起来，从而收到了显著效果。

第三，遵循长远规划、由易到难、分阶段实施的建设原则。如美国把电子政务的发展划分为四个阶段实施：第一阶段为初始阶段，主要是提供一般的网上信息和简单的事务处理，技术的复杂程度有限；第二阶段，进一步发展门户网站、更复杂的事务处理，实现初步协作，技术复杂程度也逐步提高；第三阶段，要实现政府业务的重组，建立集成系统以及复杂的技术体系；第四阶段，要建立具有适应能力的政务处理系统，实现政府与企业、公民的互动式交流与服务，与此同时，建立高度复杂的技术支持系统。

第四，利用互联网络实现资源共享和集成。近年来互联网的迅速普及和发展，使人们看到了互联网发展的巨大潜力及其在帮助政府实现与企业和居民的互动方面所具有的不可替代的优越性，电子政务更强调利用互联网络实现政府部门之间的信息集成和服务功能的发挥、完善，包括政府对企业、对居民的服务以及政府各部门之间的服务。利用互联网络实现政府资源共享和集成，一方面是由于发达国家经过持续近50年的信息化努力，政府内部的管理信息系统和各种决策支持系统已经基本完成，有可能利用互联网将政府的信息系统在技术上向政府外部延伸；另一方面也是因为互联网的出现和发展为重新构造政府和建立政府、企业、公众三者之间的新型互动关系提供了一个全新机会与平台。

三、中国加快发展电子政务

2004年10月27日，国家信息化领导小组第四次会议在北京召开。温家宝总理主持会议并做了重要讲话，指出大力推进国民经济和社会信息化，是覆盖现代化建设全局的重大战略举措。会议对今后一个时期我国信息化工作做出了部署，其中一个重点就是扎实推进电子政务，把行政管理体制改革与电子政务建设结合起来，推进政府职能转变；加快统一网络平台建设，实现信息资源共享；加强电子政务规划工作，逐步建成电子政务体系的基本框架。

（一）中国发展电子政务的必然性

传统政府管理存在的弊端，尤其是加入世界贸易组织对政府管理的要求促使我国加快电子政务的发展。中国加入世界贸易组织后，电子政务有利于中国的管理符合世界贸易组织的基本原则，即透明度原则、国民待遇原则和无歧视待遇原则。

按照世界贸易组织规则的要求，政府机关必须以统一、公正、合理的方式执行所有相关的法律、法规、规章和其他政策措施。有法不依、执法不严、违法不究，乱执法、滥执法，搞地方封锁和行业垄断，以及不按照统一程序执法等行为，都是不允许的。

为适应世界贸易组织规则关于信息公开和信息自由的要求，我国政府行政规制需要在程序和实体两方面进行大幅度改革。随着中国履行对世界贸易组织的承诺，特别是实施那些旨在形成最高透明度和非歧视性贸易的规定，消费者和公司都将受益于更完善的法制。目前正在进行的电子政府工程也加快了步伐，并朝着符合世界贸易组织规则的方向建设。

加入世界贸易组织，对我国发展电子政务提出了十分紧迫的要求。对于一个政府部门来说，开展电子政务需要在互联网上做好四件事。一是政务公开和信息发布。职能、法规、程序、时限等，凡是要行使的一切职责，包括处罚原则，必须彻底公开。同时，政务信息应每天发布、更新，凡是没公开的就不能实施，不能想办就办或者想不办就不办。二是网上办公。在网上开展审批、申报备案、年检、注册和无纸化办公。三是网上监管。建立投诉举报机制，查处打击违法行为，建立信誉查询系统。四是与其他相关部门互联互通，实现网上数据库资源共享。

我国历届政府工作报告对信息化的认识和阐述的不断发展，意味着国家信息化意志的强化，从广泛推广应用电子信息等高新技术，到以信息化带动工业化，再到“要按照走新型工业化道路的要求，推进国民经济和社会信息化”，信息化推进的内容越来越具体。

（二）中国电子政务发展阶段

我国电子政务的发展历史可以分为初期发展、快速发展和高层次发展三个阶段。

1. 初期发展阶段

初期发展又分两个小阶段。第一，20世纪80年代末期，中央和地方党政机关所开展的办公自动化工程，建立了各种纵向和横向内部信息办公网络，为利用计算机和通信网络技术奠定了基础。第二，1993年年底启动的“三金工程”，即金桥工程、金关工程和金卡工程，这是中央政府主导的以政府信息化为特征的系统工程，重点是建设信息化的基础设施，为重点行业和部门传输数据和信息。

2. 快速发展阶段

20 世纪 90 年代末期，由于信息网络技术的快速发展和信息基础设施的不断完善，电子政务的发展进入快车道，突破了部门和地域限制，向交互性和互联网方向发展。1998 年 4 月，青岛市在互联网上建立了我国第一个严格意义上的政府网站——“青岛政务信息公众网”。1999 年 1 月，40 多个部委（局、办）的信息主管部门共同倡议发起了“政府上网工程”，其目标是在 1999 年实现 60%以上的部委和各级政府部门上网，在 2000 年实现 80%以上的部委和各级政府部门上网。据中国互联网络信息中心（CNNIC）的调查报告，截至 2003 年6 月30 日，已经建成的 www 下的政府网站多达 26 292 个，半年增加 1 728 个，增长率为 28. 1%，70%以上的地市级政府在网上设立了办事窗口。

3. 高层次发展阶段

目前，电子政务开始向高层次发展，主要表现在两方面：

（1）电子政务纳入“十四五”规划。许多地方政府都将国民经济和社会信息化作为“十四五”规划的重要内容，上海、重庆、天津、深圳、广州等城市纷纷提出建设数字化城市或数码港计划，其中电子政务的建设是数字城市建设的核心内容之一。目前，全国从中央政府到基层乡镇都有自己的门户网站，基本实现政府面向企业和市民的审批、管理和服务业务在网上进行，政府内部基本实现电子化和秘书工作网络化；已经建成体系完整、结构合理、高速宽带、互联互通的电子政务网络体系，北京全面开展了网上交互式办公。

（2）政府服务网站内容更加丰富，功能增强。专业化的政府服务网站全面建成，服务内容更加丰富，功能不断增强，互动性得到很大提高。中央与地方的工商、海关、国税和地税等部门纷纷推出各种网上办公业务。如北京市工商行政管理局建立了网上办公平台红盾 315 网站（www. hd315. gov. cn），开办了网上专项审批、网上注册与年检、网上经营者身份及经营行为合法性认证、经营性网站备案核准、域名备案登记等业务。

（三）中国电子政务建设成就

我国的电子政务建设已从部门办公自动化，开始走上了支撑部门职能业务的发展道路。2006 年《国家电子政务总体框架》的发布进一步推动了各部门电子政务建设的应用深化和整体发展。经过十几年的建设，中央级传输骨干网已经开通，国家电子政务外网也已投入运行，可承载中央和地方部门的部分政务业务，为进一步整合内、外网及专项网资源，实现国家电子政务网络的互联互通和政务业务系统的协同互动奠定了基础；中央政府门户网站已开通运行，各级政府网站基本建立，为党和政府有效联系群众、服务人民建立了新的桥梁和纽带。政务信息系统建设已经覆盖了税务、海关、农业、银行、公安和社会保障等关系国计民生的重要领域，为政务部门履行经济调节、市场监管、社会管理和公共服务职能提供了重要的技术支撑，电子政务治国理政和服务于民的架构已经成形。

按照党中央、国务院部署，"十三五"时期，结合推进"放管服"改革，我国政务信息系统建设与应用取得长足发展，"最多跑一次""不见面审批""掌上办"等服务新模式不断涌现，明显提高了企业和群众办事便利度。

南都大数据研究院梳理发现，《2020 联合国电子政务调查报告》显示，中国电子政务发展指数排名提升了 20 位，取得历史新高，达到全球电子政务发展"非常高"的水平。作为衡量国家电子政务发展水平核心指标的在线服务指数，排名大幅提升至全球第 9 位，国家排名位居第 12 位，在线服务也达到"非常高"的水平。报告分析，中国在全球排名大幅提升与不断深化"放管服"改革、大力推动全国一体化服务平台建设的决心和行动密不可分。

（四）中国电子政务发展目标

2006 年，国家信息化领导小组印发了《国家电子政务总体框架》，中共中央办公厅、国务院办公厅转发了《国家信息化领导小组关于推进国家电子政务网络建设的意见》，召开了第一次全国电子政务工作会议。与此同时，《政府信息公开条例》《国家电子政务建设"十一五"规划》《国务院办公厅关于加强政府网络建设和管理的指导意见》等一系列重要文件陆续出台，制定了中国电子政务发展的目标。

1. 总体目标

构建国家电子政务总体框架的目标是：到 2010 年，覆盖全国的统一的电子政务网络基本建成，目录体系与交换体系、信息安全基础设施初步建立，重点应用系统实现互联互通，政务信息资源公开和共享机制初步建立，法律法规体系初步形成，标准化体系基本满足业务发展需求，管理体制进一步完善，政府门户网站成为政府信息公开的重要渠道，50% 以上的行政许可项目能够实现在线处理，电子政务公众认知度和公众满意度进一步提高，有效降低行政成本，提高监管能力和公共服务水平 。

2. 总体框架的构成

国家电子政务总体框架的构成包括：服务与应用系统、信息资源、基础设施、法律法规与标准化体系、管理体制。推进国家电子政务建设，服务是宗旨，应用是关键，信息资源开发利用是主线，基础设施是支撑，法律法规、标准化体系、管理体制是保障。框架是一个统一的整体，在一定时期内相对稳定，具体内涵将随着经济社会发展而动态变化。各地区、各部门按照中央和地方事权划分，在国家电子政务总体框架指导下，结合实际，突出重点，分工协作，共同推进电子政务建设。

3. 服务与应用系统

服务是电子政务建设的出发点和落脚点。要紧紧围绕服务对象的需求，选择优先支持的政府业务，统筹规划应用系统建设，提高各级政府的综合服务能力。

（1）服务体系。电子政务服务主要包括面向公众、企事业单位和政府的各种服务。通过计算机、电视、电话等多种手段，把服务延伸到街道社区和村镇，惠及全民。要做到两个面向：第一，面向城乡公众生活、学习、工作的多样化需求。在婚姻登记、计划生育、户籍管理、教育、文化、卫生保健、公用事业、住房、出入境、兵役、民主参与、就业、社会保障、交通、纳税等方面提供电子政务服务，为城乡困难群众提供更加便利的服务。按照建设社会主义新农村的要求，重视为农民提供涉农政策、科技知识、气象、农产品和农资市场信息、劳动力转移、教育、合作医疗、农用地规划、乡村建设、灾害防治等服务。按照提高对外开放水平的要求，为外籍人员提供出入境、商务活动、旅游观光、文化教育、在华就业等服务。第二，面向企事业单位开展经济社会活动的需求。在企事业单位设立、纳税、年检年审、质量检查、安全防护、商务活动、对外交流、劳动保障、人力资源、资质认证、建设管理、破产登记等方面提供电子政务服务。政府通过整合和共享信息资源，满足经济社会发展的需要。为满足政府服务公众和企事业单位的需求，在人口登记和管理、法人登记和管理、产品登记和管理、市场准入和从业资格许可、特许经营和社会活动许可、企事业单位和公民社会义务管理、企事业单位和公民权益管理、社会应急事务管理等方面实现信息共享。为满足政府经济管理和社会管理的需要，提供市场与经济运行、农业与农村、资源与环境、行政与司法、公共安全与国家利益等方面的信息监测与分析服务。为满足各级领导科学决策的需要，提供信息汇总、信息分析等服务。为满足政府提高管理效能的需要，提供人力资源管理、财政事务管理、物资管理等信息服务。

（2）优先支持的业务。“十一五”期间，主要围绕公众、企事业单位和政府的需要，选择社会公众关注度高、经济社会效益明显、业务流程相对稳定、信息密集、实时性强的政府业务，作为电子政务优先支持的业务。

（3）应用系统。国家已建、在建和拟建的电子政务应用系统包括办公、宏观经济、财政、税务、金融、海关、公共安全、社会保障、农业、质量监督、检验检疫、防汛指挥、国土资源、人事人才、新闻出版、环境保护、城市管理、国有资产监管、企业信用监管、药品监管等，为党委、人大、政府、政协、法院、检察院提供了电子政务技术支持。“十一五”期间，要围绕优先支持的业务，以政务信息资源开发利用为主线，以政务信息资源目录体系与交换体系为支撑，兼顾中央和地方的信息需求，统筹规划应用系统建设。

4. 信息资源

政务信息资源是政府在履行职能过程中产生或使用的信息，为政务公开、业务协同、辅助决策、公共服务等提供信息支持。政务信息资源开发利用是推进电子政务建设的主线，是深化电子政务应用取得实效的关键。

（1）信息采集和更新。各级政府要根据依法行政的要求，明确界定各部门的信息采集和更新权责，保证信息的准确性和时效性。结合业务活动的开展，建立信息更新机制，保证信息资源的准确、完整和及时更新。

（2）信息公开和共享。各级政府要围绕社会公众和企事业单位最关心、最直接、最现实的利益问题，以公开为原则，以不公开为例外，编制政府信息公开目录，及时、准确地向社会公开行政决策的程序和结果，提高政府的透明度和办事效率。要统筹兼顾中央和地方需求，依托政务信息资源目录体系与交换体系，实现跨地区、跨部门信息资源共享。围绕优先支持的业务，加强已建应用系统间的信息资源共享。新建应用系统要把实现信息共享作为重要条件。

（3）基础信息资源。基础信息资源来源于相关部门的业务信息，具有基础性、基准性、标志性、稳定性等特征。人口、法人单位、自然资源和地理空间等基础信息的采集部门要按照“一数一源”的原则，避免重复采集，结合业务活动的开展，保证基础信息的准确、完整、及时更新和共享。基础信息库分级建设、运行、管理，边建设边发挥作用。国家基础信息库实行分别建设、统一管理、共享共用。各地要探索符合实际的基础信息库建设、管理和应用模式。

5. 基础设施

基础设施包括国家电子政务网络、政务信息资源目录体系与交换体系、信息安全基础设施。基础设施建设要统筹规划，避免重复投资和盲目建设，提高整体使用效益。

（1）国家电子政务网络。国家电子政务网络由基于国家电子政务传输网的政务内网和政务外网组成。政务内网由党委、人大、政府、政协、法院、检察院的业务网络互联互通形成，主要满足各级政务部门内部办公、管理、协调、监督以及决策需要，同时满足副省级以上政务部门特殊办公需要。政务外网主要满足各级政务部门进行社会管理、公共服务等面向社会服务的需要。要充分利用国家公共通信资源，形成连接中央和地方的统一的国家电子政务传输骨干网。中央和各级地方按照统一标准规范、统一地址和域名，分级规划，分别实施，分级管理，推进电子政务网络建设，逐级实现互联互通。积极推进基于互联网的电子政务建设。各地区、各部门开展电子政务建设，原则上必须依托国家电子政务网络进行。

（2）政务信息资源目录体系与交换体系。按照统一的标准和规范，逐步建立政务信息资源目录体系，为各级政府提供信息查询和共享服务；逐步建立跨部门的政务信息资源交换体系，围绕部门内信息的纵向汇聚和传递、部门间在线实时信息的横向交换等需求，为各级政府的社会管理、公共服务和辅助决策等提供信息交换和共享服务。依托统一的国家电子政务网络，以优先支持的业务为切入点，统筹规划、分级建设覆盖全国的政务信息资源目录体系与交换体系，支持信息的交换与共享。

（3）信息安全基础设施。围绕深化应用的需要，加强和规范电子政务网络信任体系建设，建立有效的身份认证、授权管理和责任认定机制。建立健全信息安全监测系统，提高对网络攻击、病毒入侵的防范能力和网络失泄密的检查发现能力。统筹规划电子政务应急响应与灾难备份建设。完善密钥管理基础设施，充分利用密码、访问控制等技术保护电子政务安全，促进应用系统的互联互通和信息共享。

6. 法律法规与标准化体系

围绕规范信息资源开发利用和基础设施、应用系统、信息安全等建设与管理的需要，开展电子政务法研究，推动政府信息公开、政府信息共享、政府网站管理、政务网络管理、电子政务项目管理等方面的法规建设，推动开展修订相关法律法规的研究。

电子政务标准化体系以国家标准为主体，充分发挥行业标准在应用系统建设中的作用，由总体标准、应用标准、应用支撑标准、信息安全标准、网络基础设施标准、管理标准等组成，是电子政务建设和发展的基础，是确保系统互联互通互操作的技术支撑，是电子政务工程项目规划设计、建设管理、运行维护、绩效评估的管理规范。要重点制定电子公文交换、电子政务主题词表、业务流程设计、信息化工程监理、电子政务网络、目录体系与交换体系、电子政务数据元等标准，逐步建立标准符合性测试环境。加强标准宣传和培训，强化标准在电子政务建设各个环节中的应用，规范各地区、各部门电子政务建设。

7. 管理体制

各地区、各部门要按照国家信息化领导小组的部署，相互配合，相互支持，共同促进我国电子政务协调健康发展。要加快推进各方面改革，使关系电子政务发展全局的重大体制改革取得突破性进展，建立健全与社会主义市场经济体制相适应的电子政务管理体制。

（五）中国加快建设数字政府

2021 年 11 月 17 日，国务院总理李克强主持召开国务院常务会议，审议通过《“十四五”推进国家政务信息化规划》，加快建设数字政府，提升服务水平。会议指出，“十四五”时期，要面向更好满足企业需求和群众期盼，抓住推动政务信息共享、提升在线服务效率等关键环节，推动数字政府建设，加快转变政府职能，促进市场公平竞争。主要内容如下：

一要构建统一的国家电子政务网络体系，推动地方、部门种类政务专向统一电子政务网络整合，打破信息孤岛，实现应联尽联、信息共享。

二要丰富全国一体化政务服务平台功能，构建统一的电子证照库，推广电子合同、签单等应用，在社保、医疗、教育、就业等方面提供更便捷的公共服务，实现更多事项一网通办、跨省通办。

三要完善国家人口、法人、自然资源、经济数据等基础信息库，提升数据资源开发利用能力加深化数字技术在公共卫生、自然灾害、事故灾难等重大突发事件应急处置中的应用。

四要推动政务数据按政务公开规则依法依规向社会开放，优先推动企业登记和监管、卫生、教育、交通、气象等数据开放。健全制度，严格保护商业秘密和个人隐私。

五要加强市场监管信息化建设，完善“双随机、一公开”监管、“互联网+监管”、信用监管等机制，提升食品药品、农产品、特种装备等的协同监管能力。

六要强化网络安全保障，严格落实分等级保护制度，增强政务信息基础设施和系统、数据安全保障能力。

第二节 秘书工作自动化

管理与办公活动是人类社会活动的重要组成部分。20 世纪 60 年代以来，随着微电子技术和通信技术的发展，特别是电子计算机的发展，办公室也开始了以自动化为重要内容的“办公室革命”，借助先进的技术与设备提高办公效率与质量，将管理与办公活动纳入了自动化、现代化的轨道。

案例

李宁公司办公自动化

加入世界贸易组织后，北京李宁体育用品有限公司为求得更快的发展，启动了办公自动化系统建设来带动企业的信息化建设，目标是在李宁公司内部搭建起适合公司需要的电子邮件系统并逐步建立起满足公司业务需求的办公自动化应用系统。该公司目前办公系统已经不再是简单地将办公流程电子化，而是更加贴近企业发展过程中各阶段的实际需求，已经演变为以知识管理、人力资源管理、流程管理、电子协作等为核心内容的企业信息化系统。该公司 OA 建设历经两个阶段：

第一阶段的建设目标是：李宁公司的整体邮件系统的规划和实施；办公自动化应用，包括会议室预定、论坛、名片申请、长途电话申请、电子邮件申请、发文管理、工作日历。

第二阶段的建设目标为：连通北京总部和外地分公司的邮件系统，建立李宁公司统一的邮件系统；连通李宁公司与 Internet 邮件系统，建立与客户、合作伙伴的沟通通道；建立李宁公司的知识管理系统，建立公司的知识管理体系；建立公司员工绩效考核系统，提供员工考核系统的实施服务。

现在，李宁公司在内部已经形成了电子化办公的氛围和环境：

- 员工通过电子邮件系统就能够方便地与客户、商业伙伴或是其他员工进行沟通；

● 公司通过各部门的知识管理库，能够将员工积累的知识、经验和信息积累下来并合理地进行分类，员工也能方便地查询到对工作有帮助的知识和经验；

● 通过绩效考核系统，人力资源部能够将公司的KPI考核体系落实到人，能够对员工的绩效情况进行跟踪、评估，最终形成对员工的评价报告；

● 将内部办公信息整合，提供更为准确的数据依据，为公司的管理提供服务；

● 借助系统进行企业文化的深入宣传，进一步增强企业的凝聚力。

一、传统办公系统

办公自动化是在对传统办公系统充分挖掘，细致、深入剖析基础上的发展，因此，建设办公自动化系统有必要对传统的办公系统加以了解。

（一）办公

处理人类集体事务的非物质生产性活动就是办公。办公已成为完成各种事务工作的总称，如办理商务事务、行政事务、公检法事务等。

办公的内容多种多样，但不同办公室的不同办公人员都具有共同的任务，如公文的拟定、阅读或转批，文档的收发、保存与检索，数据的收集、统计与分析，资源的分配与调度，会议的准备与组织等。总之，办公活动的基本任务主要有制订计划、组织实施和监督控制三种，无论哪级办公人员，无论是管理首脑还是普通办事员，都在完成或者协助完成这三项任务。

办公需同时具备三个基本条件：一是办公目的，即从属于整个组织机构的工作目标，如具体工作项目、资产的用途、使用办公设备的目的等；二是办公地点，即办公的专用房间、场所或环境；三是秘书工作，包括文件撰拟、文件处理、接待来访等。

（二）办公室类型

办公室是人们为进行特定工作而设立的办公场所或办公机构。从人员、职能等角度看，办公室有以下三类：

（1）事务型办公室。事务工作是整个办公活动的基础，也是我们研究办公活动的切入点。此类办公室中最常见的工作是处理文件或资料的收发、归档和查找、接待来访、抄写、打字、复制、报表统计、打电话、起草报告或文件等。总之，信息的收集、整理、存储和检索，简单的信息生成和比较确定的例行事务是这类办公室的主要工作。其工作特点是工作量大、烦琐，多为机械性、重复性、有规律的工作。

（2）管理型办公室。事务处理和管理控制是管理型办公室的双重任务，即在完成内部事务性工作的同时，运用行政的、经济的、法律的等多种手段管理有关公共事务，并对与管理有关的信息进行控制和利用。

（3）决策型办公室。决策型办公室主要从事与人的创造力密切相关的决策活动，并加强管理的功能，主要作用是非确定型决策处理。这类办公室的工作内容是根据上级指示，结合本系统、本单位、本部门的实际情况和基础信息进行思考、研究和决策，制定出适当的实施计划，下达给具体办事部门；具体办事部门将计划实施情况，以数据、报表形式反馈上来后，通过统计、分析、研究以获得事物发展状况的信息，并据此修改原计划，不断把事物推向更高一级的水平。

（三）办公系统的基本功能

宏观上，各类办公系统的共性是对于信息的管理控制。其基本功能有：

（1）接收与生成信息。输入系统的信息包括两类：接收系统外部传来的信息和系统内部因办公活动而生成的信息。具体表现为：在行政事业单位，主要有下级机构所呈交的报表、公文，上级机构下发的文件，相关机构及环境所产生的信息等；在生产经营单位，主要是有关市场、价格、设计、生产、技术、货存、人事管理、劳动管理等信息。

（2）记录与保存信息。这是指将输入系统的信息以及经过系统加工与处理的信息，以规范的方式记录、组织起来进行保存，供需要时查询、利用。

（3）加工处理信息。这是指将输入与存储的信息按照其性质、内容和需要进行各种技术性加工，并且对信息进行判断、分析、综合等深层次处理。

（4）传输信息。传输信息是指将系统内部经过加工、处理的信息或者决策等信息，通过纸张、电子通信等适宜方式完成上传下达等传输工作，或者印出以便保存、利用。

（5）利用信息。全部办公系统的最终目的是对加工处理的信息进行利用。不同级别的办公人员或办公活动对信息加工程度的需求不同，利用的深度与方式也不同。对信息使用的结果会产生一些新的信息，既有支持本办公系统内部工作的信息，又有输出至系统外部（如上级领导机关、相关机构等）的信息等。

（6）销毁信息。各类办公系统都有纸质、数字化等形态的保密信息，一旦被对手获得则会产生不利于本单位或本部门的后果。这类信息如不需保留，应采用特定的技术手段及时销毁。

（四）传统办公的问题

传统的办公系统以手工方式为基础，随着时代的发展，办公内容、办公环境以及人们对办公活动的要求等都在不断变化。传统的、手工式办公逐渐显露出的主要问题有：

（1）办公效率低。办公是以脑力劳动为主的活动，但在传统的办公系统中，这种劳动建立在手工操作的基础上，办公效率低下。靠增加人员或延长办公时间，办公室成为劳动力密集型场所，难以进一步提高办公效率，不能适应现代社会对办公的需求。

（2）办公压力大。现代社会已经是一个信息社会，大量信息的生成给办公室带来了极大的压力。效率低下与信息激增的矛盾造成了办公人员与办公费用剧增。20 世纪 80 年代初，经济发达国家第一次出现了白领人数超过蓝领人数的局面。世界各国都面临着办公经费紧张，办公人员、办公机构数量居高不下的问题。办公人员和办公机构的增加还导致了管理和监控工作的增加、内耗的增加以及人员、部门之间的相互牵制。

（3）不具备信息系统功能。传统办公系统难以发挥现代信息系统的功能。信息社会对传统办公系统提出了新的要求：不仅要容纳、处理大量的信息，而且更应是一个快速反应系统。要在瞬息万变的情况下，把握住稍纵即逝的时机，以求取得理想的绩效。这种信息反应速度加快的形势使得原来靠增加人力缓解矛盾的做法已不再有效，这是传统手工处理系统所容纳不下的。

（4）帮助决策功能弱。传统办公系统难以满足科学决策的需要。传统办公系统中，决策主要是经验型的决策，即主要靠领导者个人的经验和领导艺术，容易导致决策失误。办公决策现代化的前提是科学决策，需要大量的信息、决策规则和决策模型，而要准确、快捷地获取大量的信息和参考模型，在手工系统中是非常困难的。

（5）信息共享度低。传统办公系统的开放性弱，适应不了世界经济快速发展的开放共享要求。办公系统不是一个封闭系统，在一个逐步走向现代化的国际环境中，它要想与外界交换信息，要想与其他系统发展关系，就需要信息共享，实现现代化的办公方式。目前，越来越多的国际组织、商务机构已通过网络办公实现了办公信息共享。

二、办公自动化系统

（一）办公自动化的基本概念

办公自动化，即利用现代通信技术、办公自动化设备和电子计算机系统或工作站来实现事务处理、信息管理和决策支持的综合自动化，英文缩写为 OA。随外部环境、支撑技术以及人们观念的不断发展，OA 概念不断丰富、更新。

1985 年，我国召开了全国第一次办公自动化规划讨论会。会议认为：办公自动化是利用先进的科学技术，不断使人的部分办公业务活动物化于人以外的各种设备中，并由这些设备与办公室人员构成服务于某种目标的人—机信息处理系统。其目的是尽可能充分地利用信息资源，提高生产效率、工作效率和质量，辅助决策，求取更好的效果，以达到既定目标。

在 2000 年 11 月召开的“OA’2000 办公自动化国际学术研讨会”上，专家们建议将办公自动化更名为办公信息系统，认为：办公信息系统是以计算机科学、信息科学、地理空间科学、行为科学和网络通信技术等现代科学技术为支撑，以提高专项、综合业务管理和辅助决策的效果为目的的综合性人—机信息系统。在该系统中，信息资源是前提，指导思想是灵魂，规范标准是基础，硬件设备和软件系统是工具，系统管理和维护是保证，系统应用是目的。

（二）OA 系统构成要素

一个典型的办公自动化系统大致包括人员、办公信息、组织机构、办公制度、技术工具和办公环境等要素。

1. 人员

按照工作性质，OA 系统中的人员主要分为三类：

（1）信息使用人员。这类人员主要是决策人员和管理人员，他们所承担的主要是重复性较小、具有创造性或决策性的工作。决策人员主要利用系统提供的信息完成科学决策；管理人员则利用信息了解决策执行情况并控制其执行过程。这类人员应该对系统有一个基本的认识，明了系统的信息范围（时间跨度、行业或学科范围、数据类型等）、服务方式等，以便知道系统能给自己提供哪些信息、解决哪些类型的问题。系统应能使他们通过一些简单操作进行人—机对话，直接、充分地使用系统提供的信息。

（2）系统使用人员。这类人员主要是办公室工作人员，其中，既有从事重复性事务处理活动的一般办事人员，如会计、统计员、通信员等，又有从事决策辅助工作的知识型人员，如秘书、行业专家、法律顾问等。他们的工作是辅助决策，减少管理人员事务性工作，简化工作程序，提高工作效率，是利用系统完成业务工作的人员。这类人员应该熟悉系统中和自己工作相关的部分，熟悉这部分系统的结构、功能、信息输入或输出格式、有关模型以及可能出现的问题和解决办法，应该能熟练地操作系统的相应部分来完成工作。

（3）系统服务人员。这类人员随着办公自动化系统的出现而出现，包括系统管理员、软硬件维护人员等。他们的工作主要是保证系统的正常运行，提高系统的工作效率，因而应该非常熟悉整个系统的情况，勤于系统维护与完善。

上述三类人员共同构成 OA 系统中的人员要素，他们的自身素质、业务水平、敬业精神、对系统的使用水平和了解程度等对系统的运行效率乃至成败至关重要。

2. 办公信息

办公信息是各类办公活动的处理对象和工作成果。办公信息覆盖面很广，以不同的标准，办公信息可分为不同种类。各类信息对不同的办公活动提供不同的支持：为事务工作提供基础；为研究工作提供素材；为管理工作提供服务；为决策工作提供依据。

OA 系统就是辅助各种形态办公信息的收集、输入、处理、存储、交换、输出乃至利用的全部过程，因此，对于办公信息的外部特征、办公信息的存储与显示格式、不同办公层次需要与使用信息的特点等方面的研究是研制 OA 系统的基础性工作。

3. 组织机构

现行办公组织或办公机构的设置很大程度上决定了 OA 系统的总体结构。目前我国的组织机构多按照管理职能、管理区域、管理行业和产品、服务对象以及工艺流程等标准或综合上述标准进行划分。OA 系统必须考虑这一现状，以使其既有对现有机构的适应性，又能在机构调整时显示出一定的灵活性。另一方面我们也应该看到，在信息社会里，在先进的科学技术的冲击下，办公组织机构也会与传统状况发生背离。随着 OA 系统应用的不断普及和深化，也应该运用系统科学的方法，重新分析、设计、组织办公机构，以适应社会的变革和技术的发展。当前国外普遍存在的一种办公组织——“行政支持”，就是在文字处理机进入办公室之初，为了合理投资而对办公组织进行改革的结果。我国某些大的行政机构在推行 OA 系统时设置了新部门——办公信息处理中心，现已被很多机构所效仿，不失为一种行之有效的组织方式。

4. 办公制度

办公制度是有关办公业务办理、办公过程和办公人员管理等的规章制度、管理规则，也是设计 OA 系统的依据之一。办公制度的科学化、系统化和规范化，将使办公活动易于纳入自动化的轨道。应该注意的是，由于 OA 系统往往要模拟具体的办公过程，办公制度的某些变化必然会导致系统的变化，同时，在新系统运行之后，也会出现一些新要求、新规定和新的处理方法，这就要求自动化系统与现行办公制度之间有一个过渡和切换。

5. 技术工具

技术工具包括支持办公活动的各种设备和技术手段，是决定办公质量的物质基础。OA 系统中的设备主要为三大类：计算机、通信设备和其他办公设备，如传真机、复印机、多功能电话、缩微系统、印字机、碎纸机等。技术手段中主要包括计算机技术、信息处理技术、网络通信技术等。其中，信息处理技术中含有数据处理、文字处理、语音处理、图形图像处理等技术。技术工具的水平与成熟程度，直接影响 OA 系统的应用与普及。

6. 办公环境

办公环境包括内部环境和外部环境两部分。内部环境指部门内部的物质环境（如办公室布局、建筑、设施、地理位置等）和抽象环境（如人际关系、人与自动化系统的关系、部门间协调等）的总和。外部环境指和本部门存在办公联系的社会组织或与本系统相关的其他系统。作为办公环境的社会组织与本部门之间，有的是上下级关系，有的是业务关系，也有的是服务与被服务关系。外部环境作为组织机构边界之外的实体原不包括在系统之内，但它对 OA 系统的功能和运行给出了约束条件，因此我们把外部环境也视为系统不可缺少的一个组成要素。

(三) OA 系统的基本特征

OA 系统至少应具备下列四个方面的特征：

(1) 交互式。一般的数据处理是单一的控制流，有事先确定的输入输出，无须人的干预；OA 系统则往往需要根据不同的输入调动不同的控制，因而人—机对话中，人的干预是必不可少的。

(2) 自主性。自主性是指系统既要随时间、任务的推移按一定“周期”自动激活，又要能随着服务请求随时激活，做出必要的反应。

(3) 集成化。集成化是现代 OA 系统最重要的特征。它需要综合利用多种学科(尤其是计算机、通信和现代管理科学)的理论、技术和工具，把一系列独立分散的设备和专用系统连接起来，构成一个能协调运转和相互通信的集成系统。

(4) 多任务并行。办公活动的处理往往不能由办公人员事先控制，许多工作要求随时出现随时处理，而 OA 系统能实现多项任务并行处理，这是保证办公效率所必需的。

(四) 办公系统模型

选择适用的办公模型，准确反映办公活动的特点、内容、过程与目标，是开发 OA 系统必要的准备工作。

模型是系统或过程的一种简化、模仿、抽象，它包含有原系统或过程的本质特征，可以提供与原系统或过程相似的环境。模型可以理解为一组或者一个定量化分析的数学公式，也可以是一种处理问题的方法、模式或者程序流程等。按照模型的构成形式，可以分为物理模型、模拟模型、图表模型、数学模型等。按照模型行为与时间的关系，可以分为确定模型、随机模型、静态模型等。在自然科学、建筑、工程等领域中，科研人员和技术人员很习惯采用模型来简化、演示对象，以求以较小的代价解决复杂的问题。在秘书学等社会科学研究中，同样需要引入这种科学的手段。

对办公模型的要求有“三性”：①可模拟性。利用模型可以方便地完成对现实系统的模拟。②准确性。模型能完整无误地反映系统工作的过程。③简明性。模型简单明了，有助于设计人员准确地理解、掌握系统的主要特征。

OA 系统有以下五类模型：

(1) 信息流模型。办公的核心是信息办理，办公活动就是信息在办公室内及办公室之间的流动。此模型就是描述这种信息传递与处理的状况，强调办公活动中信息的转换与流向。

(2) 过程模型。过程模型着眼于办公工作的动态，把办公看成对信息有步骤的处理，以完成某项具体任务（如安排一场会议、处理一件信访）的过程。此模型就是描述为完成特定任务所具体执行的步骤。

（3）数据模型。数据模型或称数据库模型，是把办公看成由若干记录组成的数据库，其中的数据就是办公对象，即各种形态的信息。此模型就是描述有关的数据结构、操作方式与约束机制。

（4）决策模型。决策模型与系统科学、经济学的关系尤为密切。办公可以被看作办公群体按已知的决策规律收集信息并完成决策的活动，这种已知规律的抽象表示就是决策模型。低层（企业级）的决策模型则较多地牵涉微观经济模型，如市场、投资、销售、企业的战略发展规划等，而高层决策机构的决策模型往往牵涉宏观经济问题，即国家或地区性的决策问题，如人口、环境、资源、工资与物价模型等。

（5）行为模型。办公信息处理是在人们的社会活动中得以发生并完成的。OA系统是一个人—机相结合的系统，所以人的行为以及人对系统的认识和看法是非常重要的。行为模型概括了人类思维活动的概念和规律，使人际关系更加协调，人—机接口更加顺畅。

现阶段的OA系统模型往往较多地关注信息流模型、过程模型、数据库模型，而未来的OA系统则会更多地重视决策模型和行为模型，最终朝着智能化地协调各方面关系、支持决策的方向发展。

（五）OA系统的主要功能

各类办公活动共有的自动化功能主要有以下六个方面：

（1）文字处理。文字处理包括文件的输入、编辑、修改、合并、生成、存储、打印、复制和印刷等。通常由文字处理机、智能复印机和电子照排轻印刷设备等来完成这项任务。

（2）文件管理。文件管理包括文件的登记、存档、分类、检索、保密、制表等，一般通过建立公用的或专用的分布式关系数据库系统来实现。

（3）行政管理。行政管理包括图表生成、日程安排、工作计划、人事管理、财务管理和物资管理等，主要依靠计算机的图形系统、数据库和各种应用软件来实现。

（4）信息交流。信息的传递在办公活动中占有很大比例，OA系统主要是通过电子邮件和电子会议等方式来交流信息，目前已从采用电话网、用户电报网、计算机网发展到采用综合业务数字网。

（5）决策支持。决策支持就是用OA系统所积累的全部信息，以便于观察、易于分析、最佳利用的形式，帮助决策者进行分析、判断，为决策提供可选方案。OA系统可配置决策支持系统（DSS）和群体决策支持系统（GDSS）。

（6）图像处理。图像处理包括用光学字符阅读器直接将印刷体字母和数字输入计算机，用光电扫描仪或数字化仪将图形文字输入计算机。有的OA系统配置图像处理系统，它具有图像识别、增强、压缩和复原等功能。

三、OA 系统的发展

（一）国外 OA 系统的发展

美国是推行办公自动化最早的国家，其发展大致经历了四个阶段。

（1）单机设备应用阶段（1975 年以前）。在单机设备应用阶段，主要是在办公室工作中使用文字处理机、词处理机、复印机、传真机等设备，以完成单项办公业务处理，支持事务处理类工作。

（2）局域网阶段（1975—1982 年）。在局域网阶段，主要是以计算机和程控交换机为中心，利用局域网将各种设备连接起来，实现部分业务处理的自动化。

（3）一体化阶段（1983—1990 年）。在一体化阶段，主要是综合利用各种技术与设备，如计算机、多功能工作站、传真机、缩微设备、专用或公用的通信网络等，建立集成化、一体化的办公自动化网络，实现办公业务综合管理的自动化。

（4）综合智能化阶段（20 世纪 90 年代以后）。在综合智能化阶段，OA 系统的光存储设备、智能化办公机器、语音处理设备与图形图像处理设备进入了实用阶段，成为 OA 系统的重要组成部分。1993 年 9 月，克林顿政府正式宣布了“国家信息基础设施（NII）”计划，以光纤网技术为先导，谋求实现政府机关、科研院所、学校、企业、商店乃至家庭之间的多媒体信息传递，使得办公系统与其他信息系统结合在一起，形成一个高度自动化、综合化、智能化的办公环境。内部网可以和其他局域或广域网相连，以获取外部信息源产生的各种信息，更有效地满足高层办公人员、专业人员的信息需求，达到辅助决策的目的。

（5）人工智能化阶段（2023 年以来）。2022 年 11 月底，美国推出人工智能对话聊天机器人，迅速在社交媒体上走红，到 2023 年 1 月末，用户突破 1 亿，成为史上增长最快的消费者应用软件。2023 年 2 月，微软官方公告表示，旗下所有产品将全线整合线上聊天机器人。除此前宣布的搜索引擎必应、Offce 外，还将在云计算平台 Azure 中整合，Azure 的 OpenAI 服务将允许开放者访问 AI 模型。2023 年 3 月，OpenAI 正式推出 GPT-4，它支持图像、文本的输入和输出，拥有强大的识图能力，文字输入限制提升到 2.5 万字，在专业领域的学习能力更强。科学界普遍认为，人工智能时代已经来临，它将是办公自动化领域的一场革命。一些常用的文书拟制、图表设计、疑难问题解决方案等办公事务都可以交给人工智能去完成，从而大大提高工作效率。

（二）我国 OA 系统的发展

我国办公自动化工作开始于 20 世纪 80 年代初，大致可以分为四个阶段：

（1）启蒙与准备阶段（1985 年以前）。20 世纪 80 年代初，世界性的新技术革命浪潮也对我国形成了冲击，管理现代化、决策科学化的重要性引起了各级领导的重视。在这一背景下，国内相当一批科技、信息工作者踊跃投身于 OA 的理论研究与基本知识的传播，借鉴国外先进经验，与国外公司联合举办展览会、研讨会并进行了 OA 技术与设备的引进。特别需要指出的是，计算机汉字信息处理技术突破性的进展为 OA 系统在我国的实用化铺平了道路。

1985 年，国务院电子振兴领导小组成立了办公自动化专业领导小组，拟定了中国办公自动化的发展规划，确定了有关政策，为全国 OA 系统的初创与发展奠定了基础。

（2）初见成效阶段（1986—1990 年）。在有了比较充分准备的基础上，国务院及其所属各部委及各省级政府在国内率先推进 OA 工作，对 OA 系统在全国的普及起到了促进作用。1987 年 10 月，上海市政府办公信息自动化管理系统（SOIS）通过鉴定并取得了良好的效果，在全国具有一定的示范性。在这一阶段，我国的单机应用水平与国外相近，并且基于此时国内通信设施落后、网络水平低的情况，着手对全国通信网络进行全面改造。

（3）走向成熟阶段（1990 年以后）。伴随着全球网络化的热潮和全国分组交换网投入使用，我国 20 世纪 90 年代的 OA 系统呈现出网络化、综合化的趋势。这一阶段有两个发展群体。一个是国家投资建设的经济、科技、银行、铁路、交通、气象、邮电、电力、能源、军事、公安及国家高层领导机关等 12 类大型信息管理系统，体系较为完整，具有相当的规模。其中，由国务院办公厅秘书局牵头的“全国行政首脑机关办公决策服务系统”于 1992 年启动，以国办的计算机主系统为核心节点，覆盖全国省级和国务院主要部门的办公机构，已经取得了很大的进展，到 1997 年底初步实现全国行政首脑机关的办公自动化、信息资源化、传输网络化和管理科学化。另一个群体是各企业、各部门自行开发的或者一些软件公司推出的商品化的 OA 软件。这些软件往往侧重于某几个主要功能，或者适合于某种规模，或者满足某些特殊需要，在一些中、小型单位具有较大的市场。

（4）人工智能阶段（2023 年以来）。《中国人工智能发展报告 2023》评估了中国人工智能产业的发展状况。报告指出，中国已经成为全球人工智能领域的重要参与者，在人工智能技术研发、应用和商业化等方面都取得了显著进展。在提高办公效率方面，人工智能技术可以自动化处理大量繁琐的事务，如数据输入、文件处理、电子邮件回复等。这不仅可以提高工作效率，还可以减少人为错误。此外，人工智能可以帮助秘书人员更好地组织和管理信息，更好地理解客户需求和行为，从而提供个性化服务。还必须看到，与发达国家相比，中国的人工智能产业在某些方面还存在一定差距，如数据安全和隐私保护、人工智能伦理与法律、人才缺口和高端人才短缺等方面。

（三）OA 系统发展趋势

随着社会需求、支撑技术的发展，OA 系统正呈现出以下发展趋势：

（1）小型化。早期的计算机是一个庞大的系统，今天的高性能微机，其各项性能指标已经大大超过了早些年的小型机甚至大型机，而且不必加特殊防护装置（如机房）。光、磁存储技术的发展使得大规模数据存储成为可能，也使得计算机的体积进一步缩小。小办公室、家庭办公（SOHO）和掌上电脑等设备迅速增长，系统的小型化已经成为一种趋势。

（2）多媒体化。把计算机技术、网络通信技术和声像处理技术结合起来，以多种信息媒体综合集成性、人—机交互性、模拟信息数字化为特点的多媒体技术，可以为办公活动提供多方位的支持，如为管理人员提供多彩的工作环境，生动的人—机界面，特别是全面的信息处理。

（3）集成化。办公自动化系统最初往往是单机运行的，至少是分别开发的。随着业务的发展、信息的交流，人们产生了集成的要求，包括：数据的集成，不仅相互交换数据，而且要实现数据的相互操作和解决数据语义的异构问题，以真正实现数据共享；应用程序的集成，实现不同的应用程序在同一环境下运行和同一应用程序在不同节点下运行；界面的集成，实现不同系统下操作环境的一致，至少是相似；网络的集成，实现异构系统下的数据传输。以上是整个系统集成的基础。

（4）网络化。随着微机安装量的增长，分散的 OA 系统已不能满足需要，联网便成为一个必然的趋势。OA 网络已经不仅仅是本单位、本部门的局域网互联，而将发展成为各种类型网（数据网、增值网、ISDN 网、局域网等）的互联，局域网、广域网、全球网的互联，专用网与公用网的互联等。总之，建立完全的网络环境使 OA 系统超越时空的限制，这也是实现移动办公、在家办公、远程办公的基础。

（5）智能化。人工智能是当前计算机技术研究的前沿课题，也已经取得了一些重要成果。这些成果已经达到让机器像人一样思考、工作的程度，可以在很多方面对办公活动予以辅助。办公系统智能化的广义理解可以包括手写输入、语音识别、基于自然语言的人—机界面、多语互译、基于自学的专家系统、智能设备等。可以毫不夸张地说，人工智能时代已经来临，OA 系统将会发生深刻的变革。这应当是人类获得解放的福音，而不是噩耗。

第三节　秘书工作网络化

秘书工作网络化是办公自动化和网络技术的结合，是以 Interne/Intranet 为支撑平台，以数据库为核心的秘书办公自动化系统。

一、秘书工作网络化

随着信息网络技术不断发展、应用不断推广，网络不仅简单地连接众多计算机，更重要的是连接信息、人和人的智能，这就根本改变了信息被接收和分配的方式，改变了人们工作和合作交流的环境。

网络化 OA 系统构造出了人与系统和谐的办公环境，实现了内外信息传递、工作日程安排、小组协同工作、工作流应用自动化等，极大地改变了传统办公室以人工为主的工作方式，提高了管理水平和工作效率，节约了办公空间。

近年来随着计算机技术和通信技术的飞速发展，在国务院信息化工作办公室、中国信息协会、国家信息化测评中心和国家电子政务标准化总体组等机构的积极努力下，我国的国家信息化正处在飞速发展的过程中。

秘书工作的办公事务及文档处理的范围，从文字处理机、复印机、传真机、个人电脑单机独立用户，扩展到以 Internet/Intranet 为支撑平台、以数据库为核心的网络办公自动化系统，正促使秘书工作向着网络化飞速发展。

二、秘书工作网络化系统的关键技术

秘书工作网络化系统的实现，其关键技术是“网络计算”，即 Intranet 技术中的网络技术、Web 技术和电子邮件处理技术等，现简介如下。

（一）Internet 技术

计算机网络分为局域网和广域网，局域网的作用范围小，局限于一个部门或一个小单位，而广域网的作用范围大，能满足现代办公的需要，也是真正改变网络办公自动化系统的主要形式。目前，一般用光纤、双绞线、微波、电话线和卫星等各种介质、手段来实现联网，而将计算机网络布线和闭路电视、电话布线、消防、安全监控等结合起来，形成一系列崭新的概念，如综合布线、智能大厦等，这从根本上解决了现代办公环境的基础设施。

办公自动化系统的网络一般从单位内部的局域网开始，然后向本系统或本行业延伸，最终形成广域网。而当今计算机网络领域的两大热点是交换技术和路由器：交换技术将网络的共享带宽转变为独占带宽，避免了数据碰撞，相当于提高了带宽，并具备了网络桥接功能；多协议路由器则是局域网通过 DDN 等互联的必要设备，也有利于保障网络的安全性。目前大多数网络主干线采用光纤或超 5 类（6 类）双绞线，所有支线和到桌面的连接基本是清一色的 5 类双绞线。组网技术多采用快速交换以太网技术，网络传输速率主干线可达 1 000Mbps，网络拓扑结构为星型。构筑快速交换以太网的主要设备是网络交换机。但从交换技术的发展趋势看，它正在向第三层、第四层交换机迈进，而最终和路由器合二为一。

网络建设的流行做法中，通信协议采用 TCP/IP，网络操作系统选用 Windows

NT、Novell Netware 或 UNIX，服务器可选用 PC 专用服务器、工作站或小型机。

（二）Web 技术

Web 技术的核心是超文本标识语言 HTML 和文本传输协议 HTTP，向动态 HTML、Javascript、Activex 等技术发展。作为企业级的信息网应完全支持 InternetWeb 标准，而不受硬件设备的体系结构、操作系统、数据结构以及应用系统的数据对象等方面的限制。其主要功能有：

第一，通过标准浏览器可以查询网上信息。

第二，可以发布 Web 信息，可以把工作流和数据集成发布到 Intranet 和 Internet 上。

第三，支持交互式 Web 应用，如用户可以使用标准的 Web 浏览器实时更新应用数据库，而不需要有定制 CGI 程序。

第四，与现有的数据库系统的集成。要实现这些功能，除了建立高效的 HTTP 服务器、代理服务器，还要着重解决应用程序开发技术、复制技术、安全性保障技术等。

（三）电子邮件处理技术

电子邮件处理技术和 Web 技术是密切相关的，它是现代办公自动化业务应用系统中的核心技术。在办公自动化应用中，除了简单的电子邮件发送功能外，更重要的功能是复核文档的分布、文档的传递或审批等工作流程，以及在线讨论。从技术上看，有以下几个方面值得重视：

第一，电子邮件的跟踪、控制。

第二，工作流程的灵活定义。

第三，电子邮件在多用户同时处理情况下的并发控制、实时显示技术、邮件网关技术，支持 MAPI/VIM/SMTP 等协议，可以与其他电子邮件系统如 Internet Mail、POP3、MsMail 等集成。

目前电子邮件系统 Microsoft Exchange 在全球应用比较广泛，尤其是 Lotus 的产品，将电子邮件和文档数据库、Web 服务器等集成在一起，使之在办公自动化应用中一气呵成。

三、秘书工作网络化系统的分类

秘书工作网络化系统管理的信息基本分为三类：信息共享、协同工作和应用系统接入。其中信息共享包括信息浏览、信息查询、信息复制、数据分析等功能；协同工作包括在线讨论、电子邮件、信息交流、工作流程控制等功能；应用系统接入是指无缝地接入数据库和其他应用系统。这些也是秘书工作网络化的特点。

秘书工作网络化系统按功能可分为如同办公室类型的三个层次：事务办理型、

信息管理型和决策优化型网络办公系统。

（一）事务办理型网络办公系统

办公事务处理的主要内容是执行例行性的日常办公事务，涉及大量的基础性工作，包括文字处理、电子排版、电子表格处理、文件收发登录、电子文档管理、办公日程管理、人事管理、财务统计、报表处理、个人数据库等。事务型网络办公自动化系统可以是单机系统，也可以是一个机关内的各办公室完成基本办公事务处理和行政事务处理的多机系统。单机系统不具备计算机通信能力，主要靠手工或电信方式通信。多机系统可采用计算机终端网、微机局域网、程控交换机综合通信网、计算机局域网或远程网等。

事务型办公系统可分为两种：一种是支持一个办公室业务处理的单机系统；另一种是利用计算机和通信技术组成网络系统来支持一个机构内各办公室的基本办公事务处理和机关行政事务处理的网络多机系统。

（二）信息管理型网络办公系统

信息管理型网络办公系统是把事务型办公系统和综合信息紧密结合的一体化办公信息处理系统。它由事务型办公系统支持，以管理控制活动为主，除了具备事务型办公系统的全部功能外，主要增加了信息管理功能。它根据不同的应用分为政府机关型、生产管理型、财务管理型、人事管理型等。

管理型办公自动化系统多数是以局域网为主体构成的系统，局域网可以连接不同类型的主机，可方便地实现本部门微机网之间或者与远程网之间的通信。通信网络最典型的结构采用中、小型主机系统与超级微机和办公处理工作站三级通信网络结构。中、小型机将主要完成管理信息系统功能，处于第一层，设置于计算机中心机房；超级微机处于中间层，设置于各职能管理机关，主要完成办公事务处理功能；而工作站完成一些实际操作，设置在各基层科室，为最底层。这种结构具有较强的分布处理能力，资源共享性好，可靠性高。对于范围较大的系统，可以采用以程控交换机为通信主体的通信网络，把中、大型机，超级小型机，高档微机，微机，各种工作站，终端设备，以及电话机、传真机等互联起来，构成一个范围更广的办公自动化系统。

管理型办公系统除担负事务型办公系统的事务外，主要任务是完成本部门的信息管理。它是支持各种办公事务处理活动的办公系统与支持管理控制活动的管理信息相结合的办公系统。

（三）决策优化型网络办公系统

决策优化型网络办公系统以事务处理和信息管理为基础，主要对决策提供支持，担负辅助决策、促进决策优化的任务。它是在事务办理系统和信息管理系统的基础上增加了决策或辅助决策和优化功能的最高级的办公自动化系统。它不同于一般的信息管理，它要协助决策者在求解问题答案的过程中方便地检索出相关的数据，对各种方案进行试验和比较，对结果进行优化。为此，该系统除了利用信息管理系统数据库所提供的基础信息或数据资料外，还需为决策者提供模型、案例或决策方法。所以只有数据库的支持是不够的，还必须具备模型库和方法库。模型库是决策支持系统的核心，其作用是提供各种模型供决策者使用，以寻求最佳方案，包括计划模型、预测模型、评估模型、投入/产出模型、反馈模型、结构优化模型、经济控制模型、仿真模型、综合平衡等。在实际应用中，对同一问题可以用不同的模型、从不同的角度去进行模拟，向决策者提出有效的建议。

传统的办公系统和现代化的办公自动化系统的最本质的区别是信息存储和传输的媒介不同，传统的办公系统利用纸张记录文字、数据和图形，利用照相机或摄像机胶片记录影像，利用录音机磁带记录声音。这些都属于模拟存储介质，所利用的各种设备之间没有自动的配合，难以实现高效率的信息处理、检索和传输，存储介质占用的空间也很大。现代化的办公自动化系统中，利用计算机和网络技术使信息以数字化的形式在系统中存储和流动，软件系统管理各种设备自动地按照协议配合工作，人们能够高效率地进行信息处理、传输和利用。

办公网络化技术的发展使秘书工作向着数字网络化方向迅速发展，正快速实现网络化、无纸化办公。

第四节　现代办公常用设备

一、现代办公设备的类别

根据设备对信息的作用形式，现代办公设备可分为信息处理、信息复制、信息传递、信息影像和办公辅助五类设备。

（一）信息处理设备

信息处理设备包括大、中、小、微型计算机和笔记本、掌上型计算机，以及各种联机外部设备。

（1）计算机。计算机是现代办公活动中的关键设备，缺了它就谈不上办公自动化。网络多媒体计算机能综合处理数据、文字、声音、图形和图像等多种形式的信息，人们用它可以发传真、发电子函件、浏览因特网（Internet）、看电视、听广播以及处理各种办公事务，使计算机在现代办公活动中发挥的作用越来越大。

（2）联机外部设备。联机外部设备主要包括一些计算机的输入、输出设备和外存储器。计算机输入设备除常用的键盘和鼠标外，还有光笔、光学字符阅读器、数字图像扫描仪和语音输入设备等；计算机输出设备包括显示器、打印机和自动绘图机等。外存储器主要是软盘、硬盘、U 盘和光盘。光盘的读写功能分为三种类型：只读型、一次写入型和可重写型。

信息处理设备几乎都由硬件（看得见、摸得着的设备）和软件（管理计算机系统的程序和专门解决某类信息处理的应用程序等）协同工作，在具体处理某一类信息时，软件的功能非常重要，不可忽视。

（二）信息复制设备

静电复印机是最常用和最为人们熟悉的信息复制设备，高速数码一体化油印机、光盘刻录机等也会在办公中用到。当然，信息在计算机的软硬盘及光盘之间也经常进行复制，传真机的收发过程也可看成复制过程，从广义上讲它们也是信息复制设备。

（三）信息传递设备

现代办公活动中几乎每时每刻都在进行某种形式的通信，例如收发文件、打电话、发传真、拍电报等，所以通信设备在办公自动化中是必不可少的。此类设备主要包括通信网络设备和用户终端设备。

（1）通信网络设备。通信网络设备主要有程控交换机、长距离数据收发器、调制解调器、计算机局域网、公用电话网、公用分组交换数据通信网和综合业务数字网等。

（2）通信用户终端设备。通信用户终端设备与办公人员的关系最为密切，而且操作方便，人人会用，是办公系统中的“信使”。这类设备主要包括各种电话机（如按键式电话机、录音电话机、可视电话机、磁卡电话机、移动电话机等）、图文传真机和电传机等。

（四）信息影像设备

照相机、摄影机、录像机、激光影碟机等都是现代办公常用到的影像信息获取、存储和播放设备。近年来，数码照相机和数字摄像机技术的飞速发展，使其在信息设备和办公中的作用越来越重要。

（五）办公辅助设备

幻灯机、投影器、视频展示仪、碎纸机等是现代办公中时常用到的办公辅助设备。

二、现代办公设备与技术的发展趋势

随着计算机技术和通信技术的发展，随着社会的进步所带动的对改善工作环境的要求，使现代办公设备与技术不断发展，并呈现出以下趋势：

第一，现代办公设备正向着高性能、多功能、复合化和系统化的方向发展。新的现代办公设备正被不断推向市场和被广泛应用。

第二，现代办公系统向着数字化、智能化、无纸化和综合化方向发展。主要体现在多媒体办公计算机软件的进一步丰富和完善，多媒体网络信息的反应快速和实用化，计算机系统及网络系统信息传送技术的进一步提高，计算机系统及网络系统安全保密技术的进一步加强等方面，并逐步实现各类信息的处理综合化。

第三，通信技术和设备在现代办公中将起到更大作用。网络的通信、传输速率和速度将会更快，有的秘书工作者已切身体会到远程办公与本地办公几乎无时间差。新的现代时空观将会迫使我们进一步更新办公观念。

第四，现代办公设备将会更加符合人机工程的设计标准，使用户能够在充满友好和情感的现代办公设备与环境中愉快地进行办公活动。

思考与练习

1. 中国加快建设数字政府包括哪些内容？

2. 谈谈你对办公自动化系统构成要素的理解。

3. 办公自动化系统有哪些主要功能？

4. 秘书工作网络化系统有哪些主要类别？

5. 结合当前人工智能技术发展现状，谈谈你对人工智能技术发展趋势及其对秘书办公效率的影响。

6. 技能训练。

施林是今年分配到××县政府办公室的文秘专业高才生，工作两个月来，一直用大学中熟练掌握的 Office2021 进行公文拟写、处理和办公事务管理，也逐步掌握了××县党政网的办公功能。第三个月第一周，××县党政网进行升级，升级期间，发文、日程、邮件和联系人管理等功能只能用 Office2021 进行。其间，该县政府办公室的以下工作全由施林承担。如果你是施林，对下列任务应该怎样完成？

（1）群发通知

升级第一天，县府办要将《关于做好秋收工作的紧急通知》下发给县属 188 个乡政府，办公室主任张明要施林在 1 小时内拟写、发出。张明主任审核、领导签发后，施林在 2 分钟内就全部发出，接着办理其他事务。

（2）邮件管理

升级第二天，办公室一同事请施林为其查找一个月前下级单位呈报的一份《关于做好治安工作的请示》。施林在 30 秒内就找出了该篇请示。

（3）日程管理

升级第三天，张明主任要施林编制下周办公室工作计划，挂在网上供查阅、执行。

(4) 联系人管理

升级第四天，张明主任要施林通知所有下级秘书科长，在下周一上午到县府办技术科学习升级后的××县党政网的功能操作。

第十二章　秘书与信息调研工作

引言

人类生活在信息的汪洋大海之中，每时每刻都离不开信息、依赖着信息。新时代秘书所从事的工作，其实质就是辅助领导进行信息管理的工作。

秘书信息工作对辅助领导实现科学决策和有效管理具有重要的作用。在日益信息化的当今社会，整个秘书机构都在做诸如办文、办会和办事一类的信息工作。本章主要讲述信息分类、信息工作流程和调查研究与信息开发利用等内容。

第一节　信息分类方法

一、信息的基本属性

（一）信息的含义

信息是关于事物运动状态和规律的表征，用符号、信号或消息所包含的内容来消除人们对客观事物认识的不确定性。信息是接受者预先不知道的音信、消息。信息是一种普遍存在的社会现象，客观世界的一切事物及其运动都是信息之源。

信息有其固有的属性。信息与物质密切相连，但不是物质本身；信息与精神密切相关，但又不限于精神；信息与能量相辅相依，但信息又不是能量；信息具有知识的秉性；信息普遍存在，而且永不枯竭；信息可被感知、传递、处理和共享。在当今信息时代，信息量急剧增加，需海量存储器，其传输数字网络化，其享用全球化。人们获取信息的主要来源为电子媒体（因特网、电视网、移动通信网和卫星信息网）、纸质媒体（报刊、文件等）和实践。

信息与消息、情报、知识和资料是有一定区别的。

消息是广泛、经常采用的迅速、简要地报道新近发生的事实的新闻体裁。

情报是关于某种情况的消息和报告，是多带机密性质的信息。

知识是人们在实践中获得的认识和经验，是人的大脑通过思维重新组合的系统的信息的集合。

资料是可作为依据的材料，是信息赖以存在的物质形式，信息是资料的价值所在。

（二）信息的特征

（1）客观性。任何信息都是由其内容实体和外壳载体构成的整体。而信息的内容和外壳都具有客观实在性和确定性，是不以人的意志为转移的客观存在。所以，信息具有客观性。

（2）时效性。信息一旦生成，应尽快传递，否则，信息的价值会逐渐减小或消失。一条信息在一定的时间范围内能够准确反映客观事物的存在及变化状态，这段时间是该信息的有效期，如果信息发出后到接收利用的时间超过了有效期，该信息就失去了价值。

（3）开发性。信息的开发性可从三个方面来理解：第一，从信息作为一种资源看，物质世界是无限的，信息作为人们对物质世界的认识和表述也是无限的，因而信息是可以不断开发的。第二，从信息所载的内容看，反映事物本质和非本质的信息常常交织在一起，需要区别有效信息、无效信息和干扰信息。第三，从信息的价值看，信息可以被人们利用，物化为具体的活动成果和物质财富，可以开发出新的资源。

（4）传递性。信息可以借助文字、图像、磁碟、声波等物质形态的载体进行时间和空间上的传递，从一处传到另一处，这是信息的本质特征。

信息传递速度的快慢对信息的效用影响极大。计算机的出现，尤其是因特网的发展，使信息的传递方式发生了巨大的飞跃。

（5）共享性。经传递的信息，凡接收的人都可以使用，信息本身不会由于使用者的多少而改变自身的信息量。与物质和能量相比，这是信息的重要特征。

（三）信息的表现形态

信息表现的基本形态有文字形态、声像形态和记忆形态。

（1）文字形态的信息。以文字记录信息的一切载体总称文献。文献分一次文献、二次文献和三次文献三大类。一次文献是指在社会实践中形成的以书面文字、图片形态出现并加以流通的各种原始文献。它提供的信息新颖、独到，极有利用价值。社会中绝大多数文字形态的信息产品都可称为一次文献。一次文献有 10 种类型：①报纸、期刊，图书、专著；②科技报告；③学术会议记录；④专利文献；⑤统计资料与数据；⑥图谱、图录、地图；⑦产品样本、广告、机构概览、人名录；⑧政府出版物；⑨文书档案和科技档案；⑩内部资料。二次文献是对一次文献进行再加工的产品，主要包括文摘、索引和目录。三次文献是就某一主题从一定时期内大量的文献中摘取要点，进行高度概括综合而成的文章。通常把三次文献称为“综述”，其特征就在于把分散的信息资料进行类列和评价，对事实和概念进行综合，信息量很大。

（2）声像形态的信息。直接记录声音和图像的一类载体就是声像形态的信息，即视听资料。这是随声像技术的进步而产生的信息表现形态，其应用的机会越来越多，已普遍使用。其特点是：接收者直观感强，能闻其声、见其形。

从狭义的角度看，目前已被大量利用的录音带、录像带、音频、视频等均为声像形态的信息。

从广义角度看，以实物形态存在的“物”也属于“像”类形态的信息，如各种技术产品的实物、古代建筑物、自然界里被新发现的物质以及文物等。它们的存在、被发现以及其本身的“像”都包含着许多信息。专家们通过对古代文物的考证鉴定，可以得出几千年、几万年以前社会生产、自然变迁、文化沿革等信息，将这些信息运用于当今实践，可以获得意想不到的价值。

（3）记忆形态的信息。在人际交流中形成的“零次情报”就是记忆形态的信息。“零次情报”指在人际交流的过程中产生、传播和被接收的不具有确定性的记录载体的信息表现。其特点是零碎、分散，容易被理解和吸收。在人际交流中，常常可以获得更多的有关未来的预测性消息。国外许多调查统计表明，“零次情报”在各种信息中占有重要地位。人们与同行业、相关行业及其他行业的人际交流、讨论等得到的信息迅速而直接，而且往往是在各种文献中难以找到的、最新的信息，能给人带来意外的启发。

“零次情报”的来源主要有三条渠道。

第一，各种会议。我国每年都要召开大量的会议，有以条条贯穿的行业性会议，有以块块为范围的区域性会议，还有条块结合的种种交流会、交易会、报告会、展销会等。各种会议一般都是综合性的信息源，既有文献信息，又有声像信息、实物信息，但最丰富的还是“零次情报”。会上的正式讲话当然是重要消息，但会下议论中的信息也不可忽视。因为会议上成文的资料毕竟是有限的，而每个与会者大脑中所储存的“零次情报”远比会议文献丰富得多。来自不同地区、不同行业，年龄不同的人们，每个人都是一个蕴藏丰富的信息源。不失时机地搜集这些“零次情报”，能获得大量、丰富的信息。

第二，各种公共场所。诸如餐厅、旅馆、娱乐场所、影剧院、商店、贸易市场等公共场所，不受人们的行业、地区、专业、年龄等限制，人们在闲谈中会透露出众多的“零次情报”，从政治到经济，从生产到经营，从市场到消费……五花八门，包罗万象，是获得“零次情报”的重要途径。

第三，各种信息市场和技术市场。我国的市场体系日益健全，信息市场和技术市场在社会资源配置中的积极作用日益突出。秘书人员和信息工作者应高度重视这两个信息的集散地，搞好信息的收集与交易活动。

二、信息的分类

对信息进行科学的分类，有利于秘书做好信息工作。以不同的标准，可对信息进行不同的分类。

（一）按信息的载体分类

（1）口头信息。直接通过口头（含电话）进行传递的信息就是口头信息。根据需要，口头信息也可转化为书面信息或视听信息，如会议录音、录像等整理成文。

（2）书面信息。用文件、报纸、杂志、书籍、图表等纸质载体来传递的信息就是书面信息。在工作领域，常用的书面信息有报纸、杂志、书籍、会议记录、工作总结、文件、电传、各种统计报表等。

（3）视听信息。用录音、录像、电影、电视、图片等传递的信息就是视听信息。视听信息一般具有直接的观感作用，使人产生如临其境的心理效应，这是书面信息不可比拟的。

（4）缩微信息。运用现代摄影技术把书面信息浓缩在胶片上的信息就是缩微信息。管理工作产生的书面信息浩如烟海，缩微技术可使信息载体的体积和重量缩减95%~99%，既便于保存，又便于查找利用。

（5）数字化信息。用计算机管理的信息就是数字化信息。它将以上形态的信息数字化后存入计算机，使用时再转化成文字或声像等适宜载体的信息。数字化信息贮存量很大，管理科学，查找、传递非常迅速，是当代社会中最主要的信息表现形式。

（二）按信息的内容分类

（1）生活信息。在人类日常生活中具有直接实用价值的信息就是生活信息。信息对于人类生活，就像阳光、空气和水对于生命一样重要。任何人都要通过各种信息的传递、共享与社会联系在一起。

（2）政治信息。与国家的政局和大政方针相关的信息就是政治信息。政治信息不仅从政治工作部门及其工作对象之间产生，党、政、工、团、妇联和各种社会团体不但应用政治信息指导工作，而且在自己的工作中产生着政治信息，从而对方针、政策的制定和完善产生现实的影响。

（3）经济信息。反映经济活动领域的生产、经营、计划等情况的信息就是经济信息。当今，经济信息在信息流动总量中占有相当大的比例。市场是很丰富的，这决定了经济信息的多样性和丰富性。

（4）军事信息。与军队建设和军事行动有关的信息就是军事信息。比如战争中有关敌我双方作战计划、兵力部署、武器装备、战场变化等方面的情报，都属于军事信息的范畴。

（5）科技信息。反映科学技术的发展和最新科技成果运用方面的信息就是科技信息。人类社会是随生产力的发展而发展的，而科学技术是最主要的生产力。

当今时代，一个国家的科技发展水平代表着这个国家的综合国力在世界范围内所处的地位。因此，各个国家都对科技信息给予高度的关注，往往投入巨额资金进行开发和利用。

（6）社会信息。反映社会的人口、就业、福利、医疗保健、国民教育、保险事业等方面情况的信息就是社会信息。它能反映社情民意，是各级领导了解社会的晴雨表，在决策中具有特别重要的依据作用。

（三）按信息形成的时态分类

（1）历史信息。过去形成的对某一事物的信息就是历史信息。在充分了解当前情况的基础上参照历史情况才能对其做出正确判断。

（2）当前信息。有关事物当前正在进行的状态信息就是当前信息。某地发生了某个事件，它现在的规模、状态、性质如何，反映这方面情况的信息就是当前信息。

（3）预测信息。根据对历史、现实情况的掌握，对事物的未来趋势进行科学预见的信息就是预测信息。一项决策做出之前，要对决策实施后的效果做出论证，这种论证性信息就是预测信息。

（四）按信息的传递方向分类

（1）横向信息。工作领域的同级之间、不相隶属机关之间进行平行沟通的信息就是横向信息。平行文的信息就属此类。

（2）纵向信息。具有隶属关系的上下级之间沟通情况、联系工作方面的信息就是纵向信息。上行文、下行文的信息属于此类。

实际运用中，横向网络与纵向网络上流动的信息总是相互交错、互为补充的。如政府系统的信息与党委系统的信息互为补充，才能为各级领导提供全方位的、多视角的、多层次的决策依据。

（五）按信息的传递范围分类

（1）公开信息。可以用互联网、报纸、杂志、电视、广播、文件等传播的信息就是公开信息。它有覆盖面大、使用范围广的特点。公开信息的公开范围也是有差别的，有的可在全国范围内传递，有的只在一个地区、一个部门、一个单位内传递。它区别于内部信息的根本标志是不具有保密性。

（2）内部信息。不宜向全社会和特定使用范围以外公开的带有保密性的信息就是内部信息。如各级党报的内部参考、各级党政机关有密级的文件、电报等。

信息的内部性与公开性不是绝对的、永恒不变的。随情况变化，二者可以相互转化，如一些保密性的档案资料，过了一定的保密期限就可公开使用。

（六）按信息作用对象的层次分类

（1）宏观信息。对事关大局的战略目标的制定和实施提供决策依据的信息就是宏观信息。它一般具有苗头性、倾向性、普遍性和定性多于定量的特点。

（2）微观信息。对局部的、战术性的决策提供依据的信息就是微观信息。它一般具有现实可用性、具体性和定量多于定性的特点。

三、信息工作在秘书工作中的地位和作用

（一）信息工作是秘书部门的重要职能

秘书部门的地位、性质和作用决定了信息工作是秘书工作的一项重要内容。秘书部门是单位的工作枢纽，是联系上下、沟通八方的信息集散地，这为秘书部门承担、做好信息工作创造了条件。从秘书部门的工作性质和承担的任务来看，秘书工作具有辅助、服务的性质，要发挥参谋助手作用，也必须认真抓好信息工作。可以说，信息是领导决策的基础和依据，是帮助领导实现科学管理的先决条件，是沟通领导与各方面的纽带，是秘书人员发挥参谋助手作用的基础，秘书部门必须加强信息工作。

（二）信息工作是秘书工作的重要基础

秘书工作的主要内容——办文、办会、办事，都必须以信息工作为依托。例如，会议是信息的集散地；会议的召开，是信息的交流和传递；会议的结果，是信息的汇集、加工、转换；会议收获的大小表现为获知信息的多少和重要程度。事务处理，实际上也是信息的获知和传递。

（三）信息工作是秘书部门辅助决策的主要手段

领导决策的全过程由四个步骤构成，即明确决策目标、拟定决策方案、评估和选择方案、决策方案付诸实施。在决策的全过程中，秘书的工作可以概括为收集信息、加工信息、输出信息和反馈信息。及时向决策层提供准确、完整、有参考价值的信息，是秘书辅助决策的主要方式，通过一系列的信息工作实现对领导的辅助决策。

（四）信息工作有利于开创秘书工作新局面

随着社会信息化程度的不断提高，各级领导越来越深刻地认识到，为了更好地进行决策，必须健全信息网络体系，切实做好信息工作。

第一，办公室工作以信息工作为轴心，实行一条龙作业，不仅信息人员直接参与信息工作，收发、文书、文印、内务、机要、档案等人员也要介入。这就使

文书工作环环相扣，大大加快了信息的运转速度。

第二，随着信息网络、媒体质量的提高和作用的发挥，许多文件被取代，许多会议被精简，有力地克服了文牍主义。

第三，随着办公自动化水平的提高，一些重要情况的通报和上级指示精神的传达，通过现代信息渠道当时、当天即可完成，秘书部门的工作效率由此得到了大大提高。

可见，高质量的信息工作对秘书工作新局面的开创起着有力的推动作用。

案例

华盛公司的信息调研工作

华盛通讯科技实业有限公司的拳头产品——华盛手机在市场曾很受用户欢迎，但最近两个月销售额连续下降。为夺回市场，总经理张明要求综合部进行“最受用户欢迎的手机”调查，包括手机的功能、款式、价格、颜色等。

综合部经理李萌根据信息的分类原理，将此任务分配给各位成员：成员 A 负责询问手机用户；成员 B 负责收集报纸、杂志等各种文字资料；成员 C 负责收集电视、广播、实物广告传递出的手机信息；成员 D 负责从互联网上收集信息。

三周后，各成员收集的信息汇总，一致表明：价格为 800～1 500 元、功能多样、款式新潮、颜色亮丽的手机最受用户欢迎。公司据此研制出华盛Ⅱ系列手机，销售额迅速上升，综合部受到集体表彰。

第二节　信息工作流程

在现代秘书工作中，信息工作有收集、加工、传递、贮存、反馈、开发利用等流程。

一、信息收集

信息收集就是通过观测、调查、征集、侦察、追踪等方法有针对性地获取原始信息。这是秘书信息工作的第一个环节，直接关系到信息的加工、整理、分析研究和开发利用。秘书收集信息时，首先要明确信息服务的对象和目的。

（一）信息收集的重点

秘书必须分清主次，抓住关键性信息。当前机关秘书要重点抓住以下几类信息：

（1）政策性信息。政策性信息主要指党中央、国务院和上级领导机关制定的各项政策规定、重大工作部署和体制改革等方面的情况。这方面的信息事关大局，要有针对性地制订收集计划，首先收集。

（2）科技性信息。科技性信息主要指科技研究的新发展、新发明、新成果等信息。当今世界，科学技术已成为提高劳动生产率的重要手段和生产力发展的决定性力量，特别是高新技术作用巨大，因此，科技信息必然成为机关信息工作的重点。

（3）经济性信息。经济性信息主要指经济发展的速度、状况、市场竞争及消费情况等。经济工作的目的是生产适销对路的产品，以取得最佳的经济效益。必须组织专门力量对市场进行调研，运用科学的方法和手段，系统地、有目的地搜集与产品有关的信息，对影响生产经营的各种内外因素做出评价，做到知彼知己，趋利避害，及时地采取对策。

（4）经验性信息。经验性信息是指反映相关领域重要经验的信息。随着改革开放的深入发展，新事物、新经验不断出现，机关对带有方向性的成功经验应注意收集。这方面的信息如得到重视和采用，可收到事半功倍的效果。各大报刊都以较大版面报道管理活动中的经验，机关领导对此不可忽视。尤其是处于困境中的单位，更要高度重视这类信息，并从中受到启发，找到“治病”的良方。

（二）信息收集的要求

（1）准确。信息是决策的依据，如果收集的信息不准确，不仅达不到预期的目的和效果，还可能导致失误。因此，收集的信息必须是真实的、准确的。

（2）及时。信息本身具有很强的时效性，如不及时收集、获取，则有些本来有用的信息就会因时过境迁而失去价值。收集信息必须善于发现，及时收集。

（3）广泛。在收集信息时，必须从上下左右、四面八方不同角度，广泛收集，并把收集对象的各种相关因素联系起来综合考虑，从中找出其共同性和普遍规律，以避免挂一漏万，顾此失彼，出现片面性。

（三）信息的来源

（1）公文简报。工作中常用的请示、报告、工作总结、情况简报等一般具有较强的信息价值，对领导工作具有重要的参考作用。

（2）统计图表。统计数字、图表能揭示事物的发展变化，是定性分析的依据，经过分析处理可以成为最有说服力的准确信息。

（3）调研报告。调研与信息密不可分，一篇好的调研报告，有观点、有材料、有建议，就是高质量的信息；而高质量的信息，也往往在深入细致的调查研究中才能得到。

（4）新闻媒介。新闻媒介比信息刊物的信息量更大，报道面更宽，信息来源也更广，而且传播速度也快。由于舆论的“热点”往往是民众关注的焦点，所以它也应是领导者关注的重点，从中既可以反思工作的得失，又可以考虑决策的正误。因此，新闻媒介的信息也应该是信息的重要来源。

（5）会议活动。会议是实施管理、集中群众智慧的有效方式，是领导者、秘书收集和获取多层次、密集型信息的主要渠道。

（6）来信来访。来信来访直接反映社情民意，各行各业工作的优劣、服务的好坏悉在其中，是进行管理与接受监督的一个窗口。

（7）电话通信。电话通信是机关上情下达、下情上传的重要渠道。它以汇报、询问、请示和报告情况为主要内容，它既是机关信息的“前哨”，迅速及时，又是机关信息的“轻骑兵”，灵活简便。

（8）横向联系。横向联系包括机关之间、地区之间的互访、考察、刊物交流等，起着沟通、联络和拓宽思路、取长补短的作用。在横向联络中可产生大量很有价值的信息。

（四）信息收集的方法

（1）观察法。观察法是人们以感官或借助仪器来认识客观事物、获取信息的方法。这不仅需要有强烈的事业心和责任感，而且还需要有正确的观点和严肃认真的态度，并善于利用先进的观察方法和仪器。

（2）调查法。调查法是由秘书人员直接参与组织、实施调查以获取信息的方法。秘书人员进行调查研究的机会较多，条件便利，且能获取最新鲜、最真实的第一手资料。调查法是秘书收集信息最常用、最重要的方法。

（3）阅听法。阅听法是指通过阅读各种纸质的和数字化的资料，收听广播、收看电视等，来收集所需要的信息。

（4）索取法。索取法是指以给有关机关、企事业单位或个人写信等方式，请其提供某些信息。

（5）交换法。交换法是指用自己收集或加工整理的信息同有关机关、企事业单位或个人进行信息交换。

（6）购买法。购买法是指向可提供信息的单位有偿购买所需的信息。

（7）委托法。对一些秘书人员不能到场获取的信息，可以委托有关单位或个人帮助收集一些其他方式获取不到的信息。

二、信息加工

信息加工就是对某一类别的信息或一定时间内的信息，从总体上进行系统的归纳整理、分析研究和综合处理，形成比较系统、价值更大的信息。信息加工是保证信息质量的关键环节。信息工作的关键是对信息进行加工处理。现代决策者必须重视信息加工，以提高信息工作的质量。

（一）信息加工的要求

对信息加工既要有广度，又要有深度。横向上要有一定的覆盖面，纵向上要综合反映工作全貌；综合处理后的信息要有情况、有分析、有对策或做出事物发展趋势的预测，以供领导者进行决策参考。

（二）信息加工的方法

信息加工就是对筛选出来的信息进行再认识和提炼，使之更能反映事物本质和特征的过程。信息加工的方法主要有三种：

（1）综合加工。围绕某一问题将与之有关的同类、近似或相反的原始信息汇集在一起，并作为一个整体进行研究的深加工就是综合加工。在日常工作中，综合加工有两种情形：

第一，简单的综合加工。即对相关信息的一般整理和归纳，如写生产报表、情况综述等。

第二，复杂的综合加工。即对相关的原始信息，从总体上进行系统的归纳、分类，做出定性、定量分析和判断。通过这种综合加工，往往能够发现带有规律性的变化和倾向性问题，对领导掌握全局情况、指导工作、预测未来有重要的参考价值。

（2）提炼加工。提炼加工是指从各种已有信息中提取所需要的信息（如主题、观点、材料等）的深加工过程。

（3）推导加工。推导加工就是根据已知信息，运用逻辑推理得出新结论的信息加工过程。

在运用以上方法加工处理信息时，要注意以下三个结合：

第一，点面结合。要把反映同一内容的信息加以集中和归纳，从中找出带有普遍性、规律性的问题，增大原始信息的广度和深度。

第二，定量定性结合。要通过对大量的信息及其相互之间关系的科学分析和研究，完整、准确地把握事物的根本性质。

第三，反映预测结合。客观事物是发展变化的，因此不仅要加工动态性信息，而且要关注预测性信息。

（三）信息的编写

信息加工的主要方式是对信息进行编写。编写信息主要分标题和正文两部分。标题应一目了然地概括出正文的内容，力求简洁醒目。正文应开门见山，以叙述方式为主，以准确、精练的语言写出所要表达的内容，尽量用数据说话。为适应变化的需要，要写明信息获得或发出的时间。

成功的信息编写应具有以下特性：

（1）直接性。撰写信息要开宗明义，单刀直入，文章自始至终力求直言相告，避免转弯抹角，防止出现“套话、空话、大话”。

（2）真实性。真实是信息的生命所在。语言不真实会导致内容不真实，造成领导决策失误。语言真实，就是无论是报喜还是报忧，都要坚持实事求是的原则，把握分寸，如实表述，要坚决杜绝投领导之所好、看风向而遣词语的恶劣风气。

（3）准确性。准确要贯穿在信息处理的全过程中。做到选题准确，观点正确，表述准确，既不能使用“大概”“或许”“可能”等语言，也不能随意估计和猜测，力求使用肯定的文字和具体的数字表述。模棱两可、含糊不清的语言会使接受者无法有效地利用信息。

（4）伸缩性。编写信息的语言要精练、简明、扼要，用最简洁的语言表达最有价值的内容。编写信息既要注意事简，少用重复事例，某些全局性的信息也可缩小在一个具体的典型之中；又要注意文简，尽量省略人所共知的解释、说明，做到惜墨如金。

（5）朴实性。朴实无华的语言会使人感到亲切、自然，容易引起共鸣，便于接受。因此，既不要乱用浮华藻丽的形容词、副词，也不要滥用“之乎者也”一类文言词语，更不要模仿西方的语言风格，随意颠倒语序，使人不得要领。

（6）新颖性。文章贵在创新，信息亦不例外。内容上要新颖，语言也要敢于“标新立异”，标题要求醒目、有吸引力。正文应在内容新颖的前提下力争不同凡响，以给人留下深刻印象。

三、信息传递

信息传递就是把加工后的信息通过适当的传播途径提供给接受者和使用者。传递使信息收集、加工成为有效的劳动。一般而言，信息传递的速度越快，范围越广，信息利用率就越高。

（一）信息传递的要求

（1）迅速。信息对于领导者或领导机关是否有用，除了信息本身的质量外，还取决于信息传递的速度。因此，要尽量简化周转层次和审批手续，多运用直达的、先进的通信手段，以提高信息的时效性。

（2）准确。信息在传递过程中不能失真。信息传递本身具有客观真实性，不能受传递者主观随意性的影响。但信息传递又是由人来操纵的，传递什么，不传递什么，受人的主观因素决定，程序操作也由人来完成。因此，稍有不慎，就会导致传递失误。减少传递层次，开辟多种传送渠道，是保证信息准确性的重要措施。

（3）保密。领导机关发出的信息不少具有保密性，而现代化的信息传递手段往往增加了保密的难度。重要的机密信息应以机密的通道传递，并尽量控制传递范围。

（二）信息传递的途径

（1）单通道传递。自信息源沿单一信道传给接受者的信息传递就是单通道传递。如基层根据上级要求，自下而上地把信息送给上级，上级根据某种需要，把信息自上而下地传给下级。上下级之间的公务信息大都通过这一传递途径进行。只同某业务部门有关的信息，也多用单通道传递。

（2）多通道传递。多通道传递是指信息从信息源发出后，沿着两种以上信道传递给信息接收者。如省级信息机关的有些信息，可向上传递到国务院，横向传递给其他省级机关，向下传到地、市、县级机关。

在信息传递中，要注意合理分流，即将各方汇集的信息，经综合和科学分类后合理投送，从而更适合接受者利用。

（三）信息传递的方式

（1）网络传递。网络传递是人类先进的信息传递方式。目前我国秘书部门的网络传递有互联网、电话、电报、传真电报、通信卫星等多种方式。但由于各单位的实力和秘书人员的素质不同，通信设备的配备、使用上有较大差异。

（2）口头传递。口头传递是指将信息以言语为媒体传递给信息接收者。它具有简单、直接、快速的特点，是秘书人员在单位内部传递信息时常用的一种方式。

（3）书面传递。书面传递是指将信息变成文字、图像传递给信息接收者。它是传统的信息传递方式，即使实现了办公自动化，仍然有一部分信息靠书面传递。它的特点是能避免信息变异失真，可进行远距离的多次传递，而且便于利用和储存。

四、信息储存

信息储存，即将加工后的信息以文字、图像等形式，借助计算机等媒介记录、储存、保管起来，以供查考、利用。

储存信息的方法有书面储存、声像储存、计算机储存等。无论哪种储存，都要求有条有理，排放有序，目录清楚，使用方便。

高层机关以及大型企事业单位可设置本单位基本信息数据库、辅助信息数据库和专门信息数据库。基本信息数据库也叫信息总库，它储存的信息数量大，门类多；辅助信息数据库，是在阅文室、研究室等地设置的信息库，储存的信息资料一般都具有现实性强、针对性强和利用率高的特点；专门信息数据库是为适应特定的需要而设置的，其特点是所储存信息的类型、用途比较单一。以上三种信息数据库虽侧重点不同，但可以彼此联系，相互补充。

五、信息反馈

对决策实施效果等信息，秘书要反馈，领导据此决定是坚持还是调整、是修改还是补充原来的决策，再加以实施，从而取得预期效果。经济信息工作还应注意效益性反馈，即将产品、商品及服务在市场、消费者中的反映，反馈回本机关，从而修正或重新制定经营策略以求发展。

（一）反馈信息的类型

反馈信息是为形成正确的反馈信息流。信息流是指在空间上和时间上同一方向运动的一组信息，它有以下类型：

（1）系列型反馈信息流。系列型反馈信息流即将一项决策的实施全过程按不同的发展阶段进行信息连续反馈。

（2）广角型反馈信息流。广角型反馈信息流即对实施决策的某个过程，从不同角度、不同方面进行反馈，这种信息流有助于领导者对某个问题的全面认识。

（3）连续型反馈信息流。连续型反馈信息流即对实施决策中的某个关键问题在短期内连续不断地进行反馈，这种信息有利于领导对该关键问题的发展有全面的认识。

（二）反馈信息的技巧

（1）审时度势，控制正负反馈量。秘书人员要合理控制决策、实施的各个不同阶段中正负信息的反馈量。按照决策实施一般进程的需要，初期应适当加大负反馈量，以便帮助领导者及时发现问题，采取纠偏除弊的措施；中期要注意控制负反馈加强正反馈，以便帮助领导者发现经验，加以推广，使决策的实施深入一步；后期要注意正负反馈的结合，以便既总结出经验成果，又找出问题教训，使决策得到完善和发展。同时，还要注意决策实施的不同情况下正负反馈信息量的控制：当某项决策的实施比较顺利时，要注意控制正反馈；当某项决策实施困难较大时，要注意负反馈的控制。正负反馈量的控制必须坚持实事求是和辩证分析的方法，做到客观地反映情况。

（2）及时追踪，二次反馈。二次反馈是指对上一次反馈所产生的效果的反馈。在第一次反馈之后，领导者对反馈信息分析研究，制定纠偏防弊的措施之后加以实施，然而新的措施效果如何，是否还应采取进一步措施，这就需要进行第二次反馈。依此类推，目的是使实施效果最终与决策预期目标基本相符。

（3）合理分流，保证畅通。合理分流，保证畅通是指反馈信息流根据内容的不同分别流向不同的方向，从而保证本机关与上下级之间信息畅通。对上级机关决策的实施情况，反馈信息流既要流向上级机关领导者，也要流向本机关领导者；对本机关领导者决策的实施情况，反馈信息流一般只流向本机关领导者，但有时也需要流向上级机关、下级机关的领导者。秘书要掌握好信息的流向，该分流要分流，该截流要截流，使反馈信息发挥应有的作用。

六、信息开发利用

信息工作的全部意义在于充分利用信息。秘书要为领导决策提供适用的信息，提高信息利用率；领导要重视使用来自实践的信息，更新观念。实践中常有很多有用的信息传入人们的头脑，如果我们总是死守陈见，再有用的信息也不可能被利用。

开发利用信息是信息工作的目的和重点，下节将详述。

第三节　调查研究与信息开发利用

案例

秘书人员的信息调研与开发利用工作

华宇房地产集团公司是一家大型房地产开发企业，该公司行政部的秘书施林等四人很注意从公文、各种国内外经济刊物和会议等多条渠道，广泛收集信息。他们专门从报纸、刊物上第一时间收集与住房有关的信息，从网络上收集电子信息，并通过交换信息、开会、索取和购买等方法，将全国房地产的信息及时、广泛地进行全面收集，并定期整理、分析。在此基础上，选出专题，深入市场进行调查研究，获取大量第一手资料。他们对得到的信息资料及时整理，及时加工、递送。一是每天编写出300字的《信息摘要》，在第二天上班前放到公司董事长办公桌上，使上司每天都能很快地了解昨天的行业概况；二是将员工应知晓的信息制作成网页，挂在公司网站上；三是每七天编写、印制精美的《房地产快报》，分送到各售房部、公关部和办公室，供客户购房、来公司的社会公众翻阅。

施林等人的工作为上司决策、各部门展开工作和客户购房提供了及时、准确的信息，深受相关各方的好评。

一、调查研究概述

（一）调查研究的概念

调查，是指通过适当的方法，有目的地了解客观事物实际情况的一种感性认识活动；研究，是指对调查所获得的材料进行分析、综合、归纳、推理，从而把握客观事物本质规律的认知过程。调查是研究的前提和基础，研究是调查的发展和深化。调查研究，是人们对社会现象进行考察了解和分析研究，认识事物本质规律，寻找解决路径的实践活动。

（二）调查研究的特点

（1）目的性。调查研究是一种目的性非常强的活动。每一次调查研究，要了解什么情况，要解决什么问题，都应十分清楚，一点也不能含糊，更不能盲目行动。

（2）针对性。为了实现预期目的，调查研究就必须具有针对性。调查研究的实施，诸如调研什么课题、到哪里去调查，向什么人做调查等，都具有一定针对性。正是这种特定的针对性，才保证了调查研究的目的最终得以实现。

（3）系统性。调查研究是由多环节构成的系列活动。调查研究的环节主要有：确定调查目的、选定调查对象、选用调查方法、进行实地调查、研究调查材料和得出正确结论。这些环节既是非常分明的，又是有机地、紧密地联系在一起的。

（4）实践性。无论进行哪种调查研究，无论什么人进行调查研究，都必须身体力行，人到心到，调动全部感官，从而获得第一手材料。否则，闭门造车，凭空设想，以想象代替实践，绝非调查研究。

（三）调查研究的作用

2023 年 3 月，中共中央办公厅印发《关于在全党大兴调查研究的工作方案》，对新时代开展调查研究的重要意义、指导思想、工作原则、主要内容、方法步骤和工作要求作了全面部署，是秘书开展调查研究的政策依据。

（1）决策的基础。调查研究质量的高低是决策正确与否的关键性因素，不进行调查研究就不能做出准确的决策，即使做出决策也难以切合实际，其后果必然是严重的。

（2）管理的前提。管理是一项复杂活动，仅凭前人的经验或书本上的理论知识是远远不够的。因此，领导者以及作为领导者助手的秘书，必须从自己面临的管理活动实际出发，经常进行调查研究，才能有效地处理千变万化的实际问题。

（3）发挥“耳目”作用的前提。秘书是领导者的“耳目”。要为领导者提供信息，必须首先搞好调查研究。秘书要接收和提供准确、及时的信息，经常提出切合实际的意见和建议，供领导选用。要很好地做到这一点，就必须深入实际，调查研究，舍此别无他途。

（4）加强秘书自身建设。调查研究是一个了解情况的过程，是一个科学决策的过程，是一个推动工作的过程，是一个联系群众、为民办事的过程，也是一个自我学习提高的过程。可以说，调查研究是加强秘书自身建设的重要途径。

（四）调查研究的方式

（1）普遍调查。普遍调查又叫全面调查，简称普查，是专门组织人员对所有选定对象进行无遗漏的调查，以掌握总体情况的调研方式。其优点是调查面广，资料详尽，准确度高；缺点是兴师动众，耗时费财，无法对个案深入了解。

（2）典型调查。典型调查又叫个案调查，是从总体调查对象中选取若干具有代表性的对象进行周密系统的调查，从中找出具有普遍性的规律，俗称“解剖麻雀”。其关键是要选好典型，确有代表性。典型调查的优点是调查范围小，可以使调查者集中精力对调查对象做深入的调查研究，从而得出正确的结论；缺点是所选择的典型容易受调查者主观因素的影响。

（3）抽样调查。抽样调查就是从总体中抽取部分样本进行调查，以其结论推导总体情况的调查方法。它与典型调查的区别是：典型调查的对象是预定的，而抽样调查的对象是非预定的；典型调查的对象是依靠主观判断选择的，而抽样调查的对象是靠概率选择的。

（4）重点调查。重点调查，就是根据调查目的，在总体中选择那些能够反映总体基本情况的若干重点单位作为调查对象进行调查。所谓重点，就是在总体中占有较大比重和较大影响的对象。

重点调查和典型调查、抽样调查都是非全面调查，但三种调查方法在选择调查对象时采用的原则和衡量标准不同。重点调查是根据调查目的选择最能反映总体基本情况的对象进行调查；典型调查是选择总体中最具代表性的对象进行调查；抽样调查则是随机抽取样本作为对象进行调查。

二、秘书调查研究

（一）秘书调研的意义

（1）调查研究是秘书工作的重要职责。领导决策是否正确，关键在于能否从实际出发。亲自到第一线去调查研究，是决策者认识问题、解决问题的一种基础性的管理实践活动，也可以说是决策者的一项基本功。秘书人员要辅助领导做出符合实际的决策，必须首先了解实际。秘书人员只有以调查研究接触社会实际，掌握第一手材料，再通过科学分析，了解客观事物的本质和事物间的各种联系，才谈得上辅助领导正确决策。因此，调查研究是秘书人员的重要职责。

（2）调查研究是做好各项秘书工作的基础。秘书的全部工作可归纳为“办事”和“参谋”两大类。秘书的“办事”离不开调查研究，是各项秘书工作的基础。调查研究贯穿于秘书工作的各个方面和全过程，是秘书工作的基本方法，只有搞好调查研究，才能减少和避免工作失误，提高工作效率。秘书的“参谋”体现在想办法、出主意、提建议、拟预案，这要求秘书必须搞好调查研究，获取真实、全面、准确的信息，才能为领导当好参谋。

（3）调查研究是切实改善秘书工作作风的有效方式。秘书在领导身边工作，处于承上启下的重要地位，又经常承办领导交办的事项，很容易形成脱离实际、高高在上等不良作风。秘书只有不断加强调查研究，密切联系群众，才能切实改善工作作风。

（4）调查研究是提高秘书人员工作能力的必要途径。秘书工作能力的培养有两条途径：一是学习专业理论和知识；二是在实践中锻炼和提高。调查研究是秘书的重要社会实践活动，通过调查研究，秘书人员可加深对党和国家各项方针政策的理解，学习到干部和群众创造的种种新经验，发现社会上的一些不良现象；可提高辨别是非、分析综合能力和交际能力。有些能力是书本上难以学到的。对刚毕业担任秘书工作的人来说，调查研究工作对他们完成从学生到干部的角色转换，逐渐适应新环境更是大有好处。

（二）秘书调研的类型

秘书一般进行基本情况调研、决策调研、政策性调研、典型调研、突发事件调研、中心工作调研、拾遗补阙性调研。常用的有以下几类：

（1）基本情况调研。基本情况是指反映本地区、本系统、本单位基本面貌和基本要素的情况，如本辖区的山川、地形、自然资源、人口数量、经济结构等，它是领导工作的原始基础，秘书人员要经常地、定期或不定期地进行调研，以便积累丰富的资料，供平时工作之需或领导咨询之用。

（2）决策调研。凡需做出决策的事项，往往事关大局，领导者决策前常常派秘书人员进行相关的调查研究。这种调研活动形式多样，有时协助领导一同进行，有时奉命独自进行，有时协同有关职能部门进行。决策调研的目的非常明确，就是要为领导提供准确有效的信息，增强领导对决策课题和决策依据的清晰认识，以便迅速做出正确的决策。

（3）典型调研。典型调研是指在一定的总体范围内，根据调研目的，选择最有代表性的单位或个人进行调查研究，以便推动总体、指导全局。

（4）突发事件调研。秘书人员经常要跟随领导或受领导委托，在单位内部或到有关部门和基层调查一些突发性的政治性、经济性、生产性或生活事件。

（5）督查式调研。当领导做出重要决策并付诸实施后，秘书要围绕决策的执行和落实，开展督促检查式调查研究，打通各种堵点，推动决策落地。

（三）秘书调研的要求

1. 基本要求

秘书调研，应力争达到以下 12 个方面的要求。

（1）目的性，即秘书调研不盲目；

（2）客观性，即秘书调研不主观；

（3）真实性，即秘书调研不虚假；

（4）系统性，即秘书调研不零乱；

（5）完整性，即秘书调研不片面；
（6）灵活性，即秘书调研不呆板；
（7）细致性，即秘书调研不粗糙；
（8）深刻性，即秘书调研不肤浅；
（9）准确性，即秘书调研要有的放矢；
（10）顽强性，即秘书调研不半途而废；
（11）学术性，即秘书调研要有一定学术价值；
（12）应用性，即秘书调研要有实践和指导意义。

2. 基本原则

进行科学、有效的秘书调查研究必须遵循以下基本原则：

（1）客观原则。秘书调研的目的是了解情况，认识事物，把握规律，为领导决策提供服务。为此，必须坚持客观性原则，要克服主观主义、官僚主义、个人主义和唯上、唯书、唯众主义，还要对取得的材料认真核实。

（2）辩证原则。秘书调研的辩证原则有三方面要求：一要用矛盾的观点看问题，防止眉毛胡子一把抓。要弄清问题的性质、原因及其在整体中的地位、影响，抓住关键矛盾。二要用全面的眼光看问题，防止孤立片面。既要看到事物的正面，又要看到事物的反面；既要看到现状，又要看到事物的过去和未来；既要看到事物的内部联系，又要看到其外部联系；既要看到局部，又要看到整体。三要用发展的眼光看问题，防止思想僵化。调研中要了解、分析事物产生、发展、灭亡的全过程，避免用静止不动的观点看问题。

（3）综合性原则。综合性原则主要有两方面的表现：一是调查研究方法的综合性。即必须综合运用多种调查研究技术和方法，取长补短，才能获得真实、准确、系统的调查材料。二是学科知识运用的综合性。由于社会现象的复杂性和多变性，在调查研究中应综合运用多种科学知识，尤其是对重大社会问题进行调查，最好由多学科的人员一同参加，互相配合，综合调查，才能取得最佳效果。

（4）群众原则。群众原则是指调查研究必须充分相信和依靠群众，拜群众为师，虚心向群众学习求教，了解到群众的真话、实话、心里话。

以上这些原则不是孤立的，秘书在调查研究实践中应学会把它们作为整体来理解和把握，融会贯通，综合运用。

（四）秘书调研的程序

秘书调研工作的程序可分为准备、实施和完成三个阶段，在每一阶段又可分为若干环节，要环环相扣，扎扎实实地做好各项工作。

1. 准备阶段

在准备阶段，依序大致有以下八项事宜。

（1）确定调研题目。这是调研过程中具有战略意义的首要环节，它直接关系着调研工作的成败。调研课题必须有针对性、重要性和可行性。①针对性，就是要从本地区、本部门、本单位的实际工作需要出发，提出当前或某一阶段工作中亟须解决的重要问题，从不同角度，选准突破口。②重要性，就是考虑到所选课题的价值，要注意选择具有重大影响性、关键性或亟须解决的课题。③可行性，是分析主客观的条件，估量所拟选的调查课题能否实现，有些什么困难，应采用什么方法等。在此分析基础上，确定调研题目。

（2）选择调研对象。确定调研题目后，应根据调研题目选择调研对象，即调研地点、调研单位、调研范围以及被调研人员等。选择调研对象时，既要服从调研目的的需要，还应考虑到人力、物力、时间以及调查对象内部的一些情况等约束因素。

（3）选配调研人员。根据调研题目的特点及要求，选配熟悉情况、作风正派、工作踏实和具有专业知识、政策水平和写作能力的人员参加。视调研需要确定人员数量。

（4）搜集和研究已有相关资料。为开阔思路，加深对该调研关键所在的认识，为开展调研工作及最后撰写调研报告提供参考和打下一定的基础。调研前，还应搜集和研究某些相关资料，即别人在同类问题上的调查研究成果和其他一些背景材料，如有可比性的一些横向情况，及其相关的历史资料和统计数据。

（5）编制调研提纲。调研提纲的主要内容有：①调研的目的和要求；②调研对象；③调研的项目；④调研的方法；⑤调研的组织分工；⑥调研的实施步骤；⑦其他各项。

编制调研提纲时要注意两点：一是调研内容常列为调研大纲的重点，要按一定的逻辑顺序列出来，然后在每个项目下再一一列出需要了解的具体问题与情况。凡调研项目可以制成表格的，就应事先制成表格。二是调研提纲要全面，要按逻辑顺序合理安排，要有层次，要条理化，要有主有次，安排好先后次序。先后次序应与事物发展的前后次序相一致，但不要过于烦琐。

（6）设计调查表格。编制提纲后，就应设计调查表格。表格内容要简明扼要，表述清楚。表格内所列问题后面所留空白要适合填写。表头应列有调查表的名称、编号、调查时间、调查单位名称等；表尾要有统计年、月、日，负责人签名等；表格还应附有必要的填表说明。表格可采用综合式，也可采用专题式，还可采用综合与专题相结合的主表、辅表式。

（7）确定调研计划。以调研提纲为主要内容，从指导思想、目的要求、组织领导、时间进度，以及对工作人员的纪律要求等方面做出具体安排。

（8）联系调查对象。上述准备工作完成之后，要与调查对象取得联系，使调查对象清楚调查的目的、意图、步骤、时间，以及相互配合的方式，以保证调查顺利进行，达到预期效果。

2. 实施阶段

实施阶段大致有以下三个步骤：

第一步，直接收集耳闻目睹的原始材料或第一手材料，多多益善。

第二步，初步加工，将原始材料进行综合整理，包括分类、归纳、鉴别和补遗等。

第三步，对综合整理的材料进行综合研究。这就是通常说的“去粗取精、去伪存真、由此及彼、由表及里”的加工制作，得出符合调查对象实际的准确认识，为推理、判断奠定基础。

3. 完成阶段

完成阶段要注意掌握三个环节。

一是用正确的立场、观点进行推理、判断，做出正确的调查研究的结论。调研的完成阶段是出成果的重要阶段，要从宏观的角度对调查研究的结果进行整体分析、系统研究、全面复查，解决好遗留的问题。

二是组织力量写出定量分析和定性分析相结合的调查报告，这也是完成阶段的主要任务。在写调查报告时，要本着对上级负责和对群众负责的一致性，十分谨慎地认真进行。

三是要做好调查研究的总结和善后工作。

（五）秘书调研的基本方法

1. 调查的方法

常用的调查方法有以下几种：

（1）问卷法。问卷法是一种以提问求答的问卷为中介，由被调查者按卷填写答案，从而获取材料的方法。问卷有封闭式问卷和开放式问卷。

（2）座谈会法。座谈会法是通过召开座谈会获取材料的方法。座谈会召开前要做好准备：①了解调查对象的情况；②确定参加座谈的人选和数量；③事先通知调查对象，明确调查目的、调查内容。

（3）查阅资料法。查阅资料法是对公开出版和内部发行的各种信息载体，如报刊、简报、年鉴、报表等有目的、有计划、有重点地收集，以获取所需信息的调查方法。

（4）个别访问法。个别访问就是调查者对调查对象采取个别交谈、分别访问的形式了解或核实情况。调查对象一般是有关部门的领导、当事人、知情者。

个别访问并不意味着只向一个人做调查，为了获得比较符合实际的大量材料，应尽可能多找一些人进行个别访问。进行个别访问时，要注意消除调查对象的顾虑，但不得作任何倾向性的示意，以便取得尽可能真实、公正的材料。

个别访问的优点是深入、具体，能掌握细节；可以防止几个调查对象之间的串通，有利于保密；面对面谈话还可以通过对调查对象表情、神态的观察，帮助辨别调查材料的真伪。缺点是调查费时、费力，取得的材料往往是感性的、不系统的，有时容易得出片面性的结论。

（5）现场勘察法。现场勘察法是调查者通过亲临现场进行勘察，获取资料的方法。

（6）实验法。实验法是指经过特殊安排，适当控制某些条件，使一定的社会现象发生，以揭示其产生原因和规律的方法。此法可较准确地了解相关现象的变化，深刻掌握事物发展的规律，结论一般具有较高的准确性和可靠性，但不是任何问题、现象都可以实验的。

以上的调查方法，在实际调查中往往是互相补充、结合使用的。

2. 研究的方法

研究，是指对调查所得的资料进行分类、整理、核实，并用科学的方法进行分析、探讨，找出具体规律性的东西，引出理性的正确结论的过程。最根本的研究方法是科学的、哲学的方法，即唯物辩证法，具体表现为以下研究方法：

（1）比较与分类。比较是确定调查对象之间相同点和相异点的逻辑方法。通过对事物差异性和共同性的比较，可以区别事物，达到对事物深入的了解和认识。常用的比较方法有横向比较、纵向比较、理论与现实比较。横向比较就是根据同一标准对不同调查对象进行比较。纵向比较，就是对同一调查对象在不同时期的具体特点进行比较。理论与现实比较，就是把某种理论观点与客观事实进行比较。

分类是根据调查对象的相同点和相异点，把调查对象区分为不同种类的方法。科学的分类可以把复杂的事物系统化、条理化，可以揭示事物的内部结构和比例关系。

（2）分析与综合。分析，就是在研究中把调查对象分解为各个方面、各个部分来分别加以考察的方法。综合，就是在分析的基础上，把调查对象的各个方面、各个部分在研究中再组合成为一个整体来加以考察的方法。

秘书在调研过程中，先要用分析的方法把调研课题科学地分解成相互联系的若干组成部分，经过调查，获取资料，然后运用分析的方法从资料中找出问题各个方面的本质，最后运用综合的方法通盘考虑，从中找出事物整体的本质或问题的症结。如此，才能提出解决问题的办法。

（3）归纳与演绎。归纳，是从许多同类的个别、特殊事物推论出一般原则的逻辑方法。演绎与归纳相反，它是从一般性的前提推出个别或特殊性结论的逻辑方法。

案例

秘书老张的建议书

桐湖乡接到上级有关大力发展淡水养殖业的文件后，乡政府领导班子认为本乡水面宽阔，发展淡水养殖业有得天独厚的资源优势，于是产生了多方筹资、立即大力扶持兴办水产养殖业的意向并准备形成初步方案。

秘书老张在受命草拟该方案的过程中翻阅了本乡的有关文献资料，总觉得还缺少些什么，久久不能动笔，他带着疑问，到市档案馆、图书馆去查阅大量相关的文献，又走访了农业局、畜牧渔业管理部门、气象水文部门以及有关科研院所，请教了有关专家。

之后，征得领导同意，老张带了一个调研小组到桐湖作实地调查。得出调研结果后，老张执笔写了一份关于桐湖乡水产养殖业必须坚持先治理后开发的建议书，其主要理由是：

其一，桐湖周边的小造纸厂、小化工厂严重污染了湖水，农民搞水产养殖业大多失败，对发展水产养殖业丧失信心。

其二，多年来围湖造田使水面缩小，连通外江的水道已经堵塞，每到枯水季节湖水几乎干涸。

乡政府领导班子认真研究了这份数据翔实、理由充分的建议书后，采纳了“先治理后开发”的主张。

此后，经过一年多的全面治理，桐湖的水质、终年保水量以及与外江流通的排灌条件都明显好转，成为远近闻名的大型生态养殖基地和旅游风景区。

1. 为什么说调研是科学决策的前提？
2. 老张展开了哪些方面的调研工作？
3. 老张成功的调研对我们有何启迪？

三、信息开发

信息工作的目的在于开发利用。信息开发能够扩展信息的功能，达到为管理服务的目的。

（一）基本知识

1. 信息开发的含义

信息开发是在收集大量信息的基础上，根据决策、管理、经营等需要，利用科学的研究方法，对现有信息进行系统的归纳整理，对事物的发展趋势作出判断和预测，提供全面性、高层次信息加工过程。

信息开发具有多次性的特点。物质资源经消费后一般就要丧失其原有功效，而信息却因其具有共享性而可以多次加工、开发、利用，不断地补充、完善和拓展。

信息开发能够扩展信息的涵盖面，增加信息容量，提高信息质量，获得最佳服务效果。秘书应积极开发信息资源，挖掘深层次信息，为管理服务，创造社会效益和经济效益。

2. 信息开发层次

根据对信息资源的加工程度不同，信息开发一般分一次信息开发、二次信息开发和三次信息开发。

（1）一次信息开发。它是指对原始信息进行筛选、编译等再现工作，以便于信息的利用。它主要通过简报、外文文献的编译等方式对会议文件、技术文献、产品目录等原始信息进行信息有序化工作。一次信息开发可以节约利用原始信息的时间，提高效率。

（2）二次信息开发。通过目录、索引、文摘、简介等方式对一次信息进行加工、整理，提供线索，便于使用者查阅一次信息的信息加工过程就叫二次信息开发。它是对一次信息的加工提炼，其信息量更大，便于利用者在较短时间内对较大范围的信息做概括了解。

（3）三次信息开发。通过简讯、综述、述评、调查报告等方式对一、二次信息进行分析研究和综合概括的高层次信息加工过程就叫三次信息开发。其目的是从纷繁的信息中筛选、提炼出满足特定需求、并能反映其规律性的信息。三次信息的开发工作是根据特定需要，在充分收集一次、二次信息及必要的实地调查基础上，运用科学的研究方法进行信息整序，从而使处于分散或无序状态的信息有效利用的一项工作。

（二）信息开发的形式

信息开发的形式主要有编拟目录、编制索引、制作剪报、编写文摘、编写简讯、编印信息资料册和撰写调研报告等。

1. 编拟目录

依据信息资料的题名编制而成的目录，是一系列相关信息的系统化记载及对其内容的揭示。可供利用者了解信息的主题、分类、题名、作者等，进而鉴别和选择信息资料。针对利用信息的不同需要，可以编拟分类目录、专题目录、行业目录、产品目录等。编拟目录属二次信息开发。

2. 编制索引

索引是为揭示信息的出处、提供信息线索而编制的信息检索工具。

索引组成的基本单位是款目，其本质特征是只揭示内容出处或文献线索，并不直接提供事实、资料本身。款目一般包括索引词、说明或注释语、出处三项内容。所有索引款目要有序化编排。

常见的索引主要有报刊论文资料索引、文集篇目索引、语词索引、文句索引、关键词索引、专名索引、主题索引等。

3. 编写文摘

文摘是对承载信息的文章、著作等所做的简要摘述，要揭示信息源的主题范围及详细信息的线索。文摘属于二次信息开发，它具有鲜明的特点：篇幅短小；主要内容语义上相同；对信息进行准确简化；不加评论和补充解释。

（1）文摘的类别。根据利用信息的目的不同，文摘可分为指示性文摘和报道性文摘两类。①指示性文摘，是以向信息利用者指示信息源的主题范围、使用对象为目的的一种篇幅短小的文摘。一般只提供信息源的内容纲要，适用于篇幅长、内容复杂的信息。②报道性文摘为向利用者提供信息的实质性内容，而对原文信息进行提炼。报道性文摘适用于主题比较单一集中、内容新颖的信息资料。

（2）编写文摘的步骤。编写文摘一般分五步：①浏览信息，初步确定适合编写哪种文摘；②分析信息内容，将有用信息分解为要素，理清主次；③选择与确定内容要素；④概念综合并书写成文；⑤内容准确性检查与文字的推敲润色。

4. 编写简报

简报是一种以简明扼要的语言报道最新动态信息的三次信息产品。通常用“××快报”“××简报”“××动态”“××快讯”等冠名。

5. 编印信息资料册

为便于利用信息，对已收集到的历史资料和近期资料，定题性地编印成册。信息利用者借此可对有关行业、产品的历史与现状有所了解，其使用价值很大。

6. 撰写调研报告

调研报告就是在实地调查获得数据、事实的基础上，经过分析研究后得出能真实反映有关事件的本质特征信息，按照使用需要以规范的格式撰写的报告。它是三次信息产品。

7. 网络化信息开发

网络信息开发就是在局域网甚至互联网上对某一确定主题的信息进行网络化开发。这是当代信息开发的新方式，其传递效率很高。2004 年 10 月 27 日，国家信息化领导小组第四次会议做出我国要加强信息资源开发利用的部署，越来越多的单位加强了网络化信息开发的力度。

（三）信息开发的方法

常用的信息开发方法有六种。

（1）汇集法。汇集法是把许多原始资料中的信息按一定的主题汇集在一起。这种汇集要围绕一个主题，把一定范围内的有关资料有机地汇集在一起。汇集法适宜于反映一个地区或一个部门某方面的状况，在信息资料较多、反映面宽的时候较为适用。

（2）归纳法。归纳法是将反映某一主题的原始信息资料集中在一起加以系统归纳和综合分析，以便完整、明晰地说明某一方面的工作动态。归纳法要求分类合理、线条清楚、综合准确。

（3）纵深法。纵深法是根据需要，把若干具有内在联系的信息或几个不同时期的有关信息资料，从纵的方面进行比较分析，以形成一个新的信息资料。要按原始信息资料提供的某一主题层层深入进行分析，按某一活动的时间顺序或按某一事件的历史进程深入进行分析，以理清事件的来龙去脉。

（4）连横法。连横法是按照某一主题的需要，把若干个不同来源的原始信息资料从横的方面连接起来，做出比较分析，形成一个新的信息资料。采用连横法应注意：来自不同方面的信息要具有一定的同质性；要选择最能说明主题的信息。

（5）浓缩法。浓缩法是指压缩信息资料的文字，以突出主题，简洁行文。使用浓缩法要使主题集中，即一篇信息资料只表达一个主题，阐明一个观点；要压缩结构，减少段落层次；要精炼语言，简明地表达信息的内容。

（6）转换法。转换法是将原始信息中出现的不易理解的文字转换为容易理解的文字或制成图表，使人一目了然，便于信息的传递与利用。

（四）信息开发的基本方式——信息编写

信息编写是用书面形式对信息进行文字润色、提炼和有序化处理，以大大提高信息的质量和实用价值。秘书可将信息编写成摘要、图表、简报、快讯、综述、述评等，以方便信息的利用。

编写信息要做到主题鲜明、角度新颖、语言精练、结构严谨、标题确切、内容客观。

1. 信息编写的类型

（1）经验型信息。经验型信息是反映一个地区、一个单位或一个部门某方面经验的信息，侧重于对事物发展规律的认识和探索，揭示事物的本质。经验型信息应典型，具有实际指导意义。秘书要通过调查总结经验，善于借鉴和浓缩有关的调研成果。

经验型信息的编写可采用顺叙法，即先写做法和经验，后写效果；也可采用倒叙法，即先写效果，再写做法和经验。经验型信息的编写必须做到事实具体、观点明确、分析透彻、数据充分。

（2）问题型信息。问题型信息即负面信息，分为已经发生、正在发生和将要发生三种。它由标题、背景和问题三部分构成。背景指问题发生的时间、地点、条件、原因等。问题部分事实要准确，表述要清楚。在揭示问题的同时，应提出解决问题的方法。

（3）事态型信息。事态型信息反映某项工作、活动或事件的发生、发展和变化，说明客观情况，可以使领导从大量事态现象中看到事件的规律，预测未来。

事态型信息的编写必须做到：标题简洁、新颖；内容准确无误；材料重点突出，全面反映客观过程；合理使用背景材料，增强信息的价值。

（4）预测型信息。预测型信息由标题、预测根据和预测内容三部分组成。预测根据必须充分，情况真实，数据准确。预测内容可以是工作情况、社会动态、经济动态、市场前景等。

（5）建议型信息。建议型信息一般由标题、背景、建议内容及理由组成。建议型信息的编写要有针对性，既要反映问题，又要提出解决问题的措施办法；建议要有理有据，切实可行。

2. 信息编写的步骤

（1）确定主题。确定编写的主题后，才能围绕主题组织材料，进行综合分析。

（2）分析材料。围绕主题进行选材，对原始信息材料进行分析、梳理，决定取舍。

（3）重组材料。按照主题要求，依一定逻辑顺序，把选择、剪辑出来的信息材料有条不紊地重新组织起来，使之成为一个新的有机整体。

（五）信息开发的要领

第一，拓宽信息渠道，广泛及时收集信息，重视信息的积累与升华。

第二，加强调查研究，提高信息的可信度和可用性。

第三，加强对信息的分析综合，提高信息的广度和深度。

第四，注重概括提炼，提高信息的精度和纯度，从大量原始信息中提取高层次信息。

第五，讲究信息开发技巧，做到围绕中心开发、抓住热点开发、针对难点开发、找准亮点开发、超前预测开发、突出特色开发。

第六，建立人机配套的信息网络开发系统。

四、信息利用

（一）信息利用概述

1. 信息利用的意义

信息利用就是通过各种有效的方式和方法，将收集、处理、贮存的信息提供给利用者，发挥信息的效用。信息利用能够实现信息的价值，促进管理水平的提高；有利于实现信息资源共享和增值；有利于提高各级组织决策的成功率。

信息利用是信息工作的出发点和归宿，秘书信息工作的全部意义在于充分利用信息，发挥参谋助手作用。要围绕工作中心，充分开发信息，主动服务，提高工作水平。

2. 秘书提供信息服务的情形

秘书为领导提供信息服务，大体有三种情况：

(1) 完全满足。秘书提供的信息完全满足领导的需要，领导不必另辟信息来源，这是最理想的情况，但常常难以做到。

(2) 部分满足。秘书提供的信息只有一部分为领导所需要，领导者还必须寻找别的信息来源，这是正常情况。这种情况下秘书的任务是尽可能提供给领导者更多有用信息。

(3) 完全不对路。秘书提供的信息与领导需要的信息不对路，完全不为领导所需要。如果经常如此，便是秘书的严重失职，这时就需要采取相应的措施，避免出现这种情况。

3. 信息利用的特点

信息利用有以下特点：

(1) 实效性。信息资源的利用能够带来一定的实效，如在文化、教育等方面产生社会效益，在产品更新、降低成本、节约费用等方面产生经济效益。

(2) 广泛性。无论是决策者还是一般员工，只要其在解决实际工作问题、从事业务工作中需要利用信息，都可成为信息的利用者。因而，信息的利用者是十分广泛的。

(3) 经常性。人们从事任何工作都离不开信息，这就使信息利用呈现出经常性的特点。

(4) 周期性。信息利用是一种社会现象，受各项工作、活动周期性规律的制约，信息利用也呈现出周期性的特点。

(二) 信息利用的程序

第一，分析和预测信息的需求特点，把握信息利用需求的发展规律；

第二，了解信息的内容和成分，熟悉各种信息检索工具的使用方法；

第三，向利用者介绍相关的信息线索，开展信息咨询服务；

第四，提供所需的信息及信息加工品。

(三) 信息利用的方式

1. 检索利用

在收集、加工、贮存信息的信息库中，通过目录、索引和计算机检索系统直接检索出需要利用的信息。利用中应使用跟踪卡或文档日志记录信息借阅情况。

(1) 跟踪卡。当信息被借出后，应建立跟踪卡，放置在信息原存放处，使其他利用者能知道该信息的去向。应定期检查跟踪卡，信息归还时填好跟踪卡。

(2) 文档日志。跟踪信息还可用文档日志。借出、归还信息时，均要在日志簿上登记。

2. 查询利用

查询利用即针对利用者所需主题向其提供查询。在秘书工作中，上司、内部机构经常提出一些需要查询的各个方面的问题，如查找报刊文献资料、核查具体数据、了解国内外某些重大事件等。查询、解答这些问题，必须收集、贮存足够的信息资源。

3. 咨询利用

咨询利用是改变所收集或贮存信息的形态而产生的新的信息服务形式。咨询利用的方式可以有：问题解答、书目服务、报刊索引服务、信息线索咨询服务以及数据、事实、统计资料的咨询服务和利用者教育服务等。

4. 加工利用

加工利用即按照特定需要，对收集到的信息进行分析研究、加工、编辑，使其成为直接利用的信息成品。

5. 网络利用

网络利用是建立在现代信息网络的基础上，以计算机硬件和通信设备为依托，以应用软件为手段，以数据库信息资源为对象而开展的信息利用方式。这种方式可将信息检索、查询和咨询利用统一起来，有助于最大程度地实现个别化利用。网络利用的主要表现形式有：电子信息的发布、电子函件、电子公告板服务、联机公共目录查询服务、远程检索服务、远程电视电话会议服务、用户电子论坛、用户定题查询等。

（四）利用信息的要领

要有效利用信息，必须把握好以下要领：

第一，思维灵敏，即思维要敏捷。

第二，要有针对性地广泛收集足够的信息。

第三，善于加工。要有筛选、整理信息的眼力，善于综合分析研究信息；分析信息，不仅要定量，而且要定性；要学会用联系的、发展的辩证观点，去深入地分析、研究信息。

第四，多角度思考。对信息要从不同方位、不同角度、不同方面和不同层次，通过不同的思维方式和方法来思考，引发灵感，产生联想，受到启示，进而对信息感知和产生新的认识，挖掘和发现信息新的价值。

第五，把握机遇，及时利用。要讲究时效，快速地运用信息，使信息尽快地转化为效益。

思考与练习

1. 简述信息工作在现代秘书工作中的重要地位。
2. 收集信息的方法有哪些？
3. 秘书调查研究的基本方法包括哪些？
4. 秘书常用的信息开发方法是什么？
5. 秘书利用信息的主要方法有哪些？
6. 技能训练题。

（1）调查技能训练：

下面这个调研属于哪类调研？请具体分析它的意义。

当年，湖南攸县政府办公室的秘书人员在与农村基层干部接触过程中，发现有的农民不愿当先进、当劳模。通过调查，他们发现当时的贫困户中劳模户不少。这些人，以前一心为公，后来年纪大了，身体垮了，却不能享受任何补贴，晚年凄惨。经过调查，他们写出了《历史不该将他们遗忘——对攸县40名农业劳模的调查报告》，在《农民日报》等各大报刊上登载，引起了有关部门的关注，市政府就此做出了对农业劳模实行固定补贴的决定。许多劳模老泪纵横，感谢党，感谢政府，也感谢秘书人员为他们说了话。

（2）信息开发训练：

您是提供短信服务的××大型商业网站的秘书，请根据下列材料编写一份信息资料，标题自拟。

我国无疑是手机大国，手机用户超过9亿。我国同时又是手机短信大国，2003年共发送短信2 200亿条。短信已成为新兴的信息传播手段，关注其传播中的问题已刻不容缓。《人民日报》与人民网合作的《人民调查》专栏2004年3月26日开展了“手机短信问题调查”，初步分析结果表明，手机短信中的问题不容忽视。

2004年的中央电视台“3.15”晚会公布了一个消费者被虚假的手机短信广告骗去数万元的案例，而本次调查结果显示，85.8%参加调查者曾收到过广告短信。可以想见，虚假短信广告事件不在少数。调查还显示，37.1%的人收到过谣言，69.8%的人收到过无聊信息，39.9%的人收到过骚扰信息，33.4%的人收到过黄色短信，45.7%的人收到过其他不良信息。

手机短信使用的频繁也表明了其在现代沟通和信息传播中的作用。这次调查的结果显示，八成用户每天都要发送短信，其中16%的用户每天发送短信在10条以上。与此同时，九成多用户每天收到短信，约16%的用户每天收到的短信也在10条以上。

本次调查显示，目前许多用户从内容服务商处订阅短信服务。订阅最多的是新闻，占45.9%；其次为实用信息（30.7%）、祝福与问候信息（28.3%）、图片和铃声（28.0%）、笑话（27.2%）、聊天（9.2%）。但从用户兴趣看，更多的人准备把手机短信作为娱乐工具。这表现在希望订阅娱乐信息和笑话的人分别上升到41.7%和32.6%，希望用短信聊天的人上升到26.2%，而希望订阅新闻的人下降到26.4%。

值得注意的是，目前提供手机短信内容服务的不仅有传统媒体主办的新闻网站，还有许多商业网站。调查表明，现在人们主要从商业网站订阅短信内容。仅三家较大的商业网站就吸引了差不多一半用户。考虑到本次调查主要是通过传统媒体和传统媒体的网站进行的，实际商业网站吸引的用户比例可能还要高。从一定意义上讲，手机短信也是一种传媒。目前传统媒体是新闻传播的主角，但传统媒体的网站能否一样成为短信传播中的主角，是值得研究的问题。

（3）通过下述利用公开出版物信息的范例，在信息利用上，你能得到什么启示？

日本人曾利用中国公开出版的报刊，十分准确地搜集和猎取了当年我国大庆油田开发建设的有关情报。

1964年7月20日，《人民日报》登载了《大庆精神大庆人》一文，肯定了中国有大庆油田。在中国对外保密的年代，日本人开始从公开发表的报刊上搜集中国大庆油田的情报。1966年7月的《中国画报》刊登了王铁人的照片，日本人从王铁人头戴的皮帽子及周围景象推断，大庆地处气温为-30℃以下的东北地区，大致在哈尔滨和齐齐哈尔之间。1966年10月的《人民中国》杂志上有介绍王铁人的文章，提到马家窑的地名，并提到钻机是用人拉、肩扛到现场的。日本人据此推断油田离车站不远，从地图上找到了马家窑的确切位置，并以此推测出从“北满”到松辽油田统称大庆油田。进而，日本人又从一篇报道王铁人1959年国庆节在天安门观礼的消息中分析出，1959年8月王铁人还在玉门，以后便消失了音讯，这表明大庆油田的开发时间自1959年9月起。1966年7月，日本人又从《中国画报》上刊登的一张炼油厂照片上推断出大庆的年产原油量。照片上既没有人也没有尺寸，但有一个扶手栏杆，依照常规，扶手栏杆高1米左右。按此比例，日本人推断出了炼油塔的外径，并换算出内径为5米，判定出日炼油能力和每天的原油加工能力，以此算出了大庆的年产原油量。